现代工业微生物学实验技术

（第二版）

主　编　杨汝德
副主编　林晓珊　吴　虹
　　　　雷晓凌　银玉容

科学出版社
北京

内 容 简 介

本书包含了工业微生物学八大实验技术：工业微生物的显微技术，工业微生物的形态观察、制片及染色技术，工业微生物的纯培养技术，工业微生物的检测技术，工业微生物的生理与发酵实验技术，环境工程的微生物学实验技术，工业微生物的育种技术，工业微生物的基因工程实验技术。本书共设置了49个实验，其中大部分为工业微生物学基本技能训练实验，各相关专业师生在使用时，可根据实际情况加以取舍或精简；还有部分实验为大型综合性实验和研究性实验，可供学生课外科技活动或毕业实践时参考应用。

本实验教材可作为2015年出版的《工业微生物学教程》（罗立新主编）等主教材的配套实验教材，颇具理工科特色，适合于理工科大学的生物工程、生物技术、生物制药工程、食品科学与工程、食品质量与安全、环境科学与工程等专业的本科生使用，也适合于高等职业技术学院相关专业的专科生使用。

图书在版编目(CIP)数据

现代工业微生物学实验技术/杨汝德主编. —2版. —北京：科学出版社，2015.3
　ISBN 978-7-03-043828-7

Ⅰ. ①现⋯　Ⅱ. ①杨⋯　Ⅲ. ①工业微生物学–实验–高等学校–教材
Ⅳ. ①Q939.97-33

中国版本图书馆 CIP 数据核字（2015）第 053791 号

责任编辑：王玉时 / 责任校对：胡小洁
责任印制：徐晓晨 / 封面设计：迷底书装

科学出版社 出版
北京东黄城根北街16号
邮政编码：100717
http://www.sciencep.com

北京凌奇印刷有限责任公司印刷
科学出版社发行　各地新华书店经销

*

2009年1月第　一　版	开本：787×1092 1/16
2015年4月第　二　版	印张：15 1/2
2025年1月第十六次印刷	字数：367 000

定价：59.80元
（如有印装质量问题，我社负责调换）

前　言

　　工业生物技术是继医药生物技术和农业生物技术后的第三次生物技术革命，是生物学、化学和工程学的交叉技术，其核心是大规模利用微生物细胞和酶催化物质转化。我国早就将工业生物技术列为国家中长期科学和技术发展规划的重点发展领域。教育、科技、人才是全面建设社会主义现代化国家的基础性、战略性支撑，教育是基础，科技是动力，人才是主体。高质量教材为高等教育强国建设提供坚实支撑。为了配合我国工业生物技术革命，为了更好地跟上21世纪工业微生物学迅猛发展的步伐，我们对2009年出版的《现代工业微生物学实验技术》教材做了大幅度的更新、扩充和提高，重新修编为《现代工业微生物学实验技术》(第二版)，并由科学出版社出版。

　　第二版修编的主要内容包括：①删减了第一章工业微生物学实验常用器皿和仪器设备；②删减了第九章工业微生物学实验附录；③删减了第五章工业微生物的生理与发酵实验技术的3个研究性实验；④参照食品安全国家标准GB 4789—2010，大幅修改更新了第四章工业微生物的检测技术的第二节（食品卫生微生物学检验技术）；⑤参照食品安全国家标准GB 4789—2010和GB 4789—2012，新增编第四章工业微生物的检测技术的第三节（乳酸菌和双歧杆菌的检验技术）；⑥新增编第六章环境工程的微生物学实验技术（共6个实验）；⑦总实验数由第一版的44个增加至第二版的49个。

　　本书涵盖了工业微生物学八大实验技术，共设置了49个实验，每个实验的编写内容均包括：目的要求、基本原理、实验器材、实验内容及操作步骤、实验注意事项、实验报告与思考题等。大部分实验为工业微生物学基本技能训练实验（基础性实验和备选用实验），各相关专业师生在使用时，可根据实际情况加以取舍或精简；还有部分实验为大型综合性实验和研究性实验，可供学生课外科技活动或毕业实践时参考应用。

　　现代工业微生物学是一门实践性很强的应用生物科学。掌握工业微生物学实验技术对每一位学生来说，其重要性绝不亚于理论课程。因此，在学习理论课的同时，务必注重工业微生物学实验操作技能的训练和提高。

　　本实验教材可作为2015年出版的《工业微生物学教程》（罗立新主编）等主教材的配套实验教材，颇具理工科特色，适合于理工科大学的生物工程、生物技术、生物制药工程、食品科学与工程、食品质量与安全、环境科学与工程等专业的本科生作为实验技术教材使用，也适合于高等职业技术学院相关专业的专科生使用。

　　本书由杨汝德主编，林晓珊、吴虹、雷晓凌、银玉容作为副主编主持编写。由于编者的学识和水平所限，书中不足之处在所难免，希望各位教师、学生、读者和同行给予批评指正。

杨汝德
2015年1月

目 录

前言
工业微生物学实验规则与安全 ··· 1
第一章 工业微生物的显微技术 ·· 4
 第一节 普通光学显微镜的操作技术 ··· 4
  实验一 使用普通光学显微镜观察各种微生物标本片 ································ 7
 第二节 暗视野显微镜的操作技术 ··· 10
  实验二 使用暗视野显微镜观察活菌体 ·· 12
 第三节 相差显微镜的操作技术 ·· 14
  实验三 使用相差显微镜观察啤酒酵母细胞内部结构 ······························ 17
 第四节 荧光显微镜的操作技术 ·· 19
  实验四 使用荧光显微镜观察酵母菌和细菌的形态结构 ·························· 20
 第五节 电子显微镜的操作技术 ·· 22
  实验五 透射电镜微生物样品的制备与观察 ·· 24
  实验六 扫描电镜微生物样品的制备与观察 ·· 28
第二章 工业微生物的形态观察、制片及染色技术 ·· 31
 第一节 酵母菌和霉菌的形态观察及制片技术 ··· 32
  实验七 酵母菌和霉菌的制片、染色技术及形态观察 ······························ 36
 第二节 细菌和放线菌的形态观察及制片技术 ··· 42
  实验八 细菌和放线菌的制片、染色技术及形态观察 ······························ 49
  实验九 细菌特殊结构的制片、染色技术及形态观察 ······························ 55
第三章 工业微生物的纯培养技术 ·· 60
 第一节 培养基的配制与灭菌技术 ··· 60
  实验十 培养基的配制和灭菌 ·· 64
 第二节 无菌操作技术 ·· 70
  实验十一 无菌操作和微生物菌种的移接 ·· 72
 第三节 工业微生物的分离与纯化技术 ·· 77
  实验十二 微生物菌种的分离与纯化 ·· 78
  实验十三 碱性纤维素酶产生菌的分离纯化 ·· 82
  实验十四 噬菌体的分离与纯化 ··· 85
 第四节 厌氧微生物的纯培养技术 ··· 89
  实验十五 厌氧微生物的纯培养 ··· 91
 第五节 工业微生物的菌种保藏技术 ·· 98
  实验十六 工业微生物菌种的保藏 ··· 99

第四章 工业微生物的检测技术 ... 105

第一节 微生物生长繁殖的测定技术 ... 105
实验十七 酵母菌细胞数、出芽率及死亡率的测定 ... 108
实验十八 微生物细胞大小的测定 ... 112
实验十九 光电比浊法测定细菌生长曲线 ... 115

第二节 食品安全微生物学检验技术 ... 118
实验二十 水和食品中菌落总数的测定 ... 120
实验二十一 食品中大肠菌群的计数 ... 125

第三节 乳酸菌和双歧杆菌的检验技术 ... 131
实验二十二 食品中乳酸菌的检验 ... 133
实验二十三 食品中双歧杆菌的检验 ... 138

第四节 噬菌体的检测技术 ... 145
实验二十四 噬菌体的检查及其效价测定 ... 145

第五章 工业微生物的生理与发酵实验技术 ... 151

第一节 工业微生物的生理生化实验技术 ... 151
实验二十五 微生物对碳源的利用实验 ... 153
实验二十六 微生物对氮源的利用实验 ... 157
实验二十七 环境因素对微生物生长的影响实验 ... 161

第二节 工业微生物的发酵实验技术 ... 166
实验二十八 酵母菌的乙醇发酵实验 ... 166
实验二十九 短杆菌的谷氨酸发酵实验 ... 169
实验三十 枯草芽孢杆菌的α-淀粉酶发酵实验 ... 172
实验三十一 乳酸细菌的乳酸发酵实验 ... 174

第六章 环境工程的微生物学实验技术 ... 181

第一节 活性污泥微生物的镜检分析 ... 182
实验三十二 活性污泥中菌胶团细菌、原生动物 及微型后生动物的形态观察 ... 184

第二节 空气卫生微生物的检测 ... 186
实验三十三 空气中细菌的检测 ... 187

第三节 土壤中微生物数量和组成的测定 ... 189
实验三十四 土壤中微生物的分离和计数 ... 190

第四节 污染物降解菌的分离纯化与性能测定 ... 193
实验三十五 表面活性剂降解菌的富集、分离及降解能力测定 ... 195
实验三十六 酚降解菌的驯化、分离及性能测定 ... 198
实验三十七 光合细菌的分离纯化及对有机废水的处理 ... 199

第七章 工业微生物的育种技术 ... 203

第一节 工业微生物的诱变育种技术 ... 203
实验三十八 应用物理因素诱变选育抗药性的淀粉酶高产菌株 ... 203
实验三十九 应用化学因素诱变选育腺嘌呤营养缺陷型菌株 ... 207

第二节　工业微生物的原生质体育种技术 ·· 210
　　　实验四十　酵母菌原生质体的诱变育种 ·· 211
　　　实验四十一　酵母菌原生质体的融合育种 ·· 214
第八章　工业微生物的基因工程实验技术 ·· 217
　　　实验四十二　细菌质粒 DNA 的小量制备 ·· 218
　　　实验四十三　细菌总 DNA 的提取 ·· 220
　　　实验四十四　PCR 扩增目的基因 ·· 222
　　　实验四十五　质粒 DNA 的酶切及从凝胶中回收 DNA ························ 224
　　　实验四十六　感受态细胞的制备及转化 ··· 225
　　　实验四十七　DNA 体外重组 ·· 227
　　　实验四十八　葡聚糖内切酶基因的克隆及在大肠杆菌中的表达 ············ 228
　　　实验四十九　纳豆激酶基因的克隆及在酵母菌中的表达 ······················ 234
主要参考文献 ·· 240

工业微生物学实验规则与安全

一、工业微生物学实验目的和要求

1. 工业微生物学实验目的

工业微生物学是一门实践性很强的应用学科，必须在掌握广泛理论基础知识的同时，掌握好扎实娴熟的操作技能，这样才能真正掌握好这门学科。因此，在理工科学校开设工业微生物学实验课程，可以训练学生掌握微生物学基本的操作技能，同时也让学生初步接触学科先进的技术和方法，使学生在有限的时间里系统扎实地掌握微生物学独特的实验操作技术，并将实验技能与实际应用密切联系起来，以更好地服务于相关的工业、农业、食品、环境及医学等领域。通过实验课，培养学生观察、思考、分析问题和解决问题的综合能力；树立严谨、求实的科学态度，以及敢于创新的开拓精神；培养勤俭节约、爱护公物、相互协作的优良作风。

2. 工业微生物学实验要求

为了上好工业微生物学实验课，确保实验顺利进行，保证实验安全，特别对上工业微生物学实验课的学生提出下列几点要求。

（1）每次实验前必须对实验内容进行充分预习，以了解实验目的、原理、方法和实验步骤，操作时能达到心中有数。只有思路清楚，胆大心细，有条不紊，才不易出现意外的实验效果。

（2）上课时，非必要的物品和书包请勿带入室内，勿随便走动和高声谈话，保持室内安静；关好门窗，以免空气干扰造成污染。

（3）实验操作前需认真聆听教师讲解和观看演示，实验操作时需认真、细心、谨慎。对每次实验的现象和结果要认真仔细观察，对于当前不能得到结果而需要连续观察的实验需记下每次观察的现象和结果，并需及时记下，以便分析和作出正确的报告。

（4）实验需进行培养的材料，一律要求注明班别、组别和日期，有的还需注明实验项目的名称和菌种的名称，并放于教师指定的地点进行培养。

（5）实验微生物培养物均需轻取轻放，小心、严格地按操作规程进行，以免发生意外致容器破损，造成污染。若微生物培养物污染桌面、地面、用具、衣服或皮肤甚至菌液误入口中，应立即报告指导教师，及时处理，切勿隐瞒。

（6）使用显微镜或其他贵重仪器时，要求细心操作，特别爱护。进行高压蒸汽灭菌时，要严格遵守操作规程。负责灭菌的同学在灭菌过程中不准离开实验室，并随时观察灭菌锅工作情况，以免发生意外。

（7）每次实验完毕，必须将实验器材洗净放妥，整理台面，并将实验室收拾整洁，养成良好的实验习惯。凡带菌的器材需经浸泡消毒或高温灭菌后才能清洗。严禁将实验的菌种及器材随意携带到室外。

（8）每次实验结束，应以实事求是的科学态度认真作出实验报告，对异常或不理想的结果需加以讨论，对实验现象作出合理的解释，下次实验时交给指导教师批阅。

二、微生物学实验室的规章制度和安全守则

微生物实验室存在化学方面有毒、易燃、易爆、腐蚀和致癌的危害，有时还存在高压、紫外线和其他辐射的危害。另外，微生物工作者还会受到来自微生物菌株的危害，在处理菌株、载玻片和所有装过或接触过活菌株的容器时要加倍小心。菌株主要通过消化道、呼吸道、皮肤伤口和眼部等部位造成人体的感染（眼睛是感染原进入却不发生局部病理反应的大门），一些微生物菌株甚至可以通过皮肤进入体内。因此，在微生物学实验室进行实验时，实验人员必须遵循微生物操作技术规范，必须符合实验室生物安全守则要求。

1. 微生物学实验室的规章制度

（1）正在进行实验时，由实验室主管限制人员进入。实验人员一律穿工作衣进入实验室，以防衣服被菌污染或被染液弄脏，离开实验室时脱下，并应经常洗干净。留长发者应戴帽或将长发束扎于脑后，以免着火或被污染。

（2）非实验所需物品不得置于实验台上。未经教师许可，不得将实验室内物品带出。

（3）实验室应保持安静，不得高声谈笑，无事不得到处走动。不得在实验室内进食、喝水、抽烟、处理隐形眼镜、使用化妆品。食物应储存于工作区外的专用橱柜或冰箱内。

（4）禁止使用口吸移液管，应使用机械移液装置。制定安全使用和处理锐利器具如注射器针头、手术刀片等的方案。

（5）仔细进行每一步操作，以减少飞溅物或气溶胶的产生。工作台面在每天工作结束前至少应消毒一次，发生生物活性物质泼洒时应及时处理。所用培养物、储存物及其他废物在排放前，应先经过可行的消毒如高压灭菌法处理。

（6）实验后的废物和用过的化学药品分别倾入污物桶或瓷缸内，不得丢入水槽，以免堵塞下水道或腐蚀水管。

（7）要在实验室外临近处进行消毒处理的物品，必须存放在耐用、防扩散的密闭容器中，且必须依据当地及国家的相关规定进行包装后才能从实验室中移出。

（8）实验完毕后，对所用的仪器、工具、标本等，要认真进行清点和擦洗，如有短缺、损坏需填写赔偿报告单。值日生离开实验室前必须将实验室打扫干净，用消毒液擦抹桌面，并检查水、电、窗是否关好。

2. 微生物学实验室的安全守则

（1）对贵重的精密仪器，必须详细阅读仪器说明书后方可使用。实验中所用的试剂，应了解它的性质后再使用。若试剂瓶标签上字迹不清或出现标签脱落时，则试剂必须经过检验，否则不得使用。

（2）在使用有毒物品或易挥发的有毒液体（氰化钾、氢氟酸、二硫化碳等），以及易挥发的强酸、氨或易发生恶臭的物质（硫化铵、硫化氢等）时，必须在排气良好的地方或通风

橱中进行；在使用易爆品、浓酸和浓碱，以及其他一些有强烈反应性能的物质时，应戴护目镜和橡皮手套。

（3）吸取有毒液体及浓酸、浓碱时，都不得以移液管用口吸的方式吸取，必须用上端带有橡皮球的移液管或注射器吸取，或用量筒、量杯量取。强酸的浓溶液（盐酸、硝酸、硫酸）或25%的氨水，均应储存在磨口瓶中。

（4）对易爆乙醚不得轻易加热，必须经测试确定其中无过氧化物后方可操作。对盛有易燃、易爆液体（乙醚、苯、二硫化碳等）的瓶子和安瓿，不得放在使用煤气或有电热器的实验室内加热，应放在无火源的通风处使用。一离开实验桌子要熄火。

（5）使用具有爆炸性的试剂时（如苦味酸和多硝基化合物）应特别小心。严防火源、火花，避免猛力冲击和振荡。

（6）危险试剂必须由专人保管和储存。有毒或易爆物品应封闭在铁箱或铁柜中，并由专人保管物品账册和钥匙。

（7）易吸水的试剂（氯化钙、氢氧化钠、氢氧化钾等）必须严封在有盖的玻璃瓶中，用后宜用石蜡封好；见光即发生变化的试剂（硝酸银、磺胺剂、四氯化碳等）应保存在棕色玻璃瓶中，放在阴凉的柜、橱中，避免日光直射；在空气中可以自燃的金属钾、黄磷等，应保存在相应的盛有适当液体的密闭容器中，如金属钾应保存在煤油中，黄磷要放在水中保存。

（8）凡进行易燃、易爆性实验时，所需仪器设备必须符合要求，不得马虎敷衍，以免发生危险。

（9）必须保证实验室的安全，防护器材时刻处于完善待用状态。

（10）其他特殊药品、仪器的安全操作规程，应由教师及有关人员予以补充指导。

第一章 工业微生物的显微技术

微生物最显著的特征就是个体极其微小，人这双肉眼的眼力不足，必须借助于显微镜才能观察到它们的个体形态及内部结构。实际上，正是由于显微技术的建立，才使人类真正认识到丰富多彩的微生物世界。因此，显微技术是一项很重要的技术，熟练掌握显微操作技术是研究微生物不可缺少的手段。现代的显微技术，除用于观察生物体的形态和细微结构外，还可与计算机结合，用于生物体组成成分的定性与定量分析等。

显微镜的种类很多，一般可将它们分为光学显微镜和非光学显微镜两大类。光学显微镜又可分为可见光显微镜和不可见光显微镜两类。可见光显微镜包括明视野显微镜（即普通光学显微镜）、暗视野显微镜、相差显微镜、荧光显微镜和偏光显微镜等，其中以普通光学显微镜最为常用；不可见光显微镜包括X射线、红外光、紫外光等显微镜。非光学显微镜包括透射电子显微镜、扫描电子显微镜及超声波显微镜等。

本章将对目前微生物学研究中最常用的普通光学显微镜、暗视野显微镜、相差显微镜和荧光显微镜的操作技术进行介绍，对于电子显微镜（电镜）则侧重介绍其生物标本的制作特点和基本技术。通过以下几个实验，使学生对不同类型的显微镜能有比较全面的了解，并能根据所要观察微生物的种类和情况，选择适当的显微镜进行观察，基本上能掌握观察微生物个体形态和细胞结构的显微技术。

本章的主要内容包括：①普通光学显微镜的操作技术；②暗视野显微镜的操作技术；③相差显微镜的操作技术；④荧光显微镜的操作技术；⑤电子显微镜的操作技术。本章共设置6个实验，除实验一为学生必修的基础性实验外，其他5个显微技术实验可根据实际情况加以取舍或精简。

第一节 普通光学显微镜的操作技术

普通光学显微镜（以下简称显微镜）（图1-1、图1-2）是一种具有高度放大作用的光学仪器，它的分辨率（分辨两点或两根细线之间最小距离的能力）最高可以达0.2μm，而人的眼睛对明视距离的最高分辨率仅有0.1mm，即100μm。微生物的个体很微小，一般是以微米（μm）来描述的。人们要研究微生物的个体形态和细胞结构，单凭肉眼的眼力是远远不够的，必须借助于显微镜，它能使人眼的分辨率提高500倍。因此，显微镜是微生物学必不可少的常用工具，人们必须了解清楚显微镜每一部件的结构和功用，熟练掌握它的操作技术。

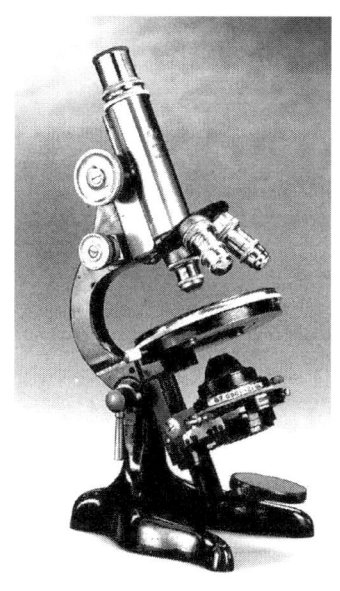

图1-1 普通光学显微镜（单筒式）

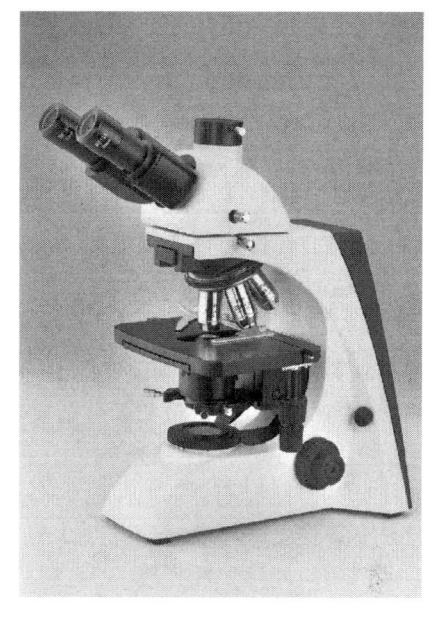

图1-2 普通光学显微镜（双筒式）

普通光学显微镜的结构可分为两大部分（图1-3）：机械装置和光学系统。机械装置保证光学系统的准确配置和灵活调控，是显微镜的基本构架；光学系统直接影响着显微镜的性能，是显微镜的核心组件。

1. 机械装置

（1）镜座：显微镜的底座，起支撑和稳固作用。镜座可呈马蹄形、圆形、三角形或"丁"字形等，并有较大的底面积和质量。

（2）镜臂：显微镜的脊梁，立于镜座上面，起支撑镜筒、镜台和光学部件的作用。有的还可调节倾斜度，便于观察。凡镜筒能上下升降的显微镜，镜臂也是活动的；而镜台能上下升降的显微镜，镜臂是固定于镜座的。

（3）镜台：又称载物台。是放置标本片的平台，方形或圆形。一般圆形镜台为旋转式，方形镜台为固定式。镜台上面装

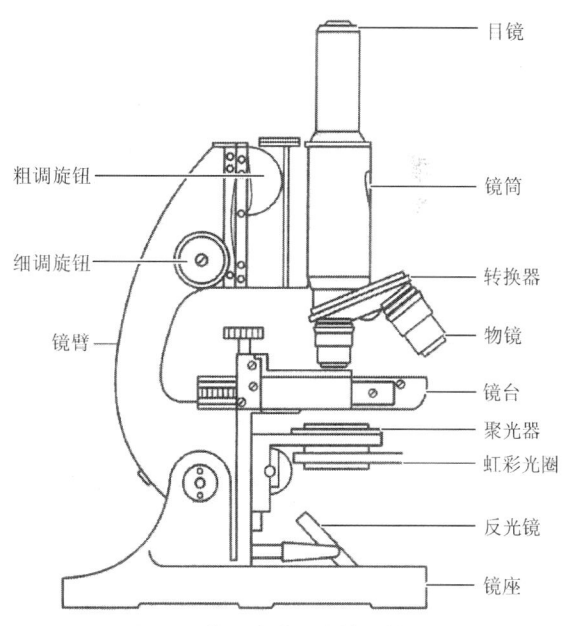

图1-3 普通光学显微镜的构造图

有标本片固定夹和标本移动器，可使标本片前后左右移动，以利于观察标本的不同部位。有的还装有标尺，可固定标本位置以利于重复观察。镜台中央均留有一孔洞，可让入射光束透过。

（4）镜筒：位于镜臂上端，是一个空心的圆筒，上端可放入目镜，下端接转换器和物镜。从镜筒的下端螺纹口到上端目镜的距离一般为160mm。镜筒有直筒式、单斜筒式、

双斜筒式等。

(5) 转换器：是一个能转动的圆盘，用于装配物镜，上面有 3~5 个孔洞，可装上和调换几种不同放大倍数的物镜。

(6) 调焦旋钮：用于调节镜筒或镜台上下移动，使物镜焦距准确，以便获得清晰的物像。包括粗调旋钮和细调旋钮，前者升降速度快，只做粗略的调焦；后者升降速度很慢，每转一周，镜筒仅升降 0.1mm，可进行细微调焦。

2. 光学系统

(1) 光源：新式显微镜的光源通常安装在显微镜的镜座内，通过按钮开关和拉杆来控制。常用灯光或散射日光作光源。在使用白炽灯时，在聚光器下加一蓝色滤光片效果更佳。

(2) 反光镜：由凹、平两面圆形镜子组成。通常强光多用平面镜，光线较弱时才用凹面镜。可自由转动方向，以反射光线至聚光器上。镜座内装有内置光源的显微镜则不需反光镜。

(3) 聚光器：位于镜台下面，由数个透镜组成。用于集聚由反光镜反射来的光线，使其集中于标本上。聚光器可以上下移动调节，以获得最适光亮度。下面装有虹彩光圈，可任意开闭，用来调节射入聚光器光线的强弱。

(4) 物镜：即接物镜，又称镜头，是最重要、最贵重的部件。物镜由许多透镜组成，起着放大标本片上被检物物像（实像）的作用。物镜的性能可以用数值孔径（numerical aperture，NA）来表示。一般物镜上标有放大倍数、数值孔径、镜筒长度和指定使用盖玻片厚度 4 种数字。在低倍镜、高倍镜和油镜 3 种物镜中，油镜的放大倍数和数值孔径最大，工作距离最短，即最接近标本片（图 1-4）。

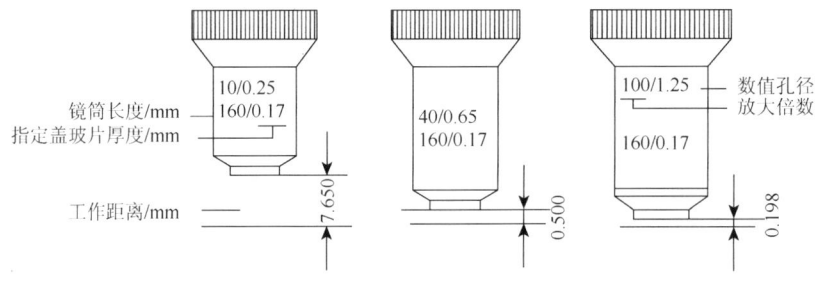

图 1-4　物镜的标注及工作距离

(5) 目镜：由 1~3 片透镜组成，可将经物镜放大的实像进一步放大成虚像，并映入人的眼睛。不同目镜上也标有 5×、10×、15× 等标志以表示其放大倍数。使用时可根据需要选用适当的目镜。

在显微镜的光学系统中，物镜的性能最为重要。普通光学显微镜通常配置有几个物镜，可分为干燥系和油浸系两种物镜。干燥系物镜与标本片之间的介质是空气，而油浸系物镜（油镜有红、黑线圈标志，或标有"oil"或"HI"字样）与标本片之间的介质是香柏油。

若载玻片与物镜之间的介质为空气，则当光线通过载玻片后受到曲折，发生散射现象，进入物镜的光线显然减少，这样就降低了视野的光亮度；反之，若载玻片与物镜之间的介质为香柏油（其折射率是 $n=1.51$，与玻璃相当），当光线通过载玻片后，可直接通过香柏油进入物镜而不发生曲折（图 1-5）。

油镜的放大倍数最大，对微生物学研究最为重要。利用油镜能增加光亮度，更主要是能增加数值孔径（NA），即增加显微镜的分辨率。

所谓数值孔径，即光线投射到物镜上最大角度（镜口角）的一半（α）的正弦，乘上载玻片与物镜间介质的折射率（n）所得的乘积（NA=$n·\sin α$）。以空气为介质时：NA=1×0.87=0.87。而以香柏油为介质时：NA=1.51×0.87=1.31。

显微镜的分辨率=1/2 光波长度÷数值孔径=$1/2 λ ÷ NA$，它与物镜的数值孔径成反比，与光波波长成正比，因此物镜的数值孔径越大，光波波长越短，则显微镜能辨别两点之间的距离越小，被检物的细微结构也越能明显地被辨别出来。例如，用数值孔径为 1.25 的油镜时，能辨别两点之间的最小距离=1/0.55÷1.25=1.45（μm）。

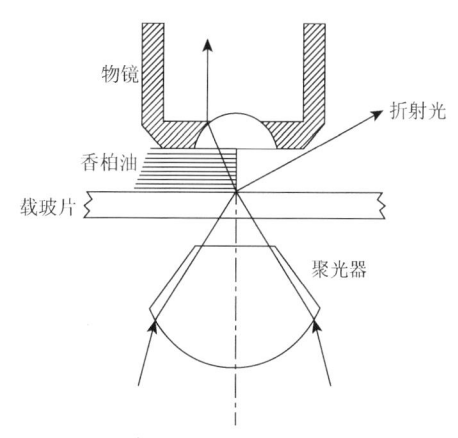

图 1-5　干燥系与油浸系对光路的影响

实验一　使用普通光学显微镜观察各种微生物标本片

一、目的要求

（1）复习普通光学显微镜各部分的结构、性能和工作原理。
（2）学习并掌握用低倍镜观察各种霉菌和酵母菌标本片的操作技术。
（3）学习并掌握高倍镜观察各种酵母菌和放线菌标本片的操作技术。
（4）学习并掌握用油镜观察各种细菌染色标本片的操作技术。
（5）掌握普通光学显微镜的维护及保养方法。

二、基本原理

普通光学显微镜（明视野显微镜）由机械装置和光学系统两大部分组成。在光学系统中，显微镜利用目镜和物镜两组透镜系统进行放大成像，故普通光学显微镜也称为复式显微镜。在显微镜的光学系统中，物镜的性能最为重要，因为它直接影响着显微镜的分辨率。在目镜保持不变（如 10×）的情况下，使用不同放大倍数的物镜，显微镜放大倍数和分辨率都不同。通常在配置的低倍镜、高倍镜和油镜中，油镜的放大倍数最大，使用方法较特殊，操作难度也相对较大。用油镜观察标本片时，需要在载玻片和镜头之间滴加香柏油，以增加显微镜的光亮度和分辨率。

在使用显微镜进行观察时，应根据所观察微生物的个体大小选用不同的物镜。例如，要观察霉菌、酵母菌、放线菌等个体较大的微生物形态时，可选择低倍镜或高倍镜，而要观察个体较小的细菌或细胞结构时，则宜选用放大倍数和分辨率最高的油镜。初学显微观察的学生，要求先学习操作低倍镜，因为低倍镜的视野较大，焦距较高，易发现目标，较易确定观察的位置。在熟练操作低倍镜的基础上再学习操作高倍镜，最后学习操作油镜，遵循从易到难，循序渐进的观察程序。

三、实验器材

（1）微生物标本：各种霉菌标本片、放线菌标本片、酵母菌标本片、细菌染色标本片。
（2）仪器设备：各种普通光学显微镜（备有光源）。
（3）其他材料：香柏油、二甲苯、擦镜纸。

四、实验内容及操作步骤

1. 显微镜的放置

（1）将显微镜放在平整的实验台上，放置要平稳且要便于采光。

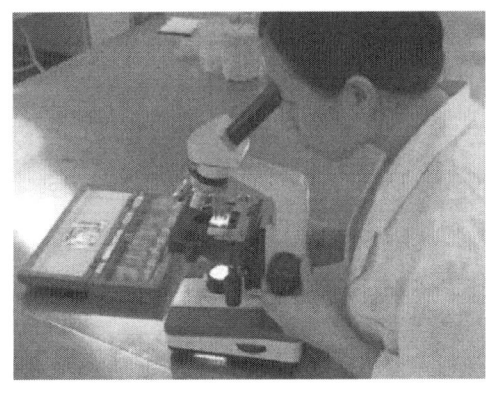

图 1-6　显微镜的放置与观察姿势

（2）镜座距实验台边缘 3~4cm。
（3）坐着观察时姿势要端正，双眼同时睁开。
（4）调节好凳子的高度或使镜筒稍倾斜（图 1-6）。

2. 调节照明

显微镜可采用白天的散射阳光或日光灯作为光源。

（1）先将聚光器升高，然后翻动反光镜并调节其角度，使视野内的光线均匀，光亮度适宜。
（2）对镜座内安装有光源的显微镜，可通过调节电压以获得适当的光亮度。
（3）根据光源的强度、所用物镜的放大倍数和所观察标本的不同，可升降聚光器和缩放光圈，以获得合适的光亮度。
（4）通常观察染色标本时光线要强，而观察未染色标本的光线不宜太强。

3. 用低倍镜观察霉菌的操作步骤

（1）装入目镜（10×或 12.5×），旋上低倍镜（10×）。
（2）将霉菌的标本片置于镜台上的标本片固定夹内，旋动标本移动器，使要观察的部位（琼脂片边缘生长的菌丝体）对准聚光器上面的透镜中心。
（3）从侧面注视，向下旋动粗调旋钮，使物镜下降至距标本片约 5mm 的高度。
（4）两眼同时睁开，用左眼在目镜上观察，两手向上缓慢旋动粗调旋钮使物镜上升（距标本片约 8mm），至视野中出现较满意的被检物，并可通过升降聚光器和缩放光圈适当调节光线的强弱。
（5）移动标本片，寻找较满意的被检物位点，放在视野中心，用细调旋钮向上或向下调至图像最清晰，仔细观察并绘图记录。
（6）观察完毕，用擦镜纸将物镜和目镜的透镜擦干净，放入干燥器内。

4. 用高倍镜观察酵母菌和放线菌的操作步骤

（1）由低倍镜转换高倍镜观察。低倍镜视野较宽，容易发现被检物和确定镜检位点，故可先用低倍镜观察，然后再改用高倍镜，其方法如下。

1）装入目镜（10×或 12.5×），同时旋上低倍镜和高倍镜（40×或 45×）。
2）将酵母菌或放线菌标本片固定于镜台上，并使镜检位点对准聚光器。

3）先用低倍镜如上法操作，待发现被检物后（视野中可见微小的酵母菌或放线菌），旋动转换器改用高倍镜。将光圈缩小，向上或向下稍微旋动细调旋钮，使被检物清晰可见。

（2）直接用高倍镜观察。

1）分别装入目镜（10×或12.5×）和高倍镜（40×或45×）。

2）将酵母菌或放线菌标本片固定于镜台上，并使镜检位点对准聚光器。

3）向下旋动粗调旋钮，同时从侧面注视，使高倍镜缓慢下降至距标本片约0.5mm的高度（很接近盖玻片但尚未接触）。

4）左眼注视目镜，两手向上（不能向下）微微旋动粗调旋钮使物镜上升（距标本片约0.7mm），发现视野中的被检物后，改用细调旋钮向上或向下旋动，至能清楚地观察到被检物；适当调节光线至物像最清晰为止，仔细观察并绘图记录。

注：若物镜上升超过1mm后，仍未发现被检物，应从第3）步起重复上述操作，切勿上下盲目升降，以防损坏镜头或标本片。

5. 用油镜观察细菌的操作步骤

（1）装入目镜（10×或12.5×），小心旋上油镜（100×或90×）。

（2）将聚光器上升到最高，光圈开到最大，以获得最强的光亮度。

（3）将细菌的染色标本片固定于镜台上，于被检物染色部位滴加一滴香柏油，调节标本移动器使油滴对准聚光器的透镜。

（4）从侧面注视，缓慢下降油镜至浸入油滴中，并几乎与标本片接触或轻微接触，但切勿重压标本片。

（5）左眼注视目镜，两手向上（切勿向下）微微旋动粗调旋钮使油镜很慢地上升（距标本片约0.14mm）。当视野中出现模糊的被检物时，改用细调旋钮向上或向下调至被检物物像清晰为止，仔细观察并绘图记录。

注：在向上旋动粗调旋钮时，若油镜已离开油滴而未发现被检物，则应从第（4）步起重复上述操作，切忌上下盲目升降。

6. 显微镜用毕后的维护及保养

（1）观察完毕，旋动粗调旋钮，上升镜筒，取下标本片。

（2）用擦镜纸抹去镜头上的香柏油，再用擦镜纸蘸少许二甲苯擦拭镜头上残留的油迹（2或3次），然后再用干净擦镜纸抹干残留的二甲苯。

（3）用擦镜纸擦拭其他物镜及目镜，将全部物镜及目镜取下，放入干燥器内保存。

（4）用柔软的绸布擦拭显微镜的金属部件。

（5）关闭光源，将反光镜垂直于镜座，将镜台降到最低位置，并降下聚光器。

（6）将整部显微镜用红黑两层布罩罩好，移置入镜箱中。

五、实验注意事项

（1）显微镜为精密仪器，在从箱中取出或放入时，应一手紧握镜臂，另一手托住镜座，并保持显微镜直立和平稳，防止振动和暴力。

（2）显微镜应放在通风干燥处，避免阳光直射或曝晒，避免与酸碱和腐蚀性的化学试剂等放在一起。

（3）在放置显微镜的镜箱内，应放有小袋装的干燥剂（硅胶或氯化钙），以避免受潮。

干燥剂要经常更换。

（4）物镜和目镜为贵重部件，必须保持清洁，若有灰尘应用擦镜纸擦拭，切忌用布或其他物品擦拭。

（5）油镜观察完毕后，在用擦镜纸蘸二甲苯擦拭油镜的透镜时，应注意二甲苯用量不能太多，也不能让其在镜头上停留时间过长，因为油镜上的几块透镜是用树胶黏合在一起的，过多的二甲苯将会溶解树胶，导致透镜脱落。

（6）显微镜在暂停使用时，勿使物镜与聚光器相对，宜将物镜转成"八"字形，同时缩短物镜和镜台之间的距离，避免因镜筒滑落而损坏物镜。

（7）盖玻片很薄，在操作中应注意不要用力过猛而压碎盖玻片；取放标本片时不要触摸到加有样品的部位，以免影响观察结果。

（8）用显微镜观察标本片时，一般应摘下近视眼镜。确需戴眼镜观察时，应注意眼镜不要与目镜接触，以免在镜片上留下划痕，影响观察。

六、实验报告与思考题

1. 实验结果

（1）将你所观察到的各种微生物个体形态，分四大类（霉菌、酵母菌、放线菌、细菌）绘成视野圆形图，并分别注明所用物镜及放大倍数。

（2）试列表比较低倍镜、高倍镜及油镜在各方面的不同之处。

2. 思考题

（1）你认为影响明视野显微镜分辨率的因素有哪些？

（2）应如何根据所观察四大类微生物大小的不同，选择不同的物镜进行有效观察？

（3）在使用高倍镜及油镜时，应特别注意避免粗调旋钮的哪些错误操作？

（4）用油镜观察细菌染色标本片时，在盖玻片和镜头之间滴加的香柏油起什么作用？

（5）用油镜观察时及观察完毕后，主要应注意哪些问题？

第二节　暗视野显微镜的操作技术

使用明视野显微镜对较透明的微生物活菌体进行观察时，通常需要对被检样品进行染色处理，以提高透明活菌体与明亮视野背景间的反差。因为明视野显微镜的照明属于透射照明，光线直接进入视野，菌体因与背景间反差过小而不易看清楚。本节介绍的暗视野显微镜（图 1-7、图 1-8）及下面两节介绍的相差显微镜、荧光显微镜，都是通过在成像原理上的改进，提高了在显微镜观察时被检样品与背景间的反差，从而实现对微生物活菌体的直接观察。

暗视野显微镜的视野背景是黑暗的，将明视野光学显微镜的聚光器更换为一个暗视野聚光器就成为一台暗视野显微镜了。暗视野聚光器的特别之处是，在其底部中央有一块遮光片，使来自光源的光线只能从聚光器的周缘部位斜射到标本片上。

暗视野聚光器有抛物面形和心形两种。以抛物面形聚光器为例，其透镜成斜度较小的抛物线形式，底部中央有一块遮光片，照明时其光路如图 1-9 所示。进入抛物面形聚光器的全部光线都集中地反射出来，恰好与被检样品处于同一平面上。用小口径物镜观察时，直射的光束不能投射入物镜中，视野变暗。如果在光线聚集的表面上存在着被检样品，则临近被检样品的光线就被散射并通过物镜进入眼中。

图1-7　低倍暗视野显微镜

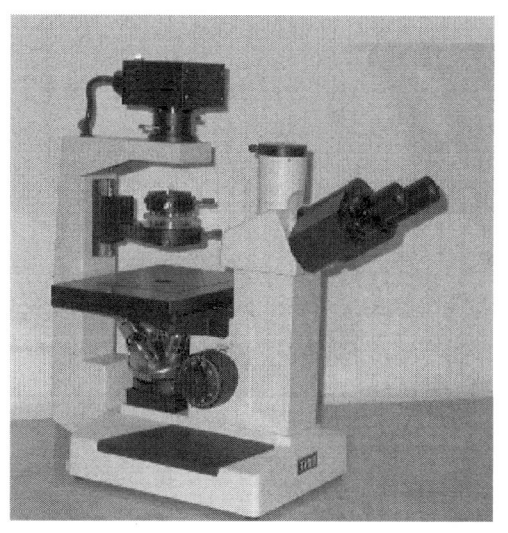

图1-8　高倍暗视野显微镜

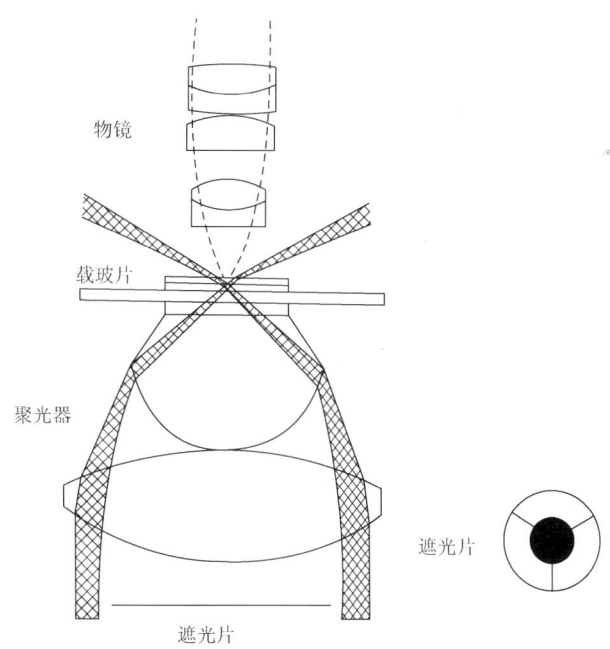

图1-9　暗视野显微镜光路示意图（引自诸葛健，2007）

暗视野显微镜形成了亮被检样品暗背景的观察效果，这是因为只有经过被检样品表面反射和折射的光线才能进入物镜形成成像，而其他未经反射或折射的光线不能进入物镜。这样，由于被检样品与背景之间的明暗反差很大，因此原来在明视野显微镜下不易看清的透明微小活菌体，若使用暗视野显微镜就可以在黑暗背景下清晰地观察到光亮的菌体了。但使用暗视野显微镜仅能看到菌体的轮廓，而看不清其内部结构，这是暗视野显微镜的不足之处。

使用暗视野显微镜，即使所观察的微粒小于显微镜的分辨率，仍然可通过微粒散射的光而发现其存在，故暗视野显微镜可用于观察活细菌及细菌鞭毛的运动性，也可用于鉴别酿酒酵母的死细胞与活细胞（活细胞外表比死细胞明亮）。

实验二　使用暗视野显微镜观察活菌体

一、目的要求

（1）了解暗视野显微镜的结构、原理和性能。
（2）掌握暗视野显微镜的操作技术。
（3）学会在暗视野显微镜下观察并鉴别酵母菌的死、活细胞。
（4）学会在暗视野显微镜下观察并识别活细菌的运动性。

二、基本原理

活的细菌细胞在明视野显微镜下观察是透明的，不易看清，因为明视野显微镜的照明光线直接进入视野，属透射照明。暗视野显微镜则可以清晰地观察到活菌体等透明的微小颗粒，也可以观察活细菌的运动性，这是由于它是利用特殊的聚光器实现斜射照明。

暗视野显微镜的照明光线不直接穿过物镜，而是由被检样品反射或折射后再进入物镜，因此整个视野是暗的，而被检样品是明亮的。在暗视野显微镜下由于被检样品与背景之间的反差增大，即使所观察微粒小于显微镜的分辨率，依然可以通过它们散射的光而发现其存在。

在进行暗视野显微镜观察时，因被检样品与背景之间的明暗反差很大，故形成了亮被检样品暗背景的观察效果，使原来在明视野光学显微镜下不易看清的透明微小活菌体，可以在黑暗背景下清晰地观察到明亮的菌体。

暗视野显微镜可用于观察鉴别酿酒酵母的死细胞与活细胞（活细胞外表比死细胞明亮），也可用于观察活细菌及识别细菌鞭毛的运动性。

使用暗视野显微镜时，应在聚光器与标本片之间充满香柏油，使照明光线不至于在聚光器上反射掉，而是照射到被检样品上并被散射而通过物镜。为了使聚光器的焦点对准被检样品，除应将聚光器的光轴与物镜的光轴严格调到同一直线上外，还要进行中心调节和调焦（图1-10）。

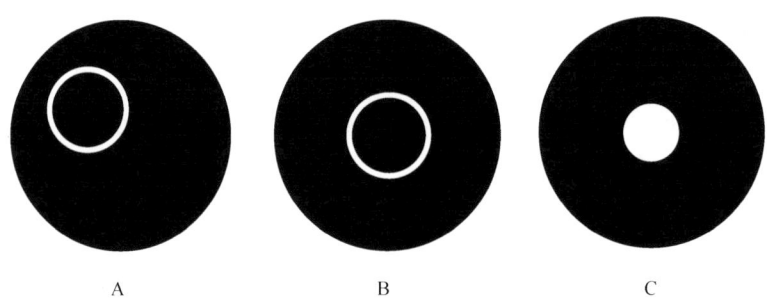

图1-10　暗视野聚光器的中心调节及调焦（引自沈萍和陈向东，2007）

A. 聚光器光轴与物镜光轴不一致；B. 聚光器焦点与被检样品不一致；C. 聚光器焦点与被检样品一致

在调焦时，要注意载玻片与盖玻片的厚度，若玻片过厚，则聚光器的焦点无法调到被检样品上。在用油镜观察标本时，通常采用抛物面形聚光器，所用载玻片厚度为 0.7~1.2mm，盖玻片厚度小于 0.17mm。

三、实验材料

（1）微生物菌种：酿酒酵母（*Saccharomyces cerevisiae*）、枯草芽孢杆菌（*Bacillus subtilis*）。
（2）仪器设备：暗视野聚光器、明视野显微镜（普通光学显微镜）。
（3）其他材料：载玻片、盖玻片、擦镜纸、滤纸、香柏油、二甲苯、其他。

四、实验内容及操作步骤

1. 换装暗视野聚光器
（1）取下明视野显微镜原有的聚光器，换上暗视野聚光器。
（2）上升暗视野聚光器，使聚光器的透镜顶端与镜台齐平。

2. 调节光源
（1）用强光源的显微镜灯（带会聚透镜）照明，将光圈孔调至最大。
（2）调节好光源和反光镜，使光源光线正对落在反光镜中央。

3. 放置酵母菌水浸片
（1）选厚度为 0.7~1.2mm 的干净载玻片一块。
（2）在载玻片中央加上一滴酿酒酵母的活性菌悬液（使含少量死细胞）。
（3）加上厚度为 0.10~0.17mm 的盖玻片（勿产生气泡），制成酵母菌水浸片。
（4）在聚光器透镜顶端的平面上，放一大滴香柏油。
（5）将酿酒酵母的水浸片放置于镜台上。
（6）升起聚光器，使载玻片的下表面与香柏油接触（勿产生气泡）。

4. 用低倍镜调节光亮度并聚焦被检样品
（1）先用低倍镜（10×）对光调节光亮度，上下移动聚光器调节其高度。
（2）将光源光圈关小些，可在黑暗视野中观察到一亮环。
（3）调节聚光器的调中螺旋，使亮环位于视野的中心，使聚光器与物镜的光轴相一致。
（4）微调聚光器高度，使亮环变成一亮光点，光点越小越好。
（5）逐步扩大光源光圈，使光点扩大，并略大于视野。

5. 用高倍物镜观察酵母菌
（1）换用高倍镜（40×），具体操作方法见实验一。
（2）稍微调节聚光器和反光镜，仔细旋动细调旋钮，使菌体更清晰。
（3）观察活性酿酒酵母的个体形态并绘图。
（4）在暗视野显微镜下，观察鉴别酵母菌的死细胞与活细胞并绘图。

6. 放置枯草芽孢杆菌水浸片
（1）取干净载玻片一块，在中央加上一滴活性枯草芽孢杆菌的幼龄菌悬液。
（2）加上盖玻片（勿产生气泡），制成枯草芽孢杆菌水浸片。
（3）在聚光器透镜顶端的平面上补加一滴香柏油。

（4）将枯草芽孢杆菌的水浸片放置于镜台上。
（5）升起聚光器，使载玻片的下表面与香柏油接触（勿产生气泡）。

7. 用油镜观察枯草芽孢杆菌
（1）换用油镜（100×），在盖玻片上加一滴香柏油。
（2）用油镜观察的具体操作方法见实验一。
（3）对光调节光亮度，并调节聚光器的高度以聚焦。
（4）稍微调节聚光器和反光镜，仔细旋动细调旋钮，使菌体更清晰。
（5）观察活性枯草芽孢杆菌的个体形态并绘图。
（6）在暗视野显微镜下，观察并识别幼龄枯草芽孢杆菌的运动性。

8. 观察完毕的清洁
（1）擦去聚光器上的香柏油，妥善清洁镜头及其他部件，见实验一。
（2）参照普通光学显微镜的要求，对用毕后的显微镜进行维护及保养。

五、实验注意事项

（1）选取的载玻片和盖玻片要求非常清洁，保证无油脂、无裂痕，以免反射光线。
（2）由于暗视野聚光器的数值孔径值较大（NA=1.2～1.4），焦点较浅，因此所选用的载玻片和盖玻片不宜太厚，通常选用的载玻片厚度为0.7～1.2mm,盖玻片厚度为0.10～0.17mm,否则被检样品将无法调在聚光器焦点处。
（3）聚光器与载玻片之间滴加的香柏油要充满，不能存有气泡，否则照明光线于聚光器上面将进行全面反射，不能到达被检样品，从而不能得到暗视野照明。
（4）在用低倍镜调节光亮度并聚焦被检样品时，开始是在载玻片上出现一个中间有一黑点的光环，应继续调至成为一明亮的光点，而且光点越小越好。当聚光器被调到准确位置时，可见视野中心有一圆点的光亮。

六、实验报告与思考题

1. 实验结果
（1）绘图并描述你在暗视野显微镜下观察到的酿酒酵母和枯草芽孢杆菌的形态特征。
（2）将你所观察到的酵母菌死细胞与活细胞进行绘图比较。
（3）将你所观察到的幼龄枯草芽孢杆菌的运动性进行绘图描述。

2. 思考题
（1）暗视野显微镜与明视野显微镜相比，在结构和工作原理上最大的差异是什么？
（2）使用暗视野显微镜观察时，对所用的载玻片、盖玻片、镜油有何要求？为什么？
（3）为什么在每次使用暗视野显微镜前，都必须检查聚光器和物镜的光轴是否一致？
（4）暗视野显微镜在光线较暗还是较明亮的环境里使用效果更好？

第三节　相差显微镜的操作技术

由于微生物活菌体是透明的，当光线通过菌体时，光的波长和振幅不发生变化，因此在观察时整个视野的亮度是均匀的。所以，透明的活菌体及细胞结构在普通光学显微镜下不易看到或看不清。在暗视野显微镜下可以看到活菌体的轮廓及运动情况，但不能看清楚细胞内部的某些细微结构，相差显微镜可以克服这方面的缺点（图1-11、图1-12）。

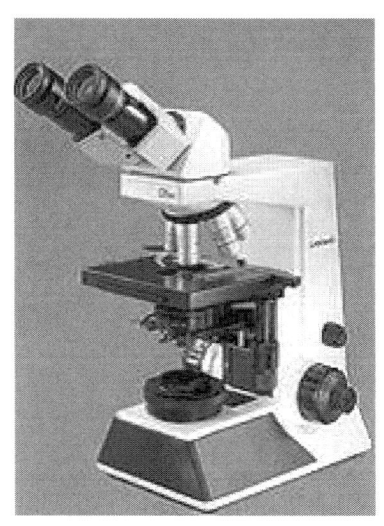

图1-11 研究型相差显微镜

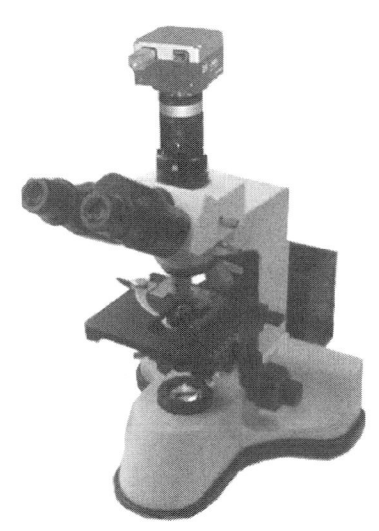

图1-12 带数码相机相差显微镜

相差显微镜与普通光学显微镜不同之处在于它带有 4 个特殊部件：装在聚光器下方的环状光阑、具有环状相板的相差物镜、用于合轴调节的低倍望远镜、用于滤光吸热的滤光片。

1. 装在聚光器下方的环状光阑

相差显微镜聚光器的光阑是环状光阑（图1-13A），其有一环状透明区，光线只能由此进入聚光器，再斜射到标本片上，产生直射光和绕射光。在聚光器的前焦平面上装有大小不同的环状光阑，环状光阑与聚光器一起组成转盘聚光器。聚光器转盘前端标示孔表示光阑种类（刻有 10×、20× 和 40× 等），不同放大倍数的物镜应与各自不同的环状光阑匹配使用。每个环状光阑是一透明的亮环，来自反光镜的光线从亮环通过，形成一个空心圆筒状的光柱，经聚光器后到达载玻片标本上。

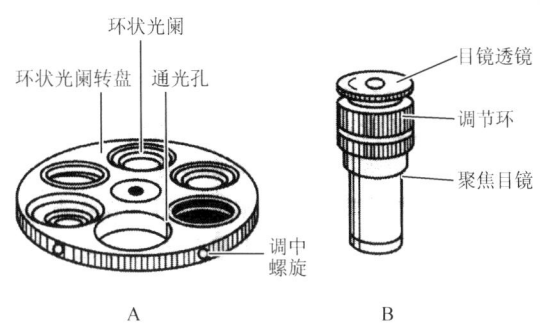

图1-13 相差显微镜环状光阑（A）和合轴调节望远镜（B）（引自诸葛健，2007）

2. 具有环状相板的相差物镜

带有环状相板的物镜称为相差物镜，相差物镜是相差显微镜的主要部件。环状相板安装在物镜的后焦平面上，环状相板由环状共扼面和补偿面两部分组成，分别透过直射光和绕射光。通过涂在相板上的吸收膜和推迟相位膜，直射光和绕射光会发生光强度减弱及相位改变。环状相板上的暗环与环状光阑上的亮环大小是配合的（图1-14）。当直射光通过相板暗环时，光波相对地提前或延迟1/4波长，约20%的直射光与绕射光发生干涉作用，将相位差变为振幅差。

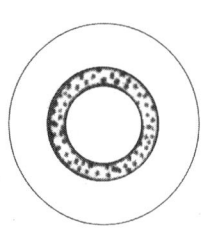

图1-14 相板上的暗环和环状光阑的亮环

如果是部分吸收绕射光，推迟直射光的相位，可产生明反差，即形成明亮的标本和暗的背景；反之，如果是部分吸收直射光，推迟绕射光的相位，则产生暗反差，即形成暗的标本和明亮的背景。

3. 用于合轴调节的低倍望远镜

相差物镜中的相位环和环状光阑的光环都很小，为保证两环的环孔相互吻合，光轴完全一致，必须使用特制的合轴望远镜（图1-13B）进行合轴调节。

合轴望远镜是一种特制的低倍（4~5倍）望远镜，用于合轴调节，即调节环状光阑的光环和相差物镜相位环的环孔相互吻合，保证光轴完全一致（图1-15）。使用时拔出目镜，将合轴望远镜安装在目镜镜筒两端，然后调节物镜的光轴与环状光阑的中心，使两者完全处于同一直线上，以减弱直射光通过的强度。

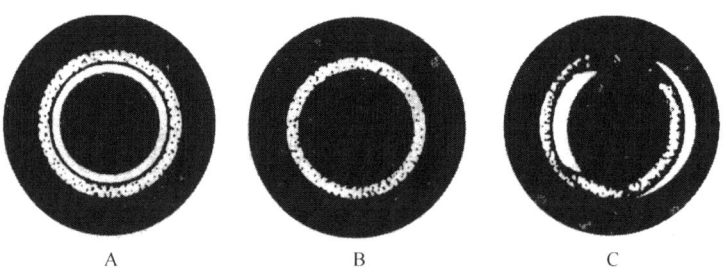

图1-15 相差显微镜照明合轴调节（引自沈萍和陈向东，2007）

A. 环状光阑的亮环小于相板的暗环；B. 环状光阑的亮环与相板的暗环完全重合；C. 环状光阑中心不合轴，双环偏离

4. 用于滤光吸热的滤光片

相差物镜多属消色差物镜，只纠正黄光、绿光的球差，而未纠正红光、蓝光的球差，因此进行相差显微镜观察时，一般都采用绿色滤光片。绿色滤光片效果最好，且有吸收红光和蓝光的作用，有利于进行活体观察。

相差显微镜就是通过环状光阑与相板的特殊构造,利用光波干涉的原理,把透过反差极小的透明标本的光分解成相位不同的衍射光和直射光,并使这两种光互相干涉,使通过标本的光波的相位差转变为振幅差,即光的波长和振幅都发生变化,使细胞内不同结构表现出明暗的差异,因而活细胞内的细微结构不用染色也能观察到(图1-16)。

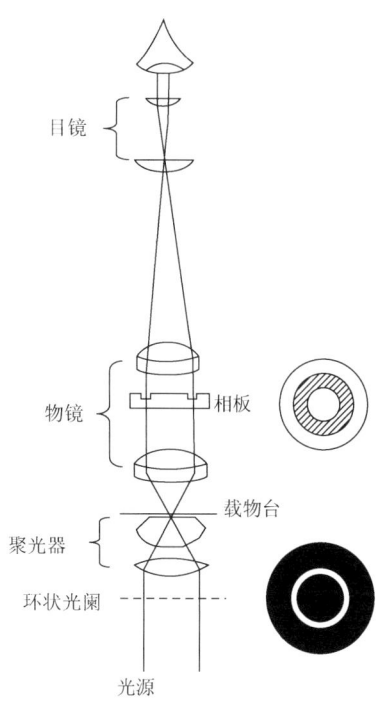

图1-16 相差显微镜光路示意图(引自沈萍和陈向东,2007)

实验三 使用相差显微镜观察啤酒酵母细胞内部结构

一、目的要求

(1)了解相差显微镜的结构、原理和性能。
(2)掌握相差显微镜的操作技术。
(3)学会在相差显微镜下观察酵母菌细胞的内部结构。

二、基本原理

用普通光学显微镜观察未经染色的活细胞时,其形态和内部结构往往难以分辨,这是因为光线通过较透明标本时,光的波长(颜色)和振幅(亮度)都没有明显的变化。

然而,20世纪40年代创立的相差显微技术,使人们不仅能清楚观察到活细胞的形态,而且还能看到细胞的内部结构及其变化过程。

透明活细胞内部的不同结构,其密度和折射率实际上是有差异的。当光线通过这些活细胞标本时,光波的相位也会因此发生变化,但在明暗和颜色上不表现出人眼可见的差异,故在明视野显微镜下,标本看起来是透明的。

相差显微技术的原理：活细胞各部分的折射率和厚度不同，光线通过这种标本时，直射光和衍射光的光程会有差别。随着光程的增加或减少，加快或落后的光波相位会发生改变，即产生相位差。相差显微镜能通过转盘聚光器的环状光阑和相差物镜的环状相板，将光的相位差转变为人眼可以觉察到的振幅差，即明暗差，使原来较透明的物体表现出明显的明暗差异，从而增强了对比度，使人们能较清楚地观察到活细胞形态及其内部的某些细微结构，而这些细微结构在明视野显微镜中是看不到或看不清的。

三、实验器材

（1）微生物菌种：啤酒酵母幼龄与老龄菌液。
（2）仪器设备：相差聚光器、相差物镜、普通光学显微镜。
（3）其他材料：载玻片、盖玻片、擦镜纸、滤纸、其他。

四、实验内容及操作步骤

1. 换装相差部件
（1）将普通光学显微镜的聚光器和物镜分别换成相差聚光器和相差物镜。
（2）将相差聚光器转盘刻度置"0"标记的位置。

2. 调节光源
（1）将强光源显微镜灯置于显微镜的前方，与平面反光镜相对。
（2）调节镜灯的位置和倾斜度，上下移动聚光器，使灯光投到聚光器的可变光阑上。
（3）取一块绿色滤光片放于滤光片托架上。

3. 放置啤酒酵母水浸片
（1）选厚度约为1.0mm的干净载玻片一块，在载玻片中央加上一滴啤酒酵母的活菌悬液。
（2）加上厚度约为0.17mm的盖玻片（勿产生气泡），制成酵母菌水浸片。
（3）将啤酒酵母的水浸片放置于镜台上。

4. 低倍相差物镜调光调焦
（1）用低倍相差物镜（10×）观察，在明视野下调节光亮度，然后调焦至能看清样品物像。
（2）将聚光器转盘刻度置"10"（与所用10×相差物镜相匹配）。
（3）把聚光器的光圈开足，以增加视野亮度。

5. 望远镜合轴调节
（1）取下目镜，换上合轴调节望远镜，并转动内筒使其上下升降，直到能看清物镜中的相板暗环。
（2）用聚光器的调中螺旋移动环状光阑的亮环，直至相板暗环与亮环两部分完全重合。
（3）按此法依次对其他放大倍数的物镜和相应的环状光阑进行合轴调节。

6. 高倍相差物镜观察
（1）取下合轴望远镜，换回普通目镜，按明视野显微镜的观察方法进行相差观察。
（2）将聚光器转盘刻度置"40"，换用高倍相差物镜（40×）观察，按上法重新调节中心，使光轴一致。
（3）仔细观察幼龄啤酒酵母的细胞核和细胞质并绘图。
（4）仔细观察老龄啤酒酵母的液泡和各种贮藏颗粒并绘图。

五、实验注意事项

（1）制作标本片用的载玻片厚度应均匀一致，在 1.0mm 左右，载玻片过厚时，环状光阑的亮环变大，过薄时则亮环变小，亮环均不能与相板的暗环一致。

（2）盖玻片的标准厚度应为 0.16~0.18mm，过厚或过薄时都会使像差、色差增加，影响观察效果。

（3）进行相差显微镜观察时，一般使用绿色滤光片效果最好，且绿色滤光片有吸热作用（吸收红光和蓝光），进行活体观察时比较有利。

（4）每次使用前都应利用合轴调节望远镜进行合轴调节，精确的合轴调中是取得良好观察效果的关键。若环状光阑的光环和相差物镜中的相位环不能精确吻合，会造成光路紊乱，失去相差显微镜的效果。

六、实验报告与思考题

1. 实验结果

（1）绘图并描述你在相差显微镜下观察到的啤酒酵母的形态特征。

（2）将你所观察到的幼龄啤酒酵母与老龄啤酒酵母细胞的内部结构绘图比较。

2. 思考题

（1）相差显微镜与暗视野显微镜相比，在结构和工作原理上的差别是什么？

（2）使用相差显微镜观察时，对所用的载玻片、盖玻片有何要求？为什么？

（3）为什么在每次使用相差显微镜前，都必须用合轴调节望远镜进行合轴调节？

第四节　荧光显微镜的操作技术

前面所介绍的显微镜，无论普通光学显微镜，还是暗视野、相差显微镜，它们都用来自光源的可见光对样品进行照明和成像，直接观察到的是样品的本色。而荧光显微镜观察到的物像，则是由样品被激发光激发后所发出的荧光形成的（图 1-17、图 1-18）。

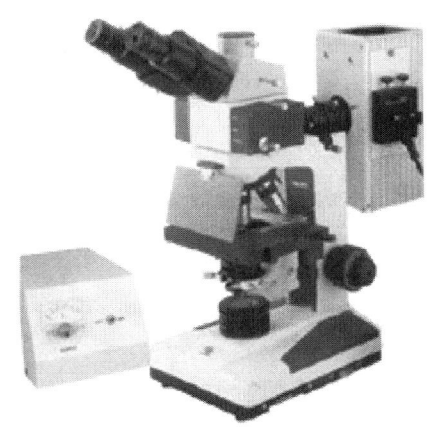
图 1-17　双目荧光生物显微镜

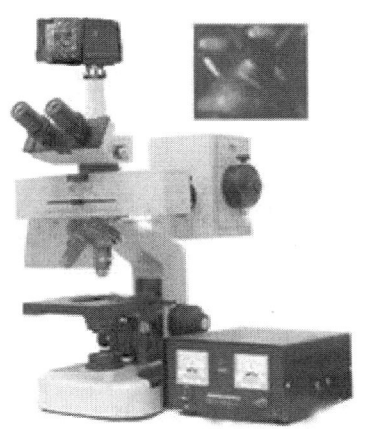
图 1-18　正置荧光显微镜

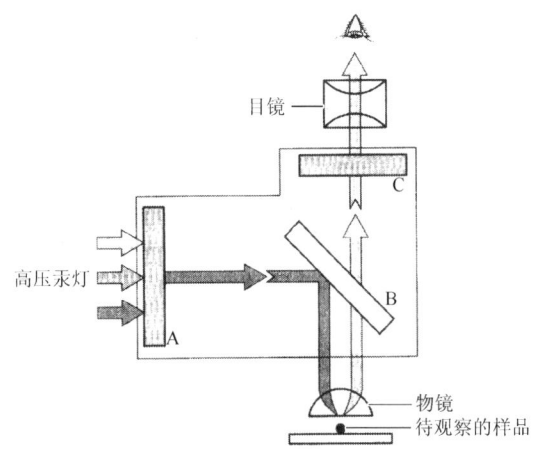

图 1-19　正置落射荧光显微镜的光路示意图
（引自沈萍和陈向东，2007）

A. 激发滤镜，选择通过特定波长的激发光；B. 二分色镜，反射波长在 510nm 以内的短波光，透过 510nm 以上的长波光；C. 阻断滤镜，滤掉短波光，透过长波光（荧光）

荧光显微镜与普通光学显微镜在基本结构上是相同的，不同之处有 4 点：①荧光显微镜通常采用高压汞灯或弧光灯作为产生强烈紫外光的光源；②通过吸热水槽吸收紫外光放出的热量；③配有一个激发滤镜（又称激发荧光滤光片），能滤掉来自高压汞灯的杂光，仅让特定波长的激发光透过，置于聚光器与光源之间；④有一套阻断滤镜（又称屏障滤光片），只允许特定波长的荧光通过，用于保护观察者的眼睛并降低视野亮度，安置在目镜的下方或物镜的上方（图 1-19）。

微生物细胞和细胞内的某些物质可以吸收激发光的辐射能而被激发。在紫外光或蓝紫光的激发下，微生物样品会产生荧光（可见光），可直接使用荧光显微镜进行观察。当光线通过物镜落射于微生物样品时，激发产生的荧光通过物镜进入目镜，视野照明均匀，成像清晰。对于自身不产生荧光的样品，需用荧光染料（荧光素）染色后再进行观察。

荧光显微镜的特点是灵敏度高，约为可见光显微镜的 100 倍，用途日益广泛。荧光显微镜早已应用于细菌、霉菌等微生物及细胞的形态观察和研究，现在又应用于检查和定位病毒、细菌、霉菌、原虫、寄生虫、组织抗原与抗体。生物发光蛋白（如绿色荧光蛋白 GFP）不需染色即可在荧光显微镜下观察到明显的荧光，使荧光观察技术得到进一步的发展。

实验四　使用荧光显微镜观察酵母菌和细菌的形态结构

一、目的要求

（1）了解荧光显微镜的结构、原理和性能。
（2）掌握荧光显微镜的操作技术。
（3）学会在荧光显微镜下观察酵母菌和细菌的形态结构。

二、基本原理

荧光显微镜是利用紫外光或蓝紫光（不可见光）的照射激发，使标本片内样品的荧光物质激发转化为各种不同颜色的荧光（可见光），再通过物镜进入目镜成像，可观察和分辨样品某些物质的性质与存在位置。

在进行荧光显微镜镜检时，若用暗视野聚光器使视野保持黑暗，这时荧光物像更加清晰易见，甚至原在明视野显微镜中无法分辨的细微颗粒也有可能被观察到。荧光显微镜可以用来区分死、活细胞，细菌计数，已广泛用于微生物检验及免疫学研究等。

对于自身不产生荧光的样品，需用荧光染料（荧光素）染色后再进行观察。有些荧光染料对某些微生物有选择性，有些荧光染料对细胞的不同结构具有不同的亲和力。

三、实验器材

（1）微生物菌种：酿酒酵母（Saccharomyces cerevisiae）斜面菌种、大肠杆菌（Escherichia coli）斜面菌种。

（2）试剂与溶液：0.01%吖啶橙水溶液、香柏油、二甲苯等。

（3）其他材料：荧光显微镜、载玻片、盖玻片、擦镜纸、滤纸、酒精灯、接种环。

四、实验内容及操作步骤

1. 制作酵母菌水浸片

（1）取一干净载玻片，在中央加一滴新配制的0.01%吖啶橙水溶液。

（2）用接种环挑取少量酿酒酵母斜面菌苔与吖啶橙溶液充分混匀，制成菌悬液，加上盖玻片（勿产生气泡），制成酵母菌水浸片。

（3）用接种环挑取少量大肠杆菌斜面菌苔，按上法制备水浸片。

2. 预热高压汞灯

（1）打开高压电源开关，按下激发按钮，点燃高压汞灯，预热15min。

（2）关闭紫外光光阑。

3. 用明视野观察酵母菌标本

（1）将制备的酵母菌水浸片放置于镜台上，用标本片固定夹固定好。

（2）打开普通照明光源，选用高倍镜聚焦，在明视野下观察标本。

4. 用荧光观察酵母菌标本

（1）关闭普通照明光源，根据观察需要选择开关G（绿光激发）或B（蓝光激发），以获得合适的激发紫外光。

（2）打开紫外光光阑，标本被激发产生荧光，从目镜进行荧光观察并绘图。

（3）调节紫外光光阑，控制激发紫外光的强度，并经常转换视野。

5. 观察细菌标本

（1）将制备的大肠杆菌水浸片置于镜台上，选用油镜聚焦，在明视野下观察标本。

（2）关闭普通照明光源，打开紫外光光阑，同上述方法进行荧光观察并绘图。

（3）观察完毕后，做好镜头的清洁工作，待灯室冷却至室温。

五、实验注意事项

（1）荧光显微镜使用的载玻片和盖玻片必须清洁，无油污，无划痕。

（2）使用油镜进行荧光显微镜观察时，必须用无荧光的镜油。

（3）使用荧光显微镜时宜先用明视野观察，寻找到标本后再转换光源。

（4）荧光镜检时应经常转换视野，以减轻激发光长时间照射造成的荧光衰减和淬灭现象。

（5）由于每种荧光物质都有一个产生最强荧光的激发光波长，被激发产生的荧光也具有专一性，因此应采用不同的激发滤镜/阻断滤镜组合。

（6）紫外光会伤害眼睛，使用荧光显微镜时切勿直视激发光。

（7）荧光显微镜应尽量在光线较暗的环境里使用。

六、实验报告与思考题

1. 实验结果
（1）绘图并描述你在荧光显微镜下观察到的大肠杆菌的形态特征。
（2）绘图并描述你在荧光显微镜下观察到的酿酒酵母的形态和细胞结构。

2. 思考题
（1）荧光显微镜与明视野显微镜相比，在结构和工作原理上有何差别？
（2）试列表分析比较相差显微镜、暗视野显微镜、荧光显微镜各自的特点。
（3）使用荧光显微镜观察时，对所用的载玻片、盖玻片有何要求？为什么？
（4）为什么高压汞灯关闭后不宜立即重新打开，需经至少 5min 后才能再启动？

第五节　电子显微镜的操作技术

1932 年，德国人 Ruska 及其同事，以波长比可见光短得多的电子束作为光源，以电磁透镜代替玻璃透镜，发明了世界上第一台透射电子显微镜。电子显微镜的问世，使显微镜的分辨能力可高达 0.1nm，放大倍数可高达 100 万倍。

随着电镜技术的迅猛发展，继透射电子显微镜（图 1-20）之后，又相继研制出扫描电镜（图 1-21）、扫描透射电镜、扫描隧道显微镜和具有分析功能的分析电镜等新型电镜。有了各种类型的电子显微镜，人们不仅可以清晰地观察到微生物的细胞器、病毒的细微结构，还能够观察到生物大分子物质，并能对生物进行综合性的功能研究。现在，电子显微镜及其显微技术已成为现代生物科学研究不可缺少的工具和手段。

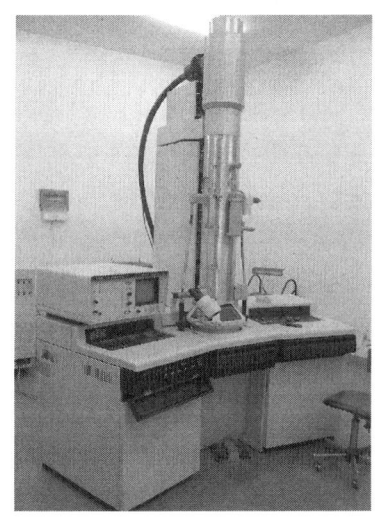

图 1-20　透射电子显微镜

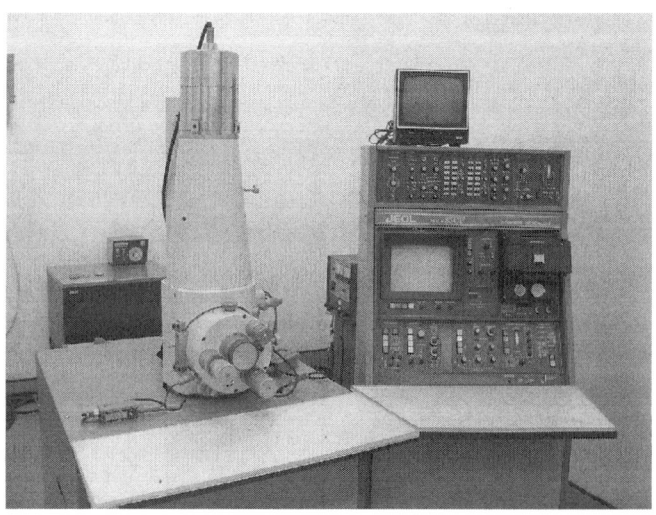

图 1-21　扫描电子显微镜

（一）透射电子显微镜

1. 透射电子显微镜的主要结构

透射电子显微镜的主要结构包括电子枪、电磁聚光器、电磁物镜、投影物镜、目镜、荧光屏或胶片等。图1-22为透射电镜的基本结构示意图，图1-23为透射电镜的工作原理示意图。

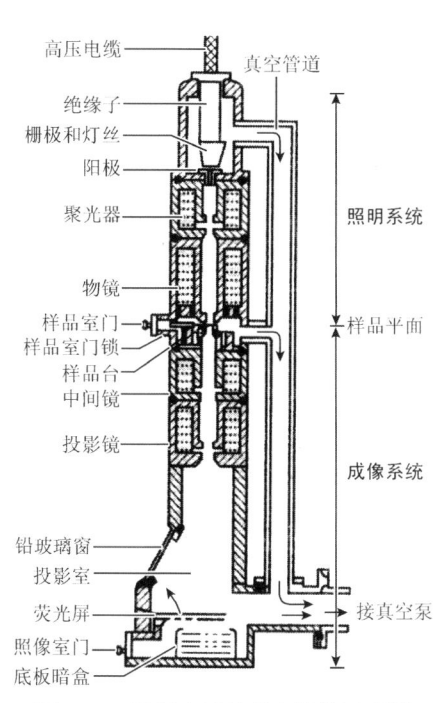

图1-22 透射电镜的基本结构示意图
（引自刘国生，2007）

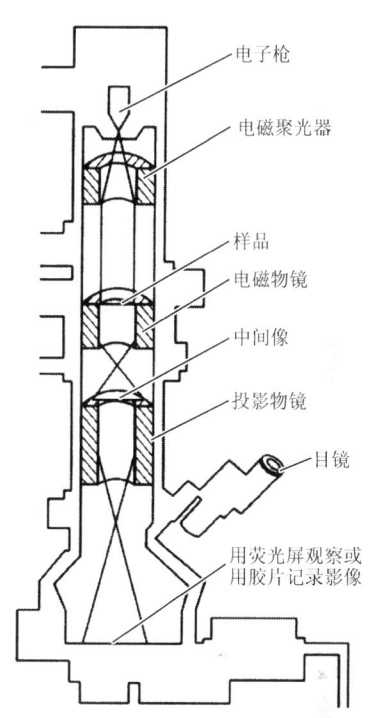

图1-23 透射电镜的工作原理示意图
（引自沈萍和陈向东，2007）

2. 透射电子显微镜的分辨率和放大倍数

透射电子显微镜以高速的电子束代替普通光学显微镜的光束，通过电磁透镜使样品放大成像。在高真空的电子枪内，在加速电压为100kV时，电子波波长为0.0037nm，其分辨率可达0.1nm，比普通光学显微镜的分辨率（200nm）提高了2000倍。

透射电子显微镜利用多个电磁透镜的组合得到逐级放大的电子像。通过增加电磁透镜的数目，可极大地提高放大倍数。电磁透镜的磁场越强，焦距越短，放大倍数也就越大。现代透射电镜的成像都采用短焦距的强磁透镜，其放大倍数不小于50万倍，最高的可达100万倍。

3. 透射电子显微镜的成像原理

透射电子显微镜物像的形成主要是基于电子的散射作用和干涉作用。由电子散射作用造成的反差以强度的变化显示出来，称为"振幅反差"。在用电子显微镜的低倍镜观察时，振幅反差是主要的反差源。人眼不可见的电子束通过电磁透镜放大了样品的物像，最终在电子显微镜的荧光屏上呈现出来。

电子束中的电子在与样品发生非弹性碰撞时，损失部分能量的电子运动速度减慢，它们与速度不变的电子会发生干涉作用，导致电子相位上产生变化，即引起"相位反差"，在荧光屏上会呈现亮暗区。在用高倍镜辨别极小的细微结构时，相位反差起主导作用。

（二）扫描电子显微镜

1. 扫描电子显微镜的主要结构

扫描电子显微镜的主要结构包括电子枪、电磁透镜、电子探测器、放大器、荧光屏等。

2. 扫描电子显微镜的分辨率和放大倍数

扫描电子显微镜主要用于观察样品的表面立体结构，进行表面形貌观察研究，还能得到有关样品的其他信息，具有明显的真实感，图像清晰逼真。扫描电镜的分辨率小于 6nm，总放大倍数为 20～100 000 倍，连续可调。

3. 扫描电子显微镜的成像原理

扫描电子显微镜与普通光学显微镜和透射电镜的工作原理不同，而是类似于电视，其成像原理为：电子枪发出的电子束被电磁透镜汇聚成极细的电子"探针"，在样品表面进行"扫描"（同时，荧光屏上的电子束也做同步扫描），电子束扫到之处，样品表面被激发放出二次电子并产生许多物理信号。二次电子由电子探测器收集，并被闪烁器转变成光信号，再经光电倍增管和放大器变成电压信号，用以控制荧光屏上电子束的强度。二次电子产生的多少与样品表面的立体形貌有关，样品上产生二次电子越多的地方，在荧光屏上相应的部位就越亮，反之则越暗，最终会得到一幅放大的样品立体图像。由于扫描电镜电子束孔径角极小，因此景深比透射电镜大得多，成像具有很强的立体感。

电子显微镜可以提供远高于各种形式普通光学显微镜的分辨率，可用于对细胞、病毒、生物大分子等样品进行观察，是微生物学研究的有力工具。

实验五　透射电镜微生物样品的制备与观察

一、目的要求

（1）了解透射电子显微镜的结构和工作原理。

（2）学习并掌握制备透射电镜微生物样品的操作技术。

（3）了解在透射电镜下观察噬菌体和酵母菌细胞结构的方法。

二、基本原理

透射电子显微镜所能达到的分辨率较普通光学显微镜大大提高，这主要是由于两者所采用的光源不同。透射电镜是由电子枪发射出来的电子束代替可见光作为光源的。电子枪由阴极、栅极和阳极 3 部分组成，电子枪发射出的电子束经过聚光器（电磁透镜）会聚于样品上，电子束穿过样品后经过物镜放大，再经过中间镜和投像镜进一步放大，最终将样品的像显现在荧光屏上。

电子显微镜与普通光学显微镜的差异的主要表现有：①电镜镜筒中要求高真空，保证电子在运行中不会因气体分子的影响而发生偏转，导致物像散乱；②电子是带电荷的粒子，电镜是用电磁透镜（电磁圈）产生磁场来使电子束发生折射、聚焦的；③电镜产生的电子像，人的肉眼是看不到的，需由荧光屏来显示或用感光胶片做记录。

根据电子束作用于样品方式的不同及成像原理的差异，现代电子显微镜已发展形成了许多种类型，目前最常用的是透射电子显微镜和扫描电子显微镜。电子显微镜不属于常规仪器，需要受过训练的专职人员进行操作,但电子显微镜各种微生物样品制备和观察的基本技术,对学生而言是必须掌握的。透射电子显微镜微生物样品制备时,要求所制备的微生物样品应尽可能完好地保存其活体状态时的结构。

透射电镜采用覆盖有支持膜的载网来承载被观察的微生物样品。最常用的载网是铜网,而支持膜可用塑料膜(如火棉胶膜、聚乙烯甲醛膜等),也可用碳膜或金属膜。透射电镜样品制备技术主要有下列3种。

1. 投影技术

在真空蒸发设备中,将铂或铬等对电子散射能力较强的金属原子,由微生物样品的斜上方进行喷镀,以提高反差。该法也可用于观察病毒、细菌鞭毛、生物大分子等微小颗粒。

2. 负染色技术

用高密度而在透射电镜下不显示结构的重金属物质(如磷钨酸、乙酸铀等)对样品进行"染色",在灰暗的背景中显示样品细微结构的染色技术称为负染色技术。负染色技术具有快速、简便易行和分辨率高等特点,病毒、细菌、离体细胞器、生物大分子等的形态大小和表面结构观察都可采用。例如,利用负染色技术能够清晰地观察到病毒(如噬菌体)的内部结构,因而该染色技术在生物学研究中得到广泛应用。

3. 超薄切片技术

生物样品经过取材、固定、清洗、脱水、浸透、包埋后,采用超薄切片机进行超薄切片,经染色后制成电镜样品的技术为超薄切片技术。在透射电镜的生物样品制备技术中,超薄切片技术是最基本的常规制样技术。用透射电镜观察生物组织的超薄切片,可以显示细胞的细微结构。

超薄切片技术是研究细胞及组织超微结构最常用、最重要的电镜样品制备技术。为了完好地保留生物样品的细微结构,获得清晰的电镜图像,超薄切片必须达到下列要求:①切片的包埋介质在电子束的照射下,不发生变形和升华;②切片的厚度约为50nm,不宜过薄或过厚;③超薄切片平整均匀,没有刀痕和皱褶,细胞超微结构保存良好;④经染色后的超薄切片,没有染色剂的沉淀污染。

本实验拟应用负染色技术制备透射电镜用的噬菌体样品,采用超薄切片技术制备透射电镜用的酵母菌超薄切片样品。通过该实验,有助于学生尽快掌握电镜制样和观察的基本技术,达到本实验预期的目的与要求。

三、实验器材

(1) 微生物菌种:感染噬菌体的谷氨酸发酵液、啤酒酵母培养液。

(2) 染色液:2%磷钨酸钠(pH6.5~8.0)染色液、乙酸双氧铀染色液、柠檬酸铅染色液。

(3) 试剂与溶液如下。

1) 3%戊二醛固定液,1%磷酸缓冲液,1%锇酸固定液,30%、50%、70%、90%、100%乙醇或丙酮溶液,环氧丙烷,1%NaOH溶液,双蒸水。

2) 十二烷基琥珀酸酐(DDSA)、邻苯二甲酸二丁酯(DBP)、2,4,6-三,二甲氨基甲基苯酚(DMP-30)、0.2%聚乙烯醇缩甲醛(formvar)二氯乙烷溶液。

(4) 仪器设备:透射电子显微镜、体视显微镜、特制玻璃制刀机、超薄切片机、离心机、烘箱。

(5) 其他材料:国产618号环氧树脂、包埋模、铜网(直径3mm)、接种环、滤纸、无菌镊子、大头针等。

（6）玻璃器皿：无菌滴管、玻璃量杯、玻璃搅拌棒、烧杯、培养皿、载玻片。

四、实验内容及操作步骤

（一）用负染色技术制备噬菌体透射电镜样品

1. 处理金属载网

（1）选用 400 目铜网，先用乙酸戊酯浸泡数小时。

（2）铜网用蒸馏水冲洗数次。

（3）将铜网浸泡在无水乙醇中进行脱水，备用。

2. 制备火棉胶支持膜

（1）在一干净培养皿中放入一定量无菌水。

（2）用无菌滴管吸取 2%火棉胶乙酸戊酯溶液，滴一滴于水面中央（勿振动）。

（3）待火棉胶在水面上形成一层薄膜后，用镊子将薄膜除掉。

（4）重复一次（2）、（3）操作以清除水面上杂质。

（5）适量滴一滴火棉胶液于水面，待膜形成后，检查膜平整无皱褶即可用。

3. 转移支持膜到载网

（1）将几片铜网轻轻放在制备好的火棉胶支持膜上。

（2）在铜网上再放一张滤纸，让其浸透。

（3）用无菌镊子将滤纸反转提出水面，放在干净培养皿中（有膜及铜网的一面朝上）。

（4）置 40℃烘箱中干燥，备用。

4. 制备噬菌体悬液

（1）取感染噬菌体的谷氨酸发酵液 20～30mL，于 4000r/min 离心 10min。

（2）取离心上清液，于 20 000r/min 低温高速离心 15～20min。

（3）小心弃去上清液，沉淀物加入少量 1%蛋白胨水（pH7.0），制成悬液。

（4）调整悬液的噬菌体浓度为 10^9～10^{10}pfu/mL。

5. 负染色结合滴液法制备电镜样品

（1）取噬菌体悬液与等量的 2%磷钨酸钠溶液混合染色，制成混合菌悬液。

（2）用无菌毛细吸管吸取混合菌悬液滴在铜网支持膜上。

（3）经 3～5min 后用滤纸吸去多余液体，待样品干燥，备观察用。

6. 透射电镜观察样品

（1）置低倍镜下，选择膜完整、菌体分布均匀的铜网备观察用。

（2）将载有样品的铜网置于透射电镜下观察。

（3）在电镜室专职人员指导下，由荧光屏观察噬菌体的形态结构。

（4）用感光胶片拍照记录噬菌体的形态结构。

（二）用超薄切片技术制备酵母菌透射电镜样品

1. 处理金属载网

（1）选用 400 目铜网，用乙酸戊酯浸泡数小时，再用蒸馏水冲洗。

（2）铜网在 1%NaOH 溶液中煮沸数分钟，用蒸馏水冲洗数次。
（3）将铜网浸漂在无水乙醇中进行脱水，备用。

2. 制备 formvar 支持膜
（1）将洁净的载玻片插入 0.2% formvar（聚乙烯醇缩甲醛）二氯乙烷溶液中，静置片刻。
（2）取出稍晾干，使玻璃片上形成一层薄膜，用刀片或针头将膜刻一矩形。
（3）将载玻片轻轻斜插入盛满无菌水的容器中。
（4）使膜与载玻片分离并漂浮在水面上，备用。

3. 转移 formvar 支持膜到载网
（1）将几片铜网轻轻放在制备好的 formvar 支持膜上。
（2）在铜网上面再放一张滤纸，让其浸透。
（3）用镊子将滤纸反转提出水面，放在干净培养皿中（有膜及铜网的一面朝上）。
（4）置 40℃烘箱中干燥，备用。

4. 制备酵母菌悬液
（1）取酵母菌培养液 5mL，于 2500r/min 离心 10min。
（2）弃尽上清液，加入无菌生理盐水，反复离心清洗数次。
（3）沉淀物加入无菌生理盐水制成菌悬液，备用。

5. 固定酵母菌细胞
（1）离心弃尽上清液，加入 3%戊二醛固定液，置于 4℃冰箱中固定 1h。
（2）离心弃尽上清液，加入 1%磷酸缓冲液，反复清洗数次，洗净多余戊二醛。
（3）离心弃尽上清液，将离心管置于 50℃水浴中，加入溶化并冷至 50℃的 1%琼脂少许。
（4）离心管置于冰浴中使琼脂凝固，取出琼脂包埋的酵母菌细胞团，切成 $1mm^3$ 小块。
（5）加入 1%锇酸固定液，置于室温固定 1h。
（6）加入 1%磷酸缓冲液，反复清洗数次，洗净多余的锇酸。
（7）于 4℃冰箱中加入 30%乙醇或丙酮脱水 10~15min，离心弃尽上清液。
（8）同上步操作，于 4℃冰箱中依次加入 50%、70%乙醇或丙酮脱水。
（9）于室温下，同上步操作，依次加入 90%、100%（各两次）乙醇或丙酮脱水。

6. 配制包埋剂
（1）依次加入环氧树脂 6mL、DDSA 4mL、DBP 0.4mL、DMP-30 0.2mL。
（2）充分搅拌，至环氧树脂颜色发白，置于 37℃烘箱中，排除气泡。

7. 包埋酵母菌小块
（1）浸透：加入 1/2 无水乙醇（或无水丙酮）+1/2 环氧丙烷 15min。
（2）加入环氧丙烷（两次，每次 15min）。
（3）加入 1/2 环氧丙烷+1/2 包埋剂 3h。
（4）加入包埋剂 2~3h。
（5）将包埋剂倒入包埋模，用牙签挑出酵母菌小块，放入包埋模。
（6）置于烘箱中按 37℃ 12h→45℃ 12h→60℃ 24h 依次进行。

8. 超薄切片
（1）用单面刀片割去包埋模。
（2）在体视显微镜下，用单面刀片修块，顶部露出酵母菌小块。

(3)用超薄切片机切片,切片厚度一般为50nm。

9. 透射电镜观察

(1)用镊子夹住铜网,用有 formvar 支持膜的一面捞切片。
(2)用乙酸双氧铀染色 30min,漂洗,放凉。
(3)用柠檬酸铅染色 5~10min,漂洗,放凉备用。
(4)将载有切片样品的铜网置于透射电镜下,由荧光屏观察酵母菌的细胞结构。
(5)用感光胶片拍照记录酵母菌的细胞内部结构。

五、实验注意事项

(1)铜网在使用前要进行处理,除去污物,否则会影响支持膜的质量及标本照片的清晰度。
(2)制备 formvar 支持膜时,所使用的载玻片一定要干净,否则膜难以从上面脱落;漂浮膜时动作要轻,手不能发抖,否则膜将发皱。同时,操作时应注意防风避尘,环境要干燥,所用溶剂也必须有足够的纯度,否则将对膜的质量产生不良影响。
(3)进行重金属负染操作时,应让滤纸轻轻接触铜网的侧下方,而不是从铜网的上方直接吸掉液体,这样可以保证在多余的液体被吸掉的同时样品能更好地铺到支持膜上。
(4)电子显微镜属于大型精密仪器,需要专职人员进行操作。
(5)学生到电镜室做实验时,应注意保持环境的整洁,未经允许不要随便触动电子显微镜上的各种旋钮、开关。

六、实验报告与思考题

1. 实验结果
(1)绘图并描述你在透射电子显微镜下观察到的噬菌体的形态结构。
(2)绘图并描述你在透射电子显微镜下观察到的酵母菌的细胞内部结构。

2. 思考题
(1)透射电子显微镜与普通光学显微镜相比,在结构和工作原理上有何差别?
(2)利用透射电子显微镜来观察的样品时,为什么要将样品放在以金属网作为支架的火棉胶支持膜或其他载膜上?
(3)在进行电镜生物样品制备时,通常还需采用重金属盐染色或金属喷镀,为什么?
(4)对所制备支持膜(载膜)的厚度、机械强度、导热性和稳定性有什么要求?

实验六 扫描电镜微生物样品的制备与观察

一、目的要求

(1)了解扫描电子显微镜的结构和工作原理。
(2)学习并掌握制备扫描电镜微生物样品的操作技术。
(3)了解在扫描电镜下观察酵母菌细胞立体形貌和表面结构的方法。

二、基本原理

扫描电子显微镜的成像原理与透射电子显微镜不同,由电子枪发射的电子束经聚光器和物镜（末级透镜）的汇聚作用缩小成为直径几十埃的电子探针。电子探针照射在样品上，样品表面被激发出二次电子，故扫描电镜的图像一般为二次电子图像。

扫描电子显微镜的特点是具有较大的景深，所产生的三维图像层次丰富、立体感强，在生物学的研究中用来观察各种细胞的表面结构。

扫描电子显微镜是利用电子束做光栅状扫描，以获取样品的形貌信息。在扫描电镜高真空模式下观察生物样品，要求样品必须干燥，不变形，并且表面能够导电。因此，在进行扫描电镜生物样品制备时，样品一般都需经过固定、清洗、脱水、临界点干燥、离子溅射及表面镀金等处理步骤之后才可用于观察。

三、实验器材

（1）微生物菌种：啤酒酵母斜面（培养时间 12～16h）。
（2）试剂与溶液如下。
1）3%戊二醛固定液、1%磷酸缓冲液、1%锇酸固定液。
2）30%、50%、70%、90%、100%乙醇或丙酮溶液，乙酸异戊酯。
（3）仪器设备：扫描电子显微镜、离心机、临界点干燥仪、离子溅射仪、CO_2 钢瓶。
（4）其他材料：临界点干燥样品篮、滤纸、滴管、接种环、铜片。

四、实验内容及操作步骤

1. 固定、清洗及脱水

（1）用接种环轻轻刮下斜面啤酒酵母菌苔。
（2）加入到装有 3%戊二醛固定液的离心管中，置于 4℃冰箱中固定 1h。
（3）于 3000r/min 离心 10min。
（4）弃尽上清液，加入 1%磷酸缓冲液，反复清洗数次。
（5）加入 1%锇酸固定液，置于 4℃冰箱 2h 或置于室温 1h。
（6）于 3000r/min 离心 10min。
（7）弃尽上清液，加入 1%磷酸缓冲液，反复清洗数次。
（8）于 4℃冰箱中加入 30%乙醇或丙酮脱水 10～15min，离心，弃尽上清液。
（9）同上步操作，于 4℃冰箱中依次加入 50%、70%乙醇或丙酮脱水。
（10）于室温下，同上步操作，依次加入 90%、100%（各两次）乙醇或丙酮脱水。

2. 用乙酸异戊酯置换乙醇

（1）加入 2/3 100%乙醇+1/3 乙酸异戊酯 15min，离心，弃尽上清液。
（2）加入 1/3 100%乙醇+2/3 乙酸异戊酯 15min，离心，弃尽上清液。
（3）加入乙酸异戊酯两次，每次 15min，且每次离心弃尽上清液。
（4）再加入少许乙酸异戊酯。

3. 临界点干燥

（1）用滴管取样品，置样品篮中的铜片上。
（2）将临界点干燥仪样品室预冷至 5℃，放入样品。
（3）注入液态 CO_2（占样品室 70%～80%的空间）。

(4)在样品室 15～17℃的条件下放置 20min（样品室的压力为 50～60bar[①]）。
(5)在样品室 40℃的条件下放置 10min（样品室的压力为 70～80bar）。
(6)在 40℃的条件下，使样品汽化缓缓（100～500mL/min）放出 CO_2 气体进行干燥。
(7)在样品室的压力降至 30bar 时，样品室的温度降至室温。
(8)在样品室的压力降为 0 以后，取出样品。

4. 离子溅射
(1)将样品放入离子溅射仪样品室。
(2)抽真空至 $10^{-1.5}$bar，在电流为 8～10mA 条件下离子溅射 6min。

5. 扫描电镜观察
(1)取出样品在扫描电镜下观察酵母菌的三维图像。
(2)拍照记录酵母菌的立体形貌和细胞表面结构。

五、实验注意事项

(1)生物样品的精细结构易遭破坏，为使生物样品能最大限度地保持生活时的形态，在进行制样处理和进行电镜观察前必须进行固定处理。

(2)在对样品进行干燥处理时，为了尽量减少由表面张力引起的自然形态变化，必须采用水溶性的、低表面张力的有机溶液如乙醇等对样品进行梯度脱水处理。

(3)为了完全消除表面张力对样品结构的破坏，宜采用临界点干燥法。

(4)扫描电子显微镜属于大型精密仪器，需要专职人员进行维护和操作。

(5)学生在电镜室应注意保持环境的整洁，不要随便触动电镜上的各种旋钮和开关。

六、实验报告与思考题

1. 实验结果
绘图并描述你在扫描电镜下观察到的酵母菌的三维立体形貌和细胞表面结构。

2. 思考题
(1)扫描电子显微镜与透射电子显微镜相比，在结构和工作原理上有何差别？
(2)扫描电子显微镜为什么可以将样品固定在盖玻片上进行观察？
(3)采用离心洗涤的手段将菌体依次固定及脱水，此法有何优点？

---

① 1bar=10^5Pa

第二章　工业微生物的形态观察、制片及染色技术

微生物的形态包括群体（菌落）形态和个体形态，群体形态又称微生物的培养特征。例如，细菌在固体培养基上生长可形成菌落或菌苔。菌落（colony）是细菌接种在固体培养基后，在适宜的条件下以母细胞为中心迅速生长繁殖所形成的肉眼可见的子细胞团。由一个单细胞繁殖而成的菌落称为单菌落，可认为是细菌的纯培养物，即纯种。各种微生物都可在固体培养基上生长形成一定特征的菌落或菌苔，有利于人们观察和鉴别各种不同的微生物。微生物的个体形态主要是指单细胞形态。例如，细菌按细胞形态基本上可分为球状、杆状、螺旋状3种，分别称为球菌、杆菌和螺旋菌。但微生物个体细胞微小，必须制作成各种显微标本片，置于显微镜下放大才能观察到其个体形态。

利用显微镜对微生物细胞形态、结构、大小和排列方式进行观察前，先要将微生物样品置于载玻片上制成各种标本片。为了能够观察到真实完整的微生物个体形态与结构，还要根据不同微生物的特点，采取不同的制片及染色方法。

由于绝大多数微生物个体细胞微小，且含有大量水分而较透明，在光学显微镜下与周围的背景没有明显的明暗差，难以将其与背景区分而看不清。因此，除极少数微生物，以及需在显微镜下观察活体微生物的运动性或直接计算细胞数外，大多数情况下，在使用显微镜对微生物进行观察前，都必须利用染料对微生物进行染色，使着色细胞或结构与背景形成鲜明对比，这样才能在显微镜下进行清楚地观察。

微生物显微标本片的制作是显微技术的首个重要环节，直接影响着显微观察和研究微生物样品的效果。制备显微标本片时，一方面应根据所使用显微镜的特点，采用合适的制片方法；另一方面应根据样品的特点，使被观察微生物样品的生理结构保持稳定，并通过各种手段提高其反差。

由于微生物的种类繁多，不同微生物细胞结构各异，对各类细胞染料的结合能力不同，在制片与染色过程中微生物的形态与结构均发生一些变化，不能完全代表其生活细胞的真实情况。因此在实际应用中，必须根据所要观察微生物细胞的特点及不同的观察目标，选用适宜的制片与染色技术，这样才能获得较理想的观察结果。

制片与染色的一般程序包括制片、干燥、固定、染色、水洗和干燥等步骤。染色方法一般有单染色法、复染色法和负染色法3种。微生物染色是借助细胞及细胞质对染料的毛细现

象，渗透、吸附作用等及细胞物质和染料发生的各种化学反应而进行的。染料可按其电离后所带电荷的性质分为酸性染料、碱性染料、中性（复合）染料和单纯染料四大类。应根据不同的染色材料及不同的观察目的选用相应染料配制的染色剂。

实验室最常用普通光学显微镜来进行微生物形态学特征的观察，因此本章着重介绍普通光学显微镜用的微生物显微标本片制备技术，包括酵母菌和霉菌的制片、染色技术及形态观察；细菌和放线菌的制片、染色技术及形态观察；细菌特殊结构的制片、染色技术及形态观察。

通过本章实验训练，要求学生基本掌握：①微生物菌落形态特征观察与鉴别技术；②微生物制片技术；③微生物简单染色技术；④细菌革兰氏染色技术；⑤细菌特殊结构染色技术；⑥微生物个体形态观察与鉴别技术。

本章的主要内容包括：①酵母菌和霉菌的形态观察及制片技术；②细菌和放线菌的形态观察及制片技术。本章共设置3个基础性实验（实验七至实验九）。

第一节　酵母菌和霉菌的形态观察及制片技术

一、酵母菌形态与观察

1. 细胞结构

酵母菌是单细胞真菌，细胞核与细胞质已有明显分化，属真核微生物。其细胞结构除细胞壁、细胞膜、细胞质和细胞核外，还有明显的内含颗粒、液泡、线粒体等。

2. 个体形态

酵母菌细胞比细菌细胞大得多，其细胞形态多样，依种类不同而异，有球形、椭圆形、卵圆形、柠檬形、腊肠形和菌丝形等（图2-1）。

3. 繁殖方式

不少酵母菌兼具无性和有性两种繁殖方式。无性繁殖主要是出芽生殖，仅裂殖酵母行分裂生殖。有性繁殖是通过接合产生子囊孢子（用麦氏斜面培养基培养）。有些酵母菌在特殊条件下（如在马铃薯琼脂培养基上），其细胞伸长成圆筒形并互相连接，呈分枝的假菌丝状（图2-2）。

4. 制片观察

单细胞的酵母菌个体形态与出芽生殖方式，通常采用简单的美蓝（亚甲蓝）染液水浸片法或水-碘液浸片法进行观察。采用美蓝染液水浸片法还可以对酵母菌的死、活细胞进行鉴别。因为美蓝对细胞无毒，其氧化型呈蓝色，还原型无色。由于新陈代谢，活细胞内有较强还原能力，使美蓝由蓝色氧化型转变成无色还原型，染色后活细胞呈无色；死细胞或代谢能力微弱的衰老细胞内还原能力弱，染色后细胞呈蓝色或淡蓝色。

5. 菌落形态

酵母菌的菌落与细菌相似，但比细菌菌落大且厚（图2-3）。菌种的大小、形状、颜色、质地、光泽、表面和边缘特征均可作为酵母菌菌种鉴定的依据。

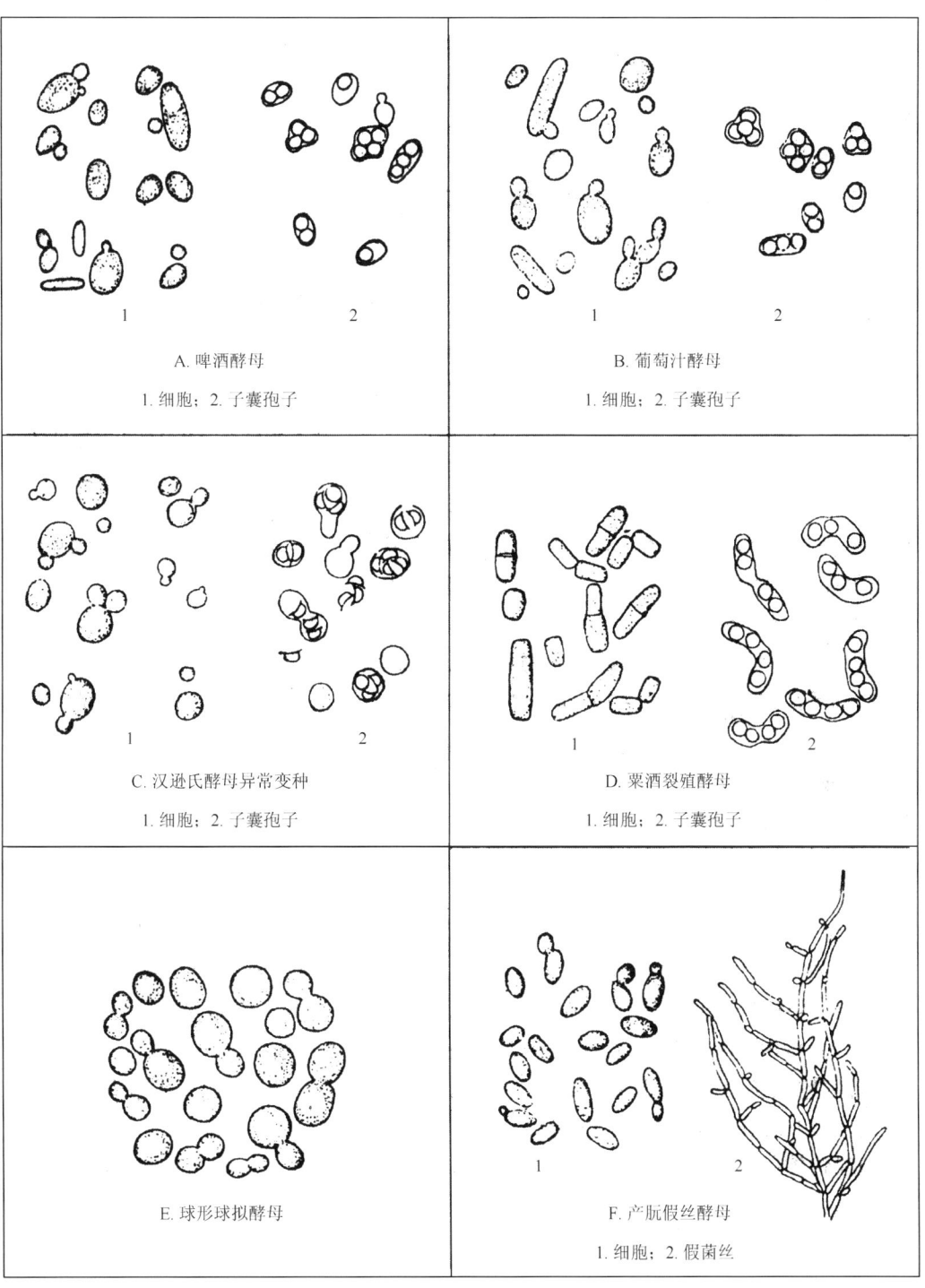

图 2-1 几种酵母菌的个体形态

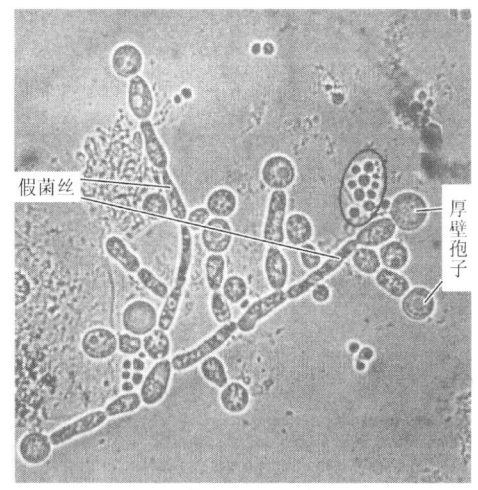
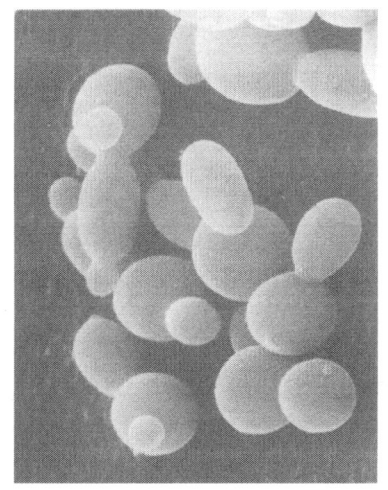

在马铃薯琼脂上呈假菌丝状　　　　　　在普通培养基中呈球状

图 2-2　假丝酵母的繁殖方式

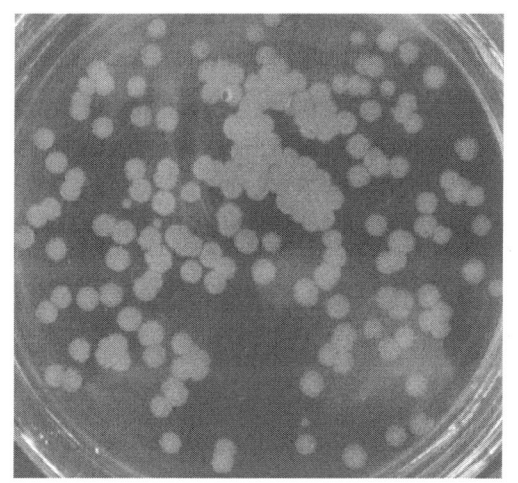
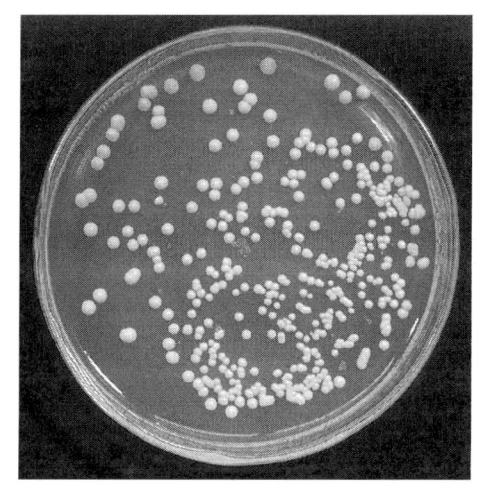

假丝酵母的菌落　　　　　　　　　酿酒酵母的菌落

图 2-3　酵母菌的菌落形态

二、霉菌形态与观察

1. 细胞结构

霉菌是一些小型丝状真菌，单细胞（如根霉、毛霉）或多细胞（如曲霉、青霉）。其细胞结构与酵母菌类似，同属真核细胞。

2. 个体形态

霉菌形态较复杂，个体较大，具有分枝的菌丝体和分化的繁殖器官。其菌丝分为气生菌丝与营养菌丝（菌丝比放线菌粗得多）。观察时请注意菌丝是否具有横隔膜，有无假根，无性繁殖时形成何种孢子、孢子的着生方式及孢子头的构造等，以区别各种不同霉菌的形态（图 2-4～图 2-7）。

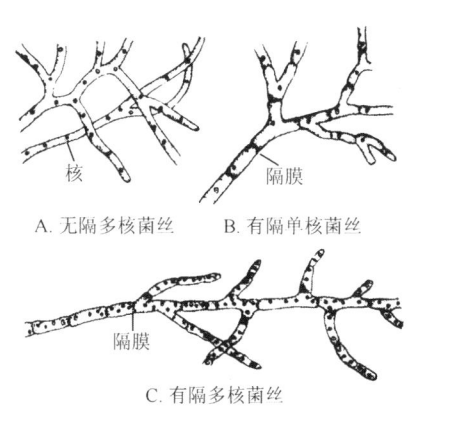

图 2-4　霉菌的菌丝类型

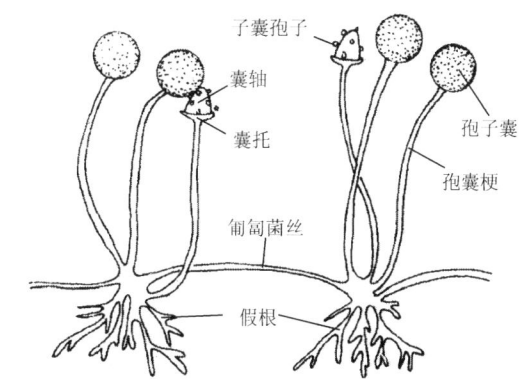

图 2-5　根霉的形态

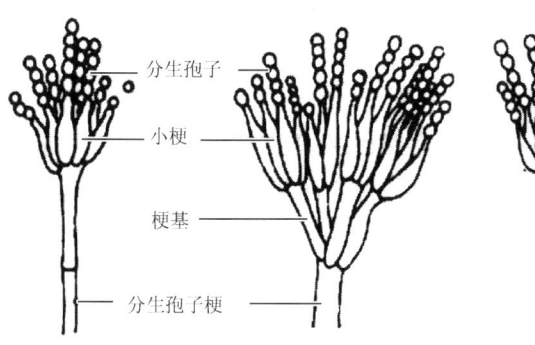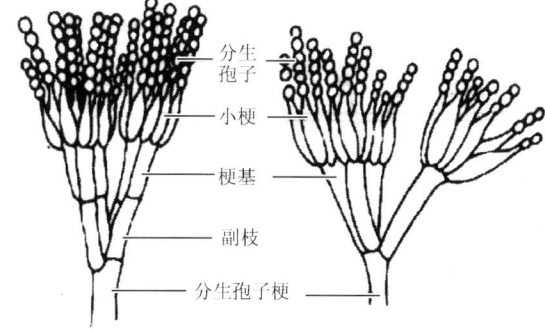

图 2-6　青霉的分生孢子穗

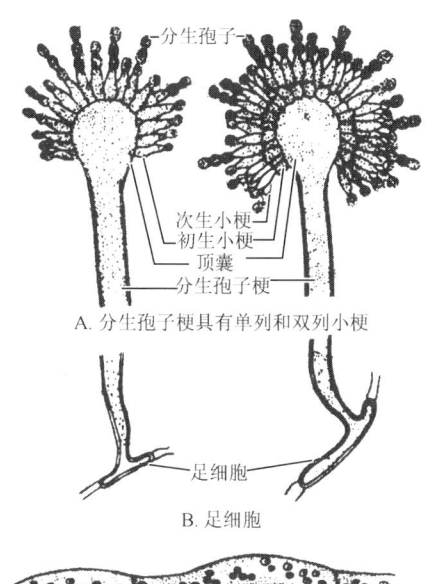

图 2-7　曲霉的形态

3. 菌落形态

霉菌菌落由分枝状菌丝组成，较疏松，呈毛状、棉絮状、绒毛状或毡状。由于不同霉菌形成的孢子具有不同的颜色、构造、形状，因此菌落表面呈现出不同的结构和色泽特征。菌丝一般呈白色或灰白色。菌落中心的菌丝较老，先产生孢子，故常形成向心圆（图 2-8）。

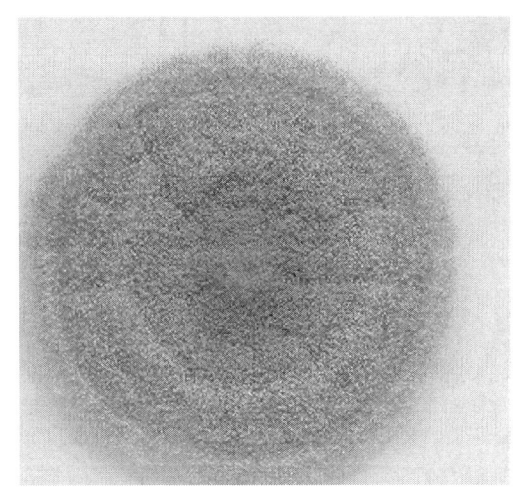

米曲霉的菌落　　　　　　　　　产黄青霉的菌落

图 2-8　霉菌的菌落形态

4. 制片观察

制作霉菌标本片时，一般可利用乳酸石炭酸棉蓝染液进行染色，盖上盖玻片后进行观察。乳酸可以保持菌体不变形，石炭酸可以杀死菌体及孢子并可防腐，棉蓝使菌体着色。这种霉菌标本片不易干燥，能防止菌丝细胞及孢子飞散。

为了得到清晰、完整、保持自然状态的霉菌形态，还可采用湿室载玻片培养法或玻璃纸透析培养法制备标本片。前者是通过无菌操作将薄层培养基琼脂小片置于载玻片上，接种后盖上盖玻片培养，使菌丝体在盖玻片和载玻片之间的培养基上生长。将培养物直接置于显微镜下，可连续观察不同发育期菌体结构的特征变化，也可观察到霉菌自然的生长状态，若用树胶封固后还可制成永久标本片长期保存，是一种观察丝状菌的理想制片方法。有些形成假菌丝的假丝酵母，用接种针挑取时容易断裂，通过水浸片无法看到假菌丝的形成全过程，可采用湿室载玻片培养法，使酵母菌在一个相对独立的环境中生长，随时观察酵母菌假菌丝形成情况。

实验七　酵母菌和霉菌的制片、染色技术及形态观察

一、目的要求

（1）识别各种酵母菌和霉菌的群体形态（菌落）特征。
（2）学会酵母菌和霉菌的一般制片方法。
（3）观察并掌握各种酵母菌和霉菌的个体形态及生长繁殖方式。

(4)进一步熟练掌握显微镜低倍镜和高倍镜的使用技术。

二、基本原理

酵母菌的个体形态一般可采用水浸片进行活体观察,即将酵母菌细胞置于一滴生理盐水中,在液滴上加盖一张盖玻片制成水浸片,在高倍镜(40×)和较暗的光照下直接观察。该法称为压滴法,与悬滴法的原理类似。酵母菌也常用美蓝、稀碘液等低毒性的、易与细胞结合的染料进行活体染色,以此来区别幼龄活菌、衰老细胞与死菌。对于能形成假菌丝的假丝酵母,通过水浸片无法看到假菌丝的形成全过程,可采用湿室载玻片培养法制备标本片。

若用水作介质制作霉菌菌丝标本片,标本常因渗透作用而膨胀,而且水易使菌丝、孢子和气泡混合成团,难以观察。目前,霉菌制片时最理想的介质是乳酸石炭酸油。霉菌菌丝染色常常不均匀,幼龄菌丝易着色,一般最简单的染色方法是将染料和乳酸石炭酸油介质混合后染色。例如,将棉蓝、苦味酸等少数几种染料和乳酸石炭酸油均匀混合即可染色。为了得到清晰、完整、保持自然状态的霉菌形态,还可采用湿室载玻片培养法或玻璃纸透析培养法制备标本片。

三、实验器材

(1)微生物菌种如下。

1)平板单菌落培养物(供观察菌落特征及制片用):酿酒酵母(*Saccharomyces cerevisiae*)、卡尔斯伯酵母(*Saccharomyces carlsbergensis*)、热带假丝酵母(*Candida tropicalis*);米根霉(*Rhizopus oryzae*)、鲁氏毛霉(*Mucor rouxianus*)、黑曲霉(*Aspergillus niger*)、黄曲霉(*Aspergillus flavus*)、产黄青霉(*Penicillium chrysogenum*)。

2)斜面培养物(供观察菌苔特征用):菌种同上。

3)试管液体培养物(供制作水浸片用):酿酒酵母、卡尔斯伯酵母。

(2)示教标本片:霉菌(以湿室载玻片培养法制作)、酵母菌子囊孢子(用麦氏培养基培养)。

(3)演示装置:湿室载玻片培养法制片演示装置、公共示范镜(毛霉、啤酒酵母子囊孢子、假丝酵母假菌丝,每种示范镜各备3台)。

(4)染色液(观察酵母菌形态用):0.1%美蓝染液、碘液(革兰氏B液)、孔雀绿染液、95%的乙醇、番红复染液。

(5)乳酸石炭酸棉蓝染液(观察霉菌形态用):乳酸(密度1.2)10mL、石炭酸10g、甘油(密度1.25)20mL、棉蓝0.02g、蒸馏水10mL。

配制方法:先将石炭酸放入蒸馏水中加热溶解,然后慢慢加入乳酸和甘油,最后加入棉蓝,使其溶解即成。

(6)其他材料:普通光学显微镜、酒精灯、接种针、胶头吸管、载玻片、盖玻片等。

四、实验内容及操作步骤

(一)菌落特征和菌苔特征的观察

1. 观察菌落和菌苔

(1)详细观察并比较各种酵母菌平板菌落和斜面菌苔的特征,并初步加以识别。

(2)详细观察并比较各种霉菌平板菌落和斜面菌苔的特征,并初步加以识别。

2. 记录菌落形态特征

（1）参考下列描述方法，列表记录啤酒酵母、假丝酵母的菌落特征。

酵母菌菌落形态特征的描述（供参考）有以下几个方面。

形状：圆形、近圆形。

大小：测量直径 Φ=（　　　）mm（注明培养时间）。

厚薄：厚度约（　　　）mm。

质地：软质、油脂状、蜡脂状等。

颜色：乳白、灰白、淡黄、奶油、黄褐、橙红等。

表面：平坦、灰白、光滑、粗糙、皱褶、有无光泽等。

边缘：整齐、缺刻状、锯齿状、菌丝状等。

隆起状：低凸、中凸、中凹、台状、平坦等。

（2）参考下列描述方法，列表记录根霉、曲霉（黄曲霉或黑曲霉）、青霉的菌落特征。

霉菌菌落形态特征的描述（供参考）有以下几个方面。

形状：圆形、近圆形。

厚薄：厚度约（　　　）mm。

质地：毛状、棉白色或灰白色。

颜色：孢子（　　　）色、背面（　　　）色。

表面：紧密、疏松、粉状、同心圆、辐射状沟纹。

隆起状：扩展、低凸面、台状、中凹、褶皱凸面。

（二）酵母菌显微标本片的制作

1. 酵母菌水浸片的制作

（1）用镊子夹取干净载玻片一块，于酒精灯火焰上烧干净，除去油类等有机物质，平放于载玻片架上冷却。

（2）用胶头吸管取新鲜酵母菌菌液，滴加一小滴菌液于载玻片中央。

（3）夹取干净盖玻片一块，将盖玻片斜置，一边先接触液滴，慢慢放下，盖在液滴上，勿产生气泡。

（4）标注菌名，备观察用（图2-9）。

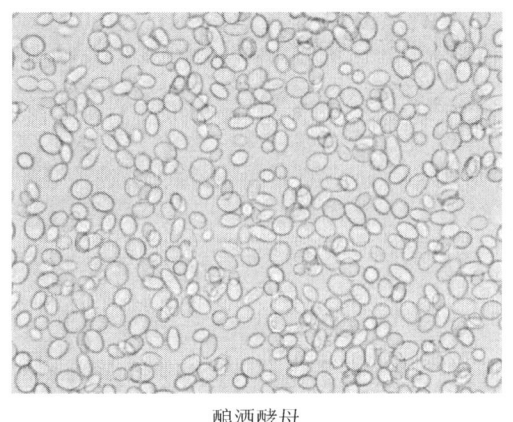
酿酒酵母

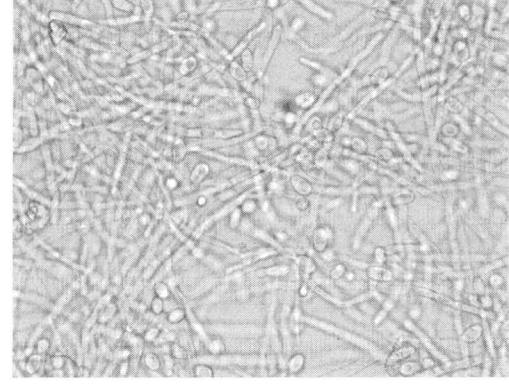
假丝酵母

图2-9 酵母菌水浸片的形态观察

2. 酵母菌美蓝水浸片的制作

（1）美蓝染色：在载玻片中央加一滴 0.1%美蓝染液，用接种环取少量酵母菌培养物，与染液混合均匀。

（2）加盖玻片：用镊子取一块洁净盖玻片，将一边与菌液接触，再慢慢放下盖在菌液上（勿产生气泡）。

（3）观察鉴别：先用低倍镜再换用高倍镜，观察酵母菌的形态、出芽情况。根据是否染上颜色来区别死、活细胞（与美蓝染液浓度、作用时间等有关）。

3. 酵母菌碘液水浸片的制作

（1）制片：取一小滴革兰氏染色用碘液加在载玻片中央，在其上再加 3 小滴水。取少许酵母菌菌苔放在水-碘液中混匀。

（2）加盖玻片：按上法加上盖玻片，用高倍镜观察酵母菌形态和出芽情况。

4. 酵母菌子囊孢子染色标本片的制作

（1）菌种活化：将酿酒酵母移接到新配制的麦芽汁琼脂斜面上，于 28～30℃培养 1 天。按此法再移接活化 1 或 2 次。

（2）产孢培养：将经活化的菌种转接到麦氏（葡萄糖-乙酸钠）琼脂斜面上，于 28～30℃培养约 1 周。

（3）制片：取少量经产孢培养的酵母菌菌苔，在洁净载玻片上按常规涂片、干燥、固定。

（4）染色：滴加孔雀绿染液染色 1min。

（5）脱色：用 95%的乙醇脱色 30s，水洗。

（6）复染：用番红复染 30s，水洗，用吸水纸吸干。

（7）镜检：用油镜观察，子囊孢子呈绿色，菌体和子囊呈粉红色。

（三）霉菌显微标本片的制作

1. 霉菌直接制片法

该法是将霉菌菌丝置于乳酸石炭酸溶液中，使菌丝细胞不变形，不易干燥，能防止孢子飞散，能保持较长时间，还能增强反差，制片步骤如下。

（1）夹取干净载玻片一块置灯焰上烧干净。

（2）待冷却后，用灭菌接种针（或钩）分别挑取少量根霉和黄曲霉菌丝体置载玻片中央（可用另一接种针辅助将菌丝体抹下），并尽量保持原状。

（3）轻轻滴加乳酸石炭酸溶液一滴于菌丝体上。

（4）同前法轻轻将盖玻片盖在液滴上。

（5）标注菌名以备观察。

2. 湿室载玻片培养法

霉菌孢子头易碎，用上述一般的制片法很难保持其形态的完整。用湿室载玻片培养法可克服这一难点，而且可以在培养的不同时间直接置显微镜下观察，可清楚地观察霉菌生长的全过程及菌丝的分枝和孢子的着生状态（图 2-10），制片步骤如下。

（1）培养小室灭菌：在培养皿底铺一张圆滤纸片，再放一"U"形玻璃棒，其上放一洁净载玻片和两块盖玻片，盖上皿盖，包扎后灭菌备用。

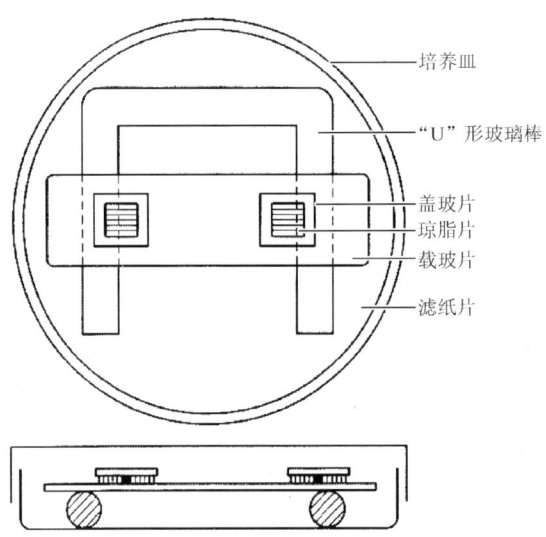

图 2-10 湿室载玻片培养法制作霉菌显微标本片

（2）琼脂片制作如下。
1）在另一灭菌培养皿中，注入已灭菌的马铃薯琼脂培养基 6~8mL，使之凝固成薄层。
2）用刀片切成约 $1cm^2$ 的琼脂片，移两片至上述培养皿中的载玻片上。
（3）接种孢子：用接种针挑取少量霉菌孢子接种于琼脂片周边，用无菌镊子将盖玻片覆盖在琼脂片上。
（4）湿室培养如下。
1）先在培养皿内的滤纸上加 3~5mL 灭菌的 20%甘油（用于保湿），盖上皿盖即为湿室。
2）置 28~30℃培养，培养好后可用蜡封固，即可观察。
（5）镜检如下。
1）可在不同培养时间内取出载玻片，置低倍镜下观察琼脂片周边的培养物。
2）必要时换用高倍镜放大观察培养物的菌丝和孢子结构。

3. 玻璃纸透析培养法

此法是利用玻璃纸的半透膜特性及透光性，使霉菌生长在覆盖于琼脂培养基表面的玻璃纸上，然后进行显微镜观察，可获得清晰、完整、保持自然状态的霉菌个体形态。
（1）制备孢子悬液：向霉菌斜面试管中加入 5mL 无菌水，洗下孢子，制成孢子悬液。
（2）备玻璃纸平板：用无菌镊子将已灭菌的圆形玻璃纸（直径同培养皿）覆盖于察氏琼脂培养基上。
（3）接种孢子：用无菌吸管吸取 0.2mL 孢子悬液加到上述玻璃纸平板上，用无菌玻璃涂棒涂布均匀。
（4）培养：置 28℃培养约 2 天，用镊子将玻璃纸与培养基分开并取出玻璃纸。
（5）观察：用剪刀剪取小片，置于载玻片上，低倍镜下观察。

（四）酵母菌和霉菌个体形态的观察

1. 观察酵母菌细胞形态
（1）详细观察卡尔斯伯酵母和酿酒酵母的细胞形态（先用低倍镜找到样品，再换用高倍镜观察）并绘图。

（2）详细观察卡尔斯伯酵母和酿酒酵母的细胞内含物和出芽情况并绘图。

2. 观察根霉个体形态

（1）用低倍镜（必要时用高倍镜）详细观察根霉的个体形态（可先观察示教标本片，再观察自制的标本片）。

（2）详细观察菌丝是否有横隔膜、假根、孢子囊梗、囊轴、孢子囊及孢子等，并选择较理想的视野绘图（绘2或3个孢子头即可）。

3. 观察黄曲霉和青霉个体形态

（1）详细观察黄曲霉的个体形态（注意营养菌丝有横隔，分生孢子梗无横隔，分生孢子头及分生孢子的着生方式等），并选择合适的视野绘图。

（2）详细观察青霉的形态（注意菌丝和分生孢子梗的横隔，帚状枝的构造，小梗及成串分生孢子等），并选择合适的视野绘图。

4. 观察公共示范镜

观察公共示范镜中毛霉的个体形态、酿酒酵母的子囊孢子和假丝酵母的假菌丝形态。

五、实验注意事项

（1）将载玻片在火焰上烤烧时，要使用载玻片夹子，以免烫伤。
（2）使用染液时注意避免沾染到衣物上。
（3）用接种针挑取霉菌菌丝体制片时要细心，尽量减少菌丝断裂及形态被破坏。
（4）制作霉菌标本片时，要减少空气流动，避免孢子飞散吸入。
（5）用接种环将菌体与染液混合时，要轻轻混匀，不要剧烈涂抹，以免破坏细胞。
（6）滴加染液量要适中，否则加上盖玻片时，染液过少会产生气泡，过多会溢出。
（7）加盖玻片时，要倾斜缓慢覆盖，以免产生气泡。
（8）在湿室载玻片培养法制片时，要注意无菌操作，孢子应接种在琼脂片边缘，以利于观察。

六、实验报告与思考题

1. 实验结果

（1）绘制啤酒酵母、酿酒酵母、根霉、曲霉、青霉的个体形态图，并注明各部分的名称。
（2）列表比较酿酒酵母、卡尔斯伯酵母、假丝酵母在个体形态和菌落特征上的异同（表2-1）。

表2-1 3种酵母菌在个体形态与菌落特征上的异同

	个体形态	菌落特征
酿酒酵母		
卡尔斯伯酵母		
假丝酵母		

（3）列表比较根霉、毛霉、曲霉、青霉在个体形态和菌落特征上的异同（表2-2）。

表2-2 4种霉菌在个体形态与菌落特征上的异同

	个体形态	菌落特征
根霉		
毛霉		
曲霉		
青霉		

2. 思考题

（1）试述湿室载玻片培养法和玻璃纸透析培养法制作霉菌标本片的操作过程及优点。
（2）美蓝染液浓度及作用时间与酵母菌死、活细胞比例变化是否有关系？为什么？
（3）酿酒酵母进行有性繁殖形成子囊孢子与什么条件有关？
（4）根霉和曲霉在个体形态特征上有何区别？
（5）放线菌是否可采用湿室载玻片培养法制片？试拟出实验方案。

第二节　细菌和放线菌的形态观察及制片技术

一、细菌形态与观察

1. 个体形态

细菌的基本形态有球状、杆状和螺旋状3种。细菌的形体微小，其直径或宽度在1μm左右，观察时需用油镜放大1000倍以上才较清楚。

图2-11～图2-15为几种杆状菌的个体形态，图2-16～图2-18为3种球状菌的形态。

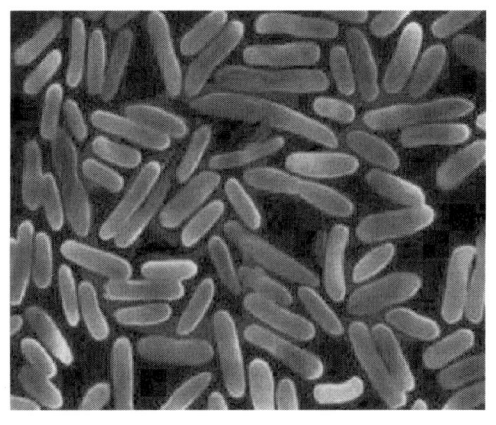

图2-11 大肠杆菌（电镜图片）

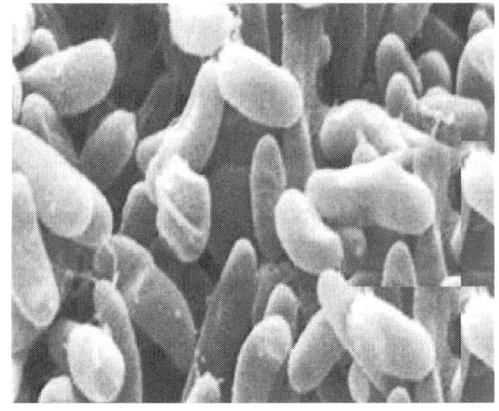

图2-12 谷氨酸短杆菌（电镜图片）

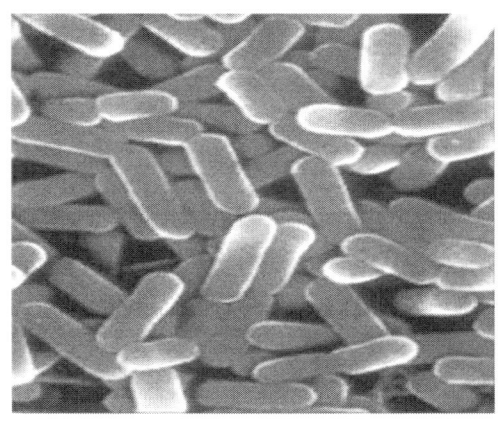

图 2-13 乳酸杆菌（电镜图片）

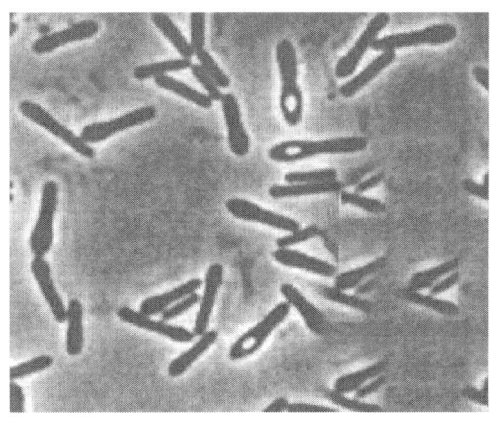

图 2-14 梭状芽孢杆菌（×1500 倍）

图 2-15 枯草芽孢杆菌（×1500 倍）

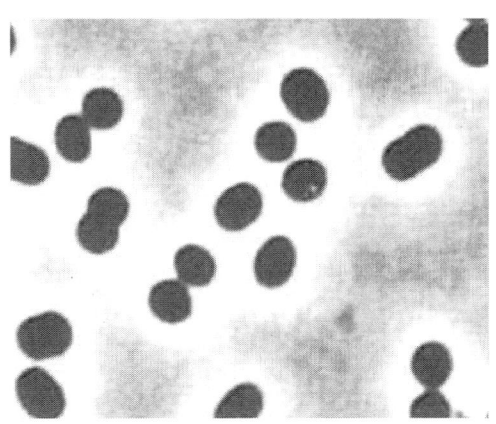

图 2-16 单球菌（电镜图片）

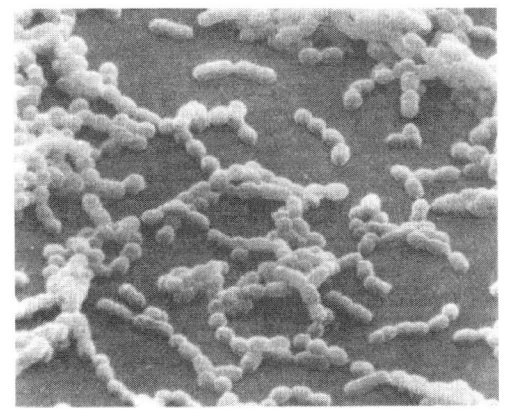

图 2-17 链球菌（电镜图片）

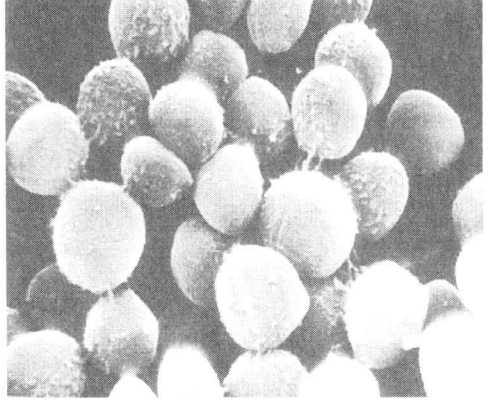

图 2-18 葡萄球菌（电镜图片）

2. 繁殖方式

细菌通常进行无性繁殖——裂殖（二分分裂或折断分裂），即由一个母细胞一分为二成为两个子细胞。由于分裂方式和分裂后排列方式的不同，形成了细菌的各种形态，如双球状、四联球状、葡萄状、链状等。

3. 菌落特征

在一定的培养条件下，各种细菌形成的菌落具有一定的特征。细菌菌落特征取决于细胞结构（如有无荚膜）、细胞形状与排列方式、生长行为、菌落间的疏密程度等。观察时应包括菌落的形状、大小、质地、隆起状、颜色、光泽、表面状态、边缘及透明度等，这对菌种的识别和鉴定有一定的意义。图 2-19 为几种杆状菌的菌落形态特征。

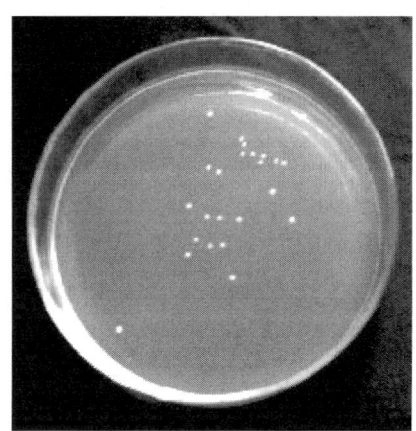
双歧杆菌的菌落

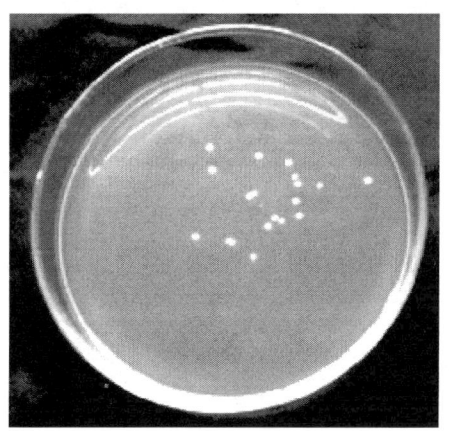
乳酸杆菌的菌落

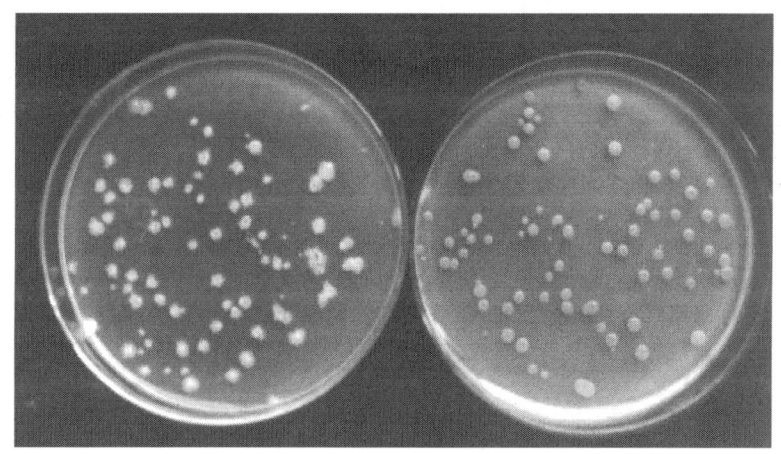
地衣芽孢杆菌的菌落

图 2-19 细菌的菌落特征

4. 制片方法

对个体较小的细菌进行制片时采取涂片法，通过涂抹使细胞个体在载玻片上均匀分布，避免菌体堆积而无法观察个体形态，通过加热固定使细胞质凝固，使细胞固定在载玻片上，这种加热处理还可以杀死大多数细菌且不破坏细胞形态。

5. 染色方法

由于细菌细胞小且无色透明，直接用普通光学显微镜观察时，菌体和背景反差很小，难以看清细菌的形态，更不易识别某些细胞结构。因此，一般都需要先将细菌进行染色，借助于颜色的反衬作用，提高观察样品不同部位的反差，能更清楚地进行观察和研究。

此外，某些染色法还可用于鉴别不同类群的细菌，故细菌的染色是工业微生物学实验中重要的基本技术。

染色依实验目的不同可分简单染色法、革兰氏染色法两种。染色前必须先对涂在载玻片上的细菌样品进行固定，固定的作用一是杀死细菌并使菌体黏附于载玻片上，二是增加菌体对染料的亲和力。一般常用酒精灯火焰加热固定的方法，但应注意防止细胞膨胀和收缩，尽量保持细胞原形。

（1）简单染色法：是利用单一染料对细菌进行染色的一种方法。此法操作简便，适用于细菌菌体细胞形态和细菌排列方式的观察。通常采用碱性染料对细菌进行简单染色，包括美蓝（亚甲蓝）、结晶紫、碱性复红、沙黄（番红）及孔雀绿等，因微生物细胞在碱性、中性及弱酸性溶液中通常带负电荷，而染料电离后染色部分带正电荷，容易与细胞结合使其着色。

（2）革兰氏染色法：是细菌学中一种重要的鉴别染色法，是由丹麦病理学家 Gram 发明创立的，后来再经一些学者做了某些改进。按照细菌对此染色法的不同反应，可把细菌分为革兰氏阳性（G^+）和革兰氏阴性（G^-）两大类，这是由两类细菌细胞壁的结构和组成不同所决定的。

革兰氏染色的具体方法：先利用草酸铵结晶紫初染，再用路哥尔氏碘液媒染（碘与结晶紫形成碘-结晶紫复合物），然后用 95%乙醇脱色处理，最后用复染剂（如番红）复染。经乙醇处理后，革兰氏阳性细菌细胞壁的肽聚糖网孔收缩，使碘-结晶紫复合物滞留在细胞壁，菌体保持原有的蓝紫色；而革兰氏阴性细菌细胞壁中的碘-结晶紫复合物易被乙醇洗脱，菌体变为无色，用复染剂染色后又变为复染剂的颜色。

二、放线菌形态与观察

1. 个体形态

放线菌是由纤细的丝状细胞（原核）组成的菌丝体（无横隔、属单细胞）。菌丝体分为两部分：潜入培养基中吸收营养的称基内菌丝，着生在培养基表面的称气生菌丝。气生菌丝上部分化成孢子丝，呈分枝状、波曲形或螺旋形等，其着生形式有丛生、互生和轮生等。菌丝和孢子有各种颜色（图 2-20～图 2-22）。

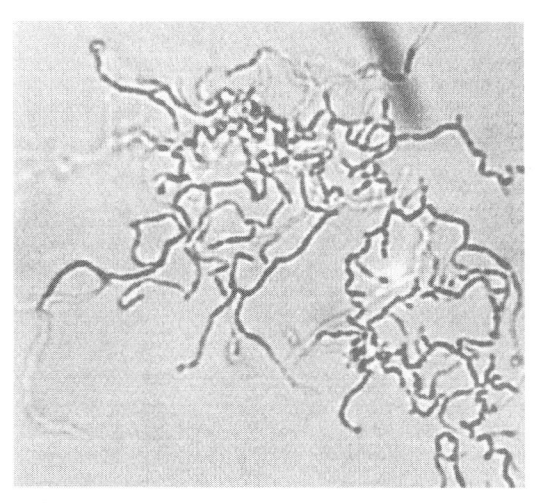

图 2-20　放线菌的幼龄分枝状菌丝体

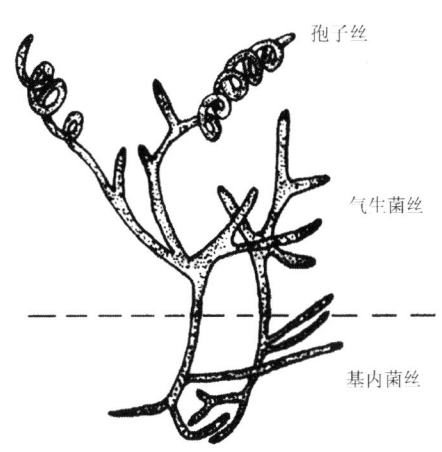

图 2-21　放线菌（链霉菌）的 3 种菌丝

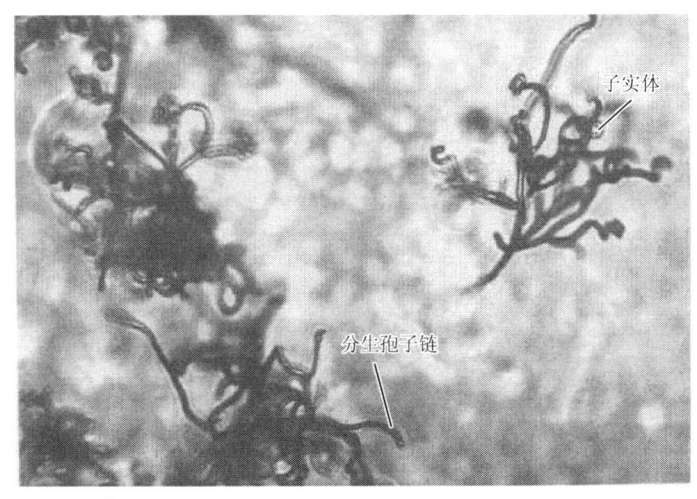

A. 单轮生　　　　　　　　　　　　　　B. 螺旋状

图 2-22　放线菌孢子丝的形态

2. 菌落特征

成熟的放线菌菌落表面呈紧密的绒毛状、粉状或颗粒状，营养菌丝和分生孢子具有各种颜色，周缘还有放射状菌丝。

3. 制片方法

放线菌制片时一般不采取涂片法，以免破坏细胞及菌丝体形态。观察放线菌的气生菌丝、孢子丝的形状，孢子的形状及排列时，通常可采用湿室载玻片培养法（见实验七），也可采用插片法、玻璃纸透析培养法、印片法并结合简单染色。

（1）插片法：是将灭菌盖玻片插入接种有放线菌的平板中，使放线菌沿盖玻片和培养基交接处生长并附着在盖玻片上，取出盖玻片便可直接在显微镜下观察，可观察到放线菌在自然生长状态下的形态特征，也可观察不同生长时期的放线菌形态。

（2）玻璃纸透析培养法：是将玻璃纸（一种透明的半透膜）覆盖在固体培养基表面，再将放线菌菌种接种在玻璃纸上，水分及小分子营养物质可透过玻璃纸被菌体吸收利用，菌丝因不能穿过玻璃纸而与培养基分离。揭下玻璃纸，转移到载玻片上便可镜检观察。

（3）印片法：是将放线菌菌落或菌苔表面的孢子丝印在载玻片上，经简单染色后进行观察。

三、细菌特殊结构与观察

细菌细胞的结构可分为一般结构和特殊结构。一般结构是指一般细菌细胞共同具有的结构，包括细胞壁、细胞膜、核质体和细胞质等，特殊结构是指仅某些细菌细胞才具有的或仅在特殊条件下才能形成的结构，包括荚膜、鞭毛和芽孢等。特殊染色法就是对细菌特殊结构荚膜、鞭毛和芽孢进行有针对性染色的方法。

1. 荚膜及其染色法

有些细菌在细胞壁表面包被有一层透明胶状或黏液状的物质，称为荚膜（capsule）。荚膜包裹在单个细胞上，在细胞壁上有固定层次，依其厚薄不同又可细分为大荚膜和微荚膜。

荚膜含水量很高，其他成分主要为多糖、多肽或糖蛋白等（图2-23）。

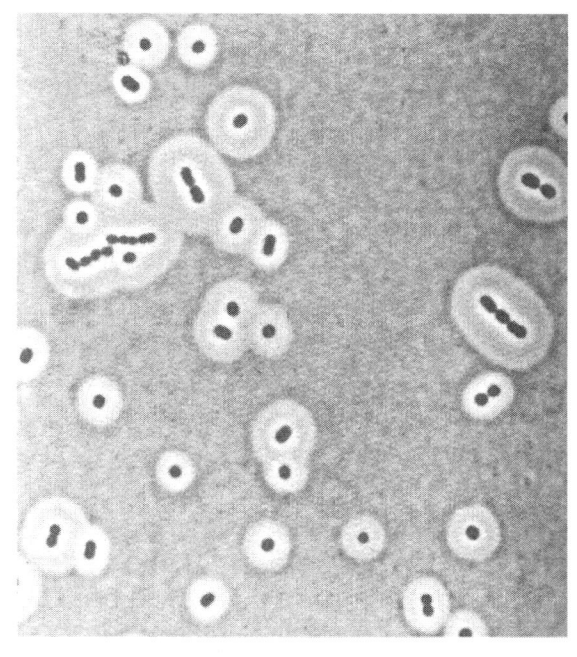 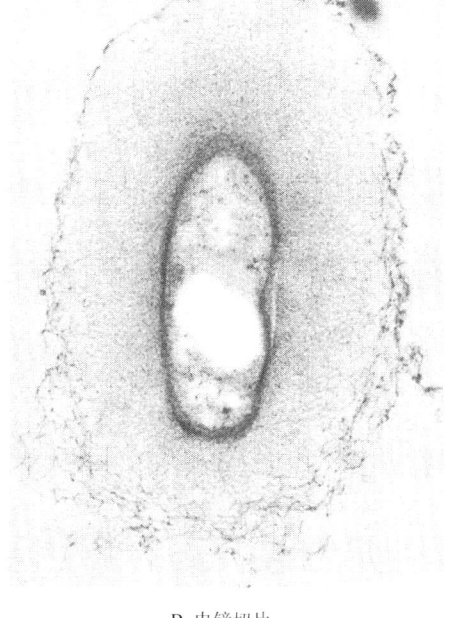

A. 负染色　　　　　　　　　　　　　　　　　　B. 电镜切片

图 2-23　细菌的荚膜

荚膜不易着色且着色后容易被水洗去，因此常采用负染法或 Anthony 氏染色法进行染色。负染法使背景着色，而荚膜不着色，在深色背景下荚膜呈现发亮区域；Anthony 氏染色法是首先用结晶紫初染，使细胞和荚膜都呈紫色，然后再用硫酸铜水溶液洗，由于荚膜对染料亲和力差而被脱色，而硫酸铜可吸附在荚膜上使其呈现淡蓝色，从而与深紫色菌体区分开。

2. 鞭毛及其染色法

在具有运动性的细菌细胞表面生有一种细长、波曲状的丝状物，称为鞭毛（flagellum）。鞭毛的数目为一条至几十条，长度可达菌体的数倍，一般为 15～20μm，直径为 0.01～0.03μm。鞭毛的有无、数目和着生位置可作为菌种分类鉴定的重要依据，可分为偏端单毛菌、偏端丛毛菌、两端单毛菌、两端丛毛菌和周生菌等数种（图2-24、图2-25）。弧菌和螺菌一般都长有鞭毛，杆菌中有的不生鞭毛，而球菌中绝大多数不生鞭毛。细菌通过半固体琼脂穿刺法及悬滴法等培养方法培养，可初步判断某种细菌是否长有鞭毛。鞭毛是细菌的运动"器官"。

细菌的鞭毛只有用电镜才能直接观察到，但若使用特殊的鞭毛染色法，便能在普通光学显微镜下观察到。首先用媒染剂（如单宁酸或明矾钾）处理，使媒染剂附着在鞭毛上使其加粗，然后用硝酸银（West 氏染色法）、碱性复红（Gray 氏染色法）、Leifson 鞭毛染液（Leifson 氏染色法）或结晶紫（Difco 氏染色法）进行染色。

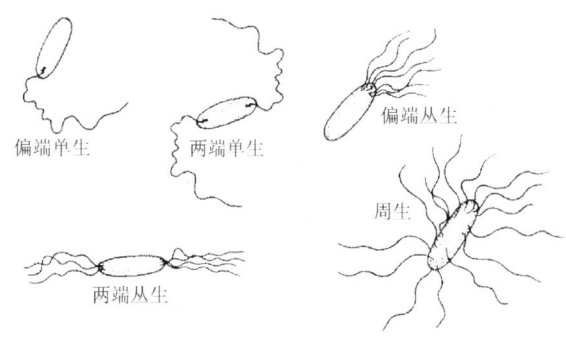
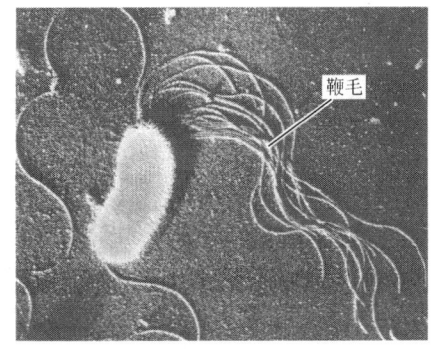

图 2-24 细菌鞭毛的类型　　　　图 2-25 细菌的鞭毛（电镜图片）

3. 鞭毛悬滴法

悬滴法不影响微生物细胞活性，主要用于观察微生物细胞的基本形态及运动能力，并根据观察到的个体运动方式对微生物是否拥有鞭毛等运动器官进行初步推测。该法是将中央滴加有菌液的盖玻片反转倒扣到特制的凹载玻片上，盖玻片和凹载玻片之间涂上凡士林进行密封，防止蒸发干燥，再用高倍镜或油镜进行观察。用悬滴法可较容易地观察到具有鞭毛的细菌所做的直线、波浪式或翻滚等不规则运动，两个细菌细胞间会出现明显的位置变化；而没有鞭毛不具运动能力的细菌，仅能进行布朗运动或随水流动，两个细胞间的位置保持相对恒定。

4. 芽孢及其染色法

某些细菌生长到一定阶段，由于环境中营养的缺乏及有害代谢产物的积累，就会在细胞内形成一种抗逆性很强的休眠体结构，称为内生孢子或芽孢。芽孢杆菌科的好氧性芽孢杆菌属和厌氧性梭菌属的细菌都能形成芽孢，而球菌和螺旋菌则很少有能形成芽孢的种属。

芽孢的形状（圆形、椭圆形、圆柱形）、大小（小于或大于细胞宽度）和着生位置（中央、近中央、末端）依不同细菌而异，因此造成细菌形成芽孢后呈现出梭状、鼓槌状、保持原状等形态（图 2-26～图 2-28）。所以，芽孢的有无、形态、大小、着生位置及芽孢囊是否膨大等特征，可作为细菌分类鉴定的重要依据。

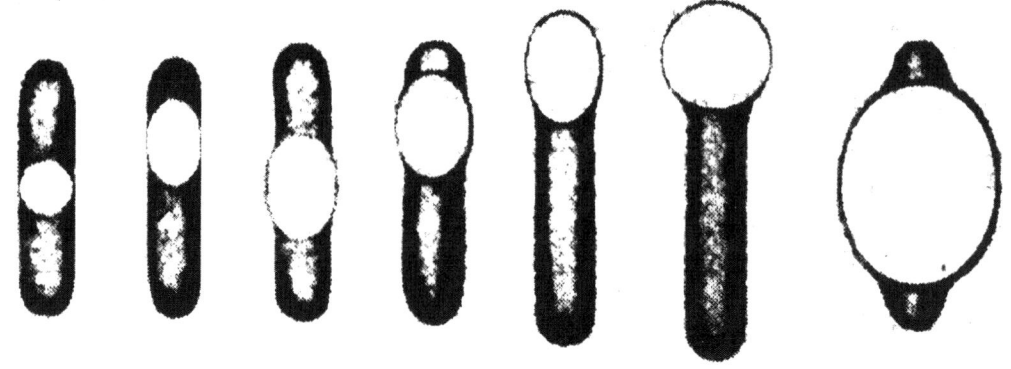

图 2-26 细菌芽孢的各种类型

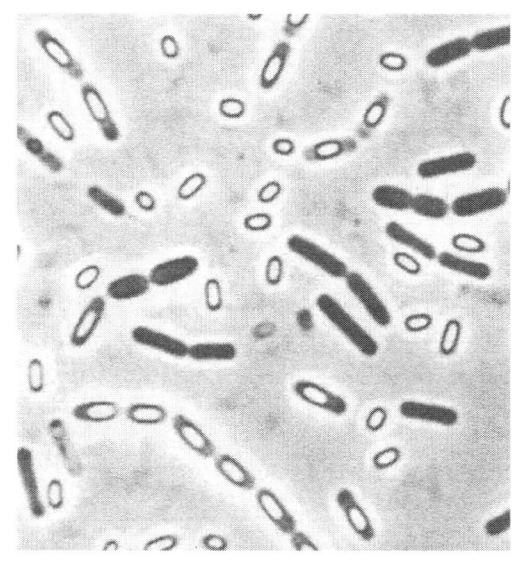
图 2-27　枯草芽孢杆菌的芽孢

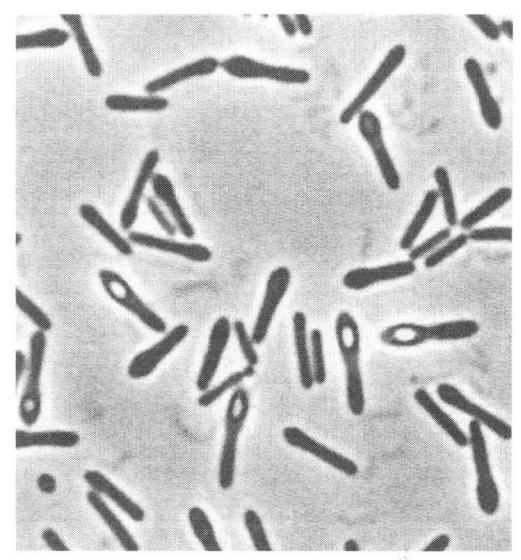
图 2-28　梭状芽孢杆菌的芽孢

芽孢与营养细胞或菌体相比，芽孢壁厚，通透性低而不易着色，但是，芽孢一旦着色就很难被脱色。利用这一特点，首先用着色能力强的染料（如孔雀绿或石炭酸复红）在加热条件下对其染色，使染料既可进入菌体也可进入芽孢。水洗脱色时菌体中的染料被洗脱，而芽孢中的染料仍然保留。再用对比度大的复染剂染色，菌体染上复染剂颜色，而芽孢仍为原来的颜色，这样可将两者区别开来。

实验八　细菌和放线菌的制片、染色技术及形态观察

一、目的要求

（1）识别细菌和放线菌的菌落特征。
（2）掌握细菌简单染色法和革兰氏染色法的操作步骤。
（3）观察细菌和放线菌的个体形态，并进一步巩固油镜的使用技术。
（4）了解放线菌的几种制片方法。

二、基本原理

1. 细菌的制片与染色

细菌染色前必须将细胞固定，目的是杀死细菌，并使其黏附在载玻片上。此外，还可以增加菌体对染料的亲和力。常用的有加热和化学固定两种方法，无论用哪种方法都应尽量使细菌维持原有的形态，防止细胞的膨胀或收缩。

细菌的染色方法一般分为单染色法和复染色法。前者用一种染料使细菌着色，但不能鉴别细菌；后者是用两种或两种以上染料着色，有鉴别细菌及细胞结构的作用，故也称鉴别染色法。

（1）单染色法：是用一种染色剂对细菌涂片进行染色。该法简便易行，但仅能显示细菌细胞的外部形态，不能辨别其内部结构，适用于细菌的形态观察。细菌菌体一般带负电荷，

易与带正电荷的碱性染料结合而被染色。因此，常用美蓝、孔雀绿、碱性复红、结晶紫和中性红等碱性染料进行单染色。

（2）复染色法：主要有革兰氏染色法和特殊染色法。革兰氏染色法是细菌学中广泛使用的一种重要鉴别染色法。细菌先经碱性染料结晶紫染色，再经碘液媒染，以增加染料与细胞的亲和力，接着用乙醇脱色，最后用复染剂染色。此法可将细菌分成两大类：不被脱色而保持原染料颜色者为革兰氏阳性菌（G^+），被脱色后又被染上复染剂颜色者为革兰氏阴性菌（G^-）。

2. 放线菌的制片与染色

放线菌大多能形成两种菌丝：潜入培养基内生长的基内菌丝和向空气中生长的气生菌丝。由气生菌丝分化成各种形状的孢子丝，孢子丝可产生各种形态的孢子。气生菌丝及孢子的形态和颜色是分类鉴定的重要依据。

放线菌与细菌的单染色一样，可用石炭酸复红或美蓝等染料着色后在显微镜下直接观察其形态。但放线菌由于呈菌丝生长，而且菌丝纤细，若用接种针直接挑取，易将菌丝挑断，因此观察放线菌形态时，通常可采用插片法、玻璃纸透析培养法、湿室载玻片培养法、印片法并结合简单染色。

三、实验器材

（1）微生物菌种如下。

1）平板单菌落培养物（供观察菌落特征）：大肠杆菌（*Escherichia coli*）、枯草芽孢杆菌（*Bacillus subtilis*）、谷氨酸棒状杆菌（*Corynebacterium glutamicum*）、乳链球菌（*Streptococcus lactis*）、空气中各种细菌（各 2 或 3 皿）；灰色链霉菌（*Streptomyces griseus*）、龟裂链霉菌（*Streptomyces rimosus*）、绛红小单孢菌（*Micromonospora purpurea*）等放线菌（各 2 或 3 皿）。

2）斜面培养物（供观察菌苔及制片）：菌种同上。

3）液体试管培养物（供制片用）：枯草芽孢杆菌，由摇瓶培养 1～2 天后分装试管。

（2）示教标本片（供学生选用）：枯草芽孢杆菌、大肠杆菌、谷氨酸棒状杆菌、单球菌（全部用液体培养后制作）。

（3）染色液如下。

1）草酸铵结晶紫液（革兰氏 A 液）：甲液为结晶紫 2g，乙液为草酸铵 0.8g、95%乙醇 20mL、蒸馏水 80mL，将甲、乙两液充分溶解后混合，静置 24h 过滤使用。

2）路哥尔氏碘液（革兰氏 B 液）：碘 1g、碘化钾 2g、蒸馏水 300mL，先将碘化钾溶于 5～10mL 水中，再加入碘 1g，使其溶解后加水至 300mL。

3）番红花红（沙黄）：2.5%番红花红乙醇溶液 10mL，加蒸馏水 100mL，混合过滤。

（4）仪器设备：普通光学显微镜、恒温培养箱。

（5）其他材料：酒精灯、接种环、载玻片。

四、实验内容及操作步骤

（一）菌落特征和菌苔特征的观察

1. 观察细菌菌落特征

（1）详细观察并比较各种细菌的平板单菌落特征和斜面菌苔特征，并初步加以识别。

（2）参考下列描述方法，列表记录 4 种细菌（枯草芽孢杆菌、谷氨酸棒状杆菌、大肠杆菌、乳链球菌）的单菌落形态特征。

细菌菌落形态特征的描述有以下几个方面。

形状：圆形、近圆形、假根状、不规则状等。

大小：菌落直径 Φ=（　　）mm（注明培养时间）。

颜色：乳白色、污白色、土黄色、淡黄色、红色等。

质地：油脂状、膜状、黏、脆等。

边缘：整齐、缺刻状、波状、裂叶状、圆锯齿状等。

光泽：闪光、不闪光、光泽等。

隆起状：中央隆起、低凸、凸面、台状、乳头状、扩展等。

表面状：湿润、光滑、干燥、粗糙、皱褶、颗粒状、龟裂状、同心环状等。

透明度：不透明、半透明等。

2. 观察放线菌菌落特征

（1）详细观察并比较各种放线菌的平板单菌落特征和斜面菌苔特征，并初步加以识别。

（2）参考下列描述方法，列表记录 3 种放线菌（灰色链霉菌、龟裂链霉菌、绛红小单孢菌）的单菌落形态特征。

放线菌菌落形态特征的描述有以下几个方面。

形状：圆形、近圆形。

大小：直径 Φ=（　　）mm（注明培养时间）。

颜色：黄色、白色、灰色、橙黄色、红色、蓝色、绿色等。

表面：光平、皱褶、地衣状、辐射状、颗粒状、粉状、绒毛状等。

质地：坚实、致密、粉质等。

（二）细菌染色标本片的制作

1. 简单染色法制作标本片（枯草芽孢杆菌、乳链球菌）

常用作细菌简单染色的碱性染料有草酸铵结晶紫、石炭酸复红、美蓝等。碱性染料分子中，带正电荷的染色部分很容易与带负电荷的细菌结合而使菌体着色。经染色后的细菌细胞与背景形成鲜明的对比，在光学显微镜下更易于识别。制片方法如下所述。

（1）烧片：用镊子夹取浸于乙醇中的干净载玻片一块，于酒精灯焰上烧去油脂及其他有机物质，平放于载玻片架上冷却。

（2）涂片：用灭菌接种环取枯草芽孢杆菌（或乳链球菌）菌液一环置于载玻片中央，均匀涂布使其成一薄层。

（3）固定：待自然干燥后，将涂片在灯焰上通过 3 或 4 次，使菌体固定在载玻片上，注意控制固定时间，防止烧焦。

（4）染色：在样品上加一滴草酸铵结晶紫液，铺满涂菌部位，染色约 1min。

（5）水洗：斜置载玻片，用很细的水流自载玻片上端流过样品，洗至流水无色为止。

（6）干燥：自然干燥或用吸水纸吸去水分，观察（图 2-29）。

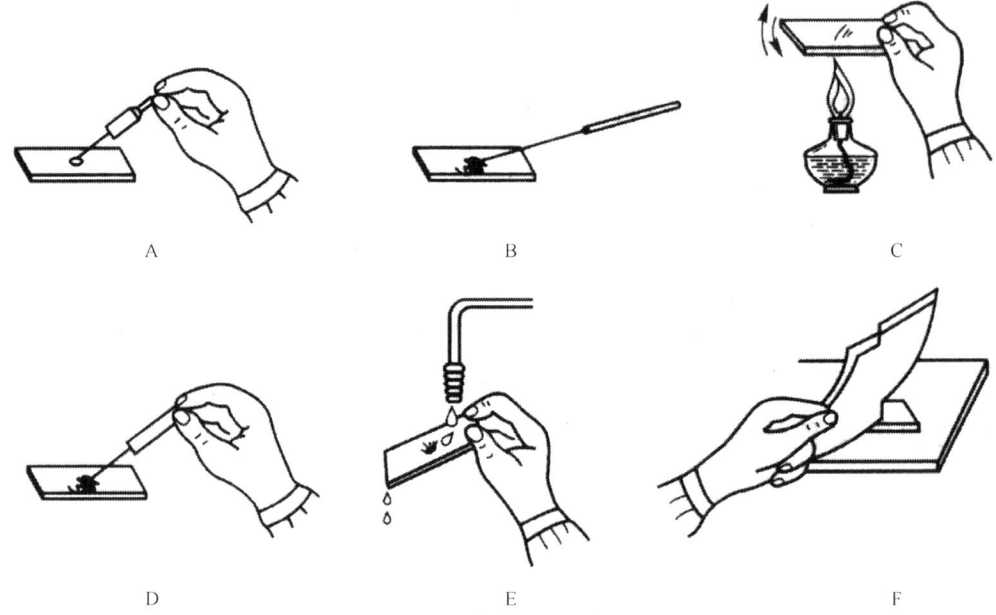

图 2-29　简单染色法制作细菌标本片

2. 革兰氏染色法制作标本片（谷氨酸棒状杆菌、大肠杆菌）

革兰氏染色法的基本步骤：先用初染剂草酸铵结晶紫进行初染，再用媒染剂碘液媒染，然后用脱色剂乙醇处理，最后用复染剂石炭酸复红或番红进行复染。经此法染色后，若细菌不被乙醇脱色，能保持结晶紫与碘的复合物而呈现蓝紫色，则该菌称为革兰氏阳性细菌（G^+）；反之，若细菌能被乙醇脱色，被碳酸或番红复染成红色，则称为革兰氏阴性细菌（G^-）。为了保证革兰氏染色结果的正确性，必须尽量采用规范的染色方法。制片方法如下所述。

（1）烧片：夹取干净载玻片一块，于灯焰上烧干净，冷却。

（2）涂片：滴加一小滴无菌水于载玻片中央，用灭菌接种环取少量谷氨酸棒状杆菌（或大肠杆菌）菌体，在水滴上涂布成一薄层并使细胞均匀分散。

（3）固定：待自然干燥后，将涂片在灯焰上通过 4 或 5 次，使菌体固定在载玻片上，注意控制固定时间，防止烧焦（图 2-30）。

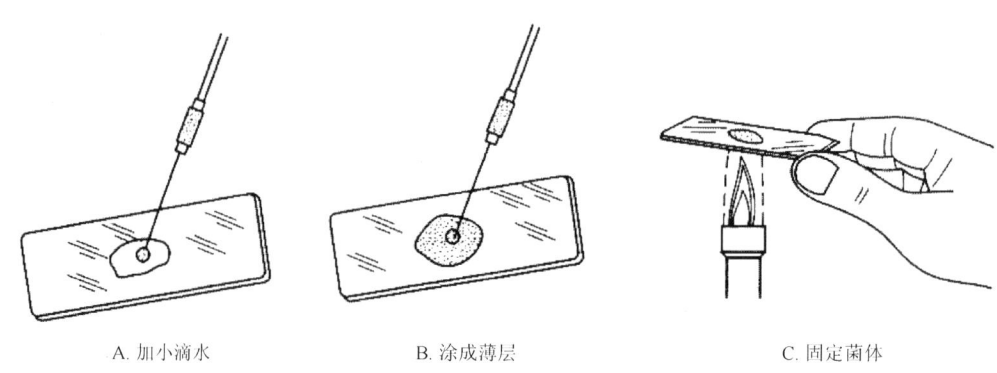

A. 加小滴水　　　　B. 涂成薄层　　　　C. 固定菌体

图 2-30　涂片制备过程示意图

(4)初染:在样品上加一滴草酸铵结晶紫,初染1min,水洗,吸干。

(5)媒染:加一滴路哥尔氏碘液媒染1min,水洗(此时结晶紫与碘成复合物)。

(6)脱色:斜置载玻片,滴加95%乙醇脱色20~30s,立即水洗,吸干。

(7)复染:用番红花红液复染1~2min,水洗,吸干后即可观察。

注:革兰氏染色成败的关键在于必须严格掌握乙醇脱色的程度。如脱色过度,则阳性菌被误染为阴性菌;若脱色不够,则阴性菌被误染为阳性菌。

(三)放线菌标本片的制作

为了观察放线菌在自然生长状态下的形态特征,可采用插片法、玻璃纸透析培养法、印片法和湿室载玻片培养法4种培养、制片和观察的常用方法。

1. 湿室载玻片培养法

(1)湿室载玻片培养法制作放线菌标本片的方法同霉菌(见实验七)。

(2)观察预先采用湿室载玻片培养法制备的放线菌示教标本片。

2. 印片法

印片法是将放线菌的菌落或菌苔印在载玻片上,经染色后进行观察。该法主要用于观察孢子丝和孢子的形态等,其操作步骤如下。

(1)接种培养:将放线菌按常规划线接种或点种于高氏Ⅰ号琼脂平板上,置28℃培养4~7天(已预先接种培养)。

(2)印片:用接种铲连同培养基挑取菌苔一小块置载玻片中央,用另一洁净载玻片将其轻轻按压(勿压碎和移动),通过灯焰2或3次固定,制成印片。

(3)染色:用石炭酸复红或美蓝染色0.5~1min,水洗。

(4)镜检:干燥后用油镜观察孢子丝、孢子和菌丝的形态。

3. 插片法

插片法是将灭菌盖玻片插入接种有放线菌的琼脂平板上,经培养后菌丝会沿着插片处生长而附着在盖玻片上(图2-31)。取出盖玻片,置于载玻片上,可直接观察到放线菌自然生长状态和不同生长期的形态,其操作步骤如下。

(1)接种:用接种环挑取放线菌孢子,在高氏Ⅰ号琼脂平板上划线接种(线要密些)。

(2)插片:以无菌操作用镊子将灭菌的盖玻片以约45°斜角插入培养基内。

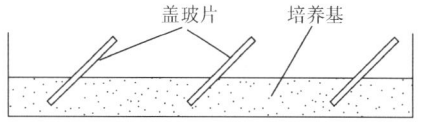

图2-31 插片法制作放线菌显微标本片

(3)培养:置28~30℃培养3~4天,让菌丝沿盖玻片向上生长。

(4)镜检:待菌丝长好后,取出盖玻片,放在一洁净载玻片上,置显微镜下用高倍镜观察。

4. 玻璃纸透析培养法

透明的玻璃纸是一种半透膜。该法是将灭菌的玻璃纸覆盖在琼脂平板表面,将放线菌接种于玻璃纸上,经培养后放线菌在玻璃纸上长成菌苔。取出此玻璃纸,固定于载玻片上,可直接观察放线菌的自然生长状态和不同生长期的形态,其操作步骤如下。

(1)铺玻璃纸:用镊子将经干热灭菌的玻璃纸(同盖玻片大小)铺放在琼脂平板表面并

压平（每个可铺 5～10 块），使其紧贴在琼脂表面。

（2）接种：用接种环挑取放线菌孢子，在玻璃纸上划线接种。

（3）培养：将平板倒置于 28℃下培养 3～5 天。

（4）镜检：在洁净载玻片上加一小滴水，用镊子取下玻璃纸，菌面朝上，平贴在载玻片的水滴上，置显微镜下用高倍镜观察。

（四）细菌和放线菌个体形态观察

1. 观察细菌个体形态

（1）用油镜观察枯草芽孢杆菌、谷氨酸棒状杆菌、大肠杆菌、乳链球菌的个体形态。

（2）绘制 4 种细菌的个体形态图（注明菌名、放大倍数、染色方法、革兰氏阳阴性等）。

2. 观察放线菌个体形态

（1）观察湿室载玻片培养法制作的放线菌标本片，先用低倍镜再换用高倍镜，仔细观察放线菌的气生菌丝和孢子丝的形状。

（2）观察插片法、玻璃纸透析培养法、印片法制作的放线菌标本片，用油镜仔细观察放线菌的孢子丝、孢子和菌丝的形态。

五、实验注意事项

（1）以无菌操作挑取菌体时，要等接种环充分冷却后再取菌，以免高温使菌体变形。

（2）挑取菌体量要适宜，取菌量太多会造成菌体堆积，难以看清细胞个体形态；取菌量太少则难以在显微镜视野中找到细胞。

（3）涂片时要涂抹均匀，不宜过厚，以免脱色不完全造成假阳性。

（4）涂片干燥后加热固定，应避免加热时间过长，以免细胞破裂或变形。

（5）革兰氏染色应选用较幼龄的菌种，老龄的革兰氏阳性细菌易被染成红色。

（6）革兰氏染色成功的关键是乙醇脱色，脱色过度会造成假阴性，脱色不足则造成假阳性。

（7）用印片法制片时，用力要轻且勿移动，染色后水洗时水流要缓，以免破坏孢子丝形态。

（8）用插片法和玻璃纸透析培养法制片，移动盖玻片或玻璃纸时，勿触动上面附着的菌丝体，以免破坏菌丝体形态。

六、实验报告与思考题

1. 实验结果

（1）绘图并描述枯草芽孢杆菌和乳链球菌的个体形态和菌落形态特征。

（2）绘图并描述谷氨酸棒状杆菌和大肠杆菌的个体形态和菌落形态特征，说明两菌的革兰氏染色结果。

（3）绘图并说明灰色链霉菌和龟裂链霉菌基内菌丝、气生菌丝及孢子丝的形态和结构特征。

2. 思考题

（1）幼龄放线菌的菌落与表面粗糙的细菌菌落很相似，应如何区别？

（2）在进行细菌涂片和加热固定时，应注意哪些环节？

（3）用油镜观察的细菌染色标本片，为什么表面要求完全干燥？
（4）在进行微生物制片时，是否都需要进行涂片和染色？为什么？
（5）对细菌进行单染色时，染色时间对染色效果有何影响？为什么？
（6）主要有哪些因素影响革兰氏染色的正确结果？最关键是哪一步操作？为什么？
（7）你认为革兰氏染色法中在何种情况下哪个步骤可以省略？为什么？
（8）镜检时如何区分放线菌基内菌丝、气生菌丝及孢子丝？
（9）试比较湿室载玻片培养法、插片法、玻璃纸透析培养法和印片法4种培养、制片和观察放线菌方法的优缺点。

实验九　细菌特殊结构的制片、染色技术及形态观察

一、目的要求

（1）学习细菌荚膜制片、染色方法并观察荚膜的形态特征。
（2）学习细菌鞭毛制片、染色方法并观察鞭毛的形态特征。
（3）学习细菌芽孢制片、染色方法并观察芽孢的形态特征。
（4）学习并掌握用悬滴法观察细菌的形态与运动性。
（5）巩固普通光学显微镜（油镜）的操作技术。

二、基本原理

对细菌等微生物细胞多采用染色观察法，这是因为染色处理可增加样品的反差，改善观察效果。某些细菌除具有细胞壁、细胞膜、细胞质和核质体等基本构造外，还具有荚膜、鞭毛和芽孢等特殊结构，这些特殊结构不能被一般染色方法着色，必须用特殊的染色方法才能使其着色。特殊染色法就是对细菌特殊结构荚膜、鞭毛和芽孢进行有针对性染色的方法。

1. 细菌的荚膜染色

荚膜不易着色且着色后容易被水洗去，因此常采用负染法或衬托染色法进行染色。负染法的原理：将菌体和背景着色，荚膜不着色，在深色背景下荚膜呈现发亮区域，从而把不易着色且透明的荚膜衬托出来，在菌体周围形成一透明圈。

2. 细菌的鞭毛染色

细菌鞭毛非常纤细，其直径为 10～30nm，只能用电子显微镜才能清楚观察到。若用普通光学显微镜观察细菌鞭毛，必须采用特殊的鞭毛染色法。鞭毛染色法的原理：染色前先用媒染剂处理，使它沉积在鞭毛上加粗鞭毛的直径，再进行染色后才能镜检观察到。

3. 细菌鞭毛的悬滴法观察

要观察细菌在自然生活状态下的细胞形态、大小、分裂后的细胞排列方式，特别是微生物的运动特性，应采用不影响微生物细胞活性的悬滴法。该法是将滴加有菌液的盖玻片反转倒扣到特制的凹载玻片上，使菌液对准凹槽中央，再用普通光学显微镜观察。盖玻片和凹载玻片之间涂上凡士林进行密封，使液滴在观察过程中不致因蒸发作用而干燥。本实验拟用悬滴法观察具有周生鞭毛的蜡状芽孢杆菌的不规则运动。

4. 细菌的芽孢染色

细菌的芽孢壁很厚，透性低，不易着色也不易脱色。芽孢染色法是根据芽孢和菌体对染

料亲和力的不同而用不同的染料进行着色，使芽孢和菌体呈现不同颜色而便于鉴别。

当用着色力强的弱碱性染色剂（如孔雀绿）在加热条件下进行染色时，此染色剂不仅可以进入芽孢也可进入菌体。进入菌体的染色剂可被水洗脱色，而芽孢一经着色则难以被水洗脱色。若再用对比度大的复染剂（如番红）进行复染，菌体和芽孢囊被染成复染剂的颜色（红色），芽孢仍保留初染剂的颜色（绿色）。

三、实验器材

（1）微生物菌种如下。

1) 肠膜状明串珠菌（*Leuconostoc mesenteroides*）：培养 36~48h 的斜面菌种。

2) 普通变形杆菌（*Proteus vulgaris*）：培养 14~18h 的新鲜斜面菌种。

3) 蜡状芽孢杆菌（*Bacillus cereus*）：培养 16~20h 的新鲜斜面菌种。

4) 枯草芽孢杆菌（*Bacillus subtilis*）：培养 36~48h 的斜面菌种。

（2）主要试剂：绘图墨水（滤纸过滤后使用）、0.5%番红水溶液、5%孔雀绿水溶液、6%葡萄糖水溶液、甲醇、硝酸银鞭毛染液等。

（3）仪器设备：普通光学显微镜、相差显微镜、电热恒温培养箱。

（4）其他材料：小试管、烧杯、试管架、接种环、接种针、酒精灯、载玻片、盖玻片、香柏油、二甲苯、擦镜纸、镊子、载玻片夹、载玻片支架、滤纸、滴管、无菌水等。

四、实验内容及操作步骤

（一）细菌荚膜染色法

荚膜不易着色且着色后易被水洗去，常采用负染法进行染色。荚膜含水量高，易变形，制片时一般不采用热固定。下面是两种荚膜负染法的操作步骤。

1. 湿墨水法（较简便）

（1）制混合液：取一洁净载玻片，烧片冷却，于载玻片中央加一滴绘图墨水。挑取少量肠膜状明串珠菌菌体，与墨水混合均匀。

（2）加盖玻片：取一洁净盖玻片盖在混合液上（勿产生气泡），用滤纸吸去盖玻片周边多余的混合液。

（3）镜检：用高倍镜观察，背景灰色，菌体较暗，在菌体周围呈现的明亮透明圈即为荚膜（用相差显微镜观察，效果更佳）。

2. 干墨水法（较清晰）

（1）制混合液：在洁净无油迹的载玻片一端加一滴 6%葡萄糖液。挑取少量菌体于液滴中制成菌液，再加一滴绘图墨水，与菌液充分混匀。

（2）涂片：另取一块边缘平整的载玻片，将此菌液刮过，使混合液铺成薄层，将涂片平放于空气中自然干燥。

（3）固定：用纯甲醇浸没涂片固定 1min，倾去甲醇。

（4）染色：加番红数滴洗去残留甲醇，并染色 30s，以细水流适当冲洗。

（5）镜检：滤纸吸干水分后用油镜观察，背景呈黑色，荚膜为红色。

（二）细菌鞭毛染色法

鞭毛染色法有多种，本实验采用较易掌握的硝酸银染色法。先用硝酸银染液 A 液处理，使它沉积在鞭毛上，加粗鞭毛的直径，再进行 B 液染色。操作步骤如下。

（1）培养菌种：将冰箱保存的普通变形杆菌菌种连续移种 1 或 2 次，再接种于新鲜配制的营养琼脂斜面（基部有冷凝水），适温培养至活跃生长期（14~18h），备用。

（2）制备菌悬液：取斜面和冷凝水交接处的菌种培养物数接种环，移入盛有 1~2mL 无菌水的试管中，制成菌悬液，备制片用。

（3）制片：取预先经充分清洗并置于 95%乙醇中的洁净载玻片，在灯焰上烧去可能残留的油迹。取一滴菌悬液于载玻片的一端，将载玻片倾斜，使菌悬液缓慢流向另一端，吸去载玻片下端多余菌悬液，平放于室温下尽快自然干燥。

（4）染色：涂片干燥后立即滴加硝酸银染液 A 液，染色 3~5min。用蒸馏水充分洗去 A 液，用 B 液洗去残水后再加 B 液染色，直至涂面出现明显褐色（30~60s），立即用蒸馏水冲洗，自然晾干。

（5）镜检：晾干后用油镜观察，在涂片上多移几个视野，可见到菌体呈深褐色，波浪形鞭毛为褐色。

（三）细菌鞭毛悬滴法

（1）制备菌悬液：从蜡状芽孢杆菌培养斜面上挑取菌苔 1 环置于盛有 1~2mL 无菌生理盐水的试管中，轻轻混匀制成轻度浑浊的菌悬液，备用。

（2）涂凡士林：取洁净凹载玻片一片，在其凹槽周边涂少许凡士林，或将凡士林涂在盖玻片的四周。

（3）滴加菌悬液：在盖玻片中央滴加一小滴菌悬液。注意滴加的液滴不宜过大，否则菌悬液会流到凹载玻片上而影响观察。

（4）盖凹载玻片：将凹载玻片反转，使其凹槽对准盖玻片中心的菌悬液，轻轻盖在盖玻片上。轻压凹载玻片，使其与盖玻片黏合在一起。

（5）翻转凹载玻片：将凹载玻片再翻转，使菌悬液滴悬在盖玻片下并位于凹槽中央（图 2-32）。

（6）镜检：先用低倍镜找到菌悬液的边缘，将液滴移至视野中央，再换高倍镜或油镜观察。

（四）细菌芽孢染色法

细菌的芽孢壁很厚，透性低，不易着色也不易脱色。本实验根据芽孢和菌体对染料亲和力的不同，用两种不同的染料（孔雀绿和番红）进行着色，使芽孢和菌体因呈现不同颜色（绿色和红色）而便于观察鉴别。芽孢染色法的操作步骤如下。

（1）制备菌悬液：于小试管中加水 1~2 滴，用接种环挑取 2 或 3 环已形成芽孢囊的枯草芽孢杆菌菌苔于试管中与水混合，搅匀制成浓菌悬液。

（2）染色：于小试管中加入孔雀绿染液 2~3 滴，与菌悬液混合均匀，将试管置于烧杯沸水浴中，加热染色 15~20min。

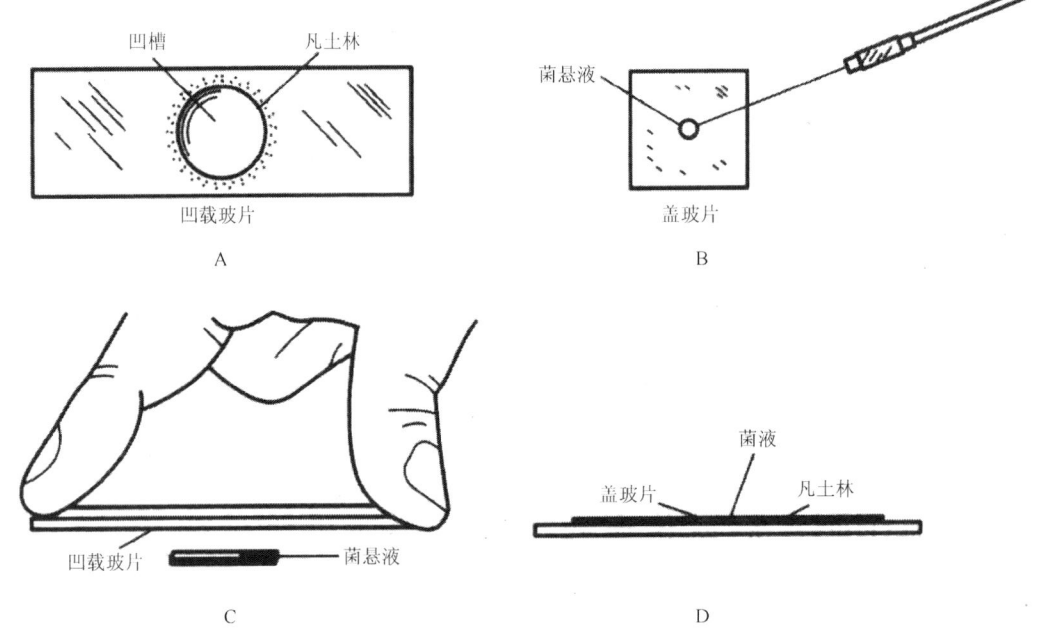

图 2-32 悬滴法制片步骤示意图（引自沈萍和陈向东，2007）

A. 在凹载玻片的凹槽周边涂少许凡士林；B. 在盖玻片中央滴加一小滴菌悬液；C. 反转的凹载玻片凹槽对准菌悬液盖在盖玻片上；D. 翻转凹载玻片使菌悬液液滴悬在盖玻片下

（3）涂片固定：用接种环取菌悬液数环置于洁净载玻片上并涂成薄膜，将涂片通过灯焰3次加热固定，再水洗至流出的水无绿色为止。

（4）复染：用番红染液复染2~3min，倾去染液，用滤纸吸干。

（5）镜检：干燥后用油镜观察，芽孢呈绿色，芽孢囊及菌体呈红色。

五、实验注意事项

（1）在荚膜负染法中，绘图墨水用量要少，否则会完全覆盖菌体与荚膜，造成观察困难。

（2）使用的载玻片必须干净无油迹，否则菌体与墨水混合液不能均匀铺开。

（3）固定及干燥时不能加热和用热风吹干，应于空气中自然干燥，避免荚膜失水变形。

（4）在鞭毛染色中，因老龄菌鞭毛易脱落，故宜选用活跃生长期菌进行鞭毛染色。

（5）鞭毛染色所用载玻片必须清洁光滑无油迹，避免因菌悬液散不开、菌体堆积而造成鞭毛相互纠缠且背景脏乱，难以看清鞭毛形态。

（6）制片过程中鞭毛易脱落，故条件要温和，不宜剧烈振荡涂抹菌液。

（7）硝酸银鞭毛染色法能否成功的关键环节是硝酸银染液B液染色时间的掌握。

（8）进行悬滴法观察时，可用记号笔在滴加液滴的周边画一短线作为标记。观察时先用低倍镜聚焦记号线，再移动凹载玻片找到液滴的位置。

（9）使用油镜观察悬滴片时，盖玻片厚度不能超过0.17mm。在操作时应十分细心，避免压碎盖玻片。

（10）因活细胞是透明的，故在进行悬滴法观察时应适当降低视野亮度，以增大反差。

（11）细菌芽孢加热染色时，必须维持在染液微冒蒸汽的状态，不宜沸腾。

（12）加热时使用载玻片夹或试管夹，以免烫伤；使用染料时注意避免沾到衣物上。

六、实验报告与思考题

1. 实验结果
（1）绘图并描述肠膜状明串珠菌菌体及荚膜形态特征。
（2）绘图并描述普通变形杆菌菌体形态特征及鞭毛数量、形状、着生方式等。
（3）绘图并描述枯草芽孢杆菌的芽孢形状、着生位置及芽孢囊形态特征。

2. 思考题
（1）在负染法中，细菌荚膜染色不用热固定，为什么？
（2）经过负染法荚膜染色后，为什么包被在荚膜内的菌体着色而荚膜却不着色？
（3）你对你所做的普通变形杆菌鞭毛染色结果满意吗？为什么？
（4）若你观察到普通变形杆菌鞭毛已与菌体脱离，请解释其原因。
（5）同样用悬滴法观察，如何区别有鞭毛细菌的不规则运动和无鞭毛细菌的布朗运动或随水流动？
（6）为什么细菌的芽孢染色需要进行加热？
（7）用孔雀绿初染芽孢后，必须等载玻片冷却后再用水冲洗，为什么？
（8）如果在视野中看到尽是游离芽孢，很少看到营养细胞和芽孢囊，这是什么原因？
（9）你认为能否采用简单染色法观察到细菌芽孢？

第三章 工业微生物的纯培养技术

由于绝大多数微生物个体极其微小,因此在微生物学实验和研究中,对微生物进行分离、移接、培养、发酵、保藏等操作时,并不是以微生物个体为单位进行,而是以群体的形式进行的。在微生物学中,所谓培养物就是指在人为创造的培养条件下繁殖得到的微生物群体;而纯培养物(pure culture)是指仅由单一微生物繁殖得到的培养物。

在微生物学中,通常只有纯培养物才能被较好地进行研究、利用和重复其结果。在工业发酵生产中,绝大多数情况下也只有采用纯培养物才能实施正常运作和具有实用价值。因此,把特定的单一微生物从在自然界(或含菌样品)以混杂存在的状态中分离出来,经纯化、转接、繁殖并以纯培养物的形式保藏下来等一系列操作技术,称为纯培养技术。它是进行微生物学研究和工业发酵生产最基本的技术。

本章的主要内容包括:①培养基的配制与灭菌技术;②无菌操作技术;③工业微生物的分离与纯化技术;④厌氧微生物的纯培养技术;⑤工业微生物的菌种保藏技术。本章共设置 7 个实验,实验十至实验十二为基础性实验,实验十三至实验十六为综合性实验。

第一节 培养基的配制与灭菌技术

培养基是指将微生物生长繁殖所需要的各种营养物质用人工方法配制而成的用于培养微生物的营养基质。培养基也适合于微生物在生命活动过程中积累各种代谢产物。培养基种类很多,不同的微生物所需的培养基不同。按培养基中营养物质的来源可分为天然培养基、合成培养基和半合成培养基。按培养基特殊用途可分为加富培养基、选择培养基、鉴别培养基。按培养基制成后的物理状态可分为固体培养基、液体培养基和半固体培养基。固体培养基是在液体培养基中加入 1.5%~2.0%琼脂作凝固剂;半固体培养基则加入 0.5%~0.8%的琼脂。

一般培养基除含有大量水分外,还含有碳素、氮素、无机盐类和维生素等。此外,由于微生物生长繁殖必须在最适的酸碱度内才能表现出最大的生命活力,因此应根据不同种类的微生物将培养基调节到一定的 pH 范围。

一、培养基的配制方法

1. 配制一般培养基的操作步骤(各种天然培养基的配制方法略有不同)

(1)按照配方的组分及用量先分别称量并配成液体。

（2）根据要求调到一定的酸碱度（pH）。
（3）若要制成固体则加入2%琼脂并加热溶化。
（4）根据需要的数量分装入试管或锥形瓶中，加上棉塞或盖上纱布。
（5）包扎好灭菌后备用。

2. 配制斜面培养基的操作步骤

称量→溶解→调pH→加琼脂→过滤→分装→加棉塞→包扎→灭菌→摆斜面→无菌检查。

（1）称量：按培养基配方依次准确称取各组分并放入烧杯中（注意有些药品需按配方说明分先后加入）。

（2）溶解：在烧杯中先加入少量水，搅拌或加热使各组分溶解，再补充水到所需的总体积（定容）。

（3）调pH：用精密pH试纸或酸度计测pH，并用1mol/L NaOH（或1mol/L HCl）调节至所需pH范围，逐滴缓慢加入，边加边搅拌（尽量勿调过头，避免回调）。

（4）加琼脂：若配制斜面培养基，可将称好的琼脂放入液体中，加热使其充分溶化（不断搅拌），最后补足所损失的水分；若配制平板培养基，可先将一定量的液体培养基分装于锥形瓶中，再加入1.5%～2.0%的琼脂，不必加热溶化，直接包扎灭菌。

（5）过滤：若需过滤时，可趁热用滤纸（液体）、多层纱布或脱脂棉等过滤，无特殊要求的一般不用过滤。

（6）分装：根据实验的不同需要，可将配制好的培养基分装入试管或锥形瓶中，注意不要使培养基沾在管口、瓶口上。

液体培养基：装量以试管高度的1/4左右为宜，锥形瓶不超过其容积的一半。若用于振荡培养则应根据通气量的要求减少（一般500mL锥形瓶装20～50mL）。

固体培养基：分装试管，其量为管高的约1/5，灭菌后摆成斜面。分装锥形瓶的量也以不超过其容积的一半为宜。

半固体培养基：分装试管一般以试管高度的约1/3为宜，灭菌后放垂直凝成半固体深层琼脂培养基。

（7）加棉塞：培养基分装完毕后，在试管口或锥形瓶口塞上棉塞（或泡沫塑料塞及试管帽等）。

（8）包扎：将全部试管用绳子捆好，再在棉塞外包一层牛皮纸，以防灭菌时冷凝水弄湿棉塞，其外再用一道绳子扎好；锥形瓶加塞（或包8层纱布）后，外包牛皮纸，再用绳子以活结形式扎好。

（9）灭菌：将上述培养基以$1kg/cm^2$，约120℃维持15～20min进行高压蒸汽灭菌。

（10）摆斜面：将灭菌的试管琼脂培养基冷至约50℃，将试管口端搁在粗玻璃棒上摆成斜面，斜面长度以不超过试管总长的一半为宜。

（11）无菌检查：将灭菌培养基放入37℃的恒温箱中培养24～48h，检查灭菌是否彻底。

二、培养基及常用器皿的灭菌

灭菌是指杀死或消灭所有微生物，包括营养体、孢子和芽孢。灭菌的方法很多，可分为物理方法与化学方法两大类。物理方法包括湿热灭菌、干热灭菌、紫外线灭菌、过滤灭菌等；化学方法主要是利用化学药品对接种室空间、用具和其他物体表面进行灭菌与消毒。消毒一一般是指消灭有害微生物的营养体和病原菌。

培养微生物常用的玻璃器皿主要有试管、锥形瓶、培养皿、吸管等，在使用前必须先进行灭菌，使容器中不含任何杂菌。常用玻璃器皿、金属器皿及其他干燥耐热物品，烘干后经适当包扎（勿装液体），可采用干热灭菌法灭菌。为了避免玻璃器皿在灭菌后再受空气中杂菌的污染，仍然能保持无菌状态，在灭菌前需进行严格的包装或包扎。

培养微生物用的营养基质（培养基），在接入纯种前也必须先行灭菌，使培养基呈无菌状态。一般培养基、无菌水、耐热药物及玻璃器皿等常采用高压蒸汽灭菌法灭菌。培养基可分装入器皿中一起灭菌，也可单独灭菌后以无菌操作分装入无菌的器皿中。

1. 棉塞制作与器皿包扎

试管和锥形瓶常采用合适的棉塞封口（也可采用金属、塑料及硅胶帽套），棉塞起过滤作用，只能让空气透过，而空气中的微生物不能通过。制作棉塞应采用普通未脱脂的棉花（医用脱脂棉会吸水，不宜采用），其制作方法有多种，可自行灵活掌握。制好的棉塞要求紧贴玻璃壁，没有皱褶和缝隙；总长度约为管口直径的 2 倍，插入部分约为 2/3，松紧度合适；外露部分的粗细及结实程度应符合一定要求（图 3-1）。

若棉花纤维过短，可在棉塞外面包上 1 层纱布，便于无菌操作，减少棉塞的污染概率，并可延长棉塞使用时间。新做的棉塞弹性较大，不易定形，但插在容器上经过一次高压蒸汽灭菌后，形状大小即可固定。锥形瓶也可用 8~12 层纱布代替棉塞，通气效果更佳（图 3-2）。

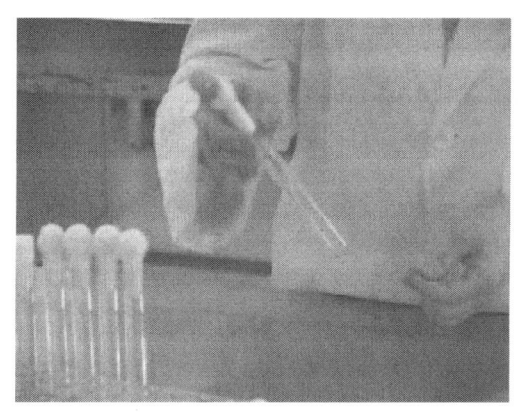

图 3-1　制作试管棉塞

图 3-2　用纱布包扎锥形瓶

蒸汽灭菌前，一般将 7~10 支试管用绳扎在一起，用牛皮纸包裹棉塞部分，再用绳扎紧；每个锥形瓶可单独用牛皮纸包扎棉塞部分，防止水蒸气弄湿。

培养皿是专为防止空气中杂菌污染而设计的，底皿加上皿盖为一套。洗净烘干后通常每 10 套叠在一起，用牛皮纸卷成一筒，外面用绳子捆扎以防散开，然后进行灭菌，到使用时才在超净工作台中取出打开（图 3-3）。

洗净烘干的吸管，在吸气的一端用镊子或针塞入少许未脱脂棉花（棉花勿外露），以防止菌体吸入洗耳球中，或洗耳球中的微生物通过吸管进入培养物中造成污染。每支吸管用一条宽约 5cm 的纸条，以约 45°角螺旋卷起来，剩余一端折叠打结，灭菌后烘干，使用时才在超净工作台中将纸条抽出。

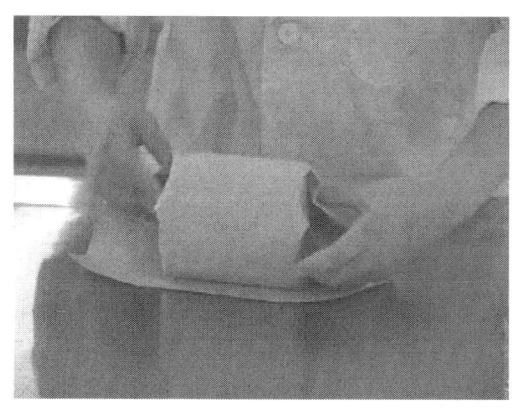 

图 3-3 培养皿的包扎

2. 玻璃器皿的干热灭菌

常用玻璃器皿（培养皿、锥形瓶、试管、吸管等）、金属器皿及其他干燥耐热物品，烘干后经适当包扎（勿装液体），可采用干热灭菌法灭菌。干热灭菌一般在电热恒温干燥箱内利用干热空气进行灭菌，该法比湿热灭菌法所需的温度要高些（160~170℃），时间也要长些（1~2h），但灭菌温度若超过180℃，包扎器皿的纸或棉塞就容易烧焦（图3-4）。

3. 培养基与器皿的高压蒸汽灭菌

该法的优点是时间短，灭菌效果好，可以杀灭所有的微生物，包括最耐热的细菌芽孢及其他休眠体。实验室常用的有自控或非自控卧式高压蒸汽灭菌锅（有大量灭菌物品时使用），也有手提式小型灭菌锅。

一般培养基常用 0.1MPa 或 121℃维持 15~20min 便可达到彻底灭菌的目的；玻璃器皿单独灭菌的温度可高些，维持的时间可长些。灭菌的温度及维持的时间应随灭菌物品的性质和容量多少而灵活掌握。要注意灭菌的因素是高温而不是高压，故灭菌锅内的冷空气要彻底排除（在排除冷空气的条件下，蒸汽压与温度之间有一定关系），否则，压力虽达到0.1MPa，但温度并没有达到要求的121℃（图3-5）。

图 3-4　电热恒温干燥箱　　　　　图 3-5　高压蒸汽灭菌操作

实验十　培养基的配制和灭菌

一、目的要求

（1）学会常用玻璃器皿的包扎技术。
（2）学习掌握各种培养基的配制原理和一般方法。
（3）掌握高压蒸汽灭菌法和干热灭菌法。

二、基本原理

培养基是人工配制的用于培养、分离、鉴定、保存各种微生物的营养基质。培养基也适合于微生物在生命活动过程中积累各种代谢产物。由于微生物种类繁多，营养类型各异，加上实验和研究目的不同，因此培养基的种类也很多。不同微生物对 pH 要求不同，配制培养基时，要根据不同微生物对 pH 的要求，将培养基 pH 调到合适的范围。

本实验通过配制适用于分离及培养一般酵母菌和霉菌的麦芽汁天然培养基，适用于分离及培养一般细菌的牛肉膏蛋白胨半合成培养基，适用于分离及培养一般放线菌的高氏 I 号合成培养基，使学生学习和掌握配制常用培养基的基本原理和方法。

为了使玻璃器皿在灭菌后仍然能保持无菌状态，免受空气中杂菌的污染，在灭菌前需进行严格的包装或包扎。本实验通过制作试管和锥形瓶棉塞、包装培养皿和移液管的训练，使学生学习和掌握玻璃器皿灭菌前的基本包装方法。

培养微生物常用的玻璃器皿和容器中含有各种微生物，所以在使用前必须先进行灭菌，使容器中不含任何杂菌。由于配制培养基的各类营养物质也含有各种微生物，因此已配制好的培养基在接入纯种前也必须先行灭菌，使培养基呈无菌状态。培养基可分装入器皿中一起灭菌，也可单独灭菌后以无菌操作分装入无菌的器皿中。本实验将使学生学习和掌握玻璃器皿的干热灭菌的基本方法，学习和掌握培养基（或器皿）的高压蒸汽灭菌的基本方法。

三、实验器材

（1）仪器设备：恒温水浴锅、电热干燥箱、蒸汽灭菌锅。
（2）玻璃器皿：烧杯、培养皿、大小试管、大小吸管、漏斗。
（3）试剂：牛肉膏、蛋白胨、氯化钠、琼脂、20%酸碱液（调 pH 用）、大麦芽。
（4）其他材料：电子天平、电炉、试管架、试管篓、棉花、防潮纸、棉线、pH 试纸等。

四、实验内容及操作步骤

（一）玻璃器皿灭菌前的包装

1. 试管口和锥形瓶口棉塞的制作

（1）棉塞制作方法（由教师演示讲解）如下。

1）制作棉塞应采用普通未脱脂的棉花（医用脱脂棉会吸水，不宜采用），其制作方法有多种，可自行灵活掌握。

2）制好的棉塞要求紧贴玻璃壁，没有皱褶和缝隙；总长度约为管口直径的 2 倍，插入部分约为 2/3，松紧度合适；外露部分的粗细及结实程度，应符合一定要求（图 3-6）。

3）若棉花纤维过短，可在棉塞外面包上 1 层纱布，便于无菌操作，减少棉塞的污染概率，并可延长棉塞使用时间。

4）新做的棉塞弹性较大，不易定形，但插在容器上经过一次高压蒸汽灭菌后，形状大小即可固定。

5）锥形瓶也可用 8～12 层纱布代替棉塞，通气效果更佳（图 3-7）。

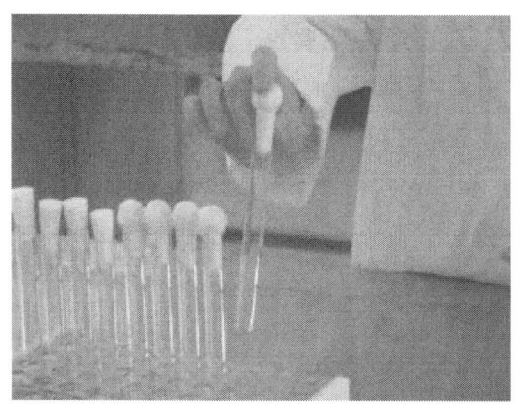
图 3-6 试管口塞上棉塞

图 3-7 锥形瓶口用多层纱布包扎

6）蒸汽灭菌前，一般将 7～10 支试管用绳扎在一起，用牛皮纸包裹棉塞部分，再用绳扎紧；每个锥形瓶可单独用牛皮纸包扎棉塞部分，防止水蒸气弄湿。

（2）每组制作下列棉塞。

1）大试管棉塞 20～30 个，小试管棉塞 20～30 个。

2）100mL 或 150mL 小锥形瓶棉塞 2～4 个。

3）250mL 锥形瓶棉塞 4～6 个。

4）包扎 500mL 锥形瓶 8 层纱布 2 个，棉塞 1 个。

2. 培养皿和移液管的包装

（1）培养皿（平皿）的包装（图 3-8）如下。

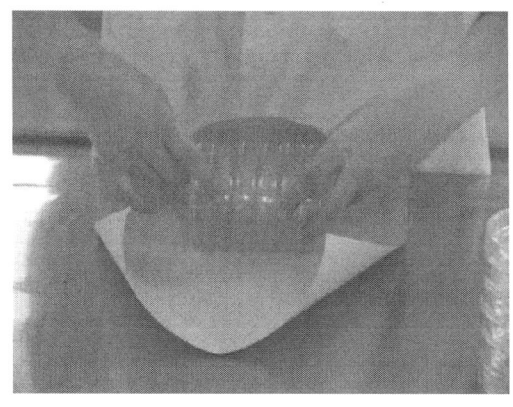

图 3-8 培养皿用牛皮纸包装

1）培养皿是专为防止空气中杂菌污染而设计的，底皿加上皿盖为一套。
2）洗净烘干后，每6~10套叠在一起，用牛皮纸卷成一筒，外用棉线捆扎以防散开。
3）包装后进行灭菌（每组包装1或2筒），使用时在超净工作台中取出打开。
（2）移液管（吸管）的包装如下。
1）洗净烘干的吸管，在吸气的一端用镊子或针塞入少许未脱脂棉花（棉花勿外露），以防止菌体吸入洗耳球中，或洗耳球中的菌体通过吸管进入培养物中造成污染。
2）每支吸管用一条宽约5cm的纸条，以约45°角螺旋卷起来，剩余一端折叠打结。
3）每组包扎5mL或10mL移液管2~4支，2mL移液管2~4支，1mL移液管4~6支。
4）灭菌后烘干，使用时在超净工作台中将纸条抽出。

（二）玻璃器皿的干热灭菌

干热灭菌一般在电热恒温干燥箱（图3-9）内利用干热空气进行灭菌，其操作方法如下。

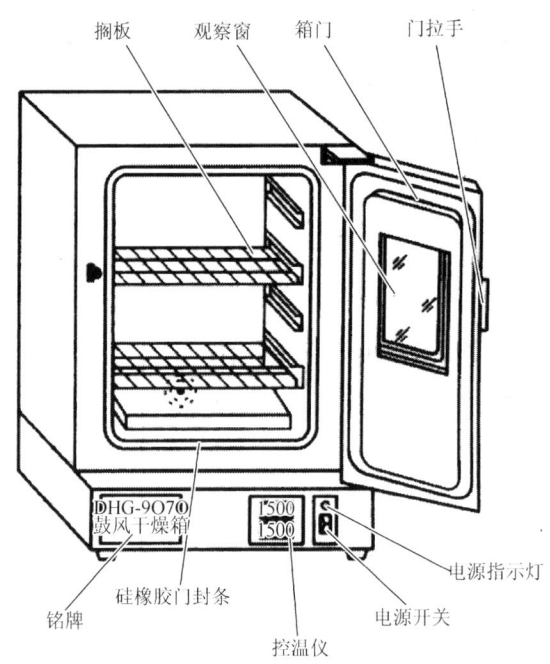

图3-9 电热恒温干燥箱结构图（引自沈萍和陈向东，2007）

（1）将包扎好的待灭菌器皿放入电热恒温干燥箱内（勿摆太挤），关好箱门。
（2）接通电源，打开箱顶排气孔，转动恒温调节器至所需温度，使温度逐渐上升。
（3）当温度升至100℃时，关闭排气孔。
（4）待温度升高到160~170℃时，借恒温调节器的自动控制，保持此温度2h（中间切勿打开箱门）。
（5）切断电源自然降温，待电热恒温干燥箱内温度降至60℃以下才可打开箱门取出灭菌器皿。

（三）培养基的配制

1. 麦芽汁培养基的配制（用于分离、培养酵母菌和霉菌）

（1）大麦芽的糖化。

1）称取大麦芽 100g，粉碎，加入 400mL 约 60℃热水。

2）置 55～60℃温箱或水溶锅中，保温使其自行糖化 3～4h，间歇搅拌，直至无淀粉反应为止。

检查方法：取糖化液 0.5mL，加碘液 2 滴，若无蓝紫色出现即糖化完全。

（2）麦芽汁的制备。

1）过滤：麦芽粉糖化液用纱布过滤，除去残渣，煮沸后反复用脱脂棉或滤纸过滤，即得澄清麦芽汁（350～400mL，15～18°Bx）。

2）稀释：加水稀释成约 10°Bx 麦芽汁（自然 pH）。

（3）麦芽汁液体培养基的制备。

1）量取麦芽汁 250mL，分装小试管 30 支（8mL/支，方法如下）。

2）每支试管均贴标签注明培养基名称，分成 3 份分别捆扎，覆盖防潮纸，集中灭菌。

（4）麦芽汁平板培养基的制备。

1）量取麦芽汁 200mL，倒入 500mL 锥形瓶中，加入琼脂 4g（经灭菌后自行溶化）。

2）瓶口塞上棉塞，覆盖防潮纸，包扎贴标签，灭菌后备全班用。

（5）麦芽汁斜面培养基的制备。

1）量取麦芽汁 100mL 于烧杯中，加入琼脂 2g，标记液面高度。

2）置电炉上加热煮沸至琼脂全部溶化（注意搅拌），补加热水至原液面。

3）趁热分装小试管 24 支（4mL/支）。

4）每支试管均贴上标签，分成两份捆扎，集中灭菌后摆成斜面。

附：培养基的分装方法（图 3-10）

（1）取玻璃漏斗一个，漏斗下连一根输血胶管，胶管下端再接一玻璃管，胶管中间夹一弹簧夹。

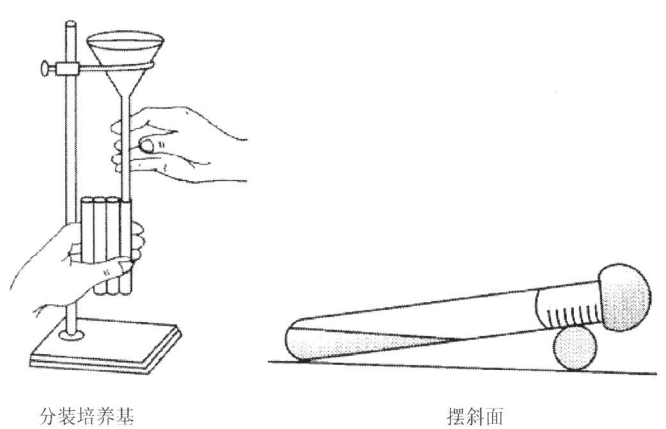

分装培养基　　　　　　　摆斜面

图 3-10　用漏斗分装培养基及摆斜面

（2）将漏斗装在铁架圈上，左手拿住空试管中部，右手拇指及食指按住弹簧夹，小指和无名指夹住玻璃管。

（3）分装时，将玻璃管插入试管内，开放弹簧夹，使培养基流入试管内。

（4）注意勿使培养基接触管口，以免浸湿棉塞，引起污染。

2. 牛肉膏蛋白胨培养基的配制（用于分离及培养细菌）

（1）肉汁培养基的组分（配方）：牛肉膏 0.5%、蛋白胨 1.0%、NaCl 0.5%，pH7.0～7.2。

（2）肉汁培养基的配制程序。

1）肉汁液体培养基：称量→溶解→定容→调 pH→分装→包扎→灭菌。

2）肉汁斜面培养基：称量→溶解→定容→调 pH→加琼脂→加热溶化→补足水分→分装试管→包扎→灭菌→摆斜面。

3）肉汁平板培养基：称量→溶解→定容→调 pH→装瓶→加琼脂→包扎→灭菌。

（3）肉汁液体培养基的配制。

1）按上述配方称量各组分于小烧杯中，加水溶解并定容至 200mL，调 pH7.0～7.2。

2）分装小试管 28 支（5～7mL/支），贴标签，分 3 份包扎，灭菌备全班用。

（4）肉汁斜面培养基的配制。

1）按上述配方称量各组分于小烧杯中，加水溶解并定容至 100mL，调 pH7.0～7.2，加入琼脂 2g，加热溶化琼脂，补加热水至原液面。

2）分装小试管 24 支（4mL/支），每支试管贴标签注明培养基名称，分两份包扎，灭菌备用。

（5）肉汁平板培养基的配制。

1）按上述配方称量各组分于小烧杯中，加水溶解并定容至 100mL，调 pH7.0～7.2。

2）倒入 250mL 锥形瓶中，再加入 2g 琼脂（琼脂在灭菌后自行溶化）。

3）加棉塞和防潮纸，包扎灭菌。

3. 高氏 I 号合成培养基的配制（用于分离及培养放线菌）

（1）高氏 I 号培养基的配方：可溶性淀粉 20g、NaCl 0.5g、KNO_3 1g、$K_2HPO_4·3H_2O$ 0.5g、$MgSO_4·7H_2O$ 0.5g、$FeSO_4·7H_2O$ 0.01g、琼脂 15～25g、水 1000mL，pH7.4～7.6。

（2）高氏 I 号培养基的配制步骤。

1）按配方先称取可溶性淀粉放入小烧杯中，用少量冷水将淀粉调成糊状。

2）将淀粉糊加入少于所需水量的沸水中，继续加热，使可溶性淀粉完全溶化。

3）称取其他各组分依次溶化（$FeSO_4·7H_2O$ 可先配成 0.01g/mL 溶液后再加入）。

4）待所有组分完全溶解后补充水分到所需的总体积。

5）将称好的琼脂放入已溶的各组分中，再加热溶化，补足所失水分。

6）调节 pH7.4～7.6，分装，包扎，灭菌，无菌检查后备用。

（四）培养基（或器皿）的高压蒸汽灭菌

高压蒸汽灭菌在高压蒸汽灭菌锅中进行。实验室常用的有自控或非自控卧式高压蒸汽灭菌锅（大量灭菌物品时使用），也有手提式小型灭菌锅（图 3-11）。

下面以手提式灭菌锅为例，介绍高压蒸汽灭菌的操作方法。

（1）取出内层锅，加水入外层锅内，水面与搁架相平即可。

（2）放回内层锅，装入待灭菌物品（勿装得过挤），上面遮一张防水纸。

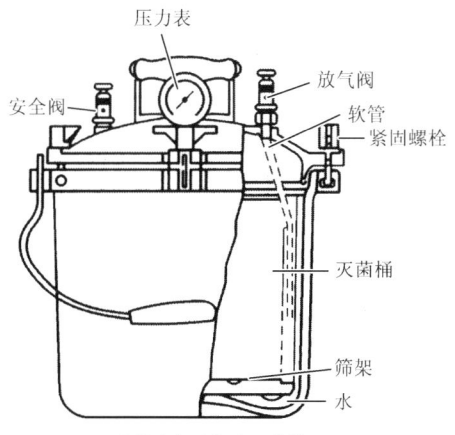

A. 手提式高压蒸汽灭菌锅

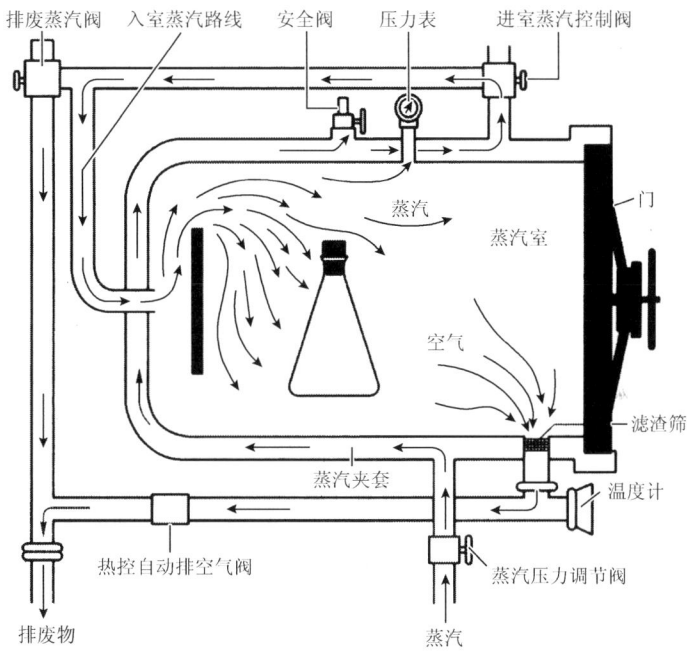

B. 卧式高压蒸汽灭菌锅

图 3-11　手提式高压蒸汽灭菌锅和卧式高压蒸汽灭菌锅

（3）加锅盖时，将排气软管插入内层锅的排气槽内，以对称方式旋紧螺栓。

（4）打开排气阀，通电加热使水沸腾并排气。待锅内冷空气完全排尽，关上排气阀，使温度随蒸汽压增高而上升。

（5）待锅内蒸汽压升至所需压力（如 0.1MPa、约 120℃）时，控制热源，维持此压力至所需时间（如 15～20min）。

（6）切断电源，使锅内温度自然下降。待压力降至"0"时，打开排气阀，旋松螺栓，打开锅盖，取出灭菌物品。

五、实验注意事项

（1）在琼脂溶化过程中应注意控制火力，避免培养基因沸腾而溢出容器，并要不断搅拌，以防琼脂糊底烧焦。

（2）培养基调节 pH 时，注意不要调过头，因 pH 回调会影响培养基内各离子浓度。

（3）在配制低 pH 的琼脂培养基时，应将培养基组分和琼脂分开灭菌后再混合，因琼脂在低 pH 灭菌时会水解而不能凝固。

（4）干热灭菌时，灭菌物品不宜摆得太挤，以免妨碍空气流通；物品不要接触电热干燥箱内壁铁板，以防包装纸烤焦起火。

（5）干热灭菌完毕后，务必待箱内温度降至 70℃以下再打开箱门，以防空气冲入引起包装纸燃烧，以及骤然降温导致玻璃器皿炸裂。

（6）高压蒸汽灭菌时，锅内冷空气必须完全排尽后才能关上排气阀，因灭菌的主要因素是高温而不是高压。

（7）高压蒸汽灭菌完毕后，应待气压表指针降到"0"方可打开灭菌锅，避免因锅内压力骤然下降，使容器内的培养基冲出沾染棉塞，也避免蒸汽烫伤操作者。

六、实验报告与思考题

1. 实验结果

（1）将实验内容中 3 种培养基配制的操作过程及其结果写成实验报告，并绘制流程图。

（2）检查你配制的 3 种培养基经高压蒸汽灭菌后灭菌是否彻底。

2. 思考题

（1）通常培养细菌、放线菌、酵母菌和霉菌可分别采用哪些培养基？这四大类微生物生长繁殖的最适 pH 一般各为多少？

（2）培养基配好后，为什么必须立即灭菌？如何检查灭菌后的培养基是无菌的？

（3）在配制培养基的操作过程中应注意些什么问题，为什么？

（4）细菌能否在高氏 I 号培养基上生长？为什么？

（5）进行干热灭菌操作时应注意哪些事项？为什么干热灭菌比湿热灭菌所需要的温度要高，时间要长？

（6）培养基和液体试剂能否进行干热灭菌？为什么？

（7）进行高压蒸汽灭菌操作应注意哪些事项？可能导致灭菌不完全的因素有哪些？

第二节　无菌操作技术

微生物无处不在，无孔不入，因此，在对微生物的研究和应用过程中，必须随时注意保持微生物纯培养物的纯洁性，防止其他微生物（杂菌）混入；在进行分离、转接及培养微生物纯培养物时，要采用严格的无菌操作技术，防止被其他微生物污染。

在微生物学研究中，常需用接种环把微生物纯培养物由一个器皿移接到另一个培养容器中进行培养。由于周围环境（主要是空气）中存在着大量肉眼无法发现的各种微生物，只要一打开器皿，就可能会引起器皿内培养基或培养物被环境中其他微生物污染。

因此，微生物菌种移接的所有操作均应在无菌环境下进行严格的无菌操作。

一、无菌环境条件

无菌环境是指无菌室、无菌箱、超净工作室或超净工作台等无菌或相对无菌的环境条件。

超净工作室或超净工作台（图 3-12）目前较常用，它们是通过通入经超细过滤的无菌空气来维持无菌状态的；而无菌室或无菌箱目前较少用，它们是在使用前一段时间内，用紫外线灯或化学药剂进行室内空气灭菌来维持其相对无菌状态的。

紫外线灭菌是用紫外线灯进行的。紫外线穿透力不强，所以只适用于无菌室、接种箱和手术室内的空气及物体表面的灭菌。单独用紫外线照射的方法如下。

（1）在无菌室内或接种箱内，打开紫外线灯，照射 30min，关闭。

（2）将营养琼脂平板（共 3 个）的皿盖打开 15min，盖上皿盖，置 37℃培养 24h。

（3）检查每个平板上生长的菌落数（4 个以下说明灭菌效果良好）。

图 3-12 超净工作台

为了增强紫外线灭菌效果，在开紫外线灯前，可用化学消毒剂在无菌室或接种箱内喷洒和擦洗。化学消毒剂与紫外线照射结合使用的方法如下。

（1）在无菌室内，先用 2%～3%来苏尔擦洗桌面和凳子，再打开紫外线灯照射 15min。

（2）在无菌室内，用 3%～5%的石炭酸溶液喷洒，再打开紫外线灯照射 15min。

（3）用营养琼脂平板检查灭菌效果（方法同上）。

二、无菌操作接种技术

上述的无菌环境条件只是相对而言，实际上不可能保持环境的绝对无菌。因此，接种时的关键是要严格进行正确的无菌操作，要点是要充分利用酒精灯焰周围的高温区（无菌区），即接种时，管口和瓶口始终保持在火焰（如酒精灯焰）旁边，进行熟练的移接种操作，以便保证微生物的纯种培养。

此外，挑取和移接微生物纯培养物用的接种环及接种针，应采用易于迅速加热和冷却的镍铬合金等金属制备，使用时用火焰灼烧灭菌；转移液体纯培养物时，应采用无菌吸管或无菌移液枪。

接种和培养过程中必须保证纯培养物不被其他微生物污染，因此，除工作环境要求尽可能地避免或减少杂菌污染外，熟练地掌握各种无菌操作接种技术是很重要的。接种技术用得最多的是斜面接种，其次是液体培养基接种和穿刺接种。

1. 斜面接种

在待接种的斜面培养基试管上先贴好标签，用左手握住斜面菌种（如细菌）试管和待接种的斜面培养基试管，使斜面朝上呈水平状态。在火焰边用右手拔出棉塞（或试管帽），右手拿接种环在火焰上垂直灼烧灭菌并冷却，伸入菌种试管内挑取少许菌苔，迅速伸入待接种的斜面培养基表面，在斜面上自试管底部向上端轻轻地划线。

2. 液体培养基接种

用接种环挑取菌苔放入液体培养基试管，在液体表面处的管内壁上轻轻摩擦搅动，使菌体从环上洗脱分散开进入液体培养基中，塞好试管塞后摇动试管，使菌体在培养液中均匀分布。若菌种为液体培养物，则可用无菌吸管（或无菌移液枪）定量吸出后加入（或直接倒入）液体培养基中。整个接种过程基本上与斜面接种相同，都要求严格的无菌操作。

3. 穿刺接种

右手拿接种针（针应挺直）在火焰上垂直灼烧灭菌，冷却后按上述斜面接种的无菌操作方法，用接种针下端挑取菌种，自半固体培养基的中心垂直刺入，直至接近试管底部，但不要穿透，然后沿原穿刺线将针退出，塞上试管塞，烧灼接种针。

实验十一 无菌操作和微生物菌种的移接

一、目的要求

(1) 树立无菌概念，体会无菌操作的重要性。
(2) 训练无菌操作的基本技术。
(3) 熟练掌握各种微生物菌种移接的基本方法。

二、基本原理

在人们生活的周围环境——土地、空气、水中及人体的体表和体内，存在着大量的各种看不见的微生物，即人们是生活在微生物的团团包围之中的。如何证明微生物的存在呢？除通过显微镜将微生物个体放大，使人们的这双肉眼能够看到它们外，还有另一种方法就是通过培养，使肉眼看不见的微生物个体在固体培养基上繁殖成肉眼可见的细胞群体——菌落，这样人们就可以看得到它们的存在了。

为了使学生牢固树立起有菌观念，本实验将采取上述中的后一种方法，让学生自行检测实验室环境（空气）和人体表面存在的微生物。

实际上，人工创造的无菌环境条件只是相对而言，不可能保持环境的绝对无菌。因此，接种和培养过程中想要保证纯培养物不被其他微生物污染，关键是要严格地进行正确的无菌操作，熟练地掌握各种无菌操作接种技术。

本实验让学生自行在酒精灯焰旁进行微生物菌种的转接，包括斜面接种、液体培养基接种和穿刺接种，以训练他们的无菌操作接种技术，并使学生牢固树立起无菌观念。

三、实验器材

(1) 微生物菌种如下。
1) 枯草芽孢杆菌（*Bacillus subtilis*）、谷氨酸棒状杆菌（*Corynebacterium glutamicum*）。
2) 酿酒酵母（*Saccharomyces cerevisiae*）、卡尔斯伯酵母（*S. carlsbergensis*）。
3) 黑曲霉（*Aspergillus niger*）、米曲霉（*A. oryzae*）。
(2) 培养基如下。
1) 麦芽汁培养基：斜面培养基（试管）、液体培养基（试管）、平板培养基（锥形瓶）。

2）肉汁培养基：斜面培养基（试管）、液体培养基（锥形瓶）、平板培养基（锥形瓶）。
（3）仪器设备：超净工作台、恒温培养箱、恒温摇床、水浴锅、电炉、铜锅、酒精灯、接种环。
（4）其他材料：烧杯、培养皿、锥形瓶、试管、吸管、试管笼、试管架。

四、实验内容及操作步骤

（一）实验室环境与人体表面微生物的检测

1. 实验室内微生物的测定

（1）取肉汁琼脂平板和麦芽汁琼脂平板各一皿，放置于实验室台面或选定地点。另取肉汁琼脂平板和麦芽汁琼脂平板各一皿，放置于运行中的超净工作台内作对比。

（2）打开皿盖，使琼脂培养基暴露于空气中，30～60min后盖上皿盖。

（3）麦芽汁琼脂平板置于30℃温箱内培养2～3天，肉汁琼脂平板置于37℃培养箱内培养1～2天，观察微生物种类并计数菌落数。

2. 人体表面细菌的测定

（1）取两个肉汁琼脂平板，贴上标签，打开皿盖，分别将未洗过手的手指和洗过手的手指在琼脂表面轻轻划"之"字形线，盖上皿盖。

（2）取一个肉汁琼脂平板，贴上标签，打开皿盖，在琼脂平板上方用手将头发用力摇动数次，使细菌降落于琼脂表面，盖上皿盖。

（3）取一个肉汁琼脂平板，贴上标签，打开皿盖，放在离嘴6～8cm处，对着琼脂表面用力咳嗽，盖上皿盖。

（4）将上述平板置于37℃培养箱内培养1～2天，观察细菌种类并计数菌落数。

（二）微生物接种与无菌操作技术的训练

1. 斜面接种（图3-13、图3-14）

（1）斜面接种的操作方法（以细菌为例）。

1）在待接种的斜面培养基试管上贴好标签，注明菌名、编号、日期等，点着酒精灯或煤气灯。

2）用左手握住斜面菌种（如细菌）试管和待接种的斜面培养基试管，试管底部放在手掌心并将中指夹在两试管之间。

3）使斜面朝上呈水平状态，在火焰边用右手松动试管棉塞以便于接种时拔出。

4）右手拿接种环在火焰上垂直灼烧灭菌后暂搁于架上。

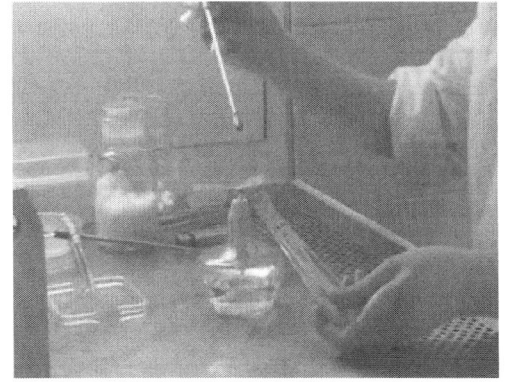

图3-13 斜面接种操作

5）在火焰边用右手拔出棉塞（或试管帽），顺次夹在手掌边缘和小指、小指和无名指之间，并将管口稍做灼烧灭菌。

6）将接种环再次在火焰上灼烧灭菌后伸入菌种试管内，环先与试管内壁或无长菌的培养基接触使之冷却。

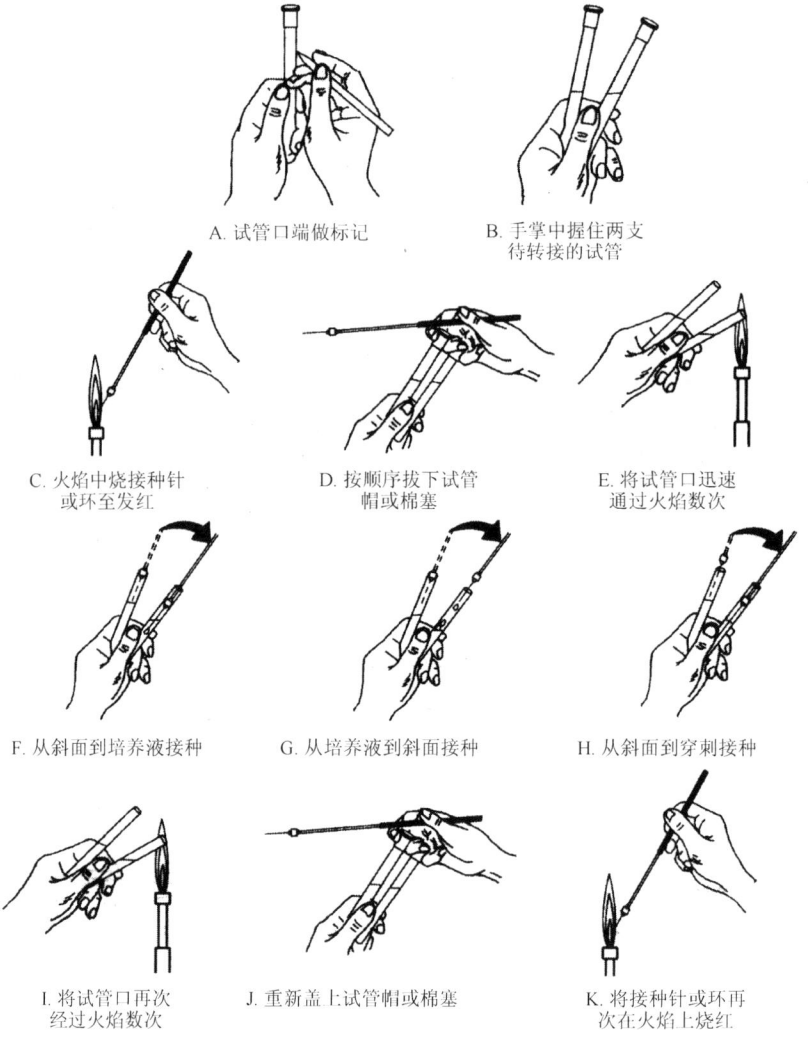

图 3-14　各种无菌操作接种技术示意图

7）挑取少许菌苔，将接种环退出菌种试管（勿接触管壁或管口）后迅速伸入待接种的斜面培养基表面，在斜面上自试管底部向上端轻轻地划"之"形线（勿划破培养基）。

8）接种环退出斜面试管，再用火焰灼烧管口，并在火焰边将试管塞塞上。将接种环垂直于火焰上彻底灼烧杀菌。

（2）细菌的斜面接种。

1）每组取肉汁斜面培养基试管两支，按无菌操作，用接种环在斜面上接种细菌（枯草芽孢杆菌和谷氨酸棒状杆菌）。

2）将斜面接种物放入试管篓中，置 32～35℃温箱中培养约 24h。

（3）酵母菌和霉菌的斜面接种。

1）每组取麦芽汁斜面培养基试管两支，按无菌操作，用接种环在斜面上分别接种酵母菌和霉菌。

2）将斜面接种物放入试管篓中，置 30～32℃温箱中培养 1～3 天。

2. 穿刺接种（图 3-14、图 3-15）

（1）右手拿接种针（针应挺直）在火焰上垂直灼烧灭菌，冷却。

（2）按上述斜面接种的无菌操作方法，用接种针下端挑取菌苔。

（3）将接种针自半固体培养基的中心垂直刺入，直至接近试管底部（不要穿透）。

（4）沿原穿刺线将针退出，塞上试管塞，烧灼接种针。

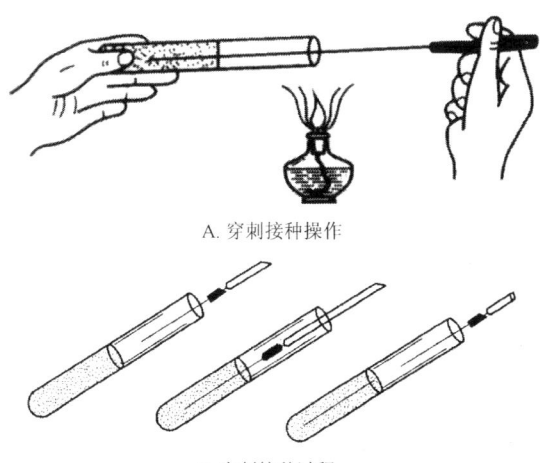

图 3-15 穿刺接种示意图

3. 液体培养基接种（图 3-14）

（1）斜面菌种接入试管液体培养基。

1）每组取麦芽汁液体培养基试管两支，贴好标签，注明菌名、组别、日期等。

2）按无菌操作，用接种环挑取酿酒酵母斜面菌苔接入麦芽汁液体培养基试管中。

3）在液体表面处的试管内壁上轻轻擦动，使菌体从环上洗脱分散进入液体培养基中。

4）塞好试管塞后摇动试管，使菌体在液体培养基中均匀分布。

5）将试管液体接种物放入试管篓中，置 30~32℃温箱中培养 12~16h。

（2）试管菌液接入锥形瓶液体培养基。

1）每组取肉汁液体培养基锥形瓶一个，贴好标签，注明菌名、组别、日期等。

2）按无菌操作，用无菌吸管（或无菌移液枪）定量吸出试管菌液（谷氨酸棒状杆菌或枯草芽孢杆菌）。

3）接入锥形瓶液体培养基中，盖好纱布，轻轻摇动均匀。

4）将锥形瓶液体接种物置恒温摇床上，于 32~35℃温箱振荡培养 8~12h。

4. 倾注平板（倒平板）

平板是将熔化的固体培养基倒入无菌培养皿中后冷却凝固成的盛有固体培养基的培养皿。

（1）倾注平板的方法如下（图 3-16）。

1）右手拿盛培养基的锥形瓶，拔出棉塞，瓶口在火焰上稍做灭菌。

2）左手拿住培养皿并将皿盖在灯焰旁打开少许，迅速注入培养基约 15mL，盖好后轻轻旋动培养皿，使培养基分布均匀。

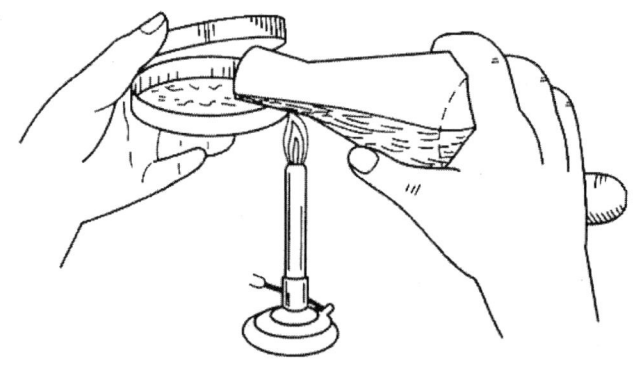

图 3-16　倾注平板操作示意图

3）平置于桌面上，待凝固后即成平板。

（2）倒制肉汁琼脂培养基平板。

1）将肉汁琼脂培养基加热熔化，冷却至约 50℃（减少冷凝水）。

2）以无菌操作倾注入无菌培养皿中，每皿约 12～15mL，置台面上充分冷却凝固成平板。

五、实验注意事项

（1）放置平板检测微生物时，注意不能在皿盖上做标记，避免错盖皿盖造成混乱。

（2）无菌操作需要在酒精灯焰旁进行，操作时要小心，不要将手烫伤。

（3）在火焰上直接灼烧接种环（针）灭菌后，一定要使其冷却后方可取菌体转接，以免烫死菌种。

（4）在进行吸管操作过程中，手指不要接触到吸管的下端，以免染菌。

（5）树立有菌观念和无菌观念，认真细心体会无菌操作的要领。

六、实验报告与思考题

1. 实验结果

（1）将实验室内微生物和人体表面细菌的检测结果列表报告（注明菌落数量与种类），并做简要说明。

（2）将斜面接种、液体培养基接种、穿刺接种的过程及培养后记录的结果写成实验报告。

2. 思考题

（1）试比较实验室空气与超净工作台空气、未洗与已洗的手指、头发及口气中哪一种菌落数与菌落类型最多？

（2）同样暴露于实验室空气中，为什么肉汁琼脂平板与麦芽汁琼脂平板上长出的菌落会有这么大的差别？

（3）你能初步鉴别麦芽汁琼脂平板上长出的菌落属于哪一种微生物吗？

（4）在什么情况下要分别进行斜面接种、液体培养基接种、穿刺接种和倾注平板接种？为什么？

（5）为什么接种完毕后，接种环必须灼烧后再放回原处？

第三节　工业微生物的分离与纯化技术

在工业微生物学中，为了研究某种微生物的特性，或者在发酵工业生产中，为了要大量培养和利用某微生物，必须把它们从混杂的微生物群体中分离出来，从而获得某一菌株的纯培养物。这种获得只含有某一种或某一株微生物纯培养物的过程称为微生物的分离与纯化。

为了获得某微生物的纯培养物，一般根据该微生物的特性设计适宜的培养基和培养条件，以利于该微生物的生长繁殖，或加入某些抑制因素，造成只利于此菌生长而不利于他菌生长的环境条件，从而淘汰其他杂菌。然后再通过各种稀释法使它们在固体培养基上形成单菌落。当然，微生物群体中经分离而生长在平板上的单个菌落并不能保证一定是纯培养物，还要经过一系列的分离、纯化和鉴定才能获得所需要的纯菌株。

常用的微生物分离与纯化的方法有稀释混合倒平板法、稀释涂布平板法、平板划线分离法、稀释摇管法、液体培养基分离法、单细胞分离法、选择培养分离法等，其中前3种方法最为常用，不需要特殊的仪器设备，分离与纯化效果好。

1. 稀释混合倒平板法

平板是将熔化的固体培养基倒入无菌培养皿中后冷却凝固成的盛有固体培养基的培养皿。该法是先将待分离的含菌样品用无菌生理盐水做一系列的稀释（常用十倍稀释法，稀释倍数要适当），然后分别取不同稀释液少许（0.5~1.0mL）于无菌培养皿中，倾入已熔化并冷却至50℃左右的琼脂培养基，迅速旋摇，充分混匀，待培养基凝固后，即成为可能含菌的琼脂平板。于恒温箱中倒置培养一定时间后，在琼脂平板表面或培养基中即可出现分散的单个菌落，每个菌落可能是由一个细胞繁殖形成的。挑取单个菌落，一般再重复该法1或2次，结合显微镜检测个体形态特征，便可得到真正的纯培养物。若样品稀释时能充分混匀，取样量和稀释倍数准确，则该法还可用于活菌数测定。

2. 稀释涂布平板法

采用上述稀释混合倒平板法有两个缺点，一是会使一些严格好氧菌因被固定在培养基中间缺乏溶氧而生长受影响，形成的菌落微小，难于挑取；二是在倾入熔化琼脂培养基时，若温度控制过高，易烫死某些热敏感菌，过低则会引起培养基太快凝固，不能充分混匀。

在微生物学研究中，更常用的纯种分离方法是稀释涂布平板法。该法是将已熔化并冷却至约50℃（减少冷凝水）的琼脂培养基先倒入无菌培养皿中，制成无菌平板。待充分冷却凝固后，将一定量（约0.1mL）的某一稀释度的样品悬液滴加在平板表面，再用三角形无菌玻璃涂棒涂布，使菌液均匀分散在整个平板表面，温箱内倒置培养后挑取单个菌落。

另一种简单、快速、有效的涂布平板法可省去含菌样品悬液的稀释。这种方法为直接吸取经振荡分散的样品悬液1滴加入1号琼脂平板上，用一支三角形无菌玻璃涂棒均匀涂布，用此涂棒再连续涂布2号、3号、4号平板（连续涂布起逐渐稀释作用，涂布平板数视样品浓度而定），翻转此涂棒再涂布5号、6号平板，经适温倒置培养后挑取单个菌落。该法可称为玻璃涂棒连续涂布分离法。

3. 平板划线分离法

先倒制无菌琼脂培养基平板，待充分冷却凝固后，用接种环以无菌操作蘸取少量待分离的含菌样品，在无菌琼脂平板表面进行有规则的划线。划线的方式有连续划线、平行划线、扇形划线或其他形式的划线。通过这样在平板上进行划线稀释，微生物细胞数量将随着划线次数的增加而减少，并逐步分散开来。经培养后，可在平板表面形成分散的单个菌落，但单个菌落并不一定是由单个细胞形成，需再重复划线1或2次，结合显微镜检测个体形态特征，便可获得真正的纯培养物。该法的特点是简便快速。

实验十二 微生物菌种的分离与纯化

一、目的要求

（1）掌握倾注平板（倒平板）的方法。
（2）学习从混杂的微生物群体中分离与纯化微生物菌种的方法。
（3）综合练习常用的几种微生物分离纯化技术和无菌操作技术。

二、基本原理

把某微生物从混杂的微生物群体中分离出来，获得只含有某一种或某一株微生物纯培养物的过程称为微生物菌种的分离与纯化。

要获得某微生物的纯培养物，可根据该微生物的特性，设计出只利于此菌生长而不利于他菌生长的条件（含培养基组分和培养条件），大量淘汰其他杂菌。再通过各种稀释法使它们在固体培养基上单独长成菌落。微生物群体中经分离而生长在平板上的单个菌落并不能保证一定是纯培养物，还要经过一系列的分离、纯化和鉴定方能确定。

菌种分离纯化最为常用的方法有稀释混合倒平板法、稀释涂布平板法、平板划线分离法3种，其中稀释混合倒平板法留待第五章实验二十（水和食品中细菌菌落总数的测定）中的平板菌落计数法中再做介绍。本实验应用稀释涂布平板法、平板划线分离法两种方法对含菌样品进行分离纯化。此外，还应用了另一种分离纯化的新方法——玻璃涂棒连续涂布分离法，该法综合了稀释涂布平板法与平板划线分离法的优点，是一种简便、快速、有效的方法。

用于酿制白酒的酒曲中含有各种各样的微生物群体。本实验应用稀释涂布平板法从酒曲中分离纯化酿酒酵母和根霉菌，采用有利于酵母菌和霉菌生长而不利于细菌和放线菌生长的麦芽汁平板培养基，同时添加去氧胆酸钠以防止菌丝蔓延，以便获得目的菌（根霉菌）单个菌落。

土壤是微生物多样性的重要场所，是发掘微生物资源的重要基地，人们可以从土壤中分离纯化获得许多有价值的菌株。本实验应用平板划线分离法和另一种简单快速的玻璃涂棒连续涂布分离法从土壤中分离纯化谷氨酸产生菌（谷氨酸菌），采用含有溴麝香草酚蓝的平板培养基，以便获得能使周围培养基变黄色（产酸）的谷氨酸菌单个菌落。通过本实验，使学生学习掌握从混杂的微生物群体中分离与纯化微生物菌种的方法，并使学生综合训练了微生物学实验的各种无菌操作技术。

三、实验器材

（1）含菌样品：酒曲（小曲或大曲）、土壤含菌样品。
（2）材料与试剂：米曲汁（8~10°Bx）、葡萄糖、氯化钠、琼脂、20%尿素、20%玉米浆、10% K_2HPO_4、4% $MgSO_4$、1%溴麝香草酚蓝。

(3) 仪器设备：超净工作台、恒温培养箱、电子天平、研钵、电炉。

(4) 玻璃器皿：培养皿、试管、吸管（10mL 和 1mL）、玻璃涂棒、锥形瓶（250mL、100mL 和 50mL，内盛玻璃珠和 10mL 无菌水）。

四、实验内容及操作步骤

（一）培养基的制备

（1）麦芽汁琼脂平板培养基：量取麦芽汁 100mL，装入 250mL 锥形瓶中，加入琼脂 2g，灭菌备用。用前熔化后加入 10%去氧胆酸钠 1mL（浓度为 0.1%）。

（2）分离谷氨酸菌用的平板培养基：葡萄糖 2%、K_2HPO_4 0.1%、$MgSO_4$ 0.04%、溴麝香草酚蓝 0.01%、琼脂 2%，装入 250mL 锥形瓶中，调 pH7.0，包扎，灭菌备用。

（3）生理盐水：称取 NaCl 0.43g，加入 50mL 水，装入小锥形瓶中，灭菌备用。

（二）从酒曲中分离纯化酿酒酵母和根霉菌

1. 制备曲液（图 3-17）

（1）将酒曲研碎成粉末状，称取 1g 放入装有 10mL 生理盐水和玻璃珠的小锥形瓶中，激烈振荡约 10min，使菌分散。

（2）用无菌吸管吸取 1mL 酒曲悬液注入盛有 9mL 生理盐水的试管中，吸放 3 次，用旋涡混合器振荡使之充分混匀。

（3）再取一支无菌吸管，从上述试管中吸取 1mL 注入另一盛有 9mL 生理盐水的试管中，吸放 3 次并混匀。

（4）同上法类推制成 10^{-1}、10^{-2}、10^{-3}、10^{-4}、10^{-5}、10^{-6} 的各种稀释度的酒曲溶液。

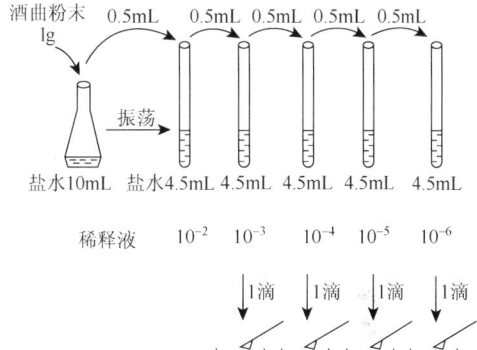

图 3-17 分离酒曲中微生物菌种的操作过程示意图

2. 倒制平板

（1）将麦芽汁琼脂培养基加热熔化，冷却至 55~60℃。

（2）加入 10%的去氧胆酸钠 1mL，混匀。

（3）在超净工作台的酒精灯焰旁倒制平板。

3. 涂布平板（图 3-18）

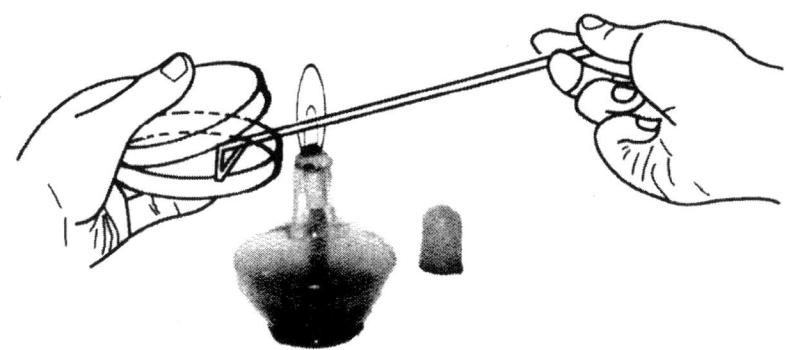

图 3-18 涂布平板操作法示意图（引自刘国生，2007）

(1) 将上述培养基的 4 个平板分别标上 10^{-3}、10^{-4}、10^{-5}、10^{-6} 4 种稀释度。

(2) 取 4 支无菌吸管（或无菌移液枪），分别由 10^{-3}、10^{-4}、10^{-5}、10^{-6} 4 管酒曲稀释液中各吸取 0.1mL。

(3) 对号注入已标好稀释度的平板中，用无菌玻璃涂棒在培养基表面轻轻涂布均匀。

4. 倒置培养

将培养基平板倒置（防止皿盖的冷凝水下滴），于 30～32℃温箱中培养 2 天。

5. 观察挑菌

(1) 观察培养后长出的酿酒酵母和根霉菌的单个菌落，分别挑取并接种于曲汁斜面上。

(2) 两种菌分开置 30～32℃温箱中培养。

(3) 待菌苔长好后，检查菌苔是否单纯，若有其他杂菌混杂，再一次进行分离纯化，直到获得纯菌株培养物。

（三）从土壤中分离纯化谷氨酸产生菌

1. 制备土壤悬液

(1) 称取土壤含菌样品 1g，放入装有 10mL 生理盐水和玻璃珠的小锥形瓶中。

(2) 激烈振荡约 10min，使微生物菌体分散并悬浮于液体中。

2. 倒制平板

(1) 将分离谷氨酸菌用的溴麝香草酚蓝琼脂培养基加热熔化。

(2) 待冷却至约 50℃时，在超净工作台的酒精灯焰旁边倒制平板 8 个。

3. 平板划线

(1) 连续划线法：在近火焰处，左手拿培养皿并打开皿盖，右手拿接种环，抬取上述土壤悬液一环，在平板培养基上分成 3 个区做"之"字形连续划线（图 3-19）。平板划线完毕后盖上培养皿盖，倒置于 32℃温箱中培养 2 天。

(2) 平行划线法：按无菌操作，用接种环抬取土壤悬液一环，先在平板培养基的一边做第一次平行划线 3 或 4 次（图 3-19）。转动平板约 70°角，将接种环上剩余物烧掉，待冷却后穿过第一次划线部位进行第二次平行划线。再用同样的方法进行第三次平行划线和第四次平行划线。划线完毕后，盖上培养皿盖，倒置于 32℃温箱中培养 2 天。

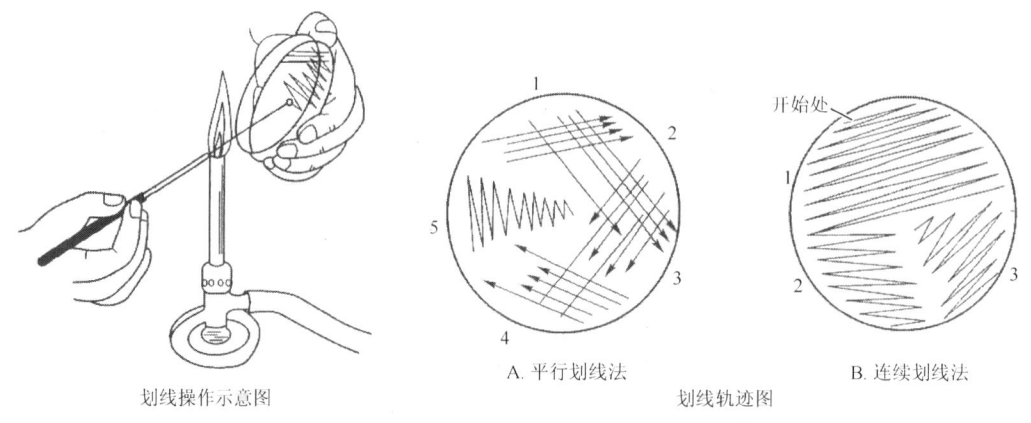

图 3-19 平板划线分离操作法示意图

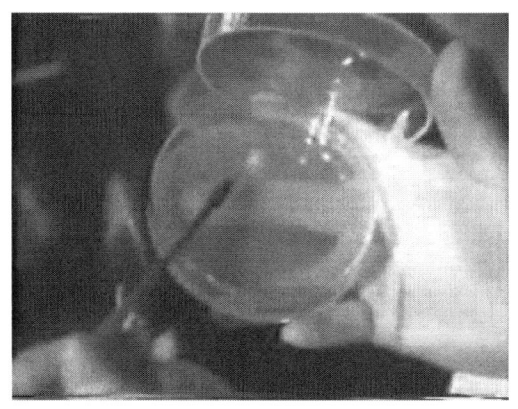
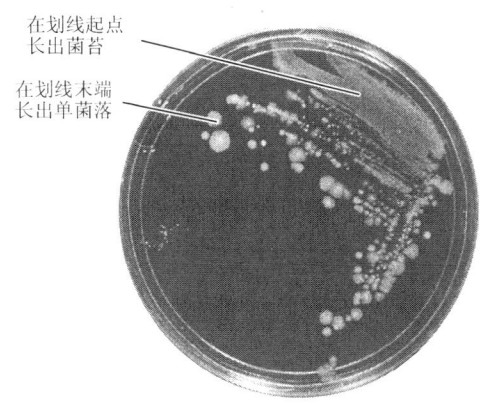

平板划线操作　　　　　　　　　　　平板划线培养结果

图 3-19　平板划线分离操作法示意图（续）

4. 连续涂布（图 3-20）

（1）将上述剩余的 6 个平板分别编号。

（2）吸取土壤悬液 0.1mL 或 1 滴加入 1 号琼脂平板上，用一支无菌玻璃涂棒在培养基表面轻轻涂布均匀。

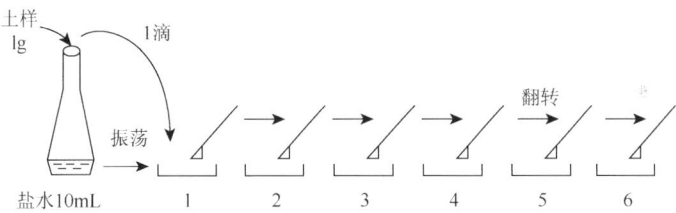

图 3-20　玻璃涂棒连续涂布分离法示意图

（3）用此涂棒连续涂布 2 号、3 号、4 号平板，翻转玻璃涂棒再涂布 5 号、6 号平板。

（4）将培养基平板倒置，于 32℃温箱中培养 2 天。

5. 观察挑菌

（1）观察并挑取能使周围培养基变黄色（产酸）的单菌落，接入肉汤培养基斜面。

（2）置 32℃培养 18～24h。

6. 粗筛测定

（1）用摇管法发酵粗筛，并取发酵液点样于滤纸上进行定性分析。

（2）取能产生谷氨酸的菌株进行小摇瓶发酵初筛和定量分析测定。

（3）将产量较高者再次进行分离纯化。

五、实验注意事项

（1）制备酒曲和土壤悬液时，要用玻璃珠在小锥形瓶中激烈振荡，尽可能使菌体分散，以便在平板中获得均匀分散的单菌落。

（2）涂布平板用的菌液量一般以 0.1mL（或 1～2 滴）较为适宜。如果菌液量过多，平板表面水太多，培养后不易形成单菌落。

（3）涂布时要均匀，并充分利用整个平板表面积，使培养后菌落均匀分散。

（4）连续划线分离时，接种环要在平板上迅速划动，但注意勿划破固体培养基。

（5）平行划线时，平行线之间的距离要小，使划线次数增加，及时灼烧接种环上剩余的菌体。

六、实验报告与思考题

1. 实验结果

（1）将从酒曲中分离酿酒酵母和根霉菌的过程用简图表示，并将实验结果写成报告。

（2）将从土壤中分离谷氨酸菌的过程用简图表示，并将实验结果写成报告。

2. 思考题

（1）你所应用的稀释涂布平板法、平板划线分离法和玻璃涂棒连续涂布分离法 3 种方法是否能较好地得到单菌落？如果哪种不理想，请分析其原因。

（2）在本实验采用的两种不同平板培养基上，你分离得到哪些类群的微生物？请简述它们的菌落形态特征。

（3）在本实验的两项从混杂的含菌样品中分离纯化微生物菌种的工作中，你认为采取了哪些提高纯种分离效率的措施？

（4）当平板上长出的菌落不是均匀分散而是集中在一起时，你认为主要是什么问题？

（5）如何确定平板上长出的单个菌落是否为纯培养物？请写出实验的主要步骤。

实验十三　碱性纤维素酶产生菌的分离纯化

一、目的要求

（1）了解酸性纤维素酶和碱性纤维素酶的用途、特点和不同之处。

（2）学习从土壤中分离筛选碱性纤维素酶产生菌的原理和方法。

（3）了解碱性纤维素酶酶活力测定的基本原理和具体操作方法。

二、基本原理

纤维素酶是能将纤维素水解成还原糖的一类酶系的总称，在生产生活中广泛应用于食品、酿酒、造纸、饲料、纺织等行业。

20 世纪 60 年代以来，国内外记录了产纤维素酶的菌株大约已有 53 个属的几千个菌株。真菌、细菌、放线菌、部分酵母菌和高等真菌等很多主要的生物类群中都有能产生纤维素酶的微生物。目前大多以木霉属（$Trichoderma$）、曲霉属（$Aspergillus$）等霉菌和木腐菌等胞外酶活力较高的丝状真菌产生的纤维素酶作为研究对象。但这些真菌产生的纤维素酶一般在酸性或中性偏酸的条件下水解纤维素底物，其产生的纤维素酶类通常为酸性酶，最适 pH 为 3.0～5.0，在碱性范围内无活力或活力很低。因此，选育产酶活力高且对培养和产酶条件要求都不高的碱性或耐碱性纤维素酶生产菌株，已成为当前纤维素酶研究的重要内容，也是一条简单而又实用的获得碱性或耐碱性纤维素酶的途径。

碱性纤维素酶产生菌的分离筛选方法有 CMC-天青法（CMC-azure）、冷乙醇沉淀法、十六烷基三甲基溴化铵法、Unitex 染色法、台盼蓝法、刚果红法（Congo red）。其中刚果红法是将生长有菌落的平板培养基用 0.1%的刚果红水溶液浸染一定时间后，再用 1mol/L NaCl 溶液脱色。刚果红将未被降解的羧甲基纤维素（CMC）染成红色，而对已被降解的小分子低聚糖类无作用，因此在产 CMCase 的菌落周围留下了清晰的透明圈。

在上述几种平板降解圈直接分离法分离产 CMCase 菌株的方法中，以刚果红法为最好。其他方法有的受底物限制；有的灵敏度低，需培养较长时间；有的因杀死菌体而需影印移植，这就造成了诸多不便。刚果红对菌体无任何不良影响，透明圈清晰易辨，特别是它的灵敏度较高，只要菌落长到肉眼可见即可产生清晰的透明圈，采用刚果红法避免了上述缺点。本实验拟采用刚果红法分离纯化并筛选产生碱性纤维素酶的菌株。

三、实验器材

（1）含菌样品：土壤含菌样品。
（2）培养基与试剂如下。
1）初筛培养基、种子培养基、发酵培养基、牛肉膏蛋白胨斜面培养基。
2）羧甲基纤维素、刚果红、蛋白胨、酵母膏、葡萄糖、琼脂粉、NaCl、K_2HPO_4、NaH_2PO_4、无菌生理盐水、DNS 试剂。
（3）仪器设备：电子天平、酸度计、超净工作台、灭菌锅、离心机、恒温水浴锅、磁力搅拌器、紫外可见分光光度计、全温度恒温气浴摇床、电热恒温培养箱。
（4）其他材料：试管、比色管、锥形瓶、培养皿、移液管、酒精灯、其他常用玻璃器皿。

四、实验内容及操作步骤

（一）培养基的配制

1. 初筛培养基

（1）按下列组成配制初筛培养基（100mL）：CMC 1%、$(NH_4)_2SO_4$ 1%、KNO_3 0.5%、Na_2CO_3 0.5%、$MgSO_4 \cdot 7H_2O$ 0.01%、$FeSO_4 \cdot 7H_2O$ 0.015%、$MnSO_4$ 0.000 05%、琼脂 1.6%，pH9.0。
（2）装入 250mL 锥形瓶中，于 121℃灭菌 20min，倒制平板，备用。

2. 种子培养基

（1）按下列组成配制种子培养基（200mL）：蛋白胨 1%、葡萄糖 2%、酵母膏 1%、K_2HPO_4 0.1%、NaH_2PO_4 0.1%、$MgSO_4 \cdot 7H_2O$ 0.01%、$FeSO_4 \cdot 7H_2O$ 0.015%、$MnSO_4$ 0.000 05%，pH7.0。
（2）分装入 150mL 锥形瓶中（20mL/瓶），于 121℃灭菌 20min，备用。

3. 发酵培养基

（1）按下列组成配制发酵培养基（500mL）：葡萄糖 1%、可溶性淀粉 2%、麸皮 0.5%、蛋白胨 1%、酵母膏 1%、K_2HPO_4 0.1%、NaH_2PO_4 0.1%、$MgSO_4 \cdot 7H_2O$ 0.01%、$FeSO_4 \cdot 7H_2O$ 0.015%、$MnSO_4$ 0.000 05%，pH7.0。
（2）分装入 250mL 锥形瓶中（50mL/瓶），于 121℃灭菌 20min，备用。

4. 牛肉膏蛋白胨斜面培养基

（1）按下列组成配制牛肉膏蛋白胨斜面培养基（100mL）：蛋白胨 1g、牛肉膏 0.5g、NaCl 0.55g、琼脂 2g、水 100mL，pH7.0。

（2）分装入试管中，于 121℃灭菌 15min，摆成斜面。

（二）产碱性纤维素酶菌株的初筛

1. 土壤含菌样品的稀释

（1）称取土壤含菌样品 10g，移入盛有 90mL 无菌生理盐水的锥形瓶中。

（2）置于 37℃恒温摇床上，振荡培养 20min，使土样中的菌体充分分散。

（3）采用十倍稀释法稀释至适当浓度（$10^4 \sim 10^6$）。

2. 分离单菌落

（1）从试管中吸取 0.2mL 稀释样品，均匀涂布于初筛培养基平板上。

（2）于 37℃恒温培养箱中倒置培养 48h，使其长成单菌落并逐一编号。

3. 菌株初筛

（1）用牙签将平板上的单菌落对号挑取到另一平板上备份。

（2）用 0.2%的刚果红溶液染色 20min，再用 1mol/L 的 NaCl 溶液脱色 20min。

（3）观察平板上菌株是否产生水解圈及产生水解圈的大小。

（4）挑取产生水解圈较大的单菌落，移接入牛肉膏蛋白胨斜面培养基中。

（5）置于 37℃恒温箱中培养 16~24h，备复筛用。

（三）产碱性纤维素酶菌株的复筛

1. 制备摇瓶种子

（1）将经初筛的斜面菌株分别接种到盛有 20mL 种子培养基的 150mL 锥形瓶中。

（2）置全温度恒温气浴摇床上，于 37℃，225r/min 下振荡培养 24h，制成摇瓶液体种子。

2. 摇瓶发酵复筛

（1）按 2%的接种量，将液体种子分别接入到盛有 50mL 发酵培养基的 250mL 锥形瓶中。

（2）置全温度恒温气浴摇床上，在 37℃，200r/min 下振荡培养，发酵时间约 48h。

（3）发酵液于 5000r/min，4℃离心 10min，上清液即为粗酶液。

（4）按下述碱性纤维素酶活力的测定方法，学习酶活力的分析测定。

（四）碱性纤维素酶活力的测定

1. 标准曲线制作

取 0.5mL 的稀释酶液，加入到 1mL 甘氨酸-NaOH 缓冲液（pH9.0）配成的 1%CMC 溶液中，50℃反应 30min，加入 3mL DNS 试剂，煮沸 10min，用水定容至 25mL，于 540nm 处测定吸光值（A）。

2. 发酵液酶活力测定

（1）取 1~2mL 发酵液，在 4℃下，10 000r/min 离心 10min，取其上清液用于酶活力测定。

（2）在 25mL 比色管中，加入不同 pH 缓冲液稀释过的酶液 0.5mL，再加入 1%相应 pH

的底物 1mL，总反应体系为 1.5mL。

（3）另取一支 25mL 比色管，加入已煮沸灭活的酶液，其余步骤同（2），作为空白对照。

（4）将上述样品管和空白管均放入水浴中，于 50℃酶解反应 30min。

（5）反应结束后加入 3mL DNS 试剂，混合均匀，煮沸 5min 显色。

（6）冷却后加水至 250mL 并充分混匀，在 540nm 处测定吸光值（A）。

（7）根据标准曲线的回归方程计算出反应体系的含糖量。

五、实验注意事项

（1）碱性纤维素酶酶活力的定义为在上述条件下，将 1min 催化形成 1μmol 还原糖（葡萄糖）的酶量定义为 1 个活力单位。

（2）对于初筛时水解圈较大的菌株，摇瓶发酵复筛时，每株应重复 2 瓶以上，以防漏筛。

（3）对于进入复筛的重点菌株，摇瓶发酵过程中应每隔 4~6h 测一次酶活力，以把握各菌株的产酶高峰。

六、实验报告与思考题

1. 实验结果

（1）将产生碱性纤维素酶菌株的分离纯化与筛选过程用简图表示。

（2）观察并记录进入摇瓶发酵复筛菌株的菌落特征和个体形态，初步鉴别其分别属于哪一大类的微生物。

2. 思考题

（1）碱性纤维素酶与酸性纤维素酶有什么不同？

（2）采用刚果红法分离纯化并筛选产生碱性纤维素酶的菌株是根据什么原理？

（3）通过本实验，你对从自然界中分离筛选产生某种工业用酶的菌株有何体会？

实验十四 噬菌体的分离与纯化

一、目的要求

（1）掌握从含菌样品中分离噬菌体的基本原理和具体操作方法。

（2）学习从噬菌体裂解液中纯化噬菌体的基本技术。

（3）学会观察和分辨平板上噬菌斑的大小和形态特征。

二、基本原理

噬菌体（phage）是侵染原核生物（细菌、放线菌和蓝细菌）的病毒，它是一种超显微的、没有细胞结构的、专性活细胞寄生的大分子微生物。根据噬菌体与宿主细胞的相互关系可将其分为烈性噬菌体和温和噬菌体两大类。

烈性噬菌体侵染宿主菌时，将其头部 DNA 注入菌体细胞内，在细胞内进行复制和转录，相关基因得到表达，然后装配成完整的噬菌体颗粒，在细胞内形成大量的子代噬菌体，从而引起菌体细胞裂解死亡，同时释放出成熟的子代噬菌体（图 3-21）。烈性噬菌体的生长繁殖过程一般可分为吸附、侵入、增殖、成熟、裂解 5 个阶段。

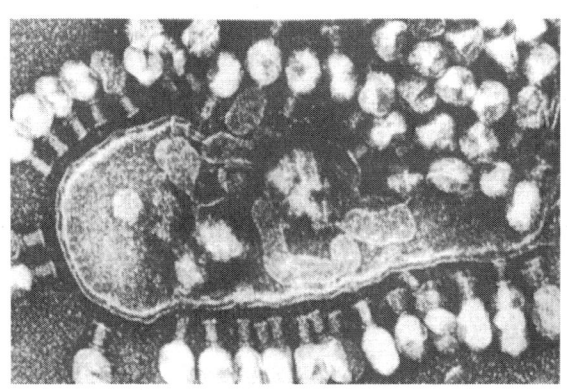

图 3-21　大肠杆菌细胞裂解释放出许多噬菌体

由于烈性噬菌体对宿主菌的裂解作用，可使液体培养基中正在生长繁殖的浑浊菌液变的清亮或比较清亮。利用烈性噬菌体的这种特性，在液体培养基中加入含菌样品和敏感宿主菌株，经混合培养一定时间后，噬菌体便能增殖和释放出来，从而可分离到特定的噬菌体。

烈性噬菌体侵染敏感宿主菌，释放出子代噬菌体，通过上层软琼脂再扩散到周围的菌体细胞中，继续侵染引起更多菌体细胞裂解，从而在平板上形成一个个肉眼可见的透亮无菌近圆形的空斑，称为噬菌斑。噬菌斑是一个噬菌体颗粒在菌苔上逐步形成的噬菌体群体，它是噬菌体存在的一种特性标志。每种噬菌体在平板上形成的噬菌斑都具有一定的形状、大小、透明度和边缘特征，故可用于噬菌体的纯种分离、计数和鉴定（图 3-22）。

 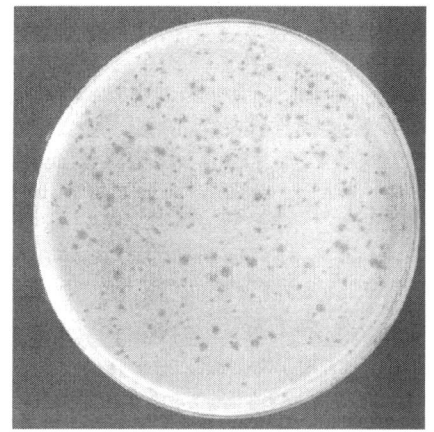

A. 大肠杆菌在平板上形成的均匀菌苔　　　　B. 噬菌体侵染形成的噬菌斑

图 3-22　噬菌体在大肠杆菌菌苔上形成的噬菌斑

利用这种现象可将分离获得的噬菌体进行纯化，也可测定噬菌体的效价。所谓噬菌体的效价，就是 1mL 样品中所含噬菌体颗粒的总数，以噬菌斑形成单位（pfu）表示。效价测定一般应用双层软琼脂平板法，在含有特定宿主菌的软琼脂平板上形成肉眼可见的噬菌斑，能方便地进行噬菌体计数（见第五章实验二十二）。

在自然环境中，凡是有细菌存在的地方总可分离获得相应的噬菌体。例如，粪便与阴沟污水中含有大量的大肠杆菌，因此很容易分离得到大肠杆菌噬菌体；奶牛场中有较多的乳酸杆菌，也容易获得乳酸杆菌噬菌体；味精生产厂的阴沟污水、发酵车间的污泥或空气中会有少量的谷氨酸短杆菌，也容易获得相应的噬菌体。

本实验是从味精生产厂阴沟污水中取样，利用敏感宿主菌谷氨酸短杆菌增殖和分离其噬菌体。由于从自然环境中分离得到的噬菌体往往不纯，表现在噬菌斑的形态、大小、清亮程度等表型特征有所不同，故需做进一步纯化。

三、实验器材

（1）微生物菌种：谷氨酸短杆菌用作指示菌，味精厂阴沟污水作为含菌样品。

（2）培养基与试剂：短杆菌增殖培养基、三倍料短杆菌增殖培养基、下层培养基、上层培养基、蛋白胨水。

（3）仪器设备：电子天平、酸度计、超净工作台、灭菌锅、离心机、恒温水浴锅、恒温摇瓶机、电热恒温培养箱。

（4）其他材料：无菌试管、比色管、锥形瓶、培养皿、无菌吸管、酒精灯、玻璃涂棒、其他常用玻璃器皿。

四、实验内容及操作步骤

（一）培养基的配制

1. 短杆菌增殖培养基的制备

（1）分别称取葡萄糖 2.5g、尿素 0.5g、玉米浆 2g、K_2HPO_4 0.1g，加水溶解并定容至 100mL，调 pH6.8~7.0，再加入 $MgSO_4$ 0.04g。

（2）分装入 2 个 250mL 锥形瓶中（40mL/瓶），瓶口包扎 8 层纱布，并覆盖牛皮纸防潮，于 121℃灭菌 15min。

2. 三倍料增殖培养基的制备

配制 20mL/500mL 锥形瓶（共 2 瓶），方法同上，只是各组分的量为常量的 3 倍。

3. 下层培养基的制备

（1）称取牛肉膏 1g、蛋白胨 2g、NaCl 1g，加水 200mL 溶解，调 pH7.0~7.2。

（2）装入 500mL 锥形瓶中，再加入 4g 琼脂，包扎，灭菌备用。

4. 上层培养基的制备

（1）分别称取葡萄糖 1g、蛋白胨 0.5g、尿素 0.2g、玉米浆 1g、K_2HPO_4 0.05g，加水溶解并定容至 100mL，调 pH6.8~7.0。

（2）再加入 $MgSO_4$ 0.02g、$MnSO_4$ 0.02g、琼脂 0.8g，加热使琼脂溶化，补足水分。

（3）分装小试管（4mL/支），包扎，灭菌备用。

5. 蛋白胨水的制备

称取蛋白胨 1g，加水 100mL 溶解，调 pH7.0，装入小锥形瓶，包扎，灭菌备用。

（二）噬菌体的分离

1. 培养宿主菌（指示菌）

（1）用接种环以无菌操作取一满环经活化的谷氨酸短杆菌斜面菌苔，接入装有 40mL 宿主菌培养基的 250mL 锥形瓶中。

（2）加盖 8 层纱布，用线扎紧并打活结，置于恒温振荡器中，于 32℃振荡培养 12h。

2. 增殖噬菌体

（1）在盛有 20mL 三倍料宿主菌培养基的 500mL 锥形瓶中，加入阴沟污水含菌样品 40mL 和宿主菌（谷氨酸短杆菌）培养物 0.5mL。

（2）混合后置恒温摇瓶机中，于 32℃振荡培养 12～24h。

3. 制备噬菌体裂解液

（1）将上述混合培养物分装入无菌离心管中，经 4000r/min 离心 15min。

（2）将上清液转入无菌小锥形瓶中，得噬菌体裂解液，备用。

4. 检测噬菌体

（1）在下层培养基（牛肉膏蛋白胨琼脂）平板上加入 0.1mL 指示菌（谷氨酸短杆菌）菌液，用无菌玻璃涂棒将菌液均匀地涂布在培养基表面上。

（2）待平板菌液稍干后，用接种环取裂解液点种于其上，置 32℃培养约 12h。

（3）取出观察，若点种有裂解液处形成透明噬菌斑，便证明裂解液中有噬菌体。

5. 制备高效价噬菌体

（1）将噬菌体裂解液与宿主菌液体培养基按 1∶10 的比例混合。

（2）再加入宿主菌（谷氨酸短杆菌）悬液适量（可与噬菌体裂解液等量或为其 1/2 量）。

（3）于 32℃振荡培养约 12h，使噬菌体增殖。

（4）分装入无菌离心管中，经 4000r/min 离心 15min。

（5）取上清液（裂解液）再如此法重复 2 次，便可得到高效价的噬菌体悬液。

（三）噬菌体的纯化

1. 倒制下层培养基

（1）熔化下层培养基，冷却至约 50℃（减少冷凝水）。

（2）倒入无菌培养皿（10～15mL/皿），制成下层平板，凝固备用。

2. 准备上层培养基

熔化上层培养基 10 管，冷却至不烫手，置 45℃水浴中保温备用。

3. 加入指示菌和噬菌体悬液

（1）将噬菌体悬液以十倍稀释法用蛋白胨水稀释至约 10^{-10}（视噬菌体效价而定）。

（2）向每支在 45℃水浴中保温的上层培养基试管中加入指示菌液 0.2mL。

（3）分别顺次加入稀释度约为 10^{-6}～10^{-10} 的噬菌体悬液 0.1mL（每个稀释度重复 2 支）。

（4）稍加摇动混合均匀（勿产生气泡）。

4. 铺双层平板

（1）迅速将含菌上层培养基倒入原先已凝固的下层平板上，迅速铺平、铺匀。

（2）待凝固后正置于 32℃恒温箱中培养 12～16h。

5. 观察噬菌斑

（1）取出培养的平板，仔细观察平板上噬菌斑的形态特征。

（2）记录各种噬菌斑的形状、大小、清亮程度等；取适当稀释度的平板，计数噬菌斑数。

6. 纯化噬菌体

因按上述分离过程制备的裂解液中往往有多种噬菌体，需要挑取单个噬菌斑进行纯化。纯化噬菌体可按下列步骤进行。

（1）用接种针（或无菌牙签）对准单个噬菌斑轻轻点一下，蘸取少许噬菌体接入含有宿主菌的液体培养基的小锥形瓶中。

（2）置恒温振荡器上，于32℃振荡培养，直至小锥形瓶中的菌悬液由浑浊变清。

（3）取出培养物，经4000r/min离心15min后取上清液，得经第一次纯化的噬菌体悬液。

（4）将经第一次纯化的噬菌体悬液再次稀释铺双层平板。

（5）如此再重复2或3次，直至出现的噬菌斑的大小和形态特征一致为止。

五、实验注意事项

（1）在向上层培养基试管中加入指示菌液和噬菌体悬液时，培养基必须冷却至45~48℃，避免烫死指示菌和噬菌体。

（2）纯化噬菌体所采用的双层平板法中，上层半固体培养基的琼脂浓度不宜过低，一般为0.5%~0.8%，否则上层培养基易滑动。

（3）从自然环境中开始分离得到的噬菌体效价一般不高，需将噬菌体进行增殖培养。

（4）影响获得单个噬菌斑的因素较多，其中样品中的噬菌体浓度和稀释度是关键因素。

（5）为提高噬菌体的浓度，可在噬菌体感染宿主菌后加入少量氯仿，在旋涡器上振荡1min，室温静置5min，再经离心收集上清液。但要注意氯仿是易燃物，应远离灯焰。

（6）指示菌（宿主菌）的密度是获得清晰噬菌斑的重要因素之一，其密度不宜过高或过低，一般控制在$(1\sim5)\times10^7$个/mL为宜。

六、实验报告与思考题

1. 实验结果

（1）仔细观察和比较平板上出现的不同噬菌斑的大小和形态特性，记录并报告噬菌体分离的结果。

（2）用你自行设计的图示法表示从阴沟污水含菌样品中分离与纯化噬菌体的过程，并用文字加以说明。

2. 思考题

（1）能不能直接用培养基来分离培养自然环境中的噬菌体？为什么？

（2）如何证实你所获得的裂解液中确有噬菌体存在？

（3）试比较分离纯化噬菌体与细菌在基本原理和具体方法上的异同。

（4）在噬菌体感染宿主菌后加入少量氯仿，振荡，静置，离心，收集上清液，这样做为什么能提高噬菌体的效价？

第四节　厌氧微生物的纯培养技术

厌氧微生物的生长繁殖不需要氧，氧分子的存在对严格厌氧菌还有毒害作用，所以在进行分离、培养厌氧微生物时，必须设法除去环境中的氧及降低氧化还原电势。

梭状芽孢杆菌、乳酸菌、双歧杆菌等是工业生产上有重要应用价值的厌氧微生物（图 3-23、图 3-24），它们的作用已日益引起人们的重视。专性厌氧菌的生长繁殖不需要氧，氧分子的存在对其机体有毒害作用，所以在进行分离、培养时必须设法除去氧，使厌氧菌处于低氧化还原电势的环境中。

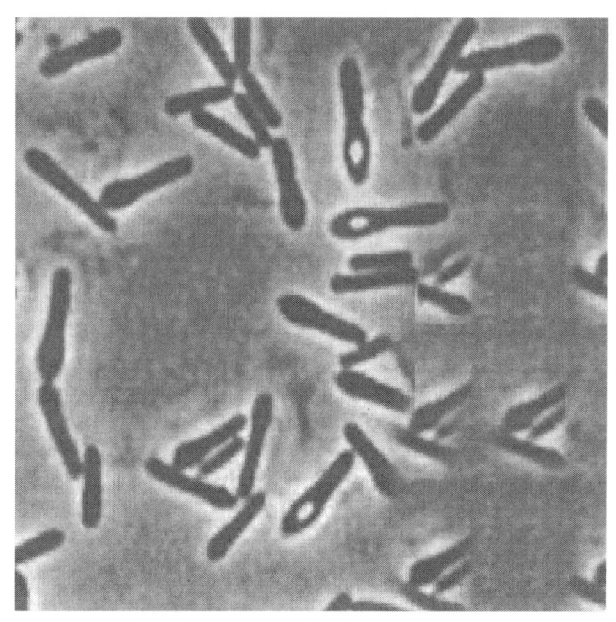
图 3-23 丙酮丁醇梭状芽孢杆菌

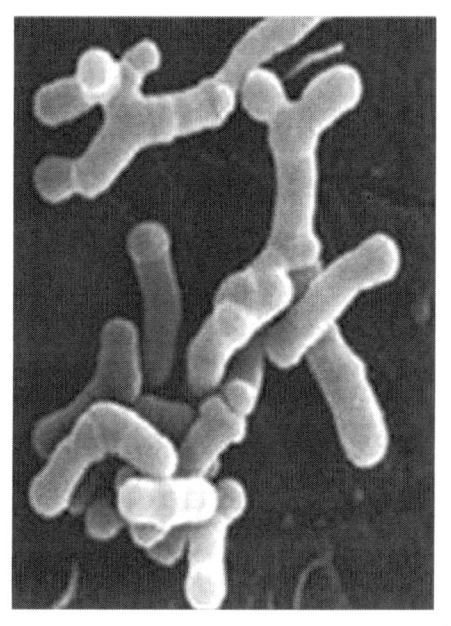
图 3-24 双歧杆菌（电镜图片）

目前已发展了很多厌氧微生物培养技术，有化学方法、物理方法、物理与化学相结合的方法，如真空干燥器化学吸氧法、厌氧袋培养法、厌氧罐培养法、厌氧箱培养法、庖肉培养基法、亨盖特氏（Hungate）厌氧技术等。本节主要介绍前面 4 种常用的厌氧培养技术。

真空干燥器化学吸氧法又称为碱性焦性没食子酸法，是在干燥器内使焦性没食子酸与氢氧化钠溶液发生反应，形成易被氧化的碱性没食子盐，后者通过氧化作用形成焦性没食子橙，从而除掉密封容器中的氧（在过量碱液中每克焦性没食子酸能吸收 100mL 空气中的氧），形成无氧的小环境而使厌氧菌生长繁殖。该法的优点是无须特殊及昂贵的设备，可用任何密封的容器，操作简单，厌氧环境建立迅速，但此法不适用于培养需要 CO_2 的厌氧微生物。

厌氧罐培养法是在密闭的厌氧罐中，利用氢硼化钠（或镁和氯化锌）与水发生反应产生一定量的氢气，用经过处理的钯粒作为常温催化剂，催化氢与氧化合形成水，从而除掉罐中的氧而造成厌氧环境，从罐中的厌氧度指示剂（美蓝）的呈色可观察到除氧效果。同时，利用柠檬酸与碳酸氢钠的作用在厌氧罐内产生 CO_2，有利于需 CO_2 的厌氧菌生长。厌氧罐内也可直接通入混合气体，其体积分数以 10% CO_2、10% H_2 和 80%高纯 N_2 较适宜。常温钯粒催化剂在每次使用后应于 160~170℃加热 2h 后再用。厌氧罐技术早已商品化，实验时可选用多种厌氧罐产品，包括厌氧罐罐体、催化剂、产气袋、厌氧指示剂等。

厌氧培养箱（图3-25）是利用通入的氢气在箱内黑色钯粒催化下与氧结合生成水的反应，达到除去箱内氧的目的。厌氧箱可分为操作室和交换室两部分。操作室用于进行厌氧操作，前面有一对供操作用的套袖及胶皮手套。操作室内的常温钯粒和干燥剂用钢丝网分别装着，并与电风扇组装在一起，不断除去操作室内的氧及所形成的水分。操作室内还备有接种针和用于接种针灭菌的电热器，有的还安装有培养箱。交换室是用于室外物品的放入和室内物品的取出。交换室又与真空泵及混合气钢瓶相连。混合气体体积分数一般为 10% CO_2、5%～10% H_2 和 80%～85% 高纯 N_2。

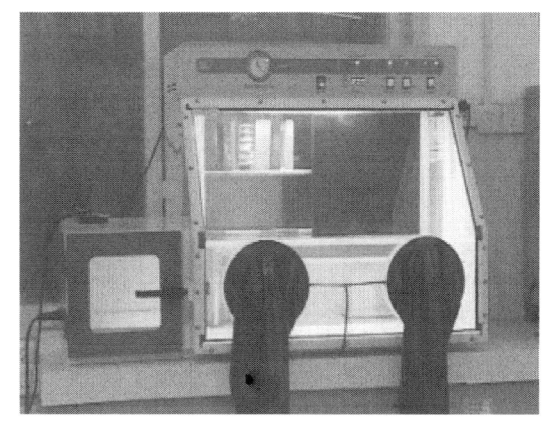

图 3-25 厌氧培养箱

实验十五 厌氧微生物的纯培养

一、目的要求

（1）了解厌氧微生物纯培养的基本原理。
（2）学习3种常用厌氧培养法的具体操作技术。

二、基本原理

本实验主要采用真空干燥器化学吸氧法、厌氧袋培养法、厌氧罐培养法、厌氧箱培养法4种常用的厌氧培养技术。真空干燥器化学吸氧法和厌氧罐培养法的操作相对简单，可用于一般厌氧菌（如乳酸菌）的分离与培养，是最基本、最常用的厌氧培养技术；厌氧箱培养法对实验仪器有较高的要求，操作较复杂，耗材费用也较高，主要用于严格厌氧菌（如双歧杆菌）的分离和培养。

1. 真空干燥器化学吸氧法

真空干燥器化学吸氧法是先将密封的小型干燥器内的空气用真空泵抽走，造成一定的真空度，然后再使焦性没食子酸与氢氧化钠溶液混合发生反应，从而除掉密封干燥器中的氧。该法无须昂贵的设备且操作简单，但该法不适用于培养需要 CO_2 的厌氧菌。本实验应用真空干燥器化学吸氧法培养丙酮丁醇梭状芽孢杆菌。

2. 厌氧袋培养法

厌氧袋除氧是利用 $NaBH_4$ 与水反应产生氢，氢在催化剂钯粒的作用下与袋中的氧结合生成水而达到除氧的目的。除氧的效果可以从袋中的厌氧度指示剂观察到。同时，利用柠檬酸与碳酸氢钠的作用产生 CO_2，以利于需 CO_2 的厌氧菌生长。其化学反应过程如下式：

$$NaBH_4 + 2H_2O \xrightarrow{Co^{2+}} NaBO_2 + 4H_2\uparrow$$

$$2H_2 + O_2 \xrightarrow{钯} 2H_2O$$

$$\underset{\text{柠檬酸}}{\begin{matrix}CH_2COOH\\|\\HO-C-COOH\\|\\CH_2COOH\end{matrix}} + 3NaHCO_3 \longrightarrow \underset{\text{柠檬酸钠}}{\begin{matrix}CH_2COONa\\|\\HO-C-COONa\\|\\CH_2COONa\end{matrix}} + 3H_2O + 3CO_2\uparrow$$

柠檬酸　　　碳酸氢钠　　　　　柠檬酸钠

3. 厌氧罐培养法

厌氧罐除氧是在密闭的厌氧罐中，利用镁与氯化锌遇水后发生反应产生氢气，碳酸氢钠加柠檬酸水产生 CO_2，用钯粒作为催化剂，催化氢与氧化合形成水，从而除掉罐中的氧而造成厌氧环境并供给一定的 CO_2，适用于需 CO_2 的厌氧菌生长。厌氧罐中使用厌氧度指示剂，其原理是美蓝在氧化态时呈蓝色，在还原态时呈无色。本实验应用厌氧罐培养法培养严格厌氧的双歧杆菌。

4. 厌氧箱培养法

厌氧箱是厌氧法培养微生物的最先进设备。该设备主要由操作室（工作箱）、交换室（通过箱）和控制单元3部分组成。操作室前面装有两个手套，可通过手套在箱内进行操作。操作室内备有接种针和用于其灭菌的电热器，还安装有培养箱。交换室有内外门，内门与工作箱相连，外门与外界相连。交换室与真空泵及混合气钢瓶相连，以便于抽气与充气。控制单元控制工作箱的温度、湿度、照明、交换室与操作室的抽气与换气等。该设备集接种操作和培养于一体，可随时检查厌氧菌的生长情况，无需暴露在空气下，适于进行厌氧微生物的大量培养工作。

厌氧培养箱除氧是利用通入的按一定比例（$N_2 : H_2 : CO_2 = 80\% : 10\% : 10\%$）配制的混合气体而造成厌氧环境的。通入的氢气在钯粒的催化下与氧反应生成水而除去箱内的氧，箱内的干燥剂则可不断除去所形成的水分。本实验拟应用厌氧培养箱法分离纯化双歧杆菌。

三、实验器材

（1）微生物菌种：丙酮丁醇梭状芽孢杆菌（*Clostridium acetobutylicum*）、两歧双歧杆菌（*Bifidobacterium bifidum*）。

（2）培养基与试剂：玉米醪深层试管培养基、中性红培养基、双歧杆菌增殖培养基、NPNL 半固体培养基、无菌生理盐水、NaOH 溶液、焦性没食子酸。

（3）仪器设备及其他材料：厌氧箱、恒温培养箱、显微镜、真空泵、真空干燥器、厌氧培养罐、铜锅、指示剂袋、干燥剂、高纯 N_2 气、钯粒催化剂、超净工作台。

四、实验内容及操作步骤

（一）真空干燥器化学吸氧法培养丙酮丁醇梭状芽孢杆菌（图3-26）

1. 培养基的准备与接种

（1）玉米醪深层试管培养基的制备。

1）称取筛过的玉米粉6g，加自来水100mL，混匀，

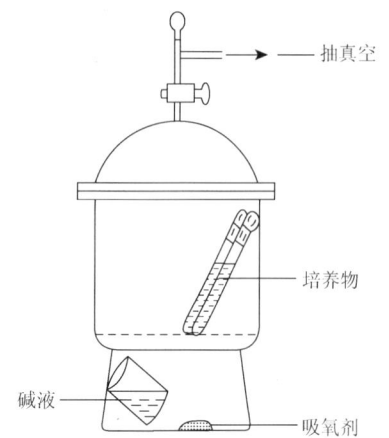

图3-26　真空干燥器化学吸氧法示意图

煮沸 10min，呈糊状。

2）分装于大试管，每管 15～20mL，自然 pH，121℃灭菌 30min，备用。

（2）将 3 支装有玉米醪培养基的大试管放在水浴中煮沸 10min，以驱除其中溶解的氧气，迅速冷却，备用。

（3）以无菌操作，将其中两支试管接入丙酮丁醇梭状芽孢杆菌（勿摇动）。

2. 干燥器的准备与抽气

（1）在小型真空干燥器底部放入粉状焦性没食子酸 30～40g。

（2）再斜放入盛有 200mL 15%～20% NaOH 溶液的烧杯。

（3）将接种有丙酮丁醇梭状芽孢杆菌的 2 支培养基试管竖直放入干燥器内。

（4）同时接种枯草芽孢杆菌（好氧菌）于液体培养基试管中作为对照。

（5）在干燥器口上涂抹凡士林，密封后接通真空泵，抽气数分钟，关闭活塞。

（6）轻轻摇动干燥器，使烧杯中的 NaOH 溶液翻倒，与焦性没食子酸混合发生吸氧反应，形成无氧环境。

3. 结果观察

（1）将整个干燥器置于 37℃的恒温箱中培养（培养过程中再间歇抽气 2 或 3 次）。

（2）约 1 周后取出培养管，观察其形成的醪盖，并制片镜检菌体形态特征。

（3）观察枯草芽孢杆菌在液体培养基表面的生长情况。

（二）厌氧袋培养法分离纯化丙酮丁醇梭状芽孢杆菌

1. 中性红培养基的制备

（1）按下列组分配制平板培养基：葡萄糖 4g、胰蛋白胨 0.6g、酵母膏 0.2g、牛肉膏 0.2g、乙酸铵 0.3g、KH_2PO_4 0.05g、$MgSO_4 \cdot 7H_2O$ 0.02g、$FeSO_4 \cdot 7H_2O$ 0.001g、中性红 0.02g、蒸馏水 100mL、琼脂 2g。

（2）分装于大试管，每管 15mL，调 pH6.2，115℃灭菌 20min，备用。

2. 厌氧袋的准备（图 3-27）

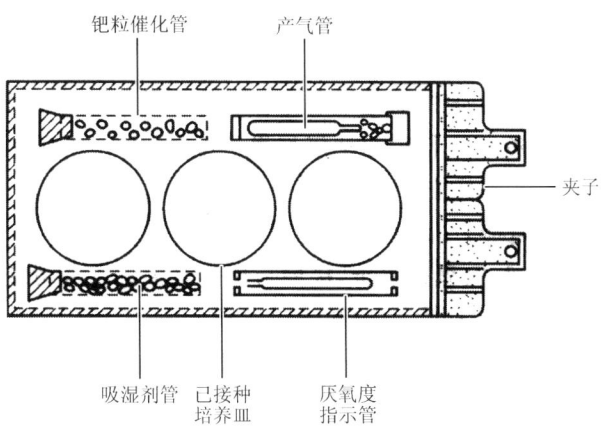

图 3-27　厌氧袋装配示意图

（1）选用无毒复合透明薄膜塑料袋一个，大小约 20cm×40cm。

(2) 制作产气管。

1) 取一根无毒塑料软管（直径 2cm，长 20cm），管壁钻小孔多个，一端封实。
2) 在电子天平称取 0.4g $NaBH_4$ 和 0.4g $NaHCO_3$。
3) 用擦镜纸包成小包，塞入塑料软管底部，其上再塞入 3 层擦镜纸。
4) 将装有 5%柠檬酸溶液 3mL 的安瓿塞入塑料软管中。
5) 管口塞上有缺口的泡沫塑料小塞，即制成产气管。

(3) 制作厌氧度指示管。

1) 量取 0.5%美蓝水溶液 3mL，用蒸馏水稀释至 100mL。
2) 取 0.1mol/L NaOH 溶液 6mL，用蒸馏水稀释至 100mL。
3) 称取 6g 葡萄糖，加蒸馏水稀释成 100mL。
4) 将上述 3 种溶液等量混合后取 2mL 装入 1 支安瓿中。
5) 用沸水浴加热安瓿，至溶液无色后立即用酒精喷灯熔封管口。
6) 将安瓿装入一根无毒透明塑料软管（直径 2cm，长 10cm）中即成为厌氧度指示管。

(4) 制作催化管和吸湿剂管。

1) 取催化剂钯粒（A 型）10~20 粒，加热活化。
2) 装入带孔的小塑料硬管内制成钯粒催化管。
3) 取变色硅胶少许，用滤纸包好，塞入带孔塑料管内成为吸湿剂管。

3. 培养基的准备和接种

(1) 将灭菌的中性红培养基在沸水浴中煮沸 10min，以驱除氧气。
(2) 待培养基冷却至 50℃左右倒制平板。
(3) 冷凝后在平板表面涂布丙酮丁醇梭状芽孢杆菌稀释菌液。
(4) 立即将平板倒置放入厌氧袋中，每袋可平放 3 个平板。

4. 封袋除氧和培养

(1) 将产气管、厌氧度指示管、钯粒催化管和吸湿剂管分别放入袋中平板两边，并尽量赶出袋中空气。
(2) 用宽透明胶带密封袋口，将袋口卷折 2 或 3 层，再用夹子夹紧，以防漏气。
(3) 使袋口倾斜向上，隔袋折断产气管中的安瓿颈，使试剂发生化学反应（产生 H_2 和 CO_2，H_2 在钯粒催化下与袋内 O_2 化合生成 H_2O）。
(4) 30min 后，再隔袋折断厌氧度指示管中的安瓿颈，观察指示剂（不变蓝，表明袋内已形成厌氧环境）。
(5) 将整个厌氧袋转入 37℃恒温箱中培养 6~7 天。

5. 观察结果和镜检

(1) 从袋中取出平板观察丙酮丁醇梭状芽孢杆菌的菌落特征（在中性红平板上菌落呈黄色）。
(2) 挑取典型菌落涂片染色后进行镜检，观察菌体细胞形态特征，并做记录。

6. 分离纯化

(1) 用接种环挑取平板上生长的丙酮丁醇梭状芽孢杆菌单个菌落，分别接入斜面。
(2) 立即将斜面放入厌氧袋中，转入 37℃恒温箱中培养 3~4 天。
(3) 若挑取的菌落不纯，可再次分离纯化，妥善保藏。

（三）厌氧罐培养法培养双歧杆菌（图 3-28）

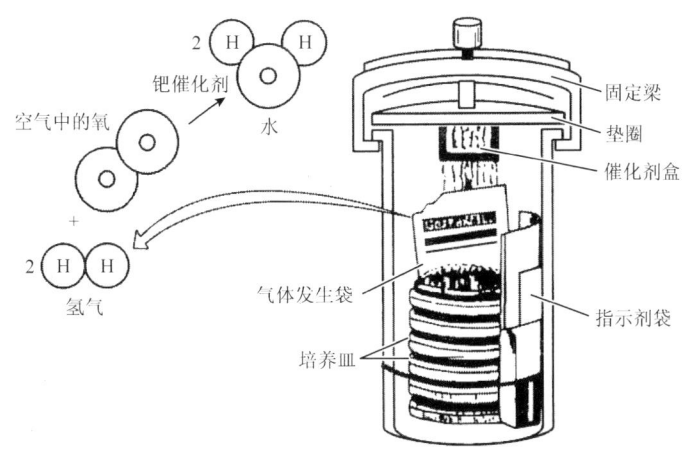

图 3-28　厌氧罐除氧原理及其装置

1. 培养基的制备

（1）制备双歧杆菌增殖培养基。

1）按下列组分配制液体培养基 100mL：葡萄糖 2%、酵母浸膏 1%、胰蛋白胨 0.5%、牛肉膏 0.5%、大豆蛋白胨 0.5%、低聚果糖 0.5%、牛肝浸液 5%、K_2HPO_4 0.2%、NaCl 0.3%、L-半胱氨酸盐酸盐 0.1%。

2）调 pH7.5，分装试管，于 121℃下灭菌 15min，备用。

（2）制备 NPNL 半固体培养基。

1）按下列组分配制半固体培养基 100mL：葡萄糖 1%、酵母浸膏 0.5%、胰蛋白胨 0.5%、蛋白胨 1%、大豆蛋白胨 0.3%、L-半胱氨酸盐酸盐 0.05%、可溶性淀粉 0.05%、牛肝浸液 15%（V/V）、双歧因子 1%、乳糖 0.3%、吐温-80 0.1%、盐溶液 A 1%、盐溶液 B 0.5%、琼脂 0.6%。

2）调 pH7.0，分装试管（10mL/管），于 121℃下灭菌 15min，备用。

2. 培养物的准备

（1）将双歧杆菌接种于装有无菌双歧增殖培养基（液体）的试管中。

（2）另取经适当稀释的双歧杆菌菌液接种于装有无菌 NPNL 半固体培养基（约 45℃）的试管中，混匀，做好标记。

（3）将培养物置于厌氧罐的支架上，放入厌氧培养罐内。

（4）同时接种枯草芽孢杆菌（好氧菌）于液体培养基试管中作为对照。

3. 放催化剂和指示剂袋

（1）将已经活化的常温钯粒催化剂倒入厌氧罐罐盖下面的多孔催化剂盒内，旋紧。

（2）剪开指示剂袋，使指示条暴露，立即放入罐中。

4. 安放气体发生袋

（1）剪开气体发生袋的一角，将其置于罐内金属架的夹上。

（2）再向袋中加入约 10mL 水，迅速盖好厌氧罐罐盖，旋紧固定梁。

5. 培养与观察

(1) 置 38℃ 恒温箱中培养,观察并记录罐内指示条变化情况(氧化态为蓝色,还原态为无色)。

(2) 观察菌种生长情况(液体培养基自下向上逐渐变混浊,半固体培养基中逐渐出现小菌落)。

(3) 观察枯草芽孢杆菌在液体培养基表面的生长情况。

(四)厌氧箱培养法分离纯化双歧杆菌

1. 厌氧箱的准备(图 3-29)

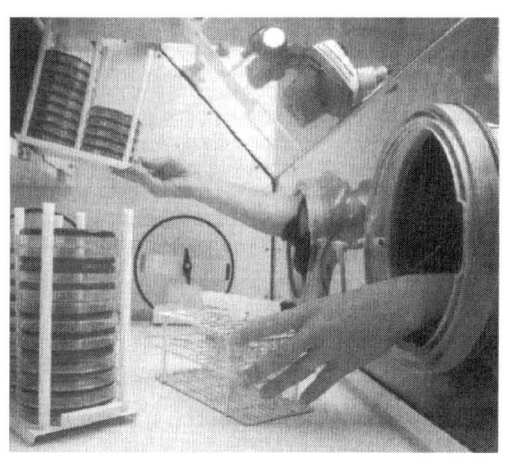

图 3-29 厌氧箱的内部构造及操作

(1) 将预先在 160~170℃ 加热活化的常温钯粒和干燥剂放入操作室内。

(2) 将厌氧指示条、与接种和培养有关的工具等放入操作室内。

(3) 检查交换室内外门是否关闭。

(4) 打开加热开关,检查温度设置,并调整到所需温度。

(5) 接通电源,启动真空泵抽气,尽可能抽去操作室内的空气。

(6) 开启高纯 N_2 气钢瓶,往操作室内充入 N_2。

(7) 待充满后再用真空泵抽出充入操作室的 N_2。

(8) 抽气完毕再一次往操作室内充满 N_2,至操作室换气彻底。

2. 培养基与菌种转入操作室

(1) 打开交换室外门,将培养基和菌种等物品放入交换室内。

(2) 关闭交换室外门,接通电源,启动交换室真空泵抽去空气。

(3) 开启高纯 N_2 气钢瓶,往交换室内充入 N_2,至交换室换气彻底。

3. 双歧杆菌含菌样品的分离

(1) 套好手套,打开交换室内门,将培养基和菌种等物品移入操作室,关闭内门。

(2) 在操作室内将待分离的双歧杆菌含菌样品用无菌生理盐水做 10 倍稀释。

(3) 分别取不同稀释液 0.5mL 于无菌培养皿中。

(4) 在培养皿内倾入已熔化并在 50℃ 保温的 NPNL 半固体培养基,迅速旋摇,充分混匀。

(5) 冷却凝固后倒置放入操作室的培养箱内皿架上。

4. 换混合气培养

(1) 启动真空泵抽气,至操作室内 N_2 基本排除。

(2) 开启混合气钢瓶,往操作室内充入混合气体(10% CO_2:5%~10% H_2:80%~85% 高纯 N_2)。

(3) 待充满后,通过手套打开操作室内厌氧指示条,检测工作箱内厌氧度。

(4) 调节培养箱内温度为 38℃,培养 3~5 天。

5. 培养物取出与观察

（1）启动交换室抽气换气循环，换气完成后打开交换室内门。

（2）从操作室的培养箱内取出培养物及其他物品，移入交换室，关闭内门。

（3）打开外门，移出培养物及其他物品。观察长出的微小双歧杆菌的菌落特征。

（4）挑取菌落做涂片，用结晶紫染液染色。镜检观察双歧杆菌菌体的形态特征，并做记录。

6. 菌落挑取及培养

（1）挑取单个双歧杆菌菌落，分别接入试管深层液体培养基中。

（2）在厌氧箱内继续培养 16~20h，放入冰箱暂存。

（3）若挑取的菌落不纯，可再次分离纯化，妥善保藏。

五、实验注意事项

（1）已灭菌的培养基在接种前应在沸水浴中煮沸 10min，消除溶解在培养基中的氧。

（2）焦性没食子酸对人体有毒，NaOH 对皮肤有腐蚀作用，操作时必须小心，并戴手套。

（3）在采用真空干燥器化学吸氧法进行厌氧微生物培养时，必须注意应在做好一切准备工作后才能开始抽真空，再摇动干燥器，使烧杯翻倒，NaOH 溶液与焦性没食子酸混合发生吸氧反应。

（4）培养需要 CO_2 的厌氧菌时，应在厌氧环境中供应一定量的 CO_2。

（5）选用干燥器、厌氧袋或厌氧罐时，应事先仔细检查其密封性能，以防漏气。

（6）在采用厌氧罐培养法进行厌氧微生物培养时，必须注意应在一切准备工作齐备后才能向气体发生袋中注水，加水后应迅速密闭厌氧罐。

（7）厌氧罐和厌氧箱中使用的钯粒催化剂，会因受到厌氧培养过程中形成的水汽、硫化氢、一氧化碳等的污染而失去活力，故在每次使用后，都必须置于 140~160℃的烘箱内烘 1~2h 使其重新活化，密封后放在干燥处备用。

（8）氢气和混合气是危险易爆气体，使用时应严格按照操作规程进行，切勿大意。

六、实验报告与思考题

1. 实验结果

（1）将真空干燥器化学吸氧法培养丙酮丁醇梭状芽孢杆菌的过程及实验结果写成报告，并用简图表示。

（2）将你观察到的厌氧罐培养法中，严格厌氧的双歧杆菌在液体培养基和在半固体培养基中的生长情况进行描述分析，并绘图表示。

（3）将厌氧箱培养法分离双歧杆菌纯培养物的过程及结果写成报告，并用简图表示。

2. 思考题

（1）采用厌氧罐培养法除掉罐中的氧气而造成厌氧环境是根据什么原理。

（2）在采用厌氧箱培养法分离专性厌氧菌的纯培养操作中，为什么要先充入 N_2 而不直接充入混合气？

（3）在进行厌氧菌培养时，为什么最好应同时接种一种好氧菌作为对照？

（4）根据你所做实验的体会，你认为这 4 种厌氧培养法各有什么优缺点？

（5）除上述 3 种厌氧培养法外，你还知道哪些厌氧培养技术？

第五节 工业微生物的菌种保藏技术

容易变异是微生物的特性之一。微生物纯培养物，尤其是优良菌种，若不妥善加以保藏，轻则会污染其他杂菌，重则易发生变异，甚至导致死亡。因此，菌种的长期保藏是一项十分重要的工作。

为了长时间保持微生物菌种原有的生命活力和生产性状，从而保证基础研究结果的良好重复性，保证生产用菌种的持续高产稳产，许多国家都建立了专门的菌种保藏机构。其中，国际知识产权组织承认的法定保藏机构就有 28 家，我国有中国科学院微生物研究所的普通微生物菌种保藏管理中心（CCGMC）和武汉大学的中国典型培养物保藏中心（CCTCC）。

微生物菌种保藏共同的基本原理：使微生物的新陈代谢处于最低或几乎停止的状态，因而极少或不发生变异。保藏方法通常都是基于温度、水分、氧气、营养成分和渗透压等方面考虑。保藏条件都是通过人工方法创造的低温、干燥、缺氧环境。

目前已建立了许多种长期保藏菌种的方法，包括传代培养冰箱保藏法、液体石蜡保藏法、沙土管保藏法、滤纸片保藏法、冷冻真空干燥保藏法、液氮保藏法等。下面介绍其中 6 种目前常用的保藏法。

1. 传代培养冰箱保藏法

该方法又称为斜面冰箱保藏法、定期移植保藏法。该法是将菌种移接在适宜的固体斜面培养基上，待其充分生长后，置 4℃冰箱中保藏，定期转接传代。此法也适合于采用液体培养、穿刺培养、平板培养等菌种的保藏。该方法的特点是操作简单，使用方便，存活率高，不需要特殊设备。四大类工业微生物菌种（细菌、酵母菌、放线菌、霉菌）都可使用这种保藏方法。但该法保藏时间短，容易退化或被污染。

2. 液体石蜡保藏法

该法是用无菌液体石蜡（或称矿油）封存于已培养好的斜面菌种上，然后置冰箱中保存，从而达到隔氧、低温的保藏条件，以抑制微生物的代谢，推迟细胞老化，并可防止培养基水分蒸发。此法也比较简便易行，不需经常移种，实用且效果较好（一般菌种的保藏时间为 1～2 年）。

3. 沙土管保藏法

沙土管保藏法又称载体保藏法。该法是使能产生孢子的霉菌、放线菌和能产生芽孢的细菌菌种，先在斜面培养基上培养，再用无菌生理盐水将其制成孢子或细胞悬浮液，将悬浮液混入已灭菌的沙土管中，使孢子或细胞附着在无菌沙土载体上，再进行干燥熔封。该法操作通常比较简单，效果较好，可保存几年时间，广泛应用于抗生素工业的生产菌种保藏中，但不能用于保藏营养细胞。

4. 滤纸片保藏法

滤纸片保藏法的原理与沙土管保藏法相似，是以无菌滤纸片（约 1cm×0.5cm）作为载体吸附霉菌、放线菌的孢子或细菌的芽孢，经干燥后，再把带有孢子或芽孢的滤纸片放入无菌的安瓿内，熔融封口。也可将带菌滤纸片装入无菌的小袋，封闭后放在信封中方便邮寄。

5. 冷冻真空干燥保藏法

冷冻真空干燥保藏法又称低压冷冻干燥保藏法。该法是将要保藏的微生物液态样品先经低温预冻，然后在冻结状态下进行低温真空干燥，使水分升华，最后达到干燥。该法综合利用了各种有利于菌种保藏的因素（低温、干燥和缺氧等），是目前最有效的菌种保藏方法。各类微生物如病毒、细菌、放线菌、酵母菌、丝状真菌（除不生孢子外）等，用冷冻真空干燥保藏法保存都取得了很好的效果。保存时间依不同菌种而定，有的为几年，有的可长达10年以上，甚至30多年。

6. 液氮保藏法

用冷冻真空干燥保藏法保藏某些微生物有时不易获得成功。液氮保藏法是根据液态氮冰箱可有效地用于贮藏冻结精子和血液的启示而发展起来的一种保藏方法。该法是将待保藏的菌种加保护剂制成菌悬液，密封于安瓿内，经控制速度冻结后贮藏于-196~-150℃的液态氮超低温冰箱中。其操作程序并不复杂，但需要有液态氮超低温冰箱等设备。

实验十六　工业微生物菌种的保藏

一、目的要求

（1）了解微生物菌种保藏共同的基本原理。
（2）学习几种常用菌种保藏法的具体操作技术。

二、基本原理

菌种保藏工作的任务是，把从自然界或实验室中广泛收集到的有用菌种、菌株、病毒株等用适宜的方法进行妥善保藏，使之保持不死、不衰、不变异、不污染。

目前已建立了许多种优良有效的长期保藏菌种方法，包括传代培养冰箱保藏法、穿刺保藏法、液体石蜡保藏法、沙土管保藏法、木粒麸皮保藏法、悬液保藏法、滤纸片保藏法、冷冻干燥保藏法、甘油保藏法、液氮保藏法等。

无论何种保藏方法，其依据的共同基本原理为：根据微生物的生理生化特性，人工地创造出低温、干燥、缺氧的环境条件，使微生物的生长繁殖受到抑制，新陈代谢活动处于最不活泼的休眠状态。在此条件下，微生物菌株极少或不发生变异，从而达到长期保持纯种的目的。

本实验重点介绍传代培养冰箱保藏法、液体石蜡保藏法、沙土管保藏法、滤纸片保藏法、冷冻真空干燥保藏法、液氮保藏法6种最常用、最有效的菌种保藏技术。

三、实验器材

（1）微生物菌种：细菌、放线菌、酵母菌、丝状真菌。
（2）培养基与试剂：肉汤斜面培养基、淀粉斜面培养基、麦芽汁斜面培养基；P_2O_5干燥剂、10%HCl、甘油、二甲基亚砜。
（3）仪器设备：冷冻真空干燥机、恒温培养箱、恒温干燥箱、冰箱、真空泵、真空干燥器、高压灭菌锅、超净工作台、冻结器、液态氮超低温冰箱。
（4）其他材料：脱脂牛奶、液体石蜡、河沙、黄土、样品筛、安瓿、小试管、滤纸、长颈滴管、酒精喷灯、常用玻璃器皿。

四、实验内容及操作步骤

（一）传代培养冰箱保藏法

1. 斜面接种

（1）在无菌试管斜面的正上方（距试管口 2～3cm 处）贴上签标，注明菌株名称和接种日期。

（2）将待保藏的菌种用接种环以无菌操作移接至相应的试管斜面培养基上（细菌接入肉汤斜面，放线菌接入淀粉斜面，酵母菌和丝状真菌接入麦芽汁斜面）。

2. 适温培养

（1）细菌斜面置 32～37℃恒温箱中培养 18～24h。

（2）酵母菌斜面于 30～32℃培养 24～48h。

（3）放线菌和丝状真菌斜面于 28～30℃培养 4～7 天。

3. 冰箱保藏

（1）斜面菌种长好后，用油纸将管口棉塞部分包扎好，或换上无菌胶塞，或换上螺旋帽，也可用熔化的固体石蜡熔封管口棉塞。

（2）将斜面菌种装入盒中，置于 4℃冰箱保藏（保藏时间依微生物种类而异，霉菌、放线菌及有芽孢的细菌一般能保存 2～4 个月，移种 1 次；酵母菌间隔 2 个月移种 1 次；而不产芽孢的普通细菌最好每月移种 1 次）。

（二）液体石蜡保藏法

1. 液体石蜡灭菌

（1）在 250mL 锥形瓶中装入 100mL 液体石蜡，塞上棉塞。

（2）用牛皮纸包扎，于 1kg/cm^2 加压蒸汽灭菌 30min。

（3）置于 105～110℃干燥箱中 1～2h，除去石蜡中的水分，备用。

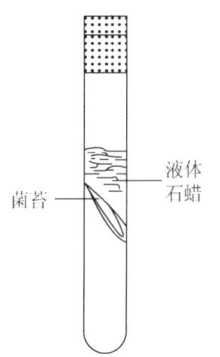

图 3-30　液体石蜡封存菌种

2. 加液体石蜡

（1）待保藏的菌种同上述斜面法接种培养，至斜面菌种长好。

（2）用无菌滴管吸取液体石蜡，以无菌操作加到菌种斜面上（加入量以高出斜面顶端约 1cm 为宜）（图 3-30）。

3. 置冰箱保藏

用油纸将管口棉塞部分包扎好，将试管直立放置于 4℃冰箱中保藏。

4. 恢复培养

用接种环从液体石蜡下挑取少量菌种，轻碰试管壁使油滴净，接种于新鲜培养基中培养，必要时再转接 1 次。

（三）沙土管保藏法

1. 沙土处理

（1）河沙经 40 目过筛，取细沙加入 10%盐酸，加热煮沸 30min 除去有机物质。

（2）用自来水冲洗至中性，最后再用蒸馏水冲洗一次，烘干或晒干。
（3）取非耕作层黄土，用自来水浸泡洗涤直至中性，烘干后碾碎，用100目过筛去除粗粒。

2. 装管灭菌
（1）将沙与土按3∶1的比例混合均匀。
（2）装入10mm×100mm的小试管或安瓿中，装量3～4cm高，加棉塞并包扎。
（3）于1kg/cm^{2}加压蒸汽灭菌30min，然后烘干。

3. 无菌实验
（1）每10支沙土管随机抽一支，取少许沙土放入肉汤培养液中。
（2）在32～37℃下培养2～4天，以确证无杂菌生长。

4. 加入菌液
（1）用无菌吸管吸取2～3mL无菌水，注入待保藏的菌种斜面上。
（2）用接种环轻轻将菌苔洗下，制成菌液。
（3）沙土管注明标记后，每支加入0.2～0.5mL菌液，用接种环拌匀。

5. 干燥封口
（1）将含菌沙土管放入真空干燥器中，干燥器底部用培养皿盛P_2O_5干燥剂。
（2）用真空泵连续抽气3～4h，干燥后用喷灯抽真空封口（也可用橡皮塞或石蜡封管口）。

6. 保藏
置4℃冰箱或室温干燥器中保存，每隔一定时间抽检。

（四）滤纸片保藏法

1. 滤纸条的准备
（1）将滤纸剪成0.5cm×1.2cm的小条，装入0.6cm×8cm的安瓿中，每管装1或2片。
（2）塞上小棉塞，于1kg/cm^{2}蒸汽灭菌30min，备用。

2. 制备保护剂
（1）配制少量20%脱脂牛奶，于0.5kg/cm^{2}蒸汽灭菌30min。
（2）待冷却后存放冰箱，取样进行无菌检查，确认无菌后方可使用。

3. 菌液的制备
（1）将待保存的菌种接入斜面培养基上，适温培养至生长丰满。
（2）取无菌脱脂牛奶2～3mL，加入待保存的菌种斜面试管内。
（3）用接种环轻轻刮下菌苔，制成菌液。

4. 制含菌滤纸条
（1）用无菌吸管吸取菌液，滴在安瓿中的滤纸条上，每片滤纸条约0.3mL，塞上棉塞。
（2）将安瓿放入有吸水剂的干燥器中，用真空泵抽干。

5. 熔封保存
干燥后用喷灯抽真空熔封安瓿口，置4℃冰箱或室温干燥器中保存。

（五）冷冻真空干燥保藏法

1. 安瓿的准备
（1）选用市售优质安瓿（内径约50mm，长10～15cm），用10%HCl浸泡8～10h。

(2)先用自来水冲洗,再用无离子水洗,烘干后加上棉塞。
(3)将印有菌名和接种日期的标签条放入安瓿内,于120℃湿热灭菌30min,烘干备用。

2. 配制脱脂牛奶
(1)配制适量20%脱脂牛奶,于$0.5kg/cm^2$蒸汽灭菌30min。
(2)冷却后存放冰箱,取样进行无菌实验,确认无菌后方可使用。

3. 菌液制备及分装
(1)将要保藏的菌种接入斜面培养基,适温培养一定时间(依不同菌种而异)。
(2)吸取2~3mL无菌脱脂牛奶,直接加入新鲜斜面菌种试管中。
(3)用接种环轻轻将菌苔或孢子洗下,振摇均匀,制成菌液。
(4)用无菌长颈滴管吸取菌液,分装于安瓿底部,每管装约0.2mL。

4. 分级降温预冻
(1)将分装好的安瓿先放入4℃冰箱中约30min。
(2)移入冰箱上格冷冻室(-18℃)约30min,再置于-30℃低温冰箱20min。
(3)最后快速转入-70℃的超低温冰箱中20~30min,使菌液充分冻结。

5. 冷冻真空干燥(图3-31)

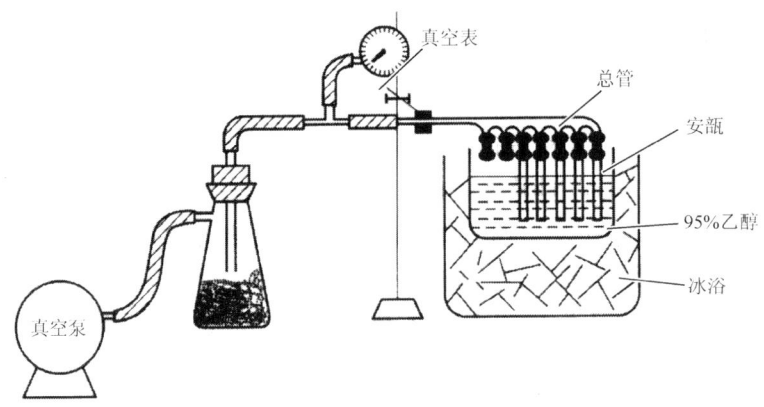

图3-31 冷冻真空干燥装置(引自黄秀梨和辛明秀,2008)

(1)启动冷冻真空干燥机的制冷系统。
(2)当温度下降到-50℃以下时,将冻结好的菌液迅速放入冻干机钟罩内。
(3)启动真空泵抽气直至菌液干燥。
(4)干燥完毕,先关真空泵,再关制冷机,打开进气阀,使钟罩内真空度逐渐下降至常压。
(5)打开钟罩,取出冻干管,检查干燥程度(用手指轻弹,干菌粉即与内壁脱离)。

6. 抽真空熔封
(1)将已干燥的冻干安瓿分别安装在歧形管上,启动真空泵抽气干燥。
(2)待管内真空度达到要求时(用高频电火花真空检测仪检测),将冻干管在酒精喷灯火焰上灼烧,拉成细颈并熔封(图3-32)。
(3)安瓿管冷却后装盒,置4℃冰箱内保藏。

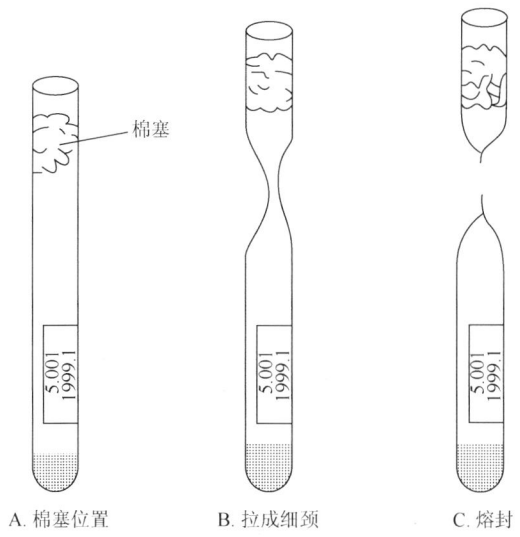

图 3-32 安瓿管的熔封

7. 恢复培养
（1）用 75% 乙醇消毒安瓿外壁，在火焰上烧热安瓿上部。
（2）将无菌水滴在烧热处，使管壁出现裂缝，用镊子将裂口端敲开。
（3）加入合适的培养液，使干菌粉溶解。
（4）用无菌长颈滴管吸取菌液至培养基中，适温培养。

（六）液氮保藏法

1. 制备安瓿
（1）选用硼硅玻璃制的安瓿，大小通常为 75mm×10mm。
（2）将选好的安瓿洗刷干净，烘干，塞上棉塞，贴好菌号。
（3）于 9.8×10^4 Pa 灭菌 30min，烘干后备用。

2. 制备保护剂
（1）用蒸馏水配制 20% 脱脂牛奶（或 20% 甘油，或 10% 二甲基亚砜），作为保护剂。
（2）保护剂分装入无菌的小锥形瓶或大试管中，塞上棉塞。
（3）于 9.8×10^4 Pa 蒸汽灭菌 15 min，备用。

3. 制备菌液
（1）待保藏的菌种用其最适宜的斜面培养基培养（或振荡培养）。
（2）生长良好后，刮取斜面菌体，或离心收集并洗涤菌体，制成菌液。
（3）菌液与保护剂按 1:1 比例混合，备用。

4. 冻结和保藏
（1）将菌液按无菌操作分装入安瓿中，每管约 1mL。
（2）去掉棉塞，用火焰将安瓿上部熔封（在气相中保藏可不必熔封）。
（3）将已封口的安瓿置冻结器内。
（4）按每分钟下降 1℃ 控制冻结速度，使样品冻结到 -35℃。

（5）再用干冰和乙二醇冷冻剂冷冻至-78℃。
（6）立即转移到液态氮冰箱中保存（液态氮内为-196℃，气相中为-150℃）。

5. 恢复培养

（1）若欲用菌种，可将安瓿由冰箱中取出，立即置于38~40℃水浴中摇动，至内部结冰全部融化。
（2）以无菌操作开启安瓿，将菌种移到适宜的培养基上培养。

五、实验注意事项

（1）用传代培养冰箱保藏法大量保存菌种时，每次传代移植培养后，应与原保藏菌株和菌种的编号及名录进行细心核对，检查其确实无误再进行保藏。
（2）在保藏期间，应保持所存放冰箱勿停电，并定期检查存放冰箱的温度、湿度、各试管的棉塞有无脱落发霉。
（3）液体石蜡易燃，用液体石蜡封藏的菌体需要移植时必须注意防火。
（4）有些细菌和丝状真菌不适合用液体石蜡保藏法保存，如固氮菌、乳杆菌、明串珠菌等。
（5）沙土管保藏法不适于病原性真菌的保藏，特别是不适于以菌丝发育为主的真菌保存，大多数酵母菌也不适宜采用此法保存。
（6）液氮保藏法用的安瓿需能经受温度的突然变化而不至于破裂。安瓿熔封要严密，避免保藏期间液氮渗入管内。
（7）处理液氮时，皮肤与液氮接触极易被"冷烧"，故应小心操作。
（8）取用液氮保藏的安瓿时，取出至放回的时间要尽量短，一般不能超过1min，防止剩余安瓿升温。
（9）冷冻真空干燥时，为了尽量避免菌体受损伤或死亡，在操作过程中，应根据不同菌种对保护剂的浓度、冷冻速度及真空度等进行优化。

六、实验报告与思考题

1. 实验结果

（1）用简图表示最常用的前4种菌种保藏法的操作流程，并用文字加以说明。
（2）将冷冻真空干燥保藏法的装置用简图表示，并将其操作流程写成报告。

2. 思考题

（1）最常用的6种菌种保藏法各依据什么保藏原理？各有什么优缺点？
（2）除上述6种菌种保藏法外，甘油低温保藏法也是目前最常用的菌种保藏法，该法的操作流程是什么样？
（3）采用液氮保藏法时，在安全性方面应注意些什么问题？
（4）液氮保藏法和冷冻真空干燥保藏法都要用到保护剂，为什么？你认为哪些保护剂的效果最好？能否用复合型的保护剂？

第四章 工业微生物的检测技术

在科研工作和生产实践中，最常用的工业微生物检测技术主要包括微生物生长繁殖的测定、食品微生物检验、乳酸菌的检验、噬菌体的检测等。

微生物生长繁殖的测定项目包括细胞数或生长量的测定及形态大小的测量。个体细胞的生长难以测定，而且生长与繁殖是交替进行的，因此，微生物的生长繁殖一般不是依据个体细胞的大小，而是以群体细胞数目的增加作为指标。测定微生物数量的方法很多，常用的有显微镜直接计数法、光电比浊法、平板菌落计数法、多管发酵法、膜过滤法、双层琼脂平板法等。

测定酵母菌细胞数或霉菌孢子数常采用在显微镜下直接进行计数的方法，该计数方法被广泛应用于乙醇、啤酒和白酒等的工业化生产中。细菌发酵，如谷氨酸发酵常用光电比浊法测定菌体数量，指导发酵工艺控制，其优点是简便迅速，可以连续测定，适合于自动控制。

平板菌落计数法被广泛应用于食品、饮品、水质和活菌制剂等的含菌指标或污染程度的检测。该计数方法又称平板计数法，其最大优点是可以获得活菌数的信息。但是，该计数法需要培养一定时间才有结果，且测定结果易受多种因素影响。

水和食品的微生物安全检验十分重要，检验指标主要是菌落总数、大肠菌群数（粪大肠菌群数）和致病菌3方面。菌落总数反映水和食品受细菌污染状况，大肠菌群数或粪大肠菌群数反映食品受粪便污染和受肠道病原菌污染状况，若饮用水、酿造水、食品中菌落总数和大肠菌群数超标，就说明其不洁及可能遭受肠道病原菌污染，可以认为食用这种水和食品是不安全的，可能会危害人们的健康。

乳酸菌是一类发酵糖类产生乳酸的微生物，其中主要是细菌。活性乳酸菌和双歧杆菌是典型的乳酸菌，是人体肠道中重要的生理菌群，具有多种重要生理功能，如维持肠道菌群的微生态平衡，增强机体免疫功能，预防和抑制肿瘤发生，控制内毒素，降低胆固醇，延缓机体衰老等。目前含活性乳酸菌和双歧杆菌的食品或制剂较多，有必要进行检验和鉴定。

噬菌体是发酵工业的大敌，常常给发酵生产带来严重的威胁并造成重大的经济损失。为了有效地防治噬菌体的侵染，在发酵生产中必须经常进行噬菌体检查。

本章主要内容包括：①微生物生长繁殖的测定技术；②食品安全微生物学检验技术；③乳酸菌和双歧杆菌的检验技术；④噬菌体的检测技术。本章共设置6个基础性实验（实验十七至二十一，实验二十四），并增设两个研究性实验（实验二十二，实验二十三）。

第一节 微生物生长繁殖的测定技术

微生物的生长（growth）是指微生物通过新陈代谢把营养物质转变成细胞物质，个体重量增加的过程。生长是微生物个体从小到大的增长,随着菌体重量的增加,菌体数量也会增多,这就进入了繁殖阶段。微生物的繁殖(reproduction)是指细胞生长到一定程度进行分裂,产生同亲代相似的子代细胞的过程,繁殖导致微生物个体数量的增加。从生长与繁殖的关系来看,生长是繁殖的基础,繁殖是生长的结果。

在结构简单的微生物中,生长繁殖的速度很快,而且两者始终是交替进行,个体生长与繁殖的界限难以划清,因此,实际上常以群体生长作为衡量微生物生长的指标。既然微生物的生长意味着细胞物质的增加,那么测定生长的方法也都直接或间接地以此为基础,而测定微生物的繁殖则以计量数目为基础。所以,测定微生物的生长繁殖,可通过测定细胞物质总量和测定微生物细胞数两种方法来进行。

测定细胞物质总量的方法适用于所有微生物,具体方法有直接测定法和生理指标法,前者包括粗放的体积测定法和比较精确的干重称量法;后者常用的如含氮量测定,含碳量、含磷量测定,还有 DNA、RNA 和 ATP 含量测定,以及微生物生长过程中的产酸、产气、耗氧、黏度和产热等生理指标的测定。

测定微生物细胞数的方法包括显微镜直接计数法、平板菌落计数法和光电比色(比浊)法 3 种最常用的方法,此外,还有细菌 DNA 含量测定法(由 DNA 含量推算出细菌的总数)等方法。其中,应用平板菌落计数法(又称菌落总数测定法)测定微生物细胞数的实验,放在本章第二节(食品微生物学检验技术)中的实验二十(水和食品中菌落总数的测定)进行介绍。

本节的实验内容包括显微镜直接测定微生物细胞数、显微镜直接测定微生物细胞大小、光电比浊法测定微生物群体的生长。

一、显微镜直接测定微生物细胞数

在乙醇、白酒和啤酒等的实际生产中,优良健壮的成熟酒母在镜检时,除要求菌体细胞饱满肥大、细胞质均匀、空泡小外,还要求达到下述质量指标。

(1)酵母菌细胞数一般为 1×10^9 个/mL 左右(是反映酵母菌繁殖能力和培养成熟的指标)。

(2)出芽率要求在 15%~30%(是衡量繁殖是否旺盛的指标)。

(3)死亡率应在 1%以下(正常培养的酒母不应有死亡现象)。

这些质量指标可以通过在显微镜下对酵母菌培养液进行直接计数而获得。

显微镜直接计数法适用于对在液体中能均匀分散的微生物细胞或孢子的数量进行直接计数。该法是将少量待测样品的细胞悬浮液置于计菌器上,在显微镜下观察计菌器上的细胞并进行直接计数。计菌器实际上是一种特制的具有确定容积的载玻片。常用的计菌器有血细胞计数板(又称血细胞计数器)、Peteroff-Hauser 计菌器、Hawksley 计菌器等。这些计菌器可用于各种微生物分散单细胞悬浮液的计数,原理基本相同。其中,Peteroff-Hauser 和 Hawksley 两种计菌器较薄,可用油镜对较小的细胞,如细菌细胞等进行观察和计数,实验室中较少使用;通常使用的血细胞计数器较厚,不适合使用油镜,常用于相对较大的细胞,如酵母菌细胞和霉菌孢子等的直接计数。

显微镜直接计数法的优点是直观、快速、操作简单,缺点是所测得的结果通常是死细胞和活细胞两者的总和,且对运动性很强的活菌难以进行计数。但采用某些方法,如结合活菌染色、微室培养、加入细胞分裂抑制剂等,可以克服这些缺点。

为使学生能较快地掌握显微镜直接计数法的原理和具体操作技术，保证实验的观察效果，本节的实验拟采用细胞个体较大的酵母菌和霉菌孢子作为实验材料，以最常用的血细胞计数板为计菌器，将酵母菌或霉菌孢子悬浮液放在血细胞计数板载玻片与盖玻片之间的计数室中，在显微镜下直接进行计数，这是一种常用的微生物细胞计数方法。

二、显微镜直接测定微生物细胞大小

微生物细胞的大小是微生物形态的基本特征之一，也是分类鉴定的依据之一。微生物细胞形态不同，对其细胞大小的测量要求也有所不同。例如，球菌一般是以细胞直径来表示大小，杆菌是以细胞的宽度和长度来表示大小，螺旋菌则是以菌体两端的距离而非细胞实际长度来表示大小的。一般来说，同一菌种不同个体的细菌细胞直径的变化范围较小，而长度相对来说变化范围较大。

微生物细胞大小的测定需借助特殊的测量工具——显微镜测微尺，它包括目镜测微尺和镜台测微尺两个互相配合使用的部件，其工作原理、构造和使用方法见实验。

本节的实验分别选用了细胞个体较大的酵母菌、细胞较小的球状和杆状细菌为测量对象，使学生通过实验学习显微镜测微尺的工作原理和使用方法，了解对各种不同形态微生物细胞的大小进行显微测量的具体要求，并进一步对微生物细胞的大小和形态特征获得直接的感性认识。

三、光电比浊法测定微生物群体的生长

微生物群体生长的规律依据培养方式、微生物种类等的不同而变化，在分批培养、连续培养及同步分裂培养时其生长规律有明显差别。若将少量细菌培养物接种到一定的恒容积液体培养基中进行分批培养，由于培养过程中没有新鲜培养基的加入，因此营养物质的浓度逐步下降，代谢废物的浓度不断增加，微生物的生长速度随时间发生有规律性的变化。

根据细菌生长速率常数的不同，一般可把细菌的典型生长曲线粗分为延迟期、对数期、稳定期和衰亡期4个时期。

（1）延迟期：又称停滞期、调整期或适应期，这是培养基接种后开始的一个适应期。当微生物从一种环境进入到新的培养环境时，必须重新调整体内的分子组成，包括酶和细胞结构成分，因而又称调整期。

（2）对数期：又称指数期。对数期是指细菌经过新环境的适应阶段后，细胞数进入以几何级数快速增加的阶段，因为这时养分充足，而排出的代谢废物还不足以影响细菌生长繁殖。

（3）稳定期：又称平衡期或恒定期。由于营养物质的逐渐消耗和有生理毒性的代谢物质在培养基中积累，到对数期的末期，细菌分裂速度降低，繁殖率和死亡率逐渐趋于平衡，活菌数基本保持稳定。

（4）衰亡期：在稳定期后期，由于营养缺乏、代谢废物堆积，细菌死亡速度超过繁殖速度，活菌数明显下降，从而进入衰亡期。

用光电比色计或分光光度计进行光电比浊，可测定不同培养时间细菌悬浮液的光密度（OD值）或活菌数，也可用于绘制细菌生长曲线。

实验十七　酵母菌细胞数、出芽率及死亡率的测定

一、目的要求

（1）学会用血细胞计数板在显微镜下直接计算酵母菌细胞数和出芽率。
（2）学习并掌握区分酵母菌死、活细胞的方法。
（3）学会用血细胞计数板在显微镜下直接测定霉菌孢子数。

二、基本原理

在实验室或生产中，通常使用血细胞计数板（如 Thoma）直接测定个体相对较大的微生物的细胞数，如酵母菌细胞和霉菌孢子等的计数。

Thoma 血细胞计数板是一块特制的厚载玻片，载玻片的中间部分刻有 4 条沟槽，形成 3 个平台。中间的平台较宽且比两边的平台略低，其中央刻有一小方格网的计数区，计数区的面积为 $1mm^2$。另一种计菌器中间平台的中间又被一短的横沟槽分为两半，成为两个小平台，每个小平台上面各刻有一个计数区，共有两个计数区。当盖上特定盖玻片时，盖玻片与计数室的空间厚度正好是 0.1mm，这样计数室的体积为 $0.1mm^3$，即 0.0001mL（图 4-1）。

计数室有两种刻度形式，一种是全区分 16 中方格，每中方格再分 25 小方格，一共 400 小方格。另一种是全区分 25 中方格，每中方格再分 16 小方格，也是 400 小方格（图 4-1）。

计数时，可将酵母菌菌悬液（或孢子悬液）充满计数室，在显微镜下按规定数 4 或 5 个中方格的总细胞数，再求得每小方格内平均的细胞数，即可计算出每毫升培养液中的细胞总数。

酵母菌活细胞新陈代谢旺盛，活力强，还原力也强。若无毒的染料进入细胞，即被还原脱色，但死细胞及代谢作用缓慢的老弱细胞无此还原力。美蓝是无毒染料，且能被活细胞还原成无色，故可用来区别细胞的死活。染色时应注意美蓝染液浓度及作用时间。

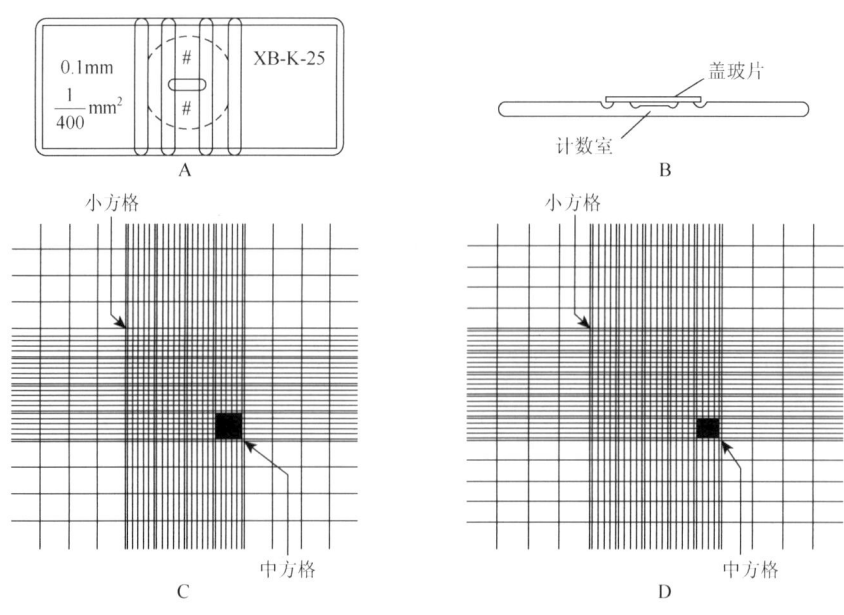

图 4-1　血细胞计数板的构造

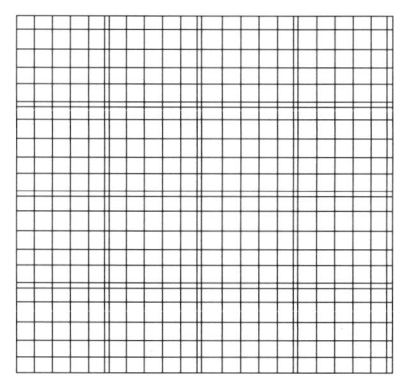
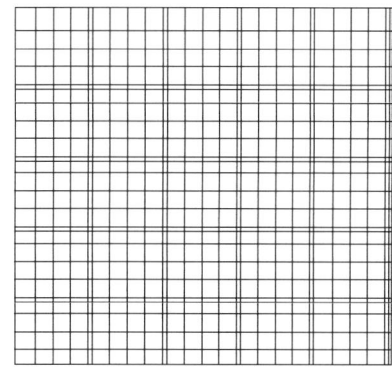

E　　　　　　　　　　　　　F

图 4-1　血细胞计数板的构造（续）

A. 血细胞计数板正面图；B. 血细胞计数板侧面图；C. 16×25 型计数板的计数室、中方格和小方格；D. 25×16 型计数板的计数室、中方格和小方格；E. 16×25 型计数板的计数室放大；F. 25×16 型计数板的计数室放大

本实验拟采用细胞个体较大的酵母菌和霉菌孢子作为材料，以最常用的血细胞计数板为计菌器，在显微镜下直接测定酵母菌细胞数和霉菌孢子数，同时测定酵母菌出芽细胞数，计算出芽率，还采用美蓝染色来区别细胞的死活，并计算其死亡率。

三、实验器材

（1）微生物菌种：酿酒酵母（*Saccharomyces cerevisiae*）、米曲霉（*Aspergillus oryzae*）。

（2）培养基与试剂：麦芽汁培养基；0.1%美蓝染液、10%稀硫酸（稀释菌悬液用）。

（3）仪器设备：血细胞计数板、普通光学显微镜。

（4）其他材料：盖玻片、载玻片、毛细滴管、擦镜纸、软布、接种环、酒精灯、玻璃小漏斗、小玻璃珠、试管、脱脂棉、小锥形瓶、胶头吸管等。

四、实验内容及操作步骤

（一）酵母菌细胞数和出芽率的测定及霉菌孢子数的测定

1. 酵母菌菌悬液的制备

（1）用麦芽汁培养基接种酿酒酵母，于 30℃培养 15~20h，得新鲜酵母菌菌悬液。

（2）准确吸取 1mL 待测酿酒酵母菌悬液，加入装有 9mL 10%稀硫酸的小锥形瓶中（稀释 10 倍，要求每小格内有 4~8 个细胞），置旋涡振荡器上振荡使细胞分散。

2. 霉菌孢子悬液的制备

（1）将 5mL 无菌生理盐水加入米曲霉培养斜面上，用接种环在斜面上轻轻来回刮取。

（2）将悬液倒入盛有 5mL 生理盐水和玻璃珠的小锥形瓶中，充分振荡使孢子分散。

（3）用玻璃小漏斗加无菌脱脂棉过滤，去除菌丝，得孢子悬液，根据孢子悬液的浓度，使用前可适当稀释一定倍数。

3. 血细胞计数板的准备及菌悬液的加入

（1）将清洁干燥的血细胞计数板盖上专用的厚盖玻片。

（2）将菌悬液摇匀，用无菌的毛细滴管取一小滴菌悬液放于盖玻片边缘，使菌悬液自行渗入并充满计数室（注意室内不得有气泡）。

（3）用镊子轻压盖玻片，静置约 5min，使细胞自然沉降。

4. 显微镜观察

将血细胞计数板置于显微镜镜台上，低倍镜找到小方格网后再转换成高倍镜进行计数，适当减弱光线，增加对比度。

5. 显微镜计数

（1）若用 16 中方格×25 小方格的计菌器，要计算计数室 4 个角所在 4 个中方格（即 100 小方格）的酵母菌细胞数；若用 25 中方格×16 小方格的计菌器，则除计算上述 4 个中方格外，还需计算中央一中方格（即 80 小方格）的酵母菌细胞数。

（2）位于格线上的酵母菌，一般只计此格的上方及右方线上的细胞。

（3）凡芽体大于母细胞一半时，可作为两个细胞计数（一个样品的细胞数，要用两个计数室中测得的平均数值来计算）。

6. 计算酵母菌细胞（或孢子）数

按公式计算出每毫升菌悬液所含酵母菌细胞（或孢子）数：

$$酵母菌细胞（或孢子）数 = 每小方格平均细胞数 \times 400 \times 10\,000 \times 稀释倍数$$

7. 计算酵母菌出芽率

按公式计算酵母菌出芽率：

$$酵母菌出芽率（\%）= 出芽细胞总数/酵母菌细胞总数 \times 100\%$$

8. 清洗与干燥

使用完毕后，将血细胞计数板及盖玻片按要求进行清洗，干燥，放回盒中，备下次使用。

（二）酵母菌死亡率的测定

1. 制备菌悬液

（1）用麦芽汁培养基接种酿酒酵母，于 30℃培养 12~16h，得幼龄酵母菌菌悬液。

（2）在（1）的酵母菌菌悬液中加入少量培养 36~48h 的老龄酵母菌菌悬液，备测定死亡率用。

2. 制备染色标本片

（1）取一块载玻片在灯焰上烧干净并冷却至室温，用胶头吸管吸取 0.1%美蓝染液放一滴于载玻片中央。

（2）用接种环取 1 环待测菌悬液与美蓝染液轻轻混匀，加上盖玻片，染色 3~5min。

3. 死、活细胞计数

（1）将制好的标本片用高倍镜观察，根据是否染上颜色来区别死、活细胞，观察 3 个视野并记录。

（2）按公式计算出酵母菌细胞的死亡率：

$$酵母菌死亡率（\%）= 染色细胞总数/酵母菌细胞总数 \times 100\%$$

五、实验注意事项

（1）用接种环刮取酵母菌或霉菌培养物斜面菌体时，动作要轻，避免将琼脂培养基一起刮下来。

（2）血细胞计数板在使用前，应先对计数室进行镜检。若有污物，可用清水冲洗，用酒精棉球轻轻擦洗，再用电吹风筒吹干。清洗血细胞计数板时，切勿使用刷子等硬物，也不可用酒精灯火焰烘干，以免损坏计数室的刻度。

（3）取样时要先将菌悬液摇匀，滴注菌悬液时计数室不可有气泡产生。

（4）显微镜观察时，若发现细胞（或孢子）悬液太浓或太稀，需重新调节稀释度后再计数。一般样品稀释度要求每小格内有4~8个菌体。

（5）因活细胞是透明的，故在进行显微镜计数时应适当减低视野光亮度，以增大反差。进行显微镜计数时，应先在低倍镜下寻找计数室的位置，并将计数室移至视野中央，再换用高倍镜观察和计数。

六、实验报告与思考题

1. 实验结果

（1）将你测定酵母菌菌悬液细胞数、出芽率、死亡率的简单操作过程写成报告。

（2）将测定的酵母菌细胞数、霉菌孢子数和酵母菌出芽细胞数的结果记录于表4-1中。

表 4-1　酵母菌细胞数、出芽细胞数和霉菌孢子数测定结果

		4 或 5 个中方格细胞数					细胞总数	出芽细胞数	两室平均	细胞或孢子数/（个/mL）
		1	2	3	4	5				
酿酒酵母	第1室									
	第2室									
米曲霉	第1室									
	第2室									

注：表中细胞总数是指4或5个中方格细胞总数；细胞或孢子数（个/mL）=每小方格平均细胞数×400×10 000×稀释倍数

（3）将你观察的染色标本片上的3个视野的酵母菌细胞数和染色细胞数填入表4-2中，并计算酵母菌细胞死亡率。

表 4-2　3个视野的酵母细胞数和染色细胞数

项目	视野1	视野2	视野3	合计
酵母细胞数				
染色细胞数				

注：酵母菌细胞的死亡率（%）=染色细胞总数/酵母菌细胞总数×100%

2. 思考题

（1）你认为用血细胞计数板计算酵母菌细胞（或孢子）数的误差与哪几方面的操作有关？应如何避免？

（2）为什么要用10%稀硫酸稀释培养好的新鲜酵母菌菌悬液？

（3）请解释计算每毫升菌悬液所含酵母细胞（或孢子）数公式的由来。

（4）是否凡是染上美蓝染液颜色的酵母菌细胞都是死亡细胞？酵母菌细胞死亡率的准确测定与哪些因素相关？

(5)要测定活性干酵母菌粉中的活菌存活率应如何进行,请设计 2 种可行的检测方法。

实验十八 微生物细胞大小的测定

一、目的要求

(1)学习在显微镜各种放大倍数下用镜台测微尺标定目镜测微尺的方法。
(2)学习并掌握使用测微尺在显微镜下测定微生物细胞大小的方法。
(3)掌握对不同形态微生物细胞大小进行测定的分类学基本要求。

二、基本原理

测量微生物细胞的大小一般是在显微镜下用目镜测微尺进行操作的。目镜测微尺是一个可放入目镜内的特制圆形小玻片,玻片的中央是一根细长带刻度的尺,等分成 50 小格或 100 小格。测量时将目镜测微尺放在目镜中的隔板上,用以测量经显微镜放大后的细胞物像大小。目镜测微尺中每小格代表的实际长度是不固定的,它随所使用目镜和物镜的放大位数不同而改变,故在测量前必须先用镜台测微尺进行标定,以得出在显微镜特定放大倍数下目镜测微尺每小格所代表的相对长度,然后用标定好的目镜测微尺测量菌体大小。

镜台测微尺是一块特制的载玻片,上面贴一圆形盖玻片,中央带有刻度,长度为 1mm,等分为 100 小格,每格长度为 0.01mm,即 10μm。镜台测微尺并不直接用来测量细胞的大小,而是用于标定目镜测微尺每格的相对长度。所谓标定,即求出在某一放大倍数下目镜测微尺每小格代表的实际长度,然后用标定好的目镜测微尺测量细胞的大小(图 4-2)。

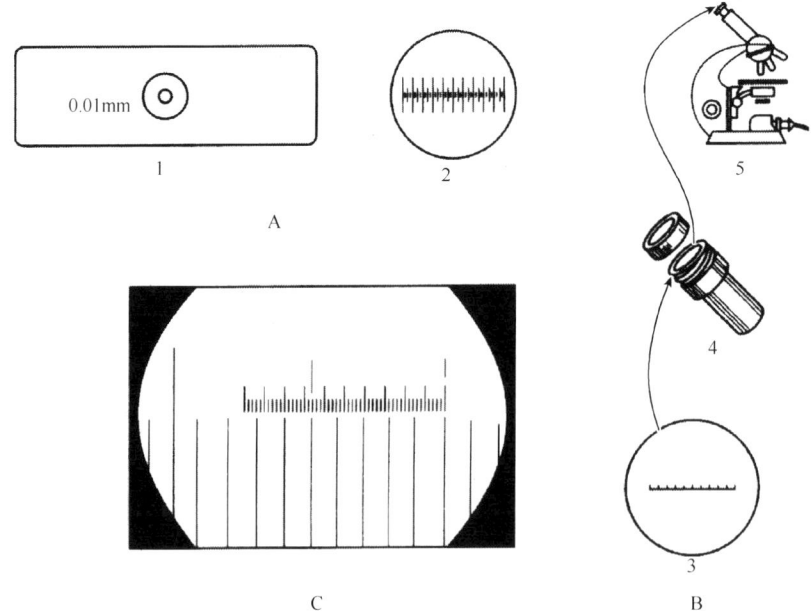

图 4-2 测微尺及其安装和标定(引自沈萍和陈向东,2007)

A. 镜台测微尺(1)及其中央部分的放大(2);B. 目镜测微尺(3)及其安装在目镜(4)上再装在显微镜(5)上的方法;C. 用镜台测微尺标定目镜测微尺

三、实验器材

（1）微生物菌种：酿酒酵母（*Saccharomyces cerevisiae*）、枯草芽孢杆菌（*Bacillus subtilis*）、金黄色葡萄球菌（*Staphylococcus aureus*）染色标本片。

（2）培养基与试剂：麦芽汁培养基；0.1%美蓝染液、香柏油、二甲苯、生理盐水。

（3）仪器设备：普通光学显微镜、目镜测微尺、镜台测微尺。

（4）其他材料：载玻片、盖玻片、擦镜纸、接种环、酒精灯、毛细滴管、试管等。

四、实验内容及操作步骤

（一）酵母菌细胞大小的测定

1. 目镜测微尺的安装

取出目镜，将上面的透镜旋下，将目镜测微尺放入目镜中的隔板上，刻度朝下，旋上目镜透镜，再将目镜插回镜筒内。

2. 目镜测微尺的标定

（1）将镜台测微尺置于显微镜镜台上，刻度朝上。

（2）先用低倍镜找到镜台测微尺的刻度，移至视野中心，调节焦距至能清晰地看到镜台测微尺的刻度，再转换高倍镜观察并调好焦距，至看清镜台测微尺刻度。

（3）转动目镜，使目镜测微尺的刻度与镜台测微尺的刻度相平行，转动标本移动器，使镜台测微尺的一条刻度线与目镜测微尺的左边第一条刻度线相重合，向右寻找两测微尺完全重合的另一刻度线。分别数出两重合线之间镜台测微尺和目镜测微尺所占的格数，并记录格数。

（4）计算目镜测微尺每格长度。

目镜测微尺每格长度（μm）=镜台测微尺格数×10/目镜测微尺格数

3. 测量酵母菌细胞的大小

（1）目镜测微尺校正完毕后取下镜台测微尺。

（2）用制备好的酵母菌标本片替换镜台测微尺。

（3）测量5个酵母菌细胞的长与宽各等于目镜测微尺几格，取其平均值，换算为实际长度（μm）。

（4）将测得的结果记录如下。

酵母菌细胞平均长=目镜测微尺（　　　）格=（　　　）μm

酵母菌细胞平均宽=目镜测微尺（　　　）格=（　　　）μm

（二）细菌细胞大小的测定

1. 目镜测微尺的再标定

（1）将镜台测微尺置于显微镜镜台上，刻度朝上，于中央粗线圆圈内加上一滴香柏油。

（2）先用低倍镜找到镜台测微尺的刻度，移至视野中心，调节焦距至能清晰地看到镜台测微尺的刻度，再转换油镜观察并调好焦距，至看清镜台测微尺刻度。

（3）同（一）中 2.目镜测微尺法的标定方法找重合线，并记录重合线之间的格数，计算目镜测微尺每格的长度。

2. 测量细菌细胞的大小

（1）用制备好的细菌染色标本片替换镜台测微尺。

（2）测量 5 个金黄色葡萄球菌的直径各等于目镜测微尺几格，取其平均值，换算为实际长度（μm）。将测得的结果记录如下。

金黄色葡萄球菌平均直径=目镜测微尺（　　　）格=（　　　）μm

（3）测量 5 个枯草芽孢杆菌的长与宽各等于目镜测微尺几格，取其平均值，换算为实际长度（μm）。将测得的结果记录如下。

枯草芽孢杆菌细胞平均长=目镜测微尺（　　　）格=（　　　）μm
枯草芽孢杆菌细胞平均宽=目镜测微尺（　　　）格=（　　　）μm

（4）测量完毕，取出目镜测微尺，将目镜放回镜筒，再将目镜测微尺和镜台测微尺分别用擦镜纸擦拭干净，放回盒内保存。

五、实验注意事项

（1）目镜测微尺很轻薄，在取放时应特别注意，防止因跌落而损坏；使用双目显微镜时目镜测微尺一般都要安装在右目镜中，因左目镜通常配有屈光度调节环，不能被取下。

（2）使用镜台测微尺进行标定时，可先对刻度尺外的粗圆圈线进行调焦，再通过移动标本移动器向圆圈中心寻找测微尺刻度；换用高倍镜和油镜标定时，要防止物镜压坏镜台测微尺；观察测量时，光线不宜过强，否则难以找到镜台测微尺的刻度。

（3）因同一种微生物不同细胞之间存在个体差异，故在确定每一种微生物细胞的大小时，应随机选择多个细胞进行测量，然后取其平均值。

（4）细菌在不同的生长时期，细胞大小会有较大变化，进行细菌细胞大小测定时，应注意选择处于对数期的菌体细胞。

六、实验报告与思考题

1. 实验结果

（1）将目镜测微尺标定结果填入表 4-3 中。

表 4-3　目镜测微尺标定结果

物镜	物镜倍数	目镜测微尺格数	镜台测微尺格数	目镜测微尺每格长/μm
高倍镜				
油镜				

（2）将 3 种微生物细胞大小的测定结果填入表 4-4 中。

表 4-4　各菌细胞大小测定结果

菌种		细胞 1	细胞 2	细胞 3	细胞 4	细胞 5	平均值/μm
酵母菌	宽度/μm						
	长度/μm						

菌种		细胞1	细胞2	细胞3	细胞4	细胞5	平均值/μm
枯草芽孢杆菌	宽度/μm						
	长度/μm						
葡萄球菌	直径/μm						

注：酵母菌和杆菌用宽度×长度表示细胞大小；球菌用直径表示细胞大小

2. 思考题

（1）更换不同放大倍数的目镜或物镜时，为什么必须用镜台测微尺重新对目镜测微尺进行标定？

（2）在不改变目镜和目镜测微尺，而改用不同放大倍数的物镜来测定同一种微生物细胞的大小时，其测定结果是否相同？为什么？

实验十九　光电比浊法测定细菌生长曲线

一、目的要求

（1）了解光电比浊法测定微生物菌数的基本原理。
（2）掌握光电比浊法的基本操作方法。
（3）学会用光电比浊法测定并绘制细菌生长曲线。

二、基本原理

光电比浊法的原理：当光线透过菌悬液时，由于菌体的散射及吸收作用使光线的透过量降低。在一定范围内，光线透光率与微生物细胞浓度成反比，而光密度（OD 值）与细胞浓度成正比。透光率或光密度可以由光电池精确测出（光波通常选择为400～700nm），因此，可用一系列已知菌数的某种菌悬液测定光密度，作出光密度与菌数标准曲线。这样，根据样品液（相同菌株和培养条件）所测得的光密度，即可从标准曲线中查出对应的菌数。光电比浊法的优点是简便迅速，可以连续测定，适合于自动控制（图4-3）。

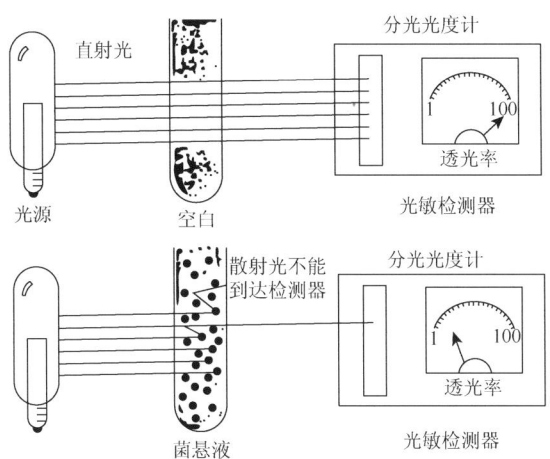

图4-3　光电比浊法测定细胞浓度的原理

将少量细菌培养物接种到一定恒容积的新鲜培养液中，在适宜的培养条件下进行培养，在培养过程中定时取样测定细菌数目，以培养时间为横坐标，以细菌数目的对数或生长速率为纵坐标绘制的曲线称为该细菌的生长曲线。一般可把细菌的典型生长曲线粗分为延迟期、对数期、稳定期和衰亡期4个阶段（图4-4）。

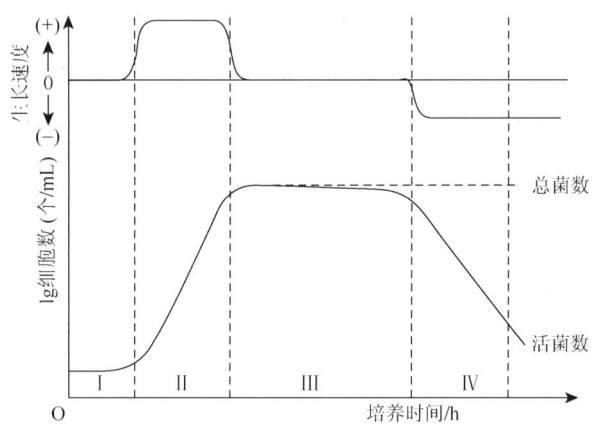

图4-4 细菌的生长曲线

Ⅰ. 延迟期；Ⅱ. 对数期；Ⅲ. 稳定期；Ⅳ. 衰亡期

不同的细菌在相同的培养条件下其生长曲线不同，同样的细菌在不同的培养条件下所绘制的生长曲线也不相同。测定细菌的生长曲线，了解其生长繁殖规律，对人们根据不同需要而有效地利用和控制细菌的生长具有重要意义。本实验拟用分光光度计或光电比色计进行光电比浊，测定不同培养时间细菌悬浮液的OD值，并绘制细菌生长曲线。

三、实验器材

（1）微生物菌种：谷氨酸短杆菌培养 10～12h 菌悬液、嗜酸乳杆菌（*Lactobacillus acidophilus*）菌悬液。

（2）培养基与试剂：MRS 培养基；无菌生理盐水。

（3）仪器设备：超净工作台、高压灭菌锅、光电比色计、分光光度计、电子天平、旋涡振荡器、恒温培养箱、水浴振荡摇床、冰箱、电炉。

（4）器具及其他材料：锥形瓶、无菌试管、无菌吸管、酒精灯、试管架、记号笔。

四、实验内容及操作步骤

（一）光电比浊法

以光电比浊法测定谷氨酸菌菌悬液为例，其操作过程如下。

1. 制作标准曲线

（1）调整菌悬液浓度。

1）培养12h的谷氨酸菌菌悬液用无菌生理盐水稀释，摇匀。

2）用光电比色计于650nm 波长、1cm 比色皿中测定光密度（OD 值），分别调整至 OD

值为0.9、0.8、0.7、0.6、0.5、0.4、0.3、0.2（用无菌生理盐水作空白对照），装入无菌试管。

（2）平板菌落计数：按平板菌落计数的方法将不同OD值的菌悬液经适当倍数稀释、接种、培养后，分别测定不同OD值菌悬液的菌落数（cfu）。

（3）绘制标准曲线：以每毫升稀释菌悬液的含菌数（菌落数）为纵坐标，以光密度（OD值）为横坐标，绘制出标准曲线。

2. 样品测定

（1）将待测样品用无菌生理盐水适当稀释，摇匀。

（2）以无菌生理盐水作空白对照，用650nm波长、1cm比色皿测定光密度（注意各种操作条件必须与制作标准曲线时相同）。

3. 查标准曲线

根据所测得的光密度，从标准曲线查得每毫升的含菌数。

注：在生产实践中，并不一定要查标准曲线得出含菌数，而是以OD值的高低直接作为菌体增殖数量的指标。

（二）光电比浊法测定细菌生长曲线

以光电比浊法测定嗜酸乳杆菌生长曲线为例，其操作过程如下。

1. 配制MRS培养基

分别称取蛋白胨1g、牛肉膏1g、酵母膏0.5g、葡萄糖2g、K_2HPO_4 0.2g、乙酸钠0.5g、$MgSO_4$ 0.02g、$MnSO_4$ 0.005g、吐温-80 0.1g、柠檬酸三铵0.2g，加水至100mL，调pH5.5~6.0。装入250mL锥形瓶中，包扎，灭菌备用。

2. 接种乳酸杆菌

（1）菌种培养：取1mL嗜酸乳杆菌菌悬液（冰箱保存），接入盛有10mL MRS培养基的试管内，静置，深层培养约12h，备用。

（2）标记培养时间：用记号笔分别标记培养时间为0、2h、4h、6h、8h、10h、12h、14h、16h、18h、20h、24h。

（3）接种乳酸菌：取上述嗜酸乳杆菌培养液5mL，接入盛有100mL MRS培养基的锥形瓶内，混合均匀。分别取此混合液各8mL，放入上述已标记的12支无菌试管中。

3. 保温培养

（1）置37℃恒温培养箱中，分别静置培养0、2h、4h、6h、8h、10h、12h、14h、16h、18h、20h、24h。

（2）将标有相应时间的试管按时取出，暂置冰箱中储存，等待最后培养结束一起测定光密度（OD值）。

4. 光电比浊测定

以未接种的MRS培养基作空白对照，选用650nm波长，按培养时间先后依次进行光电比浊测定（测定前将待测培养样品振荡，使菌体分布均匀）。

5. 绘制生长曲线

以培养时间为横坐标，以测得的光密度（OD值）为纵坐标，绘制成嗜酸乳杆菌生长曲线（若有标准曲线，则可根据所测得的光密度，从标准曲线查得每毫升的活菌数，再绘制其生长曲线）。

五、实验注意事项

（1）实验所用试管、所装培养基的量和接种量都要一致。

（2）测定 OD 值时，比色杯或比色管需要规格相同并洁净；测定时，需将分光光度计指针调"0"；调零使用的溶液应与待测样品的溶液一致。

（3）测定 OD 值前，将待测定的培养液振荡，使细胞分布均匀。

（4）注意光密度或透光率除受菌体浓度影响外，还受培养液成分和颜色的影响。颜色太深的样品或样品中含有其他干扰物质的菌悬液不适用此法。

六、实验报告与思考题

1. 实验结果

（1）将你所测定的乳酸菌不同培养时间的 OD 值填入表 4-5 中。

表 4-5　不同培养时间乳酸菌 OD 值增长

培养时间/h	对照	0	2	4	6	8	10	12	14	16	18	20	24
光密度（OD_{650} 值）													

（2）以培养时间为横坐标，以细菌菌悬液的 OD 值为纵坐标，绘制嗜酸乳杆菌的生长曲线。

2. 思考题

（1）光电比浊法测定细菌生长量有何优缺点？它在实际生产中有何应用价值？

（2）若要测定需氧细菌生长曲线，振荡培养除用锥形瓶外，能否采用大试管进行？

（3）用分光光度法测定吸光值，如何选择测定所用的波长？哪些样品不适合用光电比浊法测定生长量？

（4）采用光电比浊法测定光密度（OD 值）与采用平板菌落计数法测定活菌数这两种方法绘制出的细菌生长曲线有什么不同？两者各有什么优缺点？

（5）测定和绘制细菌的生长曲线对科学研究和发酵生产有何指导意义？

第二节　食品安全微生物学检验技术

随着生活水平的不断提高，人们对食品和水的安全要求也越来越高，而食品微生物学检验作为食品安全国家标准的主要组成部分，是控制食源性疾病的关键依据，因此，食品微生物学检验对控制食品安全有重要的意义。食品微生物学检验指标主要有菌落总数、大肠菌群（大肠杆菌）数及金黄色葡萄球菌、沙门氏菌等致病菌数，水的检测指标主要是菌落总数和大肠菌群数。本节主要学习菌落总数和大肠菌群数的检验。

食品和水受微生物污染状况一般通过测定细菌菌落总数和大肠菌群数来评价，菌落总数说明总体受污染状况及食品新鲜度，大肠菌群数说明受肠道病原菌污染状况。例如，我国饮用水安全标准规定：1mL 自来水中细菌菌落总数不得超过 100 个，每 100mL 自来水中大肠菌群数不得检出。

食品微生物学检验总则（GB 4789.1—2010）规定了食品微生物学检验基本原则和要求，摘要如下：

1. 实验室基本要求

实验室环境 实验室环境不应影响检验结果的准确性。实验室的工作区域应与办公室区域分开，工作面积和总体布局应能满足从事检验工作的需要，布局应采用单方向工作流程，避免交叉污染。实验室环境的温度、湿度、亮度、噪声和洁净度等应符合工作要求。一般样品检验应在洁净区域（包括超净工作台或洁净实验室）进行，洁净区域应有明显的标志。病原微生物分离鉴定工作应在二级生物安全实验室（biosafety level 2，BSL-2）中进行。

检验人员 检验人员应具有相应的教育、微生物专业培训经历，具备相应的资质，能够理解并正确实施检验；应掌握实验室生物检验安全操作知识和消毒知识；应在检验过程中保持个人整洁与卫生，防止人为污染样品；应在检验过程中遵守相关预防措施的规定，保证自身安全。有颜色视觉障碍的人员不能执行涉及辨色的实验。

实验设备 实验设备应满足检验工作的需要，应放置于适宜的环境条件下，便于维护、清洁、消毒与校准，并保持整洁与良好的工作状态。实验设备应定期进行检查、检定（加贴标识）、维护和保养，以确保工作性能和操作安全，应有日常性监控记录和使用记录。

检验用品 常规检验用品主要有接种环（针）、酒精灯、镊子、剪刀、药匙、消毒棉球、硅胶（棉）塞、微量移液器、吸管、吸球、试管、培养皿、微孔板、广口瓶、量筒、玻璃棒及"L"形玻璃棒等。检验用品在使用前应保持清洁和（或）无菌，常用的灭菌方法包括湿热法、干热法、化学法等。需要灭菌的检验用品应放置在特定容器内或用合适的材料（如专用包装纸、铝箔纸等）包裹或加塞，应保证灭菌效果。可选择适用于微生物检验的一次性用品来替代反复使用的物品与材料。检验用品的储存环境应保持干燥和清洁，已灭菌与未灭菌的用品应分开存放并明确标识。灭菌检验用品应记录灭菌/消毒的温度与持续时间。

培养基和试剂 培养基的制备和质量控制按照 GB/T 4789.28 的规定执行。检验试剂的质量及配制应适用于相关检验。对检验结果有重要影响的关键试剂应进行适用性验证。

菌株 应使用微生物菌种保藏专门机构或同行认可机构保存的、可溯源的标准或参考菌株。应对从食品、环境或人体分离、纯化、鉴定的，未在微生物菌种保藏专门机构登记注册的原始分离菌株（野生菌株）进行系统、完整的菌株信息记录，包括分离时间、来源、表型及分子鉴定的主要特征等。实验室应保存能满足实验需要的标准或参考菌株，在购入和传代保藏过程中，应进行验证实验，并进行文件化管理。

2. 样品采集

采样原则 根据检验目的、食品特点、批量、检验方法、微生物的危害程度等确定采样方案。应采用随机原则进行采样，确保所采集的样品具有代表性。采样过程遵循无菌操作程序，防止一切可能的外来污染。样品在保存和运输的过程中，应采取必要的措施防止样品中原有微生物的数量变化，保持样品的原有状态。

采样方案 采样方案分为二级和三级采样方案，二级采样方案设有 n、c 和 m 值，三级采样方案设有 n、c、m 和 M 值。各类食品的采样方案按相应产品标准规定执行。

各类食品的采样方法 采样应遵循无菌操作程序，采样工具和容器应无菌、干燥、防漏，形状及大小适宜。各类食品的采样方法依即食类预包装食品、非即食类预包装食品、散装食品或现场制作食品，以及食源性疾病及食品安全事件的食品样品而有不同。

采样标记及储存和运输 应对采集的样品进行及时、准确的记录和标记，采样人应清晰填写采样单。采样后，应将样品在接近原储存温度条件下尽快送往实验室检验，运输时应保持样品完整。如不能及时运送，应在接近原储存温度条件下储存。

3. 样品检验

样品处理 实验室接到送检样品后应认真核对登记，确保样品的相关信息完整并符合检验要求。实验室应按要求尽快检验，若不能及时检验，应采取必要的措施保持样品的原有状态，防止样品中目标微生物因客观条件的干扰而发生变化。冷冻食品应在 45℃以下不超过 15min，或 2~5℃不超过 18h 解冻后进行检验。

检验方法的选择 应选择现行有效的国家标准方法。对同一检验项目有两个及两个以上定性检验方法时，应以常规培养方法为基准方法。对同一检验项目有两个及两个以上定量检验方法时，应以平板计数法为基准方法。

4. 生物安全与质量控制

实验室生物安全要求 应符合 GB 19489 的规定。

质量控制 实验室应定期对实验用菌株、培养基、试剂等设置阳性对照、阴性对照和空白对照。实验室应对重要的检验设备（特别是自动化检验仪器）设置仪器比对。实验室应定期对实验人员进行技术考核和人员比对。

5. 记录与报告

记录 检验过程中应及时、准确记录观察到的现象、结果和数据等信息。

报告 实验室应按照检验方法中规定的要求，准确、客观地报告每一项检验结果。

6. 检验后样品处理

检验结果报告后，被检样品方能处理。检出致病菌的样品要经过无害化处理。检验结果报告后，剩余样品或同批样品不进行微生物项目的复检。

实验二十　水和食品中菌落总数的测定

一、目的要求

（1）了解食品卫生微生物学检验的重要性及原理。

（2）了解平板菌落计数法的基本原理及应用。

（3）学会水和食品中菌落总数的检测和报告方法。

二、基本原理

菌落总数（aerobic plate count，APC）是指水或食品检样经过处理，在一定条件下（如培养基、培养温度和培养时间等）进行培养后，所得每克（毫升）检样中形成的微生物菌落总数。

菌落总数测定的主要是嗜中温需氧菌或兼性厌氧菌，作为判定水和食品被微生物污染的程度，也可应用这方法观察微生物在食品中的繁殖动态。一般是制备营养丰富，适合于大多数细菌生长的培养基，以及在适合大多数细菌生长的温度条件下培养，由于不可能找到一种培养基或一个温度能适合所有细菌的生长，因此测定出来的细菌总数仅是近似值。菌落总数一般都采用平板菌落计数法进行测定，现在也可采用 Petrifilm^{TM} 测试片法进行测定。

平板菌落计数法的基本原理：将待测含菌样品经适当稀释，尽量使其中的微生物充分分散成单个细胞，然后取一定量的稀释液接种到平板培养基上。经过一定时间培养后，由每个单细胞生长繁殖形成肉眼可见的单菌落，即一个单菌落应代表原样品中的一个活菌。最后统计菌落数,根据稀释倍数和取样量换算出单位样品中所含的活菌数。

实际上,由于待测样品不易完全分散成单个细胞,因此所形成的菌落有一部分是由2个以上细胞长成的,所以,平板菌落计数的结果会比实际偏低。现已采用菌落形成单位(colony forming unit,cfu)来表示样品的活菌含量。

平板菌落计数法的操作过程包括:①无菌培养基和生理盐水的制备;②待测样品的稀释;③取样及倒平板;④培养及计数;⑤菌落总数报告。本实验以自来水、固态(或半固态)食品和液态食品中菌落总数的测定为例。依据的标准为《食品安全国家标准 食品微生物学检验 菌落总数测定》(GB 4789.2—2010),《生活饮用水标准检验方法 微生物指标》(GB/T 5750.12—2006)。

三、实验器材

(1)待测样品:自来水、固态(或半固态)食品、液态食品。

(2)培养基与试剂:平板计数琼脂培养基;无菌生理盐水、Petrifilm^{TM}菌落总数测试片和压板。

(3)仪器设备:超净工作台、恒温培养箱、冰箱、高压灭菌锅、恒温水浴箱、电炉、电子天平、均质器、振荡器、菌落计数器。

(4)其他材料:无菌玻璃器皿(大试管、吸管、锥形瓶、培养皿)、微量移液器、酒精灯、试管架、精密pH试纸、放大镜。

四、检验程序

菌落总数的检验程序见图4-5。

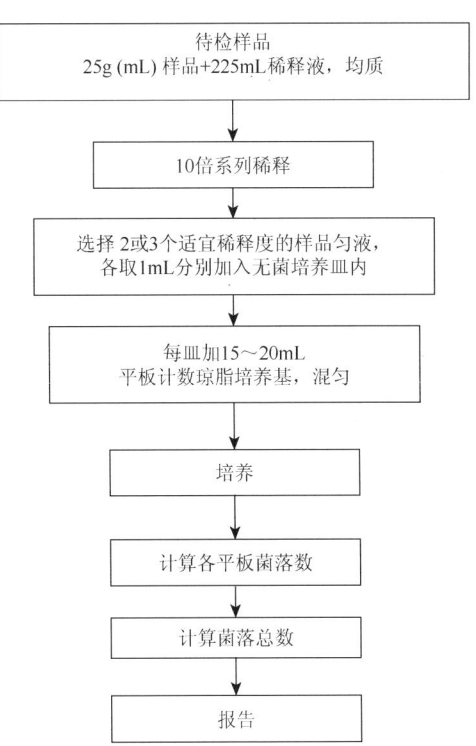

图4-5 菌落总数的检验程序(引自食品安全国家标准 GB 4789.1—2010)

五、实验内容及操作步骤

（一）培养基和试剂的制备

1. 配制平板计数琼脂（PCA）培养基

配方：胰蛋白胨 5.0g、酵母浸膏 2.5g、葡萄糖 1.0g、琼脂 15.0g、蒸馏水 1000mL，pH7.0±0.2。

各组根据实验所需培养基量计算各成分用量，再称量。将称量的各成分加入蒸馏水中，煮沸溶解，调节pH。将培养基分装9支大试管（每支约15mL），包扎后于121℃灭菌15min，备用。

2. 配制磷酸盐缓冲液

储存液：磷酸二氢钾（KH_2PO_4）34.0g、蒸馏水 500mL，pH7.2。

用约175mL的1mol/L氢氧化钠溶液调节pH至7.2，用蒸馏水稀释至1000mL后储存于冰箱。

稀释液：用蒸馏水稀释1.25mL储存液至1000mL，分装于合适容器，于121℃高压灭菌15min。

3. 配制无菌生理盐水

成分：氯化钠 8.5g、蒸馏水 1000mL。

制法：称取8.5g氯化钠溶于1000mL蒸馏水中，分装于合适容器，于121℃灭菌15min，备用。

（二）样品稀释

1. 自来水样品

（1）先将自来水水龙头用火焰灼烧灭菌约0.5min，再开水龙头放水流1~2min，用无菌锥形瓶接取水样适量，备用。

（2）自来水样品一般不必稀释，可直接进行检测。必要时可取1mL自来水样品注入盛有9mL无菌生理盐水试管中，充分混匀，制成稀释度为10^{-1}的水样品匀液。

2. 食品样品

（1）固体和半固体样品：称取25g样品置盛有225mL磷酸盐缓冲液或生理盐水的无菌均质杯内，8000~10 000r/min均质1~2min，或放入盛有225mL稀释液的无菌均质袋中，用拍击式均质器拍打1~2min，制成1∶10的样品匀液。

（2）液体样品：以无菌吸管吸取25mL样品置盛有225mL磷酸盐缓冲液或生理盐水的无菌锥形瓶（瓶内预置适当数量的无菌玻璃珠）中，充分混匀，制成1∶10的样品匀液。

（3）用1mL无菌吸管或微量移液器吸取1∶10样品匀液1mL，沿管壁缓慢注于盛有9mL稀释液的无菌试管中（注意吸管或吸头尖端不要触及稀释液面），振摇试管或换用1支无菌吸管反复吹打使其混合均匀，制成1∶100的样品匀液（图4-6）。

（4）按（3）操作程序，制备10倍系列稀释样品匀液，每递增稀释一次，换用一次1mL无菌吸管或吸头。

（三）接种与培养

1. 自来水样品

（1）用无菌吸管吸取自来水样品各1mL，分别注入两个无菌培养皿中。

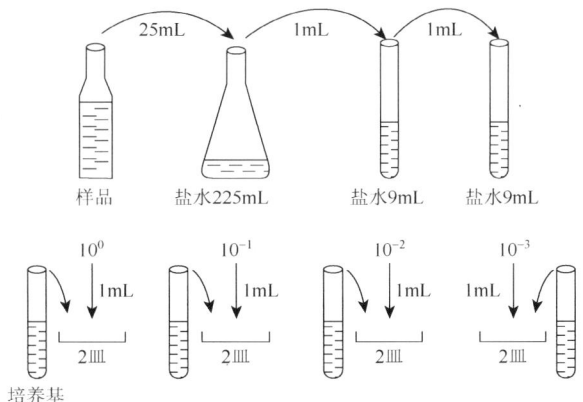

图 4-6 食品检样稀释及倾注平板示意图

（2）分别倾注入约 15mL 已熔化并冷却到约 46℃的平板计数琼脂培养基中，立即做平面旋摇，使其充分混合均匀。

（3）待培养基凝固后，将培养皿翻转，倒置于 36℃±1℃温箱中，培养 48h±2h。

2. 食品样品

（1）根据对样品污染状况的估计，选择 2 或 3 个适宜稀释度的样品匀液（液体样品可包括原液），在进行 10 倍递增稀释时，每个稀释度分别吸取 1mL 样品匀液加入两个无菌培养皿内。同时，分别取 1mL 稀释液加入两个无菌培养皿作空白对照。

（2）及时将 15~20mL 冷却至 46℃平板计数琼脂培养基（可放置于 46℃±1℃恒温水浴箱中保温）倾注入培养皿，并转动培养皿使混合均匀。

（3）待培养基凝固后，将平板翻转，置 36℃±1℃温箱内培养 48h±2h，水产品 30℃±1℃培养 72h±3h。

（4）如果样品中可能含有在琼脂培养基表面弥漫生长的菌落时，可在凝固后的培养基表面覆盖一薄层琼脂培养基（约 4mL），凝固后翻转平板，按（3）条件进行培养。

（四）菌落计数

可用肉眼观察，必要时用放大镜或菌落计数器记录稀释倍数和相应的菌落数量。菌落计数以菌落形成单位（colony forming unit，cfu）表示。

（1）选取菌落数为 30~300cfu、无蔓延菌落生长的平板计数菌落总数，低于 30cfu 的平板记录具体的菌落数，大于 300cfu 的可记录为多不可计。每个稀释度的菌落数应采用两个平板的平均数。

（2）其中一个平板有较大片状菌落生长时则不宜采用，而应以无片状菌落生长的平板为该稀释度的菌落数；若片状菌落不到平板的一半，而其余一半中菌落分布又很均匀，可计数半个平板后乘以 2，代表一个平板菌落数。

（3）当平板上出现菌落间无明显界限的链状生长时，则将每条单链作为一个菌落计数。

（五）结果与报告

1. 菌落总数的计算方法

（1）若只有一个稀释度平板上的菌落数在适宜计数范围内，计算两个平板菌落数的平均值,再将平均值乘以相应稀释倍数,作为每克(毫升)样品中菌落总数结果。

(2)若所有稀释度的平板上菌落数均大于300cfu,则对稀释度最高的平板进行计数,其他平板可记录为多不可计,结果按平均菌落数乘以最高稀释倍数计算。

(3)若所有稀释度的平板菌落数均小于30cfu,则结果应按稀释度最低的平均菌落数乘以稀释倍数计算。

(4)若所有稀释度(包括液体样品原液)平板均无菌落生长,则结果以小于1乘以最低稀释倍数计算。

(5)若所有稀释度的平板菌落数均不在30~300cfu内,其中一部分小于30cfu或大于300cfu时,则结果以最接近30cfu或300cfu的平均菌落数乘以稀释倍数计算。

2. 菌落总数的报告

(1)菌落数小于100cfu时,按"四舍五入"原则修约,以整数报告。

(2)菌落数大于或等于100cfu时,第三位数字采用"四舍五入"原则修约后,取前2位数字,后面用0代替位数;也可用10的指数来表示,按"四舍五入"原则修约后,采用两位有效数字。

(3)若所有平板上为蔓延菌落而无法计数,则报告菌落蔓延。

(4)若空白对照上有菌落生长,则此次检测结果无效。

(5)称重取样以cfu/g为单位报告,体积取样以cfu/mL为单位报告。

附:菌落总数 Petrifilm^{TM} 测试片法

检验程序:除将平板计数琼脂培养基改成Petrifilm^{TM}菌落总数测试片外,其他与菌落总数图4-5的检验程序基本相同,接种方法见Petrifilm^{TM}产品说明书。

六、实验注意事项

(1)取自来水样品要用无菌锥形瓶,打开瓶塞接取水样要在火焰旁进行无菌操作,最好立即检测。

(2)稀释样品时,应根据对样品污染状况的估计依次制成10倍递增系列稀释样品匀液,每次都要充分混合均匀。

七、实验报告与思考题

1. 实验结果

(1)将你测定样品中细菌菌落总数的操作步骤用简图表示。

(2)将所测得结果填入表4-6、表4-7并写成实验报告。

表4-6 自来水样品检测结果

平板	菌落数	细菌菌落总数/(cfu/mL)
1		
2		

空白对照平板结果:

表 4-7 食品样品检测结果

稀释度	10^{-1}		10^{-2}		10^{-3}	
平板	1	2	1	2	1	2
菌落数						
菌落总数/ cfu/mL（cfu/g）						

空白对照平板结果：

2. 思考题

（1）为了较准确测定出某样品中的细菌菌落总数，在实验操作中应注意哪些问题？

（2）检测样品的细菌总数时，为什么要作空白对照实验？若空白对照的平板上有菌落长出说明什么？

（3）能否自行设计培养温度、培养时间等来测定样品的细菌菌落总数呢？为什么？

（4）你所检测的自来水样品和食品样品，细菌菌落总数是否合乎规定的卫生标准呢？

实验二十一　食品中大肠菌群的计数

一、目的要求

（1）了解食品中大肠菌群计数的重要性及原理。

（2）学会各类食品中大肠菌群的 MPN 计数法。

（3）了解食品中大肠菌群的平板计数法。

二、基本原理

大肠菌群是肠道中普遍存在的数量最多的一群细菌，常将其作为人畜粪便污染的标志和病原菌的指示菌。水和食品被大肠菌群污染就有可能存在病原菌污染，故以此作为粪便污染指标来评价水和食品的卫生质量，具有广泛的卫生学意义。

大肠菌群（coliform）是一类在一定培养条件下能发酵乳糖，产酸产气的需氧和兼性厌氧革兰氏阴性无芽孢杆菌。主要包括大肠杆菌（E. coli）、产气杆菌和一些中间类型的杆菌。

该菌群主要来源于人畜粪便，作为粪便污染指标评价食品的卫生状况，以推断食品中肠道致病菌污染的可能性。大肠菌群数高，表示食品已间接受粪便污染，有可能也被肠道致病菌污染。检验各类食品中大肠菌群数的方法有 MPN 计数法、平板计数法等。

（一）MPN 计数法

大肠菌群 MPN（most probable number），即大肠菌群最可能数，是基于泊松分布的一种间接计数方法。MPN 计数法是检测食品中大肠菌群数的常用方法，大多数检测部门与食品厂均普遍采用此法。

每个待检样品先经适当处理和稀释，选择 3 个适宜的连续稀释度样品匀液接种于月桂基硫酸盐胰蛋白胨（LST）肉汤管中进行初发酵实验，经培养后未产气者为大肠菌群阴性，产气者则移种于煌绿乳糖胆盐（BGLB）肉汤发酵管（内有玻璃小倒管）中进行复发酵实验。LST 培养基中乳糖作为碳源，乳糖起着营养选择作用，很多细菌不能发酵乳糖，而大肠菌群能发酵乳糖产酸产气，另外，月桂基磺酸钠具有抑制革兰氏阳性菌的作用。BGLB 培养基同样以乳糖作为碳源，另外，煌绿和牛胆粉具有更强的抑制革兰氏阳性菌和非肠道菌的作用，因此该培养基选择性抑制杂菌能力更强，具有确认作用。根据确认的产酸产气管，查表得出 MPN 值。检验结果以报告每毫升（克）大肠菌群的最可能数（MPN 值）表示。

该法的检测步骤包括样品的稀释、初发酵实验、复发酵实验、大肠菌群最可能数（MPN）的报告。大肠菌群 MPN 计数的检验程序见图 4-7。

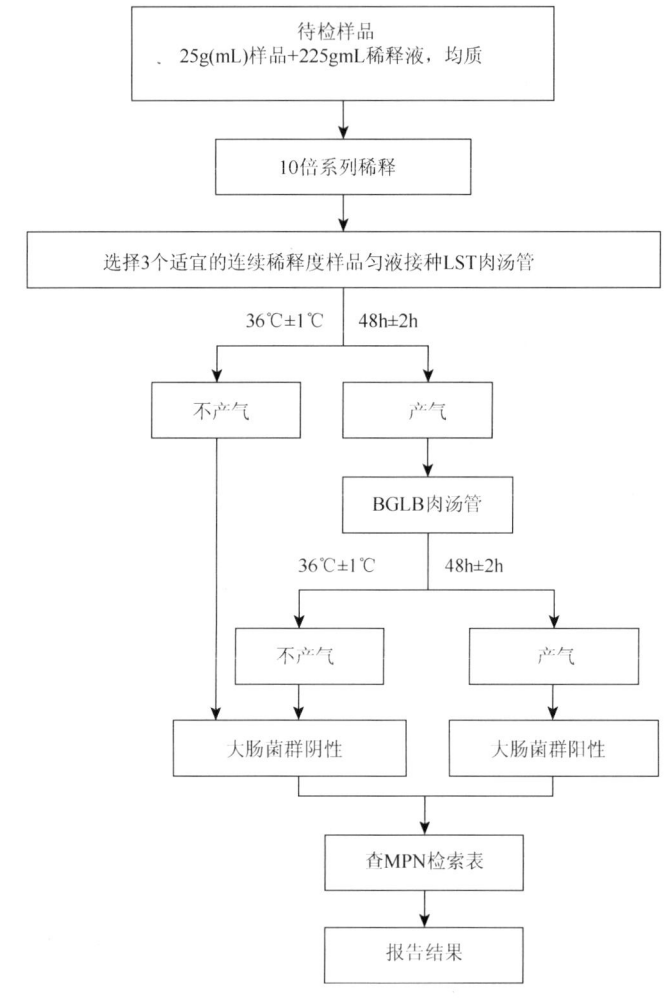

图 4-7 大肠菌群 MPN 计数法检验程序（引自食品安全国家标准 GB 4789.1—2010）

（二）平板计数法

选取适宜的样品稀释液接种于结晶紫中性红胆盐琼脂（VRBA）平板中，培养后直接在平板上计数出现的典型和可疑大肠菌群菌落，挑取不同类型的典型和可疑菌落（典型菌落为紫红色，菌落周围有红色的胆盐沉淀环，菌落直径为 0.5mm 或更大）分别移种于 BGLB 肉汤管中进行证实实验，产气者即可报告为大肠菌群阳性。

该法的检测步骤包括样品的稀释、平板计数、平板菌落数的选择、证实实验、大肠菌群平板计数的报告。大肠菌群平板计数的检验程序见图 4-8。

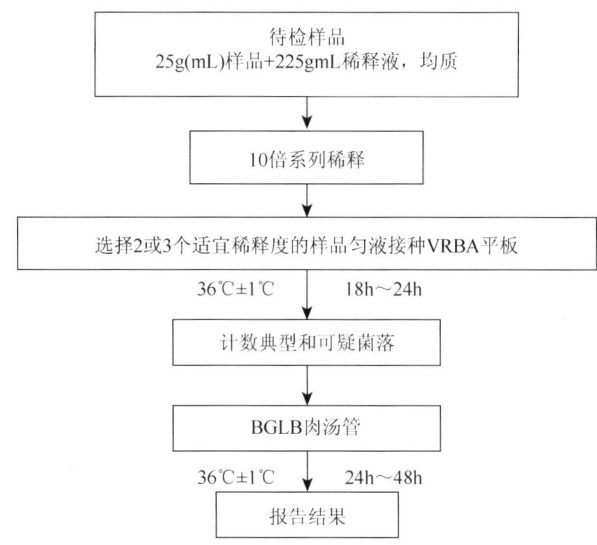

图 4-8　大肠菌群平板计数法检验程序（引自食品安全国家标准 GB 4789.1—2010）

（三）Petrifilm^{TM} 测试片法

Petrifilm^{TM} 测试片法也可用于大肠菌群的计数。检验方法与平板计数法类似，只是用 Petrifilm^{TM} 测试片代替平板进行检测。此外，少了 BGLB 肉汤管的证实实验。

三、实验器材

（1）待检样品：食品样品（固态或半固态食品、液态食品），水源水（江河水或湖水）作为大肠菌群阳性对照。

（2）培养基和试剂：月桂基硫酸盐胰蛋白胨（LST）肉汤、煌绿乳糖胆盐（BGLB）肉汤、结晶紫中性红胆盐琼脂（VRBA）；无菌生理盐水、1mol/L 氢氧化钠(NaOH)、1mol/L 盐酸（HCl）。

（3）仪器设备：超净工作台、高压灭菌锅、恒温培养箱（36℃±1℃）、冰箱（2～5℃）、恒温水浴箱（46℃±1℃）、电子天平、均质器、振荡器、菌落计数器。

（4）其他材料：无菌锥形瓶（500mL、250mL）、无菌大试管、无菌小试管（内有倒置杜氏小管）、无菌培养皿（直径 90mm）、无菌吸管（1mL、10mL）、无菌玻璃珠、微量移液器及吸头、pH 计或精密 pH 试纸等。

四、实验内容及操作步骤

（一）大肠菌群 MPN 计数法

1. 培养基和试剂的制备

（1）配制月桂基硫酸盐胰蛋白胨（LST）肉汤。

成分：胰蛋白胨或胰酪胨 20.0g、氯化钠 5.0g、乳糖 5.0g、磷酸氢二钾（K_2HPO_4）2.75g、磷酸二氢钾（KH$_2$PO$_4$）2.75g、月桂基硫酸钠 0.1g。

制法：将上述成分溶解于蒸馏水中，调节 pH，分装到有玻璃小倒管的试管中，每管 10mL。于 121℃高压灭菌 15min。

（2）配制煌绿乳糖胆盐（BGLB）肉汤。

成分：蛋白胨 10.0g、乳糖 10.0g、牛胆粉（oxgall 或 oxbile）溶液 200mL、0.1%煌绿水溶液 13.3mL、蒸馏水 800mL，pH7.2±0.1。

制法：将蛋白胨、乳糖溶于约 500mL 蒸馏水中，加入牛胆粉溶液 200mL（将 20.0g 脱水牛胆粉溶于 200mL 蒸馏水中，pH7.0~7.5），用蒸馏水稀释到 975mL，调节 pH，再加入 0.1%煌绿水溶液 13.3mL，用蒸馏水补足到 1000mL。用棉花过滤后，分装到有玻璃小倒管的试管中，每管 10mL，于 121℃高压灭菌 15min。

（3）配制无菌生理盐水和磷酸盐缓冲液（见实验二十）。

2. 样品的稀释

（1）固体和半固体样品：称取 25g 样品置盛有 225mL 磷酸盐缓冲液或生理盐水的无菌均质杯内，8000~10 000r/min 均质 1~2min，或放入盛有 225mL 稀释液或生理盐水的无菌均质袋中，用拍击式均质器拍打 1~2min，制成 1∶10 的样品匀液。

（2）液体样品：以无菌吸管吸取 25mL 样品置盛有 225mL 磷酸盐缓冲液或生理盐水的无菌锥形瓶（瓶内预置适当数量的无菌玻璃珠）中，充分混匀，制成 1∶10 的样品匀液。

（3）样品匀液的 pH 应为 6.5~7.5，必要时分别用 1mol/L NaOH 或 1mol/L HCl 调节。

（4）用 1mL 无菌吸管或微量移液器吸取 1∶10 样品匀液 1mL，沿管壁缓缓注入盛有 9mL 磷酸盐缓冲液或生理盐水的无菌试管中，振摇试管使其混合均匀，制成 1∶100 的样品匀液。

（5）根据对样品污染状况的估计，按上述操作，依次制成 10 倍递增系列稀释样品匀液。每递增稀释 1 次，换用 1 支 1mL 无菌吸管或吸头。从制备样品匀液至样品接种完毕，全过程不得超过 15min。

3. 初发酵实验

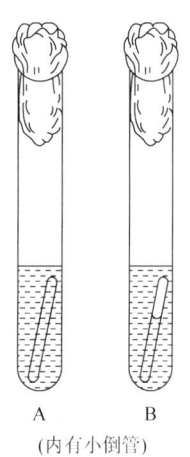

图 4-9　LST 或 BGLB

A. 不产气（－）；B. 发酵产气（＋）

（内有小倒管）

（1）每个样品选择 3 个适宜的连续稀释度样品匀液（液体样品可以选择原液），每个稀释度接种 3 管月桂基硫酸盐胰蛋白胨（LST）肉汤，每管接种 1mL（如接种量超过 1mL，则用双料 LST 肉汤管）。另取 1 管接种 1mL 阳性对照样品[因食品样品很可能为大肠菌群阴性，为增强初学者的感性认识，可选取已知大肠菌群阳性的样品作为阳性对照样品。例如，采用污染的水源水（江河水或湖水）或其他已知受到粪便污染的样品作为阳性对照]。

（2）36℃±1℃培养 24h±2h，观察小倒管内是否有气泡产生，24h±2h 产气者进行复发酵实验，如未产气者则继续培养至 48h±2h，产气者则进行复发酵实验，未产气者为大肠菌群阴性。

4. 复发酵实验

用接种环从产气的 LST 肉汤管中分别取培养物 1 环，移种于煌绿乳糖胆盐（BGLB）肉汤管中，36℃±1℃培养 48h±2h，观察产气情况。产气者计为大肠菌群阳性管（图 4-9）。

5. 大肠菌群最可能数（MPN）的报告

根据大肠菌群阳性管数，检索 MPN 表，报告每克（毫升）样品中大肠菌群的 MPN 值。每克（毫升）检样中大肠菌群数（MPN）的检索见表 4-8。

表 4-8 大肠菌群最可能数（MPN）检索表

阳性管数			MPN	95%可信限		阳性管数			MPN	95%可信限	
0.10	0.01	0.001		下限	上限	0.10	0.01	0.001		下限	上限
0	0	0	<3.0	—	9.5	2	2	0	21	45.0	42
0	0	1	3.0	0.15	9.6	2	2	1	28	8.7	94
0	1	0	3.0	0.15	11.0	2	2	2	35	8.7	94
0	1	1	6.1	1.20	18.0	2	3	0	29	8.7	94
0	2	0	6.2	1.20	18.0	2	3	1	36	8.7	94
0	3	0	9.4	3.60	38.0	3	0	0	23	4.6	94
1	0	0	3.6	0.17	18.0	3	0	1	38	8.7	110
1	0	1	7.2	1.30	18.0	3	0	2	64	17.0	180
1	0	2	11.0	3.60	38.0	3	1	0	43	9.0	180
1	1	0	7.4	1.30	20.0	3	1	1	75	17.0	200
1	1	1	11.0	3.60	38.0	3	1	2	120	37.0	420
1	2	0	11.0	3.60	42.0	3	1	3	160	40.0	420
1	2	1	15.0	4.50	42.0	3	2	0	93	18.0	420
1	3	0	16.0	4.50	42.0	3	2	1	150	37.0	420
2	0	0	9.2	1.40	38.0	3	2	2	210	40.0	430
2	0	1	14.0	3.60	42.0	3	2	3	290	90.0	1000
2	0	2	20.0	4.50	42.0	3	3	0	240	42.0	1000
2	1	0	15.0	3.70	42.0	3	3	1	460	90.0	2000
2	1	1	20.0	4.50	42.0	3	3	2	1100	180.0	4100
2	1	2	27.0	8.70	94.0	3	3	3	<1100	420.0	—

注：本表采用 3 个稀释度[0.1g（mL）、0.01g（mL）和 0.001g（mL）]，每个稀释度接种 3 管；表内所列样品量如改用 1g（mL）、0.1g（mL）和 0.01g（mL）时，表内数字应相应降低为原先的 1/10，如改用 0.01g（mL）、0.001g（mL）、0.0001g（mL）时，则表内数字应相应增高 10 倍，其余类推；— 表示没下限或上限的可信限

（二）大肠菌群平板计数法

1. 培养基和试剂的制备

（1）配制结晶紫中性红胆盐琼脂（VRBA）培养基。

成分：蛋白胨 7.0g、酵母膏 3.0g、乳糖 10.0g、氯化钠 5.0g、胆盐或 3 号胆盐 1.5g、中性红 0.03g、结晶紫 0.002g、琼脂 15～18g、蒸馏水 1000mL，pH7.4±0.1。

制法：将上述成分溶于蒸馏水中，静置几分钟，充分搅拌，调节 pH，煮沸 2min，将培

养基冷却至 45~50℃倾注平板。使用前临时制备，不得超过 3h。

(2) 配制煌绿乳糖胆盐（BGLB）肉汤同 MPN 法。

2. 样品的稀释

按（一）中 2. 样品的稀释进行。

3. 平板计数

(1) 选取 2 或 3 个适宜的连续稀释度样品匀液，每个稀释度接种两个无菌培养皿，每皿 1mL。同时分别取 1mL 生理盐水加入两个无菌培养皿作空白对照。另取 1mL 阳性对照样品加入 1 个无菌培养皿作阳性对照。

(2) 及时将 15~20mL 冷至 46℃的结晶紫中性红胆盐琼脂（VRBA）倾注于每个培养皿中。小心旋转培养皿，将培养基与样品液充分混匀。待培养基凝固后，再加 3~4mL VRBA 覆盖平板表层。翻转平板，置于 36℃±1℃培养 18~24h。

4. 平板菌落数的选择

选取菌落数为 30~150cfu 的平板，分别计数平板上出现的典型和可疑大肠菌群菌落。典型菌落为紫红色，菌落周围有红色的胆盐沉淀环，菌落直径为 0.5mm 或更大。

5. 证实实验

从 VRBA 平板上挑取 10 个不同类型的典型和可疑菌落，分别移种于 BGLB 肉汤管，置于 36℃±1℃温箱中培养 24~48h，观察产气情况。凡产气的 BGLB 肉汤试管，即可报告为大肠菌群阳性。

6. 大肠菌群平板计数的报告

将经最后证实为大肠菌群阳性的试管比例乘以平板菌落数，再乘以稀释倍数，即为每克（毫升）样品中大肠菌群数。

例如，10^{-4} 样品稀释液 1mL，在 VRBA 平板上有 100 个典型和可疑菌落，挑取其中 10 个接种 BGLB 肉汤管，证实有 6 支阳性管，则该样品的大肠菌群数：$100\times6/10\times10^4$ 个/g（mL）= 6.0×10^5 cfu/g（cfu/mL）。

五、实验注意事项

(1) 稀释样品时，应根据对样品污染状况的估计及食品的标准确定合适的稀释度，每次都要充分混合均匀。

(2) 经月桂基硫酸盐胰蛋白胨（LST）肉汤初发酵实验，有个别其他类型的细菌在此条件下可能产气，而不属大肠菌群，因此，需继续进行煌绿乳糖胆盐（BGLB）肉汤复发酵实验。

(3) 查 MPN 检索表以报告每克（毫升）样品中大肠菌群最可能数（MPN 值）时，应注意该表采用的 3 个稀释度是否与自己实验所选用的稀释度相同。

六、实验报告与思考题

1. 实验结果

将你测定食品中大肠菌群最可能数（MPN）的操作步骤用简图表示，所测得结果填入表 4-9 中，并写成实验报告。

表 4-9　食品中大肠菌群最可能数检测结果

稀释度	初发酵实验 阳性（+）	复发酵实验 阳性（+）	大肠菌群最可能数 （MPN）
10^{-1}	（　　）管	（　　）管	
10^{-2}	（　　）管	（　　）管	
10^{-3}	（　　）管	（　　）管	

报告：根据大肠菌群阳性管数，经检索 MPN 表，每克（毫升）样品中大肠菌群最可能数（MPN 值）为（　　）

2. 思考题

（1）何谓大肠菌群？它主要包括哪些细菌属？
（2）大肠菌群中的细菌种类一般并非病原菌，为什么要选大肠菌群作为食品被污染的指标？
（3）煌绿乳糖胆盐（BGLB）肉汤中，煌绿、乳糖、胆盐分别起什么作用？
（4）试比较检验食品中大肠菌群数的 MPN 计数法、平板计数法的优缺点。
（5）通过大肠菌群数的测定，试评述你所检测液态食品、固态和半固态食品的卫生状况。

第三节　乳酸菌和双歧杆菌的检验技术

乳酸菌是一类能以糖类为原料发酵产生乳酸的微生物的通称，由于这类微生物以细菌为主，因此乳酸菌常指乳酸细菌。乳酸细菌多是兼性厌氧菌，在厌氧条件下经 EMP 发酵己糖进行乳酸发酵。乳酸菌有 9 个属，其中最重要的有乳酸杆菌属（*Lactobacillus*）、双歧杆菌属（*Bifidobacterium*）、链球菌属（*Streptococcus*）等。

乳酸杆菌为革兰氏阳性菌，大小一般为（0.5～1）×（2～10）μm，形成长丝，单个或成链。无芽孢，多数不运动（图 4-10）。

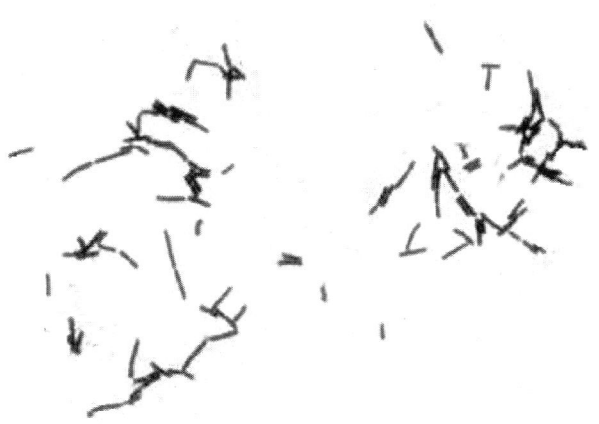

图 4-10　乳酸杆菌（×1000 倍）

乳酸杆菌可利用葡萄糖进行同型发酵（产物为乳酸）或异型发酵（产物除乳酸外，还有乙醇和 CO_2）。同型发酵群又可分为高温发酵菌（37～45℃）和低温发酵菌（28～32℃）。多数种可发酵乳糖，都不利用乳酸。为微好氧菌，较难培养，最好用厌氧培养法。液体深层培养比固体培养生长好，固体培养的菌落生长小而慢。

乳酸杆菌的主要用途有以下几个方面。

（1）工业生产乳酸：主要生产菌种是德氏乳酸杆菌（*Lactobacillus delbrueckii*），最适温度为45℃。

（2）发酵生产乳制品：如酸奶（凝固型、搅拌型、稀释型）、干酪等。主要菌种是德氏乳杆菌保加利亚亚种（*Lactobacillus delbrueckii* subsp. *bulgaricus* 与嗜热链球菌 *Streptococcus thermophilus* 混合）、嗜酸乳杆菌（*Lactobacillus acidophilus*）和干酪乳杆菌（*Lactobacillus casei*）。例如，AS 1.1482 是由酸奶中分离的保加利亚乳杆菌（*Lactobacillus bulgaricus*），用于制作酸奶。

（3）生产其他乳酸发酵食品：如乳酸发酵蔬菜和蔬菜汁，豆类乳酸发酵饮品，乳酸发酵谷物和薯类制品，乳酸发酵肉制品（如香肠）等。

（4）生产药用乳酸菌制剂：用于保健、预防和治疗胃肠道疾病。药用乳酸杆菌主要有嗜酸乳杆菌、干酪乳杆菌、植物乳杆菌、莱氏乳杆菌和纤维二糖乳杆菌等。乳酸菌制剂的剂型主要有胶囊、片剂、口服液和嚼片等。

（5）生产禽畜益生菌制剂：作为微生物饲料添加剂，提高饲料利用率和提高禽畜的生长速度。产品剂型为口服糊状剂和水溶性粉剂。

自1899年Tisser从健康母乳喂养的婴儿粪便中分离到双歧杆菌后，由于它具有很好的保健作用，一直吸引着细菌学家、医学家和营养学家的注意力，他们进行大量的研究并得出结论：双歧杆菌是人和某些动物肠道的正常菌，与机体的健康密切相关，双歧杆菌的数量是衡量人体健康状况的重要指标之一。

双歧杆菌（*Bifidobacterium*）菌体细胞呈现多形态，有的呈较规则形短杆状，有的呈纤细杆状带有尖细末端，有的呈长而弯曲状，也有的呈各种分枝或分叉形、棍棒状或匙形。单个或链状，"V"形、栅状排列，或聚集成星状（图4-11）。

图4-11 双歧杆菌（×1000倍）

双歧杆菌为革兰氏阳性菌，不形成芽孢，不运动，不抗酸，厌氧，在有氧条件下不能在培养皿培养基上生长，但不同种和菌株对氧的敏感性有差异。最适生长温度37～41℃，生长温度范围为25～45℃，初始生长最适pH6.5～7.0，在pH4.5～5.0或8.0～8.5不生长。消化葡萄糖产生乙酸和乳酸（理论上为3mol∶2mol），不产CO_2。

双歧杆菌的主要用途有以下几个方面。

（1）生产微生态制剂：即口服双歧杆菌活菌制剂。临床上用于治疗各种因素引起的肠道微生态平衡失调和肠功能紊乱，还具有抗肿瘤、免疫赋活、营养、降低胆固醇、控制内毒素和延缓衰老等作用。能入药的双歧杆菌包括短双歧杆菌（*Bifidobacterium breve*）、长双歧杆菌（*Bifidobacterium longum*）、青春双歧杆菌（*Bifidobacterium adolesce*）、婴儿双歧杆菌（*Bifidobacterium infantis*）和两歧双歧杆菌（*Bifidobacterium bifidum*）等。

（2）生产含活性双歧杆菌的乳制品：以双歧杆菌和嗜酸乳杆菌为主，再辅以嗜热链球菌和保加利亚乳杆菌等菌种，混种发酵生产的酸乳是一种具有很好保健作用的功能性食品。

实验二十二　食品中乳酸菌的检验

一、目的要求

（1）了解乳酸菌的形态特征和生理特性。
（2）了解含乳酸菌食品中乳酸菌的检验原理。
（3）学会含乳酸菌食品中乳酸菌的检验和报告方法。
（4）了解乳酸菌的一般鉴定原理和方法。

二、基本原理

乳酸菌（lactic acid bacteria）是一类可发酵糖类，主要产生大量乳酸的细菌的通称。本实验检验方法中的乳酸菌主要是指与食品工业密切相关的乳杆菌属（*Lactobacillus*）、双歧杆菌属（*Bifidobacterium*）和链球菌属（*Streptococcus*）。

乳酸菌的检验用平板计数法，但采用涂布法接种。检验不同指标用不同培养基，乳酸菌总数计数用 MRS 培养基平板，双歧杆菌计数用莫匹罗星锂盐（Li-Mupirocin）改良 MRS 平板，嗜热链球菌计数用 MC 平板，而乳杆菌计数则为乳酸菌总数减去双歧杆菌与嗜热链球菌计数之和。

乳酸菌的鉴定主要根据其镜检形态特征，以及通过其对不同糖类发酵能力等的生化反应进行乳杆菌属内种的鉴定及嗜热链球菌的鉴定。

本实验可作为研究性大实验，在教师指导下，由学生分小组利用课余时间自行完成。

三、实验器材

（1）待测样品：含活性乳酸菌的固态或半固态食品样品、液态食品样品。
（2）培养基与试剂：MRS（man rogosa sharpe）培养基、莫匹罗星锂盐改良 MRS 培养基、MC（modified chalmers）培养基；无菌生理盐水。
（3）仪器设备：高压灭菌锅，恒温培养箱（36℃±1℃），超净工作台，冰箱（2~5℃），电子天平（感量0.1g），均质器及无菌均质袋、均质杯或灭菌乳钵，菌落计数器。
（4）其他材料：无菌试管（18mm×180mm）、无菌吸管（1mL、10mL）、微量移液器及吸头、无菌锥形瓶（500mL、250mL）、三角形玻璃棒、精密 pH 试纸、放大镜。

四、检验程序

乳酸菌检验程序见图 4-12。

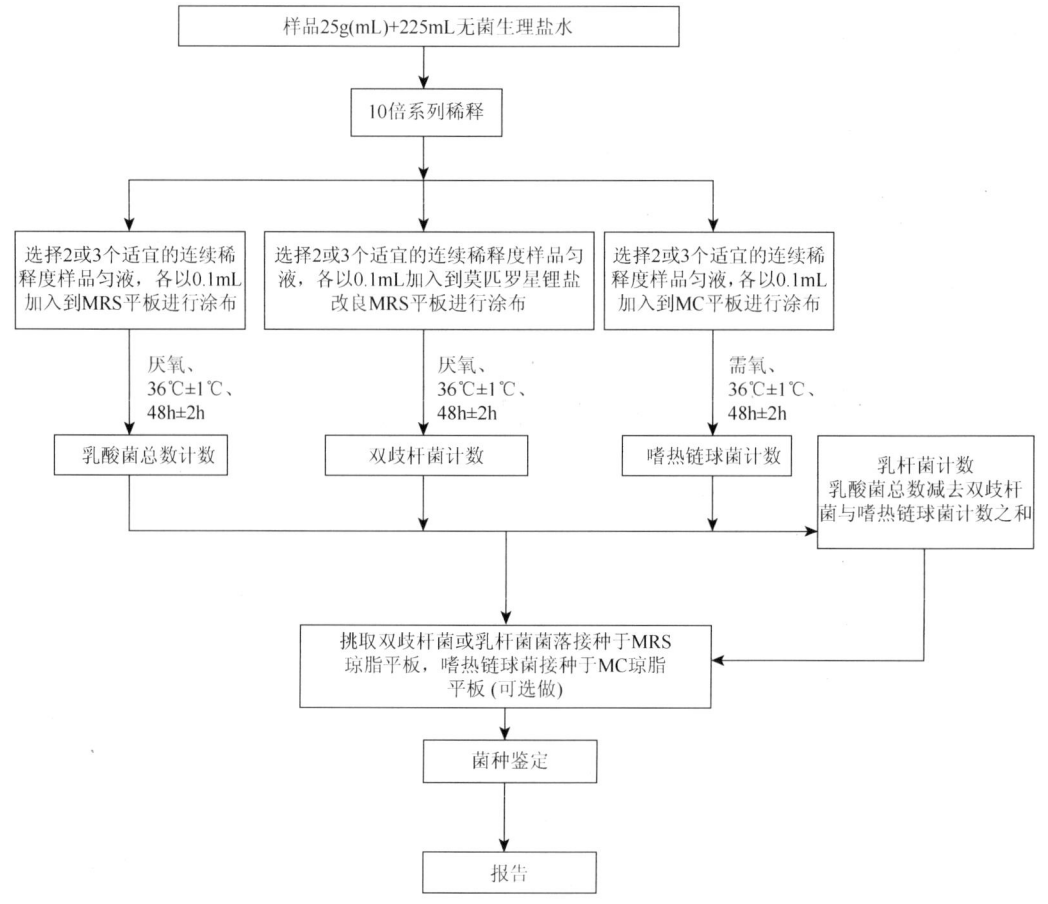

图 4-12 乳酸菌检验程序（引自食品安全国家标准 GB 4789.1—2010）

五、实验内容及操作步骤

（一）培养基和试剂的制备

1. 配制 MRS 培养基

成分：蛋白胨 10.0g、牛肉粉 5.0g、酵母粉 4.0g、葡萄糖 20.0g、吐温-80 1.0mL、$K_2HPO_4·7H_2O$ 2.0g、乙酸钠·$3H_2O$ 5.0g、柠檬酸三铵 2.0g、$MgSO_4·7H_2O$ 0.2g、$MnSO_4·4H_2O$ 0.05g、琼脂粉 15.0g，pH6.2。

制法：将上述成分加入到 1000mL 蒸馏水中，加热溶解，调节 pH，分装后于 121℃高压灭菌 15～20min。

2. 配制莫匹罗星锂盐改良 MRS 培养基

莫匹罗星锂盐储备液制备：称取 50mg 莫匹罗星锂盐加入到 50mL 蒸馏水中，用 0.22μm 微孔滤膜过滤除菌。

制法：将 MRS 培养基成分加入到 950mL 蒸馏水中，加热溶解，调节 pH，分装后于 121℃ 高压灭菌 15～20min。临用时加热熔化培养基，在水浴中冷至 48℃，用带有 0.22μm 微孔滤膜的注射器将莫匹罗星锂盐储备液加入到熔化培养基中，使培养基中莫匹罗星锂盐的浓度为

50μg/mL。

3. 配制 MC 培养基

成分：大豆蛋白胨 5.0g、牛肉粉 3.0g、酵母粉 3.0g、葡萄糖 20.0g、乳糖 20.0g、碳酸钙 10.0g、琼脂 15.0g、蒸馏水 1000mL、1%中性红溶液 5.0mL，pH6.0。

制法：将上述前面 7 种成分加入蒸馏水中，加热溶解，调节 pH，加入中性红溶液，分装后于 121℃高压灭菌 15～20min。

（二）待测样品匀液的制备

1. 制备 1∶10 样品匀液

（1）冷冻样品可先在 2～5℃条件下解冻，时间不超过 18h，也可在温度不超过 45℃的条件下解冻，时间不超过 15min。

（2）固态和半固态食品：以无菌操作称取 25g 样品，置于装有 225mL 生理盐水的无菌均质杯内，于 8000～10 000r/min 均质 1～2min，制成 1∶10 样品匀液，或置于装有 225mL 生理盐水的无菌均质袋中，用拍击式均质器拍打 1～2min，制成 1∶10 的样品匀液。

（3）液态食品：先将其充分摇匀后以无菌吸管吸取样品 25mL，放入装有 225mL 生理盐水的无菌锥形瓶（瓶内预置适当数量的无菌玻璃珠）中，充分振摇，制成 1∶10 的样品匀液。

2. 样品匀液的稀释

（1）用 1mL 无菌吸管或微量移液器吸取 1∶10 样品匀液 1mL，沿管壁缓慢注于装有 9mL 生理盐水的无菌试管中，振摇试管或换用 1 支无菌吸管反复吹打使其混合均匀，制成 1∶100 的样品匀液（10^{-2}）。

（2）另取 1mL 无菌吸管或微量移液器吸头，按上述操作顺序，制 10 倍递增稀释样品匀液，每递增稀释一次，换用 1 次 1mL 灭菌吸管或吸头。

（三）乳酸菌计数

1. 乳酸菌总数

根据对待检样品活菌总数的估计，选择 2 或 3 个适宜的连续稀释度，每个稀释度吸取 0.1mL 样品匀液分别置于 2 个 MRS 琼脂平板，使用"L"形棒进行表面涂布，36℃±1℃，厌氧培养 48h±2h 后计数平板上的所有菌落数。从样品稀释到平板涂布要求在 15min 内完成。

2. 双歧杆菌计数

根据对待检样品双歧杆菌活菌数的估计，选择 2 或 3 个适宜的连续稀释度，每个稀释度吸取 0.1mL 样品匀液置于莫匹罗星锂盐改良 MRS 琼脂平板上，使用灭菌"L"形棒进行表面涂布，每个稀释度做两个平板，36℃±1℃，厌氧培养 48h±2h 后计数平板上的所有菌落数。从样品稀释到平板涂布要求在 15min 内完成。

3. 嗜热链球菌计数

根据对待检样品嗜热链球菌活菌数的估计，选择 2 或 3 个适宜的连续稀释度，每个稀释度吸取 0.1mL 样品匀液分别置于 2 个 MC 琼脂平板，使用"L"形棒进行表面涂布，36℃±1℃，需氧培养 48h±2h 后计数。嗜热链球菌在 MC 琼脂平板上的菌落特征为菌落中等偏小，边缘整齐光滑，红色，直径 2mm±1mm，菌落背面为粉红色。从样品稀释到平板涂布要求在15min内完成。

4. 乳杆菌计数

乳酸菌总数结果减去双歧杆菌与嗜热链球菌计数结果之和即得乳杆菌计数。

(四) 菌落计数与结果报告

可用肉眼观察，必要时用放大镜或菌落计数器记录稀释倍数和相应的菌落数量。菌落计数以菌落形成单位 (colony forming unit, cfu) 表示。将最终确定的乳酸菌菌落数为30～300cfu的平板进行计数，具体方法见菌落总数测定中的相关内容（实验二十），根据菌落计数结果出具检测报告。

(五) 乳酸菌的鉴定（可选做）

1. 纯培养

挑取3个或以上单个菌落，嗜热链球菌接种于MC琼脂平板，乳杆菌属接种于MRS琼脂平板，置36℃±1℃厌氧培养48h。

2. 鉴定

（1）双歧杆菌的鉴定按GB 4789.34的规定操作。

（2）涂片镜检：乳杆菌属菌体形态多样，呈长杆状、弯曲杆状或短杆状，无芽孢，革兰氏染色阳性。嗜热链球菌菌体呈球形或球杆状，直径为0.5～2.0μm，成对或成链排列，无芽孢，革兰氏染色阳性。

（3）乳酸菌菌种主要生化反应见表4-10和表4-11。

表4-10 常见乳杆菌属内种的糖类反应

菌种	七叶苷	纤维二糖	麦芽糖	甘露醇	水杨苷	山梨醇	蔗糖	棉籽糖
干酪乳杆菌干酪亚种 (*L. casei* subsp. *casei*)	+	+	+	+	+	+	+	−
德氏乳杆菌保加利亚种 (*L. delbrueckii* subsp. *bulgaricus*)	−	−	+	−	−	−	−	−
嗜酸乳杆菌 (*L. acidophilus*)	+	+	+	−	+	−	+	d
罗伊氏乳杆菌 (*L. reuteri*)	ND	−	+	−	−	−	+	+
鼠李糖乳杆菌 (*L. rhamnosus*)	+	+	+	+	+	+	+	−
植物乳杆菌 (*L. plantarum*)	+	+	+	+	+	+	+	+

注：+表示90%以上菌株阳性；−表示90%以上菌株阴性；d表示11%～89%菌株阳性；ND表示未测定

表4-11 嗜热链球菌的主要生化反应

菌种	菊糖	乳糖	甘露醇	水杨苷	山梨醇	马尿酸	七叶苷
嗜热链球菌 (*S. thermophilus*)	−	+	−	−	−	−	−

注：+表90%以上菌株阳性；−表示90%以上菌株阴性

（六）附注

1. 乳酸杆菌糖发酵管的配制

成分：牛肉膏 5.0g、蛋白胨 5.0g、酵母浸膏 5.0g、吐温-80 0.5mL、琼脂 1.5g、1.6%溴甲酚紫乙醇溶液 1.4mL、蒸馏水 1000mL。

制法：将上述成分加入蒸馏水中，充分溶解，按 0.5%加入所需糖类，分装小试管，于 121℃高压灭菌 15~20min。

2. 七叶苷培养基的配制

成分：蛋白胨 5.0g、磷酸氢二钾 1.0g、七叶苷 3.0g、柠檬酸铁 0.5g、1.6%溴甲酚紫乙醇溶液 1.4mL、蒸馏水 100mL。

制法：将上述成分加入蒸馏水中，加热溶解，于 121℃高压灭菌 15~20min。

六、实验注意事项

（1）制备待测样品匀液前，可根据食品外包装标签所示的乳酸菌种属，以及含量、比例等做好实验预案，并根据实验结果进行分析。

（2）使用"L"形棒在琼脂平板表面进行涂布时，应注意涂布均匀，切勿刮破琼脂。

七、实验报告与思考题

1. 实验结果

（1）试描述你所观察到的乳酸菌在 MRS、莫匹罗星锂盐改良 MRS 培养基或 MC 培养基上生长后的菌落形态特征。

（2）将最终确定的乳酸菌菌落数为 30~300cfu 的平板进行计数，将所测得结果填入表 4-12，并写成实验报告。

表 4-12　报告食品样品中的乳酸菌数

稀释度	10^{-2}		10^{-3}		10^{-4}	
平板	1	2	1	2	1	2
菌落数						
菌落总数 cfu/mL（cfu/g）						

2. 思考题

（1）何谓乳酸菌？活性乳酸菌对人机体有什么重要生理功能？

（2）与食品工业密切相关的乳酸菌主要有什么种属？乳酸杆菌有哪些主要用途？

（3）冷冻样品为什么要先在一定温度条件下解冻一定的时间？

（4）在制备 1∶10 样品匀液时，固态和半固态食品与液态食品有哪些不同？为什么？

（5）乳酸杆菌属的菌种一般是根据什么特征和特性进行鉴定的？

实验二十三　食品中双歧杆菌的检验

一、目的要求

（1）了解双歧杆菌的形态特征和生理特性。
（2）了解含双歧杆菌食品中双歧杆菌的检验和一般鉴定原理与方法。
（3）学会含双歧杆菌食品及其制剂的检验和报告方法。

二、基本原理

随着双歧杆菌有益于人体健康研究的不断积累，现代人追求健康饮食需求的不断扩大，各种利用活性双歧杆菌的食品或药物相继推出并日渐普及。目前国外已有70多种产品问世，其中大多数为乳制品。

在日本，双歧杆菌制品占总酸乳量的1/3。日本健康食品协会将含双歧杆菌的功能食品列为健康食品，并指明双歧杆菌可用于产妇食品及幼儿特殊营养食品中。在欧洲，双歧杆菌制品也已成为发酵乳制品中发展最快的部分。

我国从20世纪90年代初开始将双歧杆菌用于各种健康食品中，如三株口服液、双歧天宝口服液等，也将双歧冻干菌粉作为生物药物用于治疗肠道疾病，如丽珠肠乐、合生元等。

双歧杆菌对营养条件要求高，对氧极为敏感，对低pH耐性差，容易失活。产品在常温销售和消费过程中活菌含量迅速下降，商品货架期短。例如，双歧杆菌液体制剂在几天内活菌数就会下降一个数量级，冻干菌粉在一般储存温度下也只能保存几个月。因此，有必要对含活性双歧杆菌的食品或其制剂进行检验和鉴定。

双歧杆菌属（*Bifidobacterium*）中的主要菌种有两歧双歧杆菌、婴儿双歧杆菌、青春双歧杆菌、长双歧杆菌、短双歧杆菌和动物双歧杆菌等。

本实验可作为研究性大实验，在教师指导下，由学生分小组利用课余时间自行完成。

三、实验器材

（1）待测样品：含活性双歧杆菌的固态（半固态）和液态食品或其冻干制剂。
（2）培养基：双歧杆菌培养基、PYG液体培养基。
（3）试剂：分析纯试剂有甲醇、三氯甲烷、硫酸、冰醋酸、乳酸。乙酸标准溶液、乙酸标准使用液、乳酸标准溶液、乳酸标准使用液。
（4）仪器设备：除微生物实验室常规灭菌及培养设备外，其他设备和材料有恒温培养箱（36℃±1℃）、气相色谱仪配FID检测器、冰箱（2～5℃）、天平（感量0.1g）。
（5）其他材料：无菌试管（18mm×180mm、15mm×100mm），无菌吸管1mL（具0.01mL刻度）、10mL（具0.1mL刻度）或微量移液器（200～1000μL）及配套吸头，无菌锥形瓶（250mL、500mL）。

四、检验程序

双歧杆菌检验程序见图4-13。

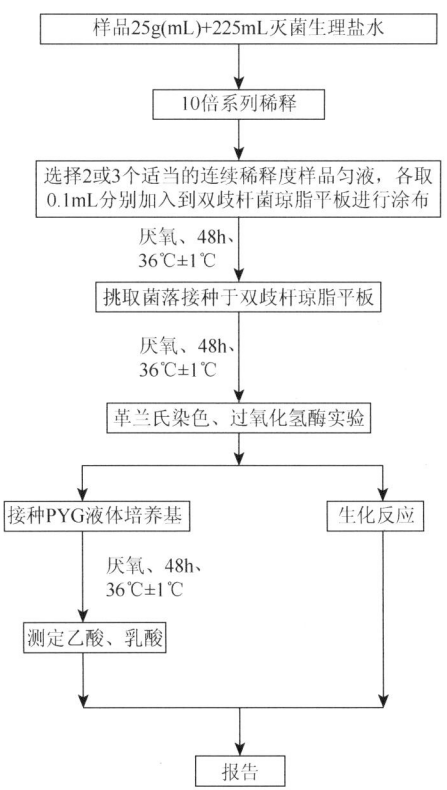

图 4-13 双歧杆菌检验程序（引自食品安全国家标准 GB 4789.34—2012）

五、实验内容及操作步骤

（一）培养基和试剂的制备

1. 配制双歧杆菌琼脂培养基

（1）成分：蛋白胨 15.0g、酵母浸膏 2.0g、葡萄糖 20.0g、可溶性淀粉 0.5g、氯化钠 5.0g、西红柿浸出液 400mL、吐温-80 1.0mL、肝粉 0.3g、琼脂粉 15.0~20.0g，加蒸馏水至 1000mL。

（2）制法如下。

半胱氨酸盐溶液的配制：称取半胱氨酸 0.5g，加入 1.0mL 盐酸，使半胱氨酸全部溶解，配制成半胱氨酸盐溶液。

西红柿浸出液的配制：将新鲜的西红柿洗净后称重切碎，加等量的蒸馏水在 100℃ 水浴中加热，搅拌 90min，然后用纱布过滤，校正 pH7.0，将浸出液分装，于 121℃ 高压灭菌 15~20min。

培养基的配制：将（1）中所有成分加入蒸馏水中，加热溶解，然后加入半胱氨酸盐溶液，校正 pH6.8±0.2，分装后于 121℃ 高压灭菌 15~20min。临用时加热熔化培养基，冷至 50℃ 时使用。

2. 配制 PYG 液体培养基

（1）成分：蛋白胨 10.0g、葡萄糖 2.5g、酵母粉 5.0g、半胱氨酸-HCl 0.25g、盐溶液 20mL、维生素 K_1 溶液 0.5mL、5mg/mL 氯化血红素溶液 2.5mL，加蒸馏水至 500mL。

（2）制法如下。

盐溶液的配制：称取无水氯化钙 0.2g、硫酸镁 0.2g、磷酸氢二钾 1.0g、磷酸二氢钾 1.0g、碳酸氢钠 10.0g、氯化钠 2.0g，加蒸馏水至 1000mL。

氯化血红素溶液（5mg/mL）的配制：称取氯化血红素 0.5g，溶于 1mol/L 氢氧化钠 1.0mL 中，加蒸馏水至 1000mL，于 121℃高压灭菌 15~20min。

维生素 K_1 溶液的配制：称取维生素 K_1 1.0g，加入无水乙醇 99mL，过滤除菌，冷藏保存。

培养基的配制：除氯化血红素溶液和维生素 K_1 溶液外，（1）中其余成分加入蒸馏水中，加热溶解，校正 pH6.0，加入中性红溶液，分装后于 121℃高压灭菌 15~20min。临用时加热熔化培养基，加入氯化血红素溶液和维生素 K_1 溶液，冷至 50℃使用。

（二）样品的制备与稀释

1. 样品的制备

（1）样品的全部制备过程均应遵循无菌操作程序。

（2）以无菌操作称取 25g（mL）样品，置于装有 225mL 生理盐水的灭菌锥形瓶内，制成 1:10 的样品匀液。

2. 样品的稀释

（1）用 1mL 无菌吸管或微量移液器吸取 1:10 样品匀液 1.0mL，沿管壁缓慢注于装有 9mL 生理盐水的无菌试管中（注意吸管尖端不要触及稀释液），振摇试管或换用 1 支无菌吸管反复吹打使其混合均匀，制成 1:100 的样品匀液。

（2）另取 1mL 无菌吸管或微量移液器吸头，按上述操作顺序，制 10 倍递增稀释样品匀液，每递增稀释一次，即换用 1 次 1mL 灭菌吸管或吸头。

（三）涂布平板与培养

（1）根据对待鉴定样品的活菌数估计，选择 3 个适宜的连续稀释度，每个稀释度吸取 0.1mL 稀释液置琼脂平板上，用"L"形棒在双歧杆菌琼脂平板进行表面涂布，每个稀释度做两个平板。置 36℃±1℃温箱内培养 48h±2h，培养后选取单个菌落进行纯培养。

（2）纯培养：挑取 3 个或以上的菌落接种于双歧杆菌琼脂平板，厌氧、36℃±1℃培养 48h。

（四）镜检及生化鉴定

（1）涂片镜检：双歧杆菌菌体为革兰氏染色阳性，不抗酸，无芽孢，无动力，菌体形态多样，呈短杆状、纤细杆状或球形，可形成各种分枝或分叉形态（学生可到此为止，后面由学生选做）。

（2）生化鉴定：过氧化氢酶实验为阴性。选取纯培养平板上的 3 个单菌落，分别进行生化反应检测，不同双歧杆菌菌种主要生化反应见附录 A。

（五）有机酸代谢产物测定

气相色谱法测定双歧杆菌的有机酸代谢产物，见附录 B。

（六）报告

根据镜检及生化鉴定的结果，双歧杆菌的有机酸代谢产物乙酸与乳酸微摩尔比大于 1，报告双歧杆菌的种名。

六、实验注意事项

（1）待测样品匀液的全部制备过程及涂布平板均应遵循无菌操作程序。
（2）使用"L"形棒在琼脂平板表面进行涂布时，应注意涂布均匀，切勿刮破琼脂表面。
（3）可根据食品或制剂外包装标签所示的双歧杆菌种属，有选择性地应用生化鉴定进行生化反应检测。

七、实验报告与思考题

1. 实验结果
（1）试描述你所观察到的双歧杆菌在琼脂平板培养后长出的菌落形态特征。
（2）绘出或拍照涂片镜检的双歧杆菌菌体。
（3）根据最终生化鉴定或有机酸代谢产物测定结果判断双歧杆菌种类。

2. 思考题
（1）何谓双歧杆菌？活性双歧杆菌对人机体有什么重要生理功能？
（2）与食品和保健品密切相关的双歧杆菌主要有哪些菌种？
（3）双歧杆菌属的菌种应根据什么特征和生理特性进行鉴定？

附录 A 双歧杆菌菌种主要生化反应

双歧杆菌菌种主要生化反应见表 4-13。

表 4-13 双歧杆菌菌种主要生化反应

编号	项目	两歧双歧杆菌（B. bifidum）	婴儿双歧杆菌（B. infantis）	长双歧杆菌（B. longum）	青春双歧杆菌（B. adolescentis）	动物双歧杆菌（B. animalis）	短双歧杆菌（B. breve）
1	甘油	-	-	-	-	-	-
2	赤藓醇	-	-	-	-	-	-
3	D-阿拉伯糖	-	-	-	-	-	-
4	L-阿拉伯糖	-	-	+	+	+	-
5	D-核糖	-	+	-	+	+	+
6	D-木糖	-	+	+	d	+	+
7	L-木糖	-	-	-	-	-	-
8	阿东醇	-	-	-	-	-	-
9	β-甲基-D-木糖苷	-	-	-	-	-	-
10	D-半乳糖	d	+	+	+	d	+
11	D-葡萄糖	+	+	+	+	+	+
12	D-果糖	d	+	+	d	d	+

续表

编号	项目	两歧双歧杆菌 (B. bifidum)	婴儿双歧杆菌 (B. infantis)	长双歧杆菌 (B. longum)	青春双歧杆菌 (B. adolescentis)	动物双歧杆菌 (B. animalis)	短双歧杆菌 (B. breve)
13	D-甘露糖	−	+	+	−	−	−
14	L-山梨糖	−	−	−	−	−	−
15	L-鼠李糖	−	−	−	−	−	−
16	卫矛醇	−	−	−	−	−	−
17	肌醇	−	−	−	−	−	+
18	甘露醇	−	−	−	−	−	−
19	山梨醇	−	−	−	−	−	−
20	α-甲基-D-甘露糖苷	−	−	−	−	−	−
21	α-甲基-D-葡萄糖苷	−	−	+	−	−	−
22	N-乙酰-葡萄糖胺	−	−	−	−	−	+
23	苦杏仁苷（扁桃苷）	−	−	−	+	+	−
24	熊果苷	−	−	+	+	+	−
25	七叶灵	−	−	−	−	−	−
26	水杨苷（柳醇）	−	+	−	+	+	−
27	D-纤维二糖	−	+	−	d	−	−
28	D-麦芽糖	−	+	+	+	+	+
29	D-乳糖	+	+	+	+	+	+
30	D-蜜二糖	−	+	+	+	+	+
31	D-蔗糖	−	+	+	+	+	+
32	D-海藻糖（蕈糖）	−	−	−	−	−	−
33	菊糖（菊根粉）	−	−	−	−	−	−
34	D-松三糖	−	−	+	+	−	−
35	D-棉籽糖	−	+	+	+	+	+
36	淀粉	−	−	−	+	−	−
37	肝糖（糖原）	−	−	−	−	−	−
38	木糖醇	−	−	−	−	−	−
39	龙胆二糖	−	+	−	+	+	+

续表

编号	项目	两歧双歧杆菌 (B. bifidum)	婴儿双歧杆菌 (B. infantis)	长双歧杆菌 (B. longum)	青春双歧杆菌 (B. adolescentis)	动物双歧杆菌 (B. animalis)	短双歧杆菌 (B. breve)
40	D-松二糖	−	−	−	−	−	−
41	D-来苏糖	−	−	−	−	−	−
42	D-塔格糖	−	−	−	−	−	−
43	D-岩糖	−	−	−	−	−	−
44	L-岩糖	−	−	−	−	−	−
45	D-阿糖醇	−	−	−	−	−	−
46	L-阿糖醇	−	−	−	−	−	−
47	葡萄糖酸钠	−	−	−	−	+	−
48	2-酮基-葡萄糖酸钠	−	−	−	−	−	−
49	5-酮基-葡萄糖酸钠	−	−	−	−	−	−

注：+表示90%以上菌株阳性；−表示90%以上菌株阴性；d表示11%~89%以上菌株阳性

附录B 气相色谱法测定双歧杆菌的有机酸代谢产物

1. 双歧杆菌培养液制备

挑取双歧杆菌琼脂平板上纯培养的双歧杆菌接种于PYG液体培养基，同时用未接种的PYG液体培养基作空白对照，厌氧、36℃±1℃培养48h。

2. 标准液的配制

（1）乙酸标准溶液的配制如下。

准确吸取乙酸5.7mL，加水稀释至100mL，摇匀，进行标定，配成约1.0mol/L的乙酸标准溶液。

标定方法：准确称取乙酸3g，加水15mL，加酚酞指示液2滴，用1mol/mL氢氧化钠溶液滴定，并将滴定结果用空白实验校正。1mL 1mol/mL氢氧化钠溶液相当于60.05mg的乙酸。

（2）乙酸使用液：将标定的乙酸标准溶液用水稀释至20.0mmol/L。

（3）乳酸标准溶液的配制如下。

准确吸取含量为85%~90%的乳酸0.84mL，加水稀释至100mL，摇匀，配成1.0mol/L的乳酸标准溶液。

标定方法：准确称取乳酸1g，加水50mL，加入1mol/mL氢氧化钠滴定液25mL，煮沸5min，加入酚酞指示液2滴，同时用0.5mol/mL硫酸滴定液滴定，并将滴定结果用空白实验校正。1mL 1mol/mL氢氧化钠溶液相当于90.08mg的乳酸。

（4）乳酸使用液：将乳酸标准溶液用水稀释至20.0mmol/L。

3. 方法

（1）乙酸的处理如下。

取双歧杆菌培养液2~3mL放入10mL离心管中，加入0.2mL 50%（体积比）硫酸溶液，混匀，加入2.0mL丙酮，混匀后加过量氯化钠，剧烈振摇1min，再加入2.0mL乙醚，振摇

1min 后于 3000r/min 离心 5min，将上清液转入另一试管中。下层溶液用 2.0mL 丙酮和 2.0mL 乙醚重复提取 2 次，合并有机相，于 40℃水浴中用氮气吹至少量溶液存在，用丙酮定容至 1.0mL，混匀后备用。同样操作步骤处理乙酸标准溶液和空白培养液。

（2）乳酸的处理如下。

取双歧杆菌培养液 2～3mL 放入 10mL 比色管中，100℃水浴 10min，加入 0.2mL 50%（体积比）硫酸溶液，混匀，加入 1.0mL 甲醇，于 58℃水浴 30min 后加水 1.0mL，加三氯甲烷 1.0mL，振摇 3min，3000r/min 离心 5min，取三氯甲烷层分析。同样操作步骤处理乳酸标准溶液和空白培养液。

（3）气相色谱条件。

色谱柱：长 2m、内径 4mm 的玻璃柱，填装涂有 20%DNP+7%吐温-60（Tween60）的 Chromosorbw HP（80～100 目）。柱温：110℃。汽化室：150℃。检测器：150℃。载气（N_2）：50mL/min。进样量：1.0μL。外标法峰面积定量。乳酸标准溶液的气相色谱见图 4-14，乙酸标准溶液的气相色谱见图 4-15。

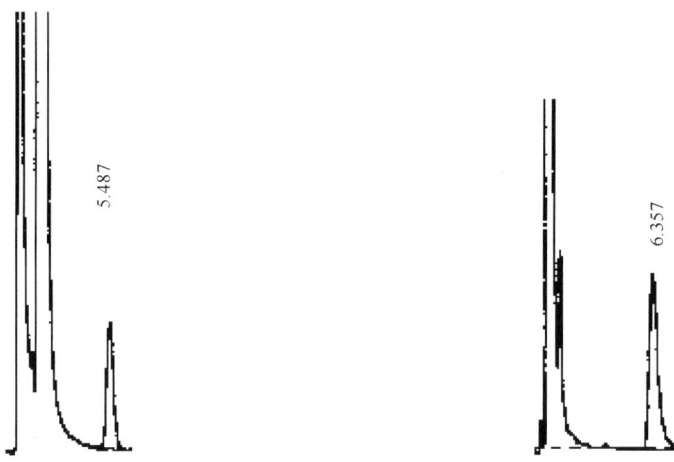

图 4-14 乳酸标准溶液的气相色谱图（引自食品安全国家标准 GB 4789.34—2012）　　图 4-15 乙酸标准溶液的气相色谱图（引自食品安全国家标准 GB 4789.34—2012）

4. 结果计算

样品培养液中乙酸或乳酸的含量按公式计算：

$$X = \frac{A_{样} - A_{空}}{A_{标} \times C}$$

式中，X 表示样品培养液中乙酸或乳酸的含量，μmol/mL；$A_{样}$ 表示样品培养液中乙酸或乳酸的峰面积；$A_{空}$ 表示空白培养液中乙酸或乳酸的峰面积；$A_{标}$ 表示乙酸标准或乳酸标准的峰面积；C 表示乙酸标准溶液或乳酸标准溶液的浓度，μmol/mL。

5. 允许差

相对相差≤15%。

6. 结果判定

如果乙酸（μmol/mL）与乳酸（μmol/mL）的比值大于 1，可判定为双歧杆菌的有机酸代谢产物。

第四节　噬菌体的检测技术

噬菌体是细菌和放线菌的病毒,侵染细菌和放线菌后可导致细胞裂解死亡。因此在以细菌和放线菌为菌种的发酵生产中,有时会出现噬菌体的感染,导致发酵液中菌体被破坏,给发酵工业带来严重的威胁并造成重大的经济损失。所以,在生产中需要检测噬菌体(图4-16)。

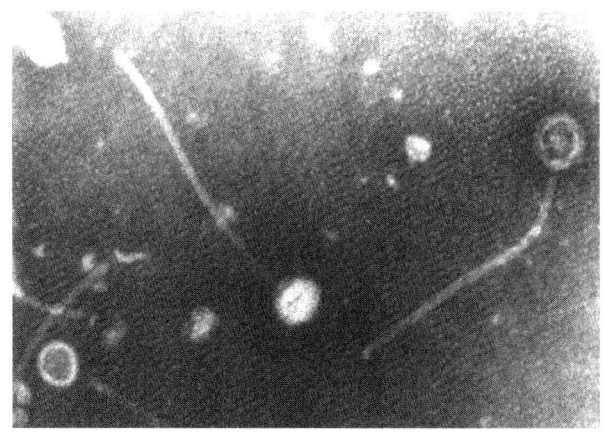

图4-16　谷氨酸发酵感染的噬菌体(引自诸葛健,2007)

噬菌体是一种超显微的没有细胞结构的专性活细胞寄生的大分子生物,只有通过电子显微镜才能观察其形态特征,但由于噬菌体侵染菌体细胞后可导致寄主细胞裂解死亡,并在琼脂培养基表面形成噬菌斑,因此可以此来判断噬菌体的存在。

当噬菌体侵染敏感细菌后,会迅速引起敏感细菌裂解,释放出大量子代噬菌体,然后再扩散和侵染周围细胞,结果就会在菌苔上形成一个具有一定形状、大小、边缘和透明度的肉眼可见的噬菌斑(plague)。每种噬菌体的噬菌斑都具有一定的形状、大小、透明度和边缘特征,故可用于噬菌体的鉴定、计数和纯种分离。

在实际生产及科研中,为了有效地防控噬菌体,常常需要测定噬菌体效价。所谓效价(titre,titer)是指每毫升样品中所含有的侵染性噬菌体粒子数,又称噬菌斑形成单位,简称成斑单位(plague forming unit,pfu)。

实验二十四　噬菌体的检查及其效价测定

一、目的要求

(1)了解噬菌体检查及其效价测定的基本原理
(2)学会噬菌体的检查及其效价测定的基本操作方法。
(3)学会观察识别噬菌斑。

二、基本原理

噬菌体侵染敏感宿主细胞后，释放出子代噬菌体，通过培养基再扩散到周围的细胞中，继续侵染引起更多细胞裂解，从而在平板上形成一个个肉眼可见的透亮无菌近圆形的空斑，称为噬菌斑（图 4-17），它是噬菌体存在的一种特性标志，由此检出噬菌体的存在。用于观察噬菌斑或测定效价用的宿主菌称为指示菌（indicator）。

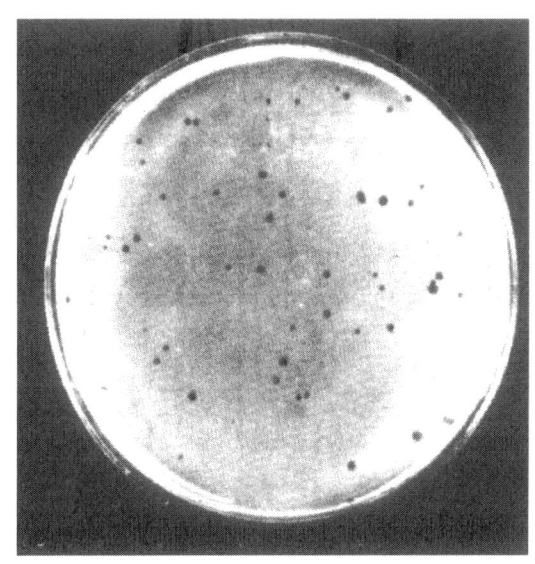

图 4-17 噬菌斑

在利用细菌和放线菌为菌种的发酵工业生产中，为了有效防治噬菌体的危害，常常需要通过测定噬菌斑来检查噬菌体的存在与否或数量多少。

噬菌体效价测定就是测定 1mL 样品液中所含有活性噬菌体颗粒的数量。效价测定一般采用双层琼脂平板法。理论上一个噬菌体应形成一个噬菌斑，但由于有少数活噬菌体可能未引起感染，因此一般噬菌斑计数的结果比实际活噬菌体数偏低。为了准确地表达待检噬菌体悬液的浓度（效价），一般不用噬菌体颗粒的绝对数量表示，而是用噬菌斑形成单位（pfu）表示。

进行噬菌体检查或效价测定需要先准备下列 4 种材料。

（1）噬检液（噬菌体待检样品液）：如种子液、发酵液或其他待检液，一般需经离心后取上清液，并进行适当倍数的稀释。

（2）指示菌液（即敏感宿主菌菌液）：一般采用培养至对数期的菌液或由新培养好的斜面菌种制成的细胞悬浮液。

（3）pH7.0 的 1%蛋白胨水：用于噬检液的稀释。

（4）噬检培养基：单层培养基（1.0%～1.5%琼脂）、底层固体培养基（琼脂 2%）、上层半固体培养基（0.6%～0.8%琼脂）。

噬菌体检测的方法有很多，如载玻片快速法、平板点滴法、单层琼脂法、双层琼脂法、离心分离加热法等，其中双层琼脂法和单层琼脂法也可用于噬菌体的效价测定。

1. 平板点滴法

将指示菌液与50℃的单层培养基充分混匀并倾注平板（或直接将指示菌均匀涂布于培养

基表面），待充分凝固后，用接种环取噬检液点滴于平板上 3 或 4 点，培养 6～10h，可见明显的由群体噬菌体共同裂解指示菌而形成的大型噬菌斑。采用此法进行噬菌体检查的优点是快速、简便、清晰易见（图 4-18A）。

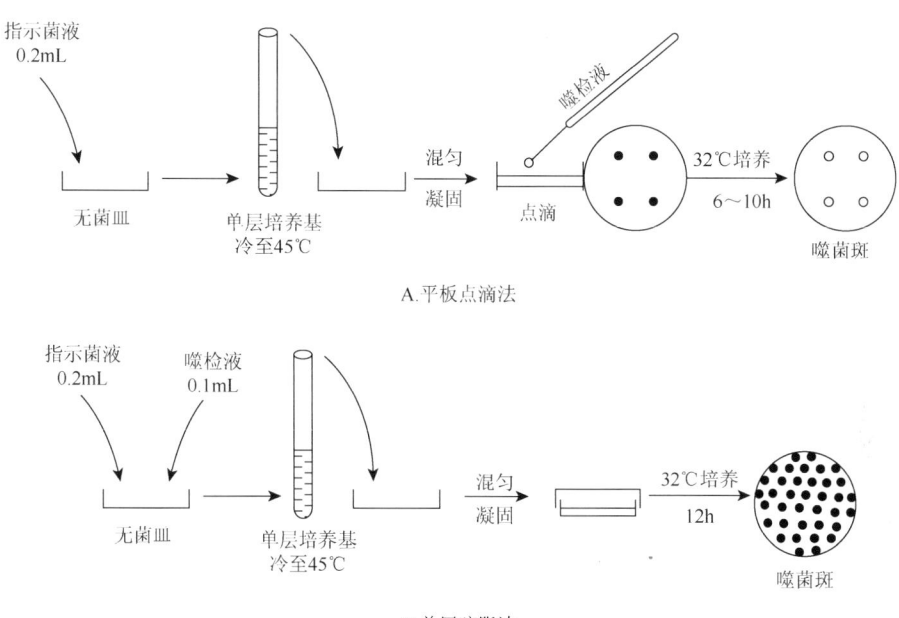

图 4-18 平板点滴法和单层琼脂法噬检的操作过程

2. 单层琼脂法

将指示菌液和适当稀释的噬检液与单层培养基一起倾注平板，充分混匀并凝固后置适温下培养约 12h，观察计数。此法较简便，可用于噬菌体的效价测定，但若培养基较厚易产生上下噬菌斑重叠现象，影响计数的准确性（图 4-18B）。

3. 双层琼脂法

先用含 2%琼脂的固体培养基倾注底层平板，再在其上倾注一薄层半固体上层培养基，上层培养基事先已与指示菌液和噬检液混合均匀，经适温培养后便可观察计数。此法的优点是所形成的全部噬菌斑基本处于同一平面上，因而各斑大小均匀，边缘清晰易见，不发生上下噬菌斑重叠现象。此外，因上层半固体培养基较稀，形成的噬菌斑较大，有利于计数。因此，该法是一种被普遍采用并能精确测定效价的方法（图 4-19）。

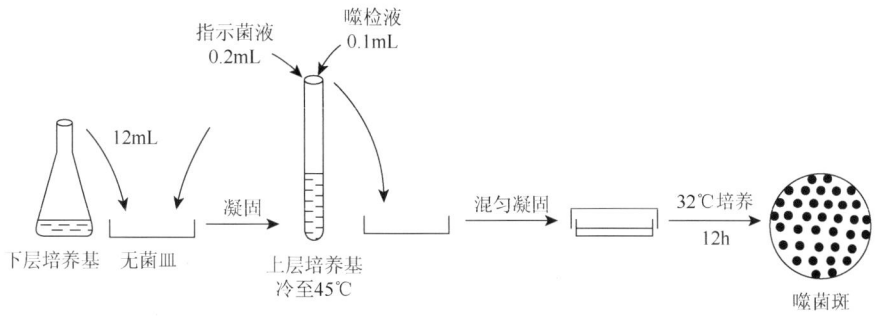

图 4-19 双层琼脂法测定噬菌体效价的操作过程

三、实验器材

（1）微生物菌种：谷氨酸菌噬菌体、谷氨酸短杆菌指示菌。
（2）培养基与试剂：下层培养基、上层培养基、单层培养基；蛋白胨水。
（3）仪器设备：超净工作台、恒温培养箱、高压灭菌锅、水浴锅、电子天平、电炉。
（4）其他材料：常用玻璃器皿、酒精灯、试管架、接种环。

四、实验内容及操作步骤

（一）噬检培养基与菌液的制备

1. 指示菌用培养基的配制

分别称取葡萄糖 2.5g、尿素 0.5g、玉米浆 2g、K_2HPO_4 0.1g，加水溶解并定容至 100mL，调 pH6.8~7.0，再加入 $MgSO_4$ 0.04g，分装入 2 个 250mL 锥形瓶中（40mL/瓶），瓶口包扎 8 层纱布，并用牛皮纸包装，于 121℃灭菌 15min。

2. 噬菌体检查用培养基的配制

配制单层培养基：分别称取葡萄糖 2g、蛋白胨 1g、尿素 0.4g、玉米浆 2g、K_2HPO_4 0.1g，加水溶解并定容至 200mL，调 pH6.8~7.0，再加入 $MgSO_4$ 0.04g、$MnSO_4$ 0.04g、琼脂 3g，加热使琼脂溶化，补足水分，分装大试管（10mL/支），包扎，灭菌备用。

配制蛋白胨水：称取蛋白胨 1g，加水 100mL 溶解，调 pH7.0，装入小锥形瓶，包扎，灭菌备用。

3. 噬检液（噬菌体待检液）的制备

（1）取谷氨酸短杆菌斜面菌种一环，接入装有 50mL 种子培养液的 250mL 锥形瓶中，置 32℃振荡培养 2~3h，加入少量噬菌体（安瓿冻干种），继续培养 10~12h，镜检观察裂解情况。

（2）取该培养液约 10mL 于离心管中，以 4000r/min 离心 30min，吸取上清液用蛋白胨水按十倍稀释法进行适当倍数的稀释，备用。

4. 指示菌液的制备

（1）在超净工作台上，用接种环取一满环经活化的谷氨酸菌斜面菌苔，接入装有 40mL 一级种子培养基的锥形瓶中。

（2）置于往复式摇床上（冲程 8cm，往复次数 100 次/min），于 32℃振荡培养 10~12h，可暂存放冰箱，备作噬检指示菌。

（二）噬菌体的检查

1. 平板点滴法噬检（图 4-18A）

（1）熔化培养基：将单层培养基放入沸水浴中加热，待充分熔化后放入 45~48℃水浴锅中保温。

（2）加指示菌与倒培养基：用无菌吸管吸取指示菌液 0.2mL 于一个无菌培养皿中，倒入冷却至 45~48℃的单层培养基，迅速振摇充分混匀。

（3）点滴噬检液：待培养基与菌液混合物充分凝固后，用接种环取噬检液点滴于平板上

（3或4点，勿弄破琼脂面）。

(4) 培养与观察：置32℃温箱中培养8～10h，观察所形成的噬菌斑。

2. 单层琼脂平板法噬检（图4-18B）

(1) 熔化培养基：将单层培养基放入沸水浴中加热熔化，放入45～48℃水浴中保温。

(2) 加指示菌和噬检液：于无菌培养皿中加入指示菌液0.2mL和噬检液0.1mL。

(3) 混入培养基：倒入冷却至45～48℃的单层培养基，迅速振摇充分混匀。

(4) 培养与观察：待凝固后，倒置于32℃温箱中培养约12h，观察所形成的噬菌斑。

（三）噬菌体效价的测定

应用双层琼脂平板法测定噬菌体效价。

1. 配制下层培养基

称取牛肉膏1g、蛋白胨2g、NaCl 1g，加水200mL溶解，调pH7.0～7.2，装入锥形瓶中，再加入4g琼脂，包扎，灭菌备用。

2. 配制上层培养基（半固体）

称取葡萄糖1g、蛋白胨0.5g、尿素0.2g、玉米浆1g、K_2HPO_4 0.05g，加水溶解并定容至100mL，调pH6.8～7.0，再加入$MgSO_4$ 0.02g、$MnSO_4$ 0.02g、琼脂0.8g，加热使琼脂溶化，补足水分，分装小试管（4mL/支），包扎，灭菌备用。

3. 配制蛋白胨水

称取蛋白胨1g，加水100mL溶解，调pH7.0，装入小锥形瓶，包扎，灭菌备用。

4. 噬检液的稀释

用10mL无菌吸管吸取4.5mL蛋白胨水于一支无菌试管中，加入0.5mL噬检液，充分振荡混合均匀，即为10倍稀释的噬检液（10^{-1}），如此法依次稀释至10^{-10}（视噬检液浓度而异）。

5. 噬菌体效价的测定（图4-19）

(1) 倒下层培养基：熔化下层培养基，冷却至约50℃（减少冷凝水），倒入无菌培养皿（10～15mL/皿），制成底层平板，凝固备用。

(2) 准备上层培养基：熔化上层培养基10支，冷却至不烫手，置45℃水浴中保温。

(3) 加指示菌液和噬检液：向每支上层培养基试管中加入指示菌液0.2mL，分别顺次加入稀释度为10^{-10}～10^{-6}的噬检液0.1mL（每个稀释度平行2支），稍加摇动混匀（勿产生气泡）。

(4) 铺双层平板：迅速倒入原先已凝固的下层平板上铺平，待凝固后正置于32℃温箱中培养约12h，同时做不加噬检液的双层平板作为对照。

(5) 计算噬菌体效价：计算同一稀释度的2个平板上的平均噬菌斑数，按公式计算效价：

$$噬菌体效价（pfu/mL）=平均噬菌斑数×稀释倍数×10$$

（公式中的10为换算单位，即实验中的0.1mL噬检液换算为1mL时要乘以10）

五、实验注意事项

(1) 在用平板点滴法、单层琼脂平板法噬检或双层琼脂法测定噬菌体效价时，倒入的培养基需冷却至45～48℃，避免烫死指示菌和噬菌体。

(2) 在平板上形成的噬菌斑，不一定由单一噬菌体感染宿主细胞后产生，所以样品中噬菌体的浓度（效价），一般不用噬菌体颗粒的绝对数量表示，而是用噬菌斑形成单位（pfu）表示。

（3）检测噬菌斑所采用的双层平板法中，上层半固体培养基的琼脂浓度若过低，上层培养基易滑动。

（4）双层琼脂法测定噬菌体效价宜采用低感染复数（multiplicity of infection，MOI）。所谓感染复数，是指感染时噬菌体与细菌细胞的数量比值。

（5）指示菌密度是在平板上获得清晰噬菌斑效果的重要因素之一，细胞密度不宜过高或过低，一般控制在（1~5）×10^7个/mL为宜。

（6）由于从噬菌体感染宿主细胞到最后形成噬菌斑整个过程中，所涉及的因素很多，因此噬菌斑计数的实际效率不可能达100%。

六、实验报告与思考题

1. 实验结果

（1）用你自行设计的图示法表示3种噬检法的过程及结果，并加以说明。

（2）统计并记录同一稀释度平板上出现的噬菌斑数，并计算噬菌体待检液的效价（没有结果者须加讨论，查找原因）。

2. 思考题

（1）能不能直接用培养基来培养噬菌体？为什么？

（2）何谓指示菌？检查谷氨酸菌噬菌体能否用大肠杆菌作为指示菌？为什么？

（3）进行噬菌体效价测定时，在操作上应注意哪些问题？

（4）如何证实获得的裂解液中确有噬菌体存在？

（5）如何由一噬菌体冻干菌粉（安瓿）获得高效价的噬菌体裂解液呢？

（6）某抗生素生产厂在发酵生产林可霉素（lincomycin）时发现生产不正常，若是感染了噬菌体，其主要表现是什么？如何证实你的判断是否正确？

第五章　工业微生物的生理与发酵实验技术

不同微生物具有不同的酶系（含胞内酶和胞外酶），因而在其生命活动过程中表现出不同的生理特性，在代谢类型上表现出很大的差异。例如，不同微生物对大分子糖类（碳源）和蛋白质（氮源）的分解能力不同，以及分解代谢的最终产物等有很大的不同。微生物对环境中的温度、pH、氧气、渗透压等理化因素的要求及敏感性等也有很大差异，这些因素都能影响微生物的生长。

人们必须了解不同工业微生物的生理特性，并熟悉其生理与发酵实验技术。利用这些不同的生理特性作为不同微生物分类鉴定和菌种选育的依据；利用它们的多种发酵类型和代谢产物有效地为发酵工业做贡献。

本章的主要内容包括：①工业微生物的生理生化实验技术；②工业微生物的发酵实验技术。本章共设置7个实验，其中实验二十五至实验二十八为基础性实验，实验二十九至实验三十一为大型综合性实验。

第一节　工业微生物的生理生化实验技术

不同微生物具有不同的酶系，表现为各种微生物具有特殊的生理生化特性。通过微生物的生理生化实验，可以了解微生物在不同基质中的各种代谢途径和产生的不同代谢产物。因此，可以利用微生物的生理生化特性进行分类鉴定，而微生物的生理生化实验是鉴定各种微生物菌种的重要实验技术。

在微生物生活细胞中发生的全部生物化学反应称为代谢，代谢过程实际上是酶促反应过程。微生物酶系分为胞内酶和胞外酶两大类，胞内酶是存在于细胞内的具有催化功能的蛋白质，胞外酶则是从细胞中释放出来的催化细胞外化学反应的蛋白质。

各种微生物在代谢类型上表现出很大的差异。例如，不同微生物对大分子糖类和蛋白质的分解能力是不同的，分解代谢的最终产物也是不同的。这反映出它们具有不同的酶系和不同的生理特性，这些特性可作为微生物鉴定和分类的重要依据。

在本节中，将通过各种微生物对碳源的利用实验，对氮源的利用实验，环境因素对微生物生长影响的实验3个系列实验，来证明不同微生物生理生化功能的多样性。

1. 微生物对碳源的利用

凡可被微生物用来构成细胞物质和代谢产物中碳素来源或能源的营养物质称为碳源。碳源是微生物需求量最大的最基本营养要素。能作为微生物碳源的物质极为广泛，种类很多，常用的有糖类、醇类和脂类，而其中最主要的是各种糖类。

微生物的种类不同，对各种碳源的利用能力也就不同，就异养的工业微生物而言，糖类是最好的碳源。糖发酵实验是常用的生理生化实验，在肠道细菌的鉴定中尤为重要。绝大多数微生物都能利用糖类作为碳源和能源，但是各种微生物在分解糖类的能力上有很大差别。可供糖发酵实验的各种糖类有戊糖、己糖、双糖类、三糖类、多糖类、糖苷类等。

微生物对大分子碳源物质如淀粉和脂肪不能直接利用，必须依靠微生物产生的胞外酶将大分子物质分解后才能将其吸收利用。胞外酶主要为水解酶，通过加水裂解大分子物质成为小分子化合物，使这些小分子化合物能被运输至细胞内。例如，淀粉酶能把淀粉水解为小分子的糊精、双糖和单糖，脂肪酶能把脂肪水解为甘油和脂肪酸等。这些水解过程和结果，都可通过观察微生物菌落周围的物质变化来证实。

2. 微生物对氮源的利用

凡能被微生物用来构成细胞物质和代谢产物中氮素来源的营养物质称为氮源。氮素是构成微生物细胞蛋白质和核酸的主要元素。氮的来源可分为无机氮和有机氮。就微生物总体而言，从分子态氮到复杂的含氮化合物，包括硝酸盐、铵盐、尿素、胺、酰胺、嘌呤碱、嘧啶碱、氨基酸、肽、蛋白质和氰化物等都可被利用。微生物除可利用各种蛋白质和氨基酸作为氮源外，当缺乏糖类物质时，也可用它们作为碳源和能源。

某些微生物能利用复杂的有机含氮化合物，它们能分泌胞外蛋白酶，将蛋白质分解为小分子肽、氨基酸，然后再吸收。不同微生物对不同含氮化合物的分解利用情况仍有很大差别，故对氮素需要的差异就成了微生物分类上的依据之一，也是发酵培养基组成设计的一种依据。工业微生物对氮源的利用，主要是看其对蛋白质、蛋白胨、氨基酸、铵盐和硝酸盐的利用能力。

3. 环境因素对微生物生长的影响

微生物的一切生命活动都离不开环境，同样的，微生物在不同环境中会有不同的表现。因此，研究微生物不能脱离环境条件。环境条件对微生物生长繁殖的影响大致可分为三类：第一类是适宜的环境，微生物能正常地进行生命活动；第二类是不适宜的环境，微生物正常的生命活动受到抑制或被迫暂时改变原有的一些特性；第三类是恶劣的环境，微生物死亡或发生遗传变异。

微生物的生长繁殖受到各种环境因素影响，可分为物理因素和化学因素。对微生物生长繁殖有影响的物理因素主要包括温度、水分、表面张力和辐射等。对微生物生长和生存有影响的化学因素除营养物质外，主要还包括氢离子浓度（pH）、氧化还原电位（溶解氧）等。

不同的微生物对各种环境因素的敏感性不同，这与它们的生理特性密切相关。掌握环境因素对特定微生物的影响情况，有利于采取各种适当方法促进或抑制微生物的生长，有助于为其提供良好的环境条件，促使特定的微生物大量繁殖或产生大量有益的代谢产物。

本节仅以营养、温度、pH、溶解氧等环境因素为代表，验证其对微生物生长的影响。微生物的生长繁殖需要适宜的营养，包括碳源、氮源、无机盐、微量元素、生长因子等，这些营养物质都是微生物生长所必需的。在实验研究和生产中，需要了解微生物对各种营养物质的需求及营养物质对微生物生长代谢的影响。

温度是通过影响酶和蛋白质的合成和活力，影响核酸等生物大分子的结构与功能，影响细胞结构（细胞膜的液晶结构、流动性及完整性），从而影响微生物的生长繁殖和新陈代谢的。过高的环境温度会导致蛋白质或核酸变性失活，而过低的温度会使酶活力受到抑制，细胞的新陈代谢活动减弱。

pH（氢离子浓度）与微生物的生命活动有着密切的联系。pH 对微生物生命活动的影响表现为 pH 的变化使蛋白质、核酸等生物大分子所带电荷发生变化，从而影响其生物活性；pH 的变化引起细胞膜电荷变化，导致微生物细胞吸收营养物质能力改变；pH 的变化改变环境中营养物质的性质及有害物质的毒性。pH 对微生物的影响，主要是指培养基或环境中 pH 的影响。

不同微生物对氧的要求不同，可分为需氧、微需氧、兼性厌氧与厌氧 4 类。对于需氧微生物，将空气或氧气通入培养基是获得高氧还原电位最常用的办法，但分子氧难溶于水。影响微生物生长的实质是溶于水中的分子氧，即溶解氧。

实验二十五　微生物对碳源的利用实验

一、目的要求

（1）了解微生物糖类发酵实验的原理和其在微生物鉴定中的重要作用。
（2）学习掌握淀粉水解和脂肪水解实验的基本原理和具体操作技术。
（3）证明由于不同微生物有着不同的酶系，因此对大分子有机物质的水解能力不同。

二、基本原理

碳源是微生物需求量最大的最基本营养要素，能作为微生物碳源的物质最主要的是各种糖类和脂类。

所谓糖类，包括复杂的多糖类（纤维素、淀粉）、低聚糖类（棉籽糖、水苏糖等）、双糖类（麦芽糖、蔗糖、蜜二糖、乳糖等）、单糖类（葡萄糖、果糖、半乳糖、戊糖等）、醇类（乙醇、甘油、甘露醇）和糖苷类等，范围十分广泛。

绝大多数细菌和酵母菌都能利用糖类作为碳源和能源，但它们在分解糖类的能力上有很大差异。例如，有些细菌能分解某种糖类产生有机酸（乳酸、乙酸、甲酸、丙酸、琥珀酸等）和气体（二氧化碳、氢气、甲烷等），有些细菌则只产酸不产气。

糖类发酵实验主要是验证多种糖类能否作为碳源或能源被利用，是常用的鉴别微生物的生理生化反应，在肠道细菌的鉴定上尤为重要。发酵培养基中分别含有不同的糖类，当发酵产酸时，培养液中溴甲酚紫指示剂可由紫色（pH6.8）变为黄色（pH5.2）；而发酵产气时，培养液中倒置的杜氏小管会充有气泡，从而得以定性。

微生物对大分子的淀粉不能直接利用，必须依靠其产生的胞外酶（水解酶）将淀粉分解成较小的化合物后才能被运输至细胞内为微生物吸收利用。淀粉酶能水解淀粉成为小分子的糊精、双糖和单糖，此过程可通过观察细菌菌落周围的物质变化来证实。

淀粉遇碘液会产生蓝色反应，但细菌水解淀粉后的周围区域，用碘测定不再显示蓝色，平板上的菌落周围出现透明圈，表明该细菌能产生淀粉酶，以此鉴别不同细菌。

脂肪也是碳源之一，微生物对大分子的脂肪不能直接利用，必须依赖其胞外产生的脂肪酶将脂肪分解成小分子的甘油和脂肪酸后才能被微生物吸收利用。

脂肪被脂肪酶水解后产生的脂肪酸可改变培养基的pH，使pH降低。加入培养基的中性红指示剂会使培养基从淡红色变为深红色，说明微生物能产生胞外脂肪酶。

三、实验器材

（1）微生物菌种：细菌（大肠杆菌、谷氨酸短杆菌、枯草芽孢杆菌、乳酸杆菌）、酵母菌（酿酒酵母、热带假丝酵母）。

（2）培养基与试剂：蛋白胨水培养基、淀粉琼脂培养基、油脂琼脂培养基、12%豆芽汁、待试糖液（戊糖、葡萄糖、蔗糖、麦芽糖、半乳糖、乳糖、棉籽糖）、路哥尔氏碘液。

（3）仪器设备：超净工作台、恒温培养箱、冰箱、高压灭菌锅。

（4）其他材料：试管、杜氏小管、常用玻璃器皿、酒精棉球、酒精灯、接种环、恒温箱等。

四、实验内容及操作步骤

（一）细菌的糖类发酵实验（图5-1）

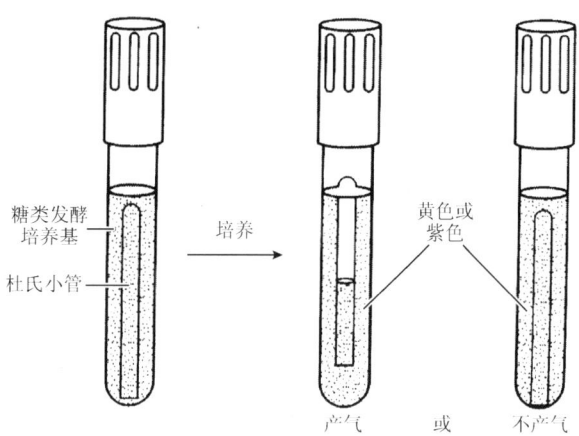

图5-1　细菌（酵母菌）糖类发酵实验（杜氏小管）

（1）配制蛋白胨水培养基：蛋白胨0.5g、K_2HPO_4 0.2g，加蒸馏水100mL、1.6%溴甲酚紫乙醇溶液1.5mL，调pH7.6，分装10mL/管（内放倒置杜氏小管），于121℃灭菌15min。

（2）另配20%各种糖溶液（每种10mL），于112℃灭菌30min。

（3）每管蛋白胨水培养基加入待试糖液0.5mL，用记号笔在各试管上分别标明培养基名称和待测菌种名。

（4）每种糖类发酵培养基分别接入各待测菌，留1支不接种作为对照。

（5）接种后，轻轻摇动混匀，将全部试管置于37℃温箱中培养24~48h。

（6）取出观察各试管颜色是否变为黄色及杜氏小管中有无气泡生成。

（二）酵母菌的糖类发酵实验（图5-1、图5-2）

（1）配制12%的豆芽汁无糖基础液：取黄豆芽12g，加水100mL，煮沸20min，过滤取汁，补足水至100mL。

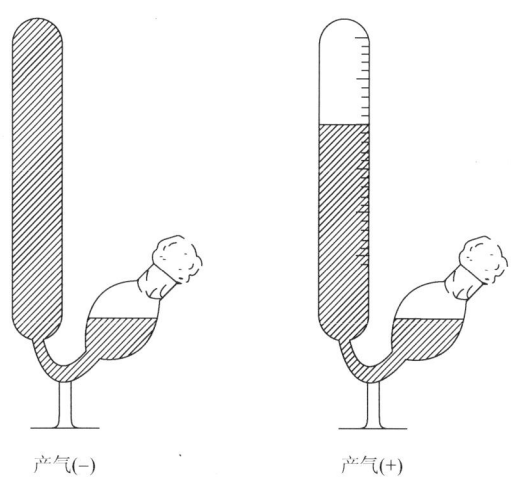

图 5-2 酵母菌糖类发酵实验（艾氏管）

（2）分装于含杜氏小管的试管中（10mL/管），于 0.1MPa 灭菌 15min（若用艾氏管，则应先将艾氏管和豆芽汁分别灭菌，再用无菌移液管分装）。

（3）将待测试的糖类分别用无菌水配制成 10% 的溶液，煮沸 15min，冷却备用。

（4）用记号笔在各杜氏小管（或艾氏管）上分别标明培养基（糖类）名称和待测菌种名。

（5）用无菌移液管各吸取 2mL 的糖溶液，分装于各对应杜氏小管（或艾氏管）内的豆芽汁无糖基础液中，使糖浓度达 2%。

（6）将新鲜的待测酵母菌（酿酒酵母、热带假丝酵母）菌种接于发酵管中，留 1 支不接种作为对照。

（7）接种后，轻轻摇动混匀，将全部发酵管置于 25～28℃ 温箱中培养 2～3 天。

（8）取出观察，若小管顶部有 CO_2 气体，说明该菌能发酵某种糖（用艾氏管时，气体集中于封闭一端的顶部）。

（三）淀粉水解实验（图 5-3）

（1）预先配制好淀粉琼脂培养基：蛋白胨 1g、NaCl 0.5g、牛肉膏 0.5g、可溶性淀粉 0.2g，加蒸馏水 100mL、琼脂 2g，调 pH7.2～7.4，于 121℃ 灭菌 20min。

（2）使用时，将凝固的淀粉琼脂培养基放入沸水浴中熔化，冷却至约 50℃，以无菌操作倒制成平板。

（3）用接种环分别取少量待测菌，分别轻轻点种在 3 个平板上（每个平板分开各点 3 点），贴上菌名标签。

（4）将接好种的平板倒置在 34℃ 恒温箱中培养 1～2 天。

（5）观察各种细菌的生长情况，打开培养皿，滴入少量路哥尔氏碘液于琼脂平板上，轻轻旋转平板，使碘液均匀铺满整个平板。

（6）观察菌苔周围是否出现无色透明圈，若有，说明淀粉已被淀粉酶水解，为阳性，反之为阴性。透明圈的大小可初步判断该菌水解淀粉能力的强弱，即产生的胞外淀粉酶活力的高低。

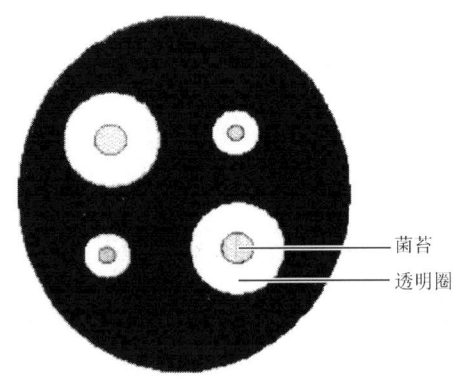

图 5-3 淀粉水解实验

（四）脂肪水解实验

（1）预先配制好油脂琼脂培养基：蛋白胨 1g、牛肉膏 0.5g、NaCl 0.5g、香油或花生油 1g、1.6%中性红水溶液 0.1mL、琼脂 2g，加蒸馏水 100mL，调 pH7.2，于 121℃灭菌 20min。
（2）将油脂琼脂培养基熔化，待冷却至 50℃左右时充分摇荡，使油脂均匀分布，以无菌操作倾注平板，凝固备用。
（3）用记号笔将平板底部划分成 3 或 4 部分，分别标上待接种的菌名。
（4）用接种环取少量待测菌的菌苔，分别以无菌操作点涂于平板上对应部位的中心位置。
（5）将已接种的平板倒置，于 37℃温箱中培养约 24h。
（6）取出平板，观察菌苔颜色，如出现深红色斑点，说明脂肪能被水解，为阳性反应，反之为阴性反应。

五、实验注意事项

（1）在糖类发酵实验中，灭菌后杜氏小管中的空气应彻底排除方可用于接种及实验。
（2）在接种后，应轻缓摇动试管使其混匀，防止倒置小管中进入气泡。
（3）在糖类发酵实验中，分别接入各待测菌时应同时留 1 支不接种作为对照。
（4）消毒用的 75%乙醇易着火燃烧，在使用时要远离酒精灯明火。

六、实验报告与思考题

1. 实验结果

（1）分别用简图表示糖类发酵实验、淀粉水解实验和脂肪水解实验的操作过程。
（2）将糖类发酵实验的结果填入表 5-1。

表 5-1 细菌和酵母菌糖类发酵实验结果

	实验菌	戊糖	葡萄糖	蔗糖	麦芽糖	半乳糖	乳糖	棉籽糖
细菌	大肠杆菌							
	谷氨酸菌							
	枯草芽孢杆菌							

续表

	实验菌	戊糖	葡萄糖	蔗糖	麦芽糖	半乳糖	乳糖	棉籽糖
细菌	乳酸杆菌							
酵母菌	酿酒酵母							
	假丝酵母							

("+"、"++"、"+++"表示产酸或产气能力的强弱,"-"表示不产酸或不产气)

(3) 将淀粉水解实验和脂肪水解实验的结果填入表 5-2。

表 5-2 细菌和酵母菌淀粉和脂肪水解实验结果

实验菌	细菌				酵母菌	
	大肠杆菌	谷氨酸菌	枯草芽孢杆菌	乳酸杆菌	酿酒酵母	假丝酵母
淀粉水解						
脂肪水解						

("+"表示阳性,"-"表示阴性)

2. 思考题

(1) 微生物的糖类发酵实验、淀粉水解实验和脂肪水解实验各依据什么原理？
(2) 如何解释淀粉酶和脂肪酶是胞外酶而不是胞内酶？
(3) 若不利用碘液显色，你能否证明微生物酶水解淀粉的发生？

实验二十六　微生物对氮源的利用实验

一、目的要求

(1) 了解微生物对氮源利用实验的基本原理。
(2) 学习微生物对几种氮源利用实验的具体操作技术。
(3) 学习明胶液化、酪蛋白分解、石蕊牛奶、尿素分解和硝酸盐还原 5 个实验的原理及具体操作技术。

二、基本原理

所谓氮源就是能被微生物用来构成细胞物质和微生物代谢产物中氮素来源的营养物质，而氮素是构成微生物细胞蛋白质和核酸的主要元素。由于不同微生物对不同氮素的分解利用情况有很大差别，因此对氮素的需要和利用的差异就成了微生物分类鉴别上的重要依据之一，同时也是设计发酵培养基组成的依据之一。

1. 氮源利用实验

对较简单的含氮化合物，酵母菌利用程度不一致，因种属而异。是否有生长素的存在，微生物对氮源的利用能力也会不同，生长素存在时，酵母菌对铵盐、尿素及蛋白质水解物等物质都能利用，但对硝酸盐的利用仍有差别。

2. 明胶液化实验

明胶是由胶原蛋白经水解产生的蛋白质，在 25℃以下可维持凝胶状态，以固体状态存在，而在 25℃以上明胶就会液化。有些细菌可分泌一种称为明胶酶的胞外蛋白酶，能水解明胶，使培养菌种后的明胶培养基由原来的固体状态变成液体状态（明胶液化），甚至在4℃仍能保持液化状态，表明该细菌能产生蛋白酶。

3. 酪蛋白分解实验

微生物一般不能吸收利用大分子蛋白质，因为蛋白质不能直接进入细胞。某些微生物具有酪蛋白分解酶，蛋白酶分泌于胞外，而有的微生物则不具有蛋白酶。具有酪蛋白分解酶的细菌，在酪蛋白琼脂平板上可以分解酪蛋白，使菌落周围形成透明圈，透明圈的大小可初步判定酶活力的高低。

4. 石蕊牛奶实验

牛奶中主要含有乳糖和酪蛋白（酪素），有些微生物能发酵乳糖，有些微生物能水解牛奶中的酪蛋白，这些菌种都可用石蕊牛奶培养基（脱脂牛奶加石蕊）来检测。在牛奶中加入的石蕊可作为酸碱指示剂和氧化还原指示剂，因石蕊在中性时呈淡蓝色，酸性时呈粉红色，碱性时呈紫色；还原时，可自下而上使牛奶褪色，还原成白色。某些细菌能发酵乳糖产酸，石蕊变粉红色，当酸度很高时，可使牛奶凝固，形成酸凝乳。某些微生物能产生凝乳酶，使牛奶中的酪蛋白凝结成块，称凝固作用。

如实验菌能产生蛋白酶，可使酪蛋白水解成氨基酸和肽，则牛奶变得较澄清略透明，表明牛奶已胨化。若氨基酸被分解，则会引起碱性反应，使石蕊变为紫色。此外，某些细菌能还原石蕊，使试管底部变为白色。

5. 尿素分解实验

有些微生物可以产生尿素酶（脲酶）分解尿素产生氨，但它们利用尿素为氮源的速度有较大差别。酚红指示剂在pH6.8时为黄色，产生尿素酶的细菌将分解尿素产生氨，使培养基的pH升高，在pH升至8.4时，指示剂就转变为深粉红色。将实验菌先制成菌悬液，再加入尿素，在几分钟内颜色若由黄色变为红色，则表示实验菌分解尿素生成氨，脲酶为阳性，如仍为黄色则为阴性反应。此法免去制备尿素培养基的麻烦，尤其是在测定菌的数量较少时，实验更为方便。

6. 硝酸盐还原实验

某些细菌能把培养基中的硝酸盐还原为亚硝酸盐、氨和氮等。如果是这样，当培养液中加入格里斯氏试剂时，溶液呈现粉红色、玫瑰红色等，此为阳性反应。若亚硝酸盐继续分解生成氨和氮，则培养基中既没有硝酸盐也没有亚硝酸盐存在，表面上呈阴性反应，当向溶液中加入二苯胺试剂时，如不呈蓝色反应，表示仍为阳性反应；反之，如呈蓝色反应，表示细菌不能还原硝酸盐，培养液中有硝酸盐存在（无亚硝酸盐），为阴性反应。

三、实验器材

（1）微生物菌种：蜡样芽孢杆菌（*Bacillus cereus*）、产氨短杆菌（*Brevibacterium ammoniagenes*）、枯草芽孢杆菌（*Bacillus subtilis*）、嗜酸乳杆菌（*Lactobacillus acidophilus*）、酿酒酵母（*Saccharomyces cerevisiae*）、卡尔斯伯酵母（*Saccharomyces carlsbergensis*）、热带假丝酵母（*Candida tropica*）。

（2）培养基与试剂：无氮合成培养基、明胶培养基、酪蛋白培养基、石蕊牛奶培养基、硝酸盐液体培养基；蛋白胨、尿素、硫酸铵、硝酸钾、酚红指示剂、格里斯氏试剂、二苯胺试剂。

（3）仪器设备：超净工作台、恒温培养箱、冰箱、高压灭菌锅、电炉。

（4）其他材料：常用玻璃器皿、接种针、接种环、酒精棉球、酒精灯等。

四、实验内容及操作步骤

（一）酵母菌对氮源利用实验

（1）在试管上标明菌名、氮源（如蛋白胨、尿素、硫酸铵、硝酸钾等）及空白。

（2）配制无氮合成培养基：葡萄糖 2g、KH_2PO_4 0.1g、$MgSO_4$ 0.05g、豆芽汁 0.5mL、水洗琼脂 2g、水 100mL，pH6.5，加热溶解。

（3）分装培养基 10mL 于各管，每管添加一种氮源 0.05g，空白不加，于 121℃灭菌 20min。

（4）放置斜面，依次接种待测酵母菌，28～30℃下培养。

（5）一周后观察并记录，生长情况与空白一样者，说明酵母菌不能利用那种氮源。

（二）明胶液化实验

（1）配制明胶培养基：牛肉膏 0.3g、蛋白胨 1g、NaCl 0.5g、水 100mL、明胶 15g，pH7.2～7.4，于 121℃灭菌 30min。

（2）取几支明胶培养基试管，用记号笔标明各管拟接种的菌名。

（3）用接种针以穿刺法分别接种各待测菌（每组可选接 2 或 3 种细菌）。

（4）将接种后的明胶培养基试管置 20～22℃温箱中培养 2～4 天。

（5）观察明胶有无被液化及液化后的形状（若室温较高，可放入冰箱稍冷后再观察）。

（三）酪蛋白分解实验

（1）配制酪蛋白琼脂培养基：酪蛋白 0.4%、KH_2PO_4 0.036%、$MgSO_4 \cdot 7H_2O$ 0.05%、$ZnCl_2$ 0.0014%、$Na_2HPO_4 \cdot 7H_2O$ 0.107%、NaCl 0.016%、$CaCl_2$ 0.0002%、琼脂 2%，pH6.5～7.0。

配制时，酪蛋白用 0.1%氢氧化钠溶液水浴加热溶解，然后再加微量元素，调节 pH，加琼脂，于 121℃灭菌 20min。

（2）倒制酪蛋白琼脂培养基平板，冷却凝固备用。

（3）用记号笔标明各平板拟接种的菌名。

（4）用接种针以点种法将实验菌接种于酪蛋白琼脂培养基上。

（5）置 37℃恒温箱培养 1～2 天，观察结果。

（6）平板中菌苔周围有透明圈者为酪蛋白分解实验阳性，反之为阴性（图 5-4）。

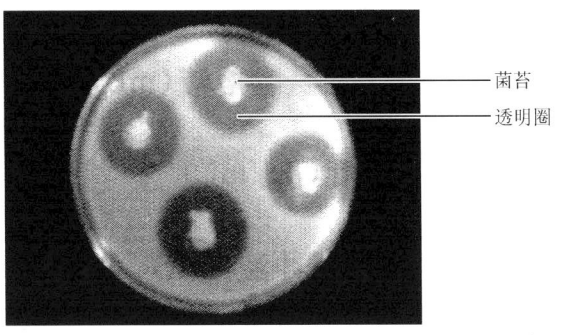

图 5-4　酪蛋白分解实验

（四）石蕊牛奶实验

（1）配制石蕊牛奶培养基：脱脂牛奶粉 10g、石蕊 7.5mg，加水 100mL，调 pH6.8，于 121℃灭菌 15min。

（2）取数支石蕊牛奶培养基试管，用记号笔标明各管欲接种的菌名。

（3）分别接种各待测菌（每组可选接 2 或 3 种细菌或酵母菌），将接种后的试管置 35℃培养 1~4 天。

（4）观察石蕊牛奶产酸情况、颜色变化、凝固反应和胨化结果。

（五）尿素分解实验

（1）将实验菌接种至其适宜生长的营养培养基斜面上，适温培养 2~3 天。

（2）取营养培养基斜面上的菌苔，在空试管中制成 2mL 的浓菌悬液。

（3）加入 1 滴酚红指示剂，调 pH7.0（黄色）。

（4）分成两管，在其中一管加入少许（0.05~0.10g）结晶尿素，另一管不加尿素作为对照。

（5）观察颜色变化，呈现红色表示脲酶为阳性，仍为黄色则为阴性。

（六）硝酸盐还原实验

（1）配制硝酸盐液体培养基：牛肉膏 0.3g、蛋白胨 1g、NaCl 0.5g、KNO_3 0.1g，加水 100mL，调 pH7.2~7.6，于 121℃灭菌 20min。

（2）取数支硝酸盐液体培养基试管，标明菌名，分别接入待测菌，每菌种接 2 支，另留两支不接种作对照，置 37℃培养 1 天、3 天、5 天。

（3）取两支干净的空试管，倒入少许培养 1 天、3 天、5 天的培养液，再滴一滴格里斯氏试剂 A 液及 B 液，在对照管中同样加入 A、B 液各一滴。

（4）观察结果：当培养液中滴入 A、B 液后，溶液如变为粉红色、玫瑰红色、橙色、棕色等表示有亚硝酸盐存在，为硝酸盐还原阳性；如无红色出现，则可加入 1~2 滴二苯胺试剂，此时如呈蓝色反应，则为阴性反应，如不呈蓝色反应，则仍为阳性反应。

五、实验注意事项

（1）明胶液化实验中，将试管从温箱中取出后，注意不要摇动，置于冰箱中 30min，取出后立即倾斜试管，观察试管中明胶培养基是否液化。

（2）石蕊在牛奶中由于牛奶（pH 近中性）的影响，不呈蓝色而近于紫色，且随时间的延长而下沉，使用前要摇匀。

（3）石蕊牛奶实验中，接种细菌产酸时，因石蕊被还原，一般不呈红色。

（4）石蕊牛奶实验中，往往在清楚地看到某种现象时，另一现象已经消失，故连续观察很重要，因为产酸、凝固、胨化各现象是连续出现的。

六、实验报告与思考题

1. 实验结果

（1）将酵母菌对氮源利用实验的结果填入表 5-3，说明酵母菌不能利用哪种氮源。

表 5-3　酵母菌对氮源利用实验的结果

实验菌	蛋白胨	尿素	硫酸铵	硝酸钾	空白
酿酒酵母					
啤酒酵母					
假丝酵母					

（"+"、"++"表示能利用的氮源及能力，"-"表示不能利用的氮源）

（2）分别用简图表示明胶液化实验、酪蛋白分解实验、石蕊牛奶实验的操作过程。

（3）将明胶液化实验、酪蛋白分解实验、石蕊牛奶实验、尿素分解实验和硝酸盐还原实验的结果分别填入表 5-4（本组未应用的实验菌，可参照其他组的结果）。

表 5-4　细菌对氮源利用实验的结果

实验菌	明胶液化	酪蛋白分解	石蕊牛奶	尿素分解	硝酸盐还原
枯草芽孢杆菌					
产氨短杆菌					
蜡样芽孢杆菌					
乳酸杆菌					

（"+"、"++"表示阳性程度，"-"表示阴性）

2. 思考题

（1）微生物对氮源利用实验、明胶液化实验、酪蛋白分解实验、石蕊牛奶实验、尿素分解实验和硝酸盐还原实验各依据什么原理？

（2）上述 6 种实验有何实际应用？请举例说明。

（3）接种后的明胶可以在 35℃培养，在培养后应如何处理才能证明水解的发生？

（4）石蕊牛奶培养基中的石蕊，为什么能起到氧化还原指示剂的作用？

实验二十七　环境因素对微生物生长的影响实验

一、目的要求

（1）学习并掌握测定微生物营养需要的基本原理和方法。
（2）了解温度对不同类型微生物生长的影响并掌握其实验方法。
（3）学会区别微生物的最适生长温度与最适代谢温度。
（4）了解 pH 对微生物生长的影响并掌握其实验方法。
（5）学习确定微生物生长所需最适 pH 条件的方法。
（6）了解溶解氧对微生物生长的影响并掌握其实验方法。

二、基本原理

微生物在生长代谢过程中容易受到环境理化因素的影响，如环境中的营养、温度、pH、氧气等都能影响微生物的生长。不同的微生物对各种环境因素的敏感性不同，这与它们的生理特性密切相关。

1. 营养物质对微生物生长的影响

微生物的生长繁殖需要适宜的营养，碳源、氮源、无机盐、微量元素、生长因子等都是微生物生长所必需的营养物质，缺少其中一种，微生物便不能正常生长繁殖。由于不同类型微生物利用不同营养物质的能力不同，因此可以通过配制一种缺乏某种营养物质（如碳源）的琼脂培养基，与实验菌混合均匀后倒平板，再将吸附有实验菌所缺乏营养物质（各种碳源）的滤纸片粘贴在平板上，在适宜的条件下培养。如果该实验菌能够利用某种碳源，就会在吸附有该种碳源的滤纸片周围生长繁殖，形成由许多小菌落组成的圆形菌落圈，而该实验菌不能利用的碳源周围就不会有菌落生长。应用该生长谱法可以测定微生物对各种营养物质的需求。

2. 温度对微生物生长的影响

不同微生物生长繁殖要求的最适温度不同。根据微生物生长的最适温度范围不同，可将其分为高温菌、中温菌和低温菌，自然界中绝大部分微生物属中温菌。最适生长温度是微生物群体生长繁殖最快的温度，但它并不等于微生物发酵的最适温度，也不等于积累某一代谢产物的最适温度。本实验通过在不同温度条件下培养不同类型微生物，证明不同微生物生长繁殖要求的最适温度不同，并使学生了解微生物的最适生长温度与最适发酵温度的区别。

3. pH 对微生物生长的影响

不同微生物对 pH 条件的要求各不相同，特定微生物只能在一定的 pH 范围内生长，例如，细菌一般在 pH4~9 内生长，酵母菌和霉菌一般在偏酸（pH3~7）环境中生长。微生物生长的最适 pH 常限于一个较窄的 pH 范围。例如，细菌生长最适 pH 一般为 6.5~7.5，酵母菌和霉菌生长最适 pH 一般为 4~6。微生物对 pH 条件的不同要求，在一定程度上反映出微生物对环境的生理适应能力。微生物在生长过程中，常由于糖类的降解产酸及蛋白质降解产碱而使环境 pH 发生变化，从而影响微生物生长，因此可在配制的培养基中加入磷酸盐或碳酸钙作为缓冲剂。大多数培养基富含氨基酸、肽及蛋白质，这些物质可作为天然缓冲剂。本实验通过将不同微生物接种于不同 pH 培养基中，适温培养后分别测其生长量，从而表明不同微生物对 pH 的不同要求。

4. 溶解氧对微生物生长的影响

影响微生物生长的实质是溶于水中的分子氧，即溶解氧。根据微生物生长对溶解氧的要求，可将微生物分为 4 种类型：需氧、微需氧、兼性厌氧与厌氧。专性需氧菌是通过氧化磷酸化产生能量，以分子氧作为最终氢受体。微需氧菌需要氧，但只能在较低的氧分压下才能正常生长。兼性厌氧菌能够通过氧化磷酸化作用或通过发酵获得能量。专性厌氧菌不但不会利用氧，而且氧对它有毒害作用。若将这些微生物分别培养在软琼脂培养基试管中，就会出现各种不同的生长状况。例如，专性需氧菌呈表面生长，专性厌氧菌在试管底部生长，而微需氧菌和兼性厌氧菌的生长状况则介于两专性菌之间。

三、实验器材

（1）微生物菌种：大肠杆菌（*Escherichia coli*）、嗜热脂肪芽孢杆菌（*Bacillus stearothermophilus*）、黏质沙雷氏菌（*Serratia marcescens*）、嗜酸乳杆菌（*Lactobacillus acidophilus*）、短双歧杆菌（*Bifidobacterium breve*）、粪产碱杆菌（*Alcaligenes faecalis*）、枯草

芽孢杆菌（*Bacillus subtilis*）、酿酒酵母（*Saccharomyces cerevisiae*）。

（2）培养基与试剂：无碳合成培养基、无氮合成培养基、牛肉膏蛋白胨斜面培养基、牛肉膏蛋白胨液体培养基、麦芽汁培养基、改良的TPY培养基；木糖、葡萄糖、半乳糖、蔗糖、硫酸铵、硝酸钾、尿素、消化蛋白、无菌生理盐水。

（3）仪器设备：722型分光光度计、水浴锅、恒温培养箱、冰箱。

（4）其他材料：接种环、酒精棉球、酒精灯、无菌试管、无菌吸管、无菌大试管、杜氏小管、1cm比色杯、直径为5mm的无菌小滤纸片。

四、实验内容及操作步骤

（一）营养因素对微生物生长的影响实验

（1）配制无碳合成培养基（100mL）：$(NH_4)_2SO_4$ 0.2%、$NaH_2PO_4 \cdot H_2O$ 0.05%、K_2HPO_4 0.05%、$MgSO_4 \cdot 7H_2O$ 0.02%、$CaCl_2 \cdot 2H_2O$ 0.01%。

（2）配制无氮合成培养基（100mL）：KH_2PO_4 0.1%、$MgSO_4 \cdot 7H_2O$ 0.07%、葡萄糖2%。

（3）将大肠杆菌接种于牛肉膏蛋白胨斜面培养基中，培养24h，用无菌生理盐水洗下菌苔，制成菌悬液。

（4）将无碳合成培养基和无氮合成培养基分别熔化，冷却至50℃左右。

（5）加入上述大肠杆菌菌悬液并混匀，倒制无碳和无氮各2个平板，冷却凝固。

（6）取1个无碳平板，用记号笔在皿底分别划分成4个区域，并标明要粘贴的各种碳源，另一个无碳平板作为对照。

（7）取1个无氮平板，如上划分4个区域，并标明要粘贴的各种氮源，另一个无氮平板作为对照。

（8）制取8个无菌小圆滤纸片（直径5mm），分别蘸取4种碳源和4种氮源，对号粘贴于培养基上的4个区域。

（9）将平板倒置于37℃温箱中培养18～24h，观察各种碳源和氮源周围是否生长有菌落圈，并做记录。

（二）温度对微生物生长的影响实验

（1）配制牛肉膏蛋白胨培养基，分装试管（每管5mL），灭菌备用。

（2）配制麦芽汁培养基，分装试管（每管5mL），放入杜氏小管，灭菌备用。

（3）取24管液体培养基，分别标明4℃、20℃、37℃和60℃ 4种温度，每种温度6管。

（4）于同一种温度的2支试管上分别标明菌名（大肠杆菌、嗜热脂肪芽孢杆菌、黏质沙雷氏菌），每种菌2支试管。

（5）以无菌操作在上述试管中分别接入1环相应细菌，并分别置于对应温度的培养箱中保温培养24～28h。

（6）观察各菌的生长情况及黏质沙雷氏菌产色素情况。

（7）在8支装有麦芽汁培养基的试管中接入酿酒酵母，分别置于4℃、20℃、37℃和60℃ 4种温度的培养箱中（每种温度2支）培养24～48h。

（8）观察酿酒酵母的生长状况及发酵产CO_2量，并做记录。

（三）pH 对微生物生长的影响实验

（1）配制牛肉膏蛋白胨液体培养基和 10°Bx 麦芽汁培养基，灭菌后以无菌操作用 1mol/L NaOH 和 1mol/L HCl 将两种培养基的 pH 分别调至 3、5、7、9，备用。

（2）吸取适量无菌生理盐水注入粪产碱杆菌、大肠杆菌及酿酒酵母斜面试管中，用接种环刮下菌苔制成菌悬液，搅匀使细胞分散，并调整菌悬液 OD_{600} 值约为 0.05。

（3）分别吸取粪产碱杆菌、大肠杆菌菌悬液各 0.1mL，分别接种于装有 5mL 不同 pH 的牛肉膏蛋白胨液体培养基的大试管中（每种菌 4 支）。

（4）吸取酿酒酵母菌悬液 0.1mL，分别接种于装有 5mL 不同 pH 的 10°Bx 麦芽汁培养基的大试管中（4 支）。

（5）将接种大肠杆菌和粪产碱杆菌的 8 支试管置于 37℃温箱中培养 24～48h，将接种有酿酒酵母的试管置于 28℃温箱中培养 48～72h。

（6）将上述试管取出，采用 722 型分光光度计测定培养物的 OD_{600} 值，并做记录。

（四）溶解氧对微生物生长的影响实验

（1）配制改良的 TPY 软琼脂培养基 100mL：葡萄糖 2%、酵母浸出物 1%、胰蛋白胨 0.5%、牛肉膏 0.5%、生长因子 0.5%、K_2HPO_4 0.2%、NaCl 0.3%、L-半胱氨酸盐酸盐 0.1%、琼脂 0.5%，pH7.5。

（2）分装试管（装量约为试管高的一半），于 121℃灭菌 15min，备用。

（3）配制麦芽汁软琼脂（0.5%）培养基，分装试管（装量约为试管高的一半），灭菌备用。

（4）取 1 管麦芽汁软琼脂培养基在水浴锅中熔化。

（5）待冷却至 50℃，接入酵母菌菌悬液 1mL，轻搅混匀，静置凝固。

（6）另取 3 管改良的 TPY 软琼脂培养基，放入水浴锅中熔化。

（7）待冷却至 50℃，取 1 管接入枯草芽孢杆菌悬液 1mL，轻搅混匀，静置凝固。

（8）待 TPY 软琼脂培养基冷却至 45℃，取 2 管分别接入嗜酸乳杆菌悬液和双歧杆菌悬液各 1mL，轻搅混匀，静置凝固。

（9）酵母菌在 30℃下培养 24～48h，枯草芽孢杆菌、嗜酸乳杆菌和双歧杆菌在 37℃下培养 24～48h，观察生长状况，并做记录。

五、实验注意事项

（1）在测定营养物质对微生物生长的影响时，需用无菌镊子粘贴蘸有各种碳源和氮源的小圆滤纸片，粘贴后切勿再移动。

（2）pH 对微生物生长影响实验所用培养基，应于灭菌后以无菌操作将两种培养基的 pH 分别调至 3、5、7、9。若灭菌前先调 pH，则培养基经灭菌后 pH 可能会改变而使实验结果不够准确。

（3）双歧杆菌为专性厌氧菌，氧对它有毒害作用，故 TPY 软琼脂培养基灭菌后切勿摇动，接种后用无菌玻璃棒轻搅混匀，也切勿摇动，以免混入空气影响其生长。

（4）枯草芽孢杆菌一般应采用淀粉软琼脂培养基，本实验为了简化操作也一并采用 TPY 软琼脂培养基。

六、实验报告与思考题

1. 实验结果

(1) 将 4 种碳源和 4 种氮源对大肠杆菌生长的影响表示于图 5-5,并说明各种碳源和氮源周围菌落圈生长情况及对照平板的菌落生长情况。

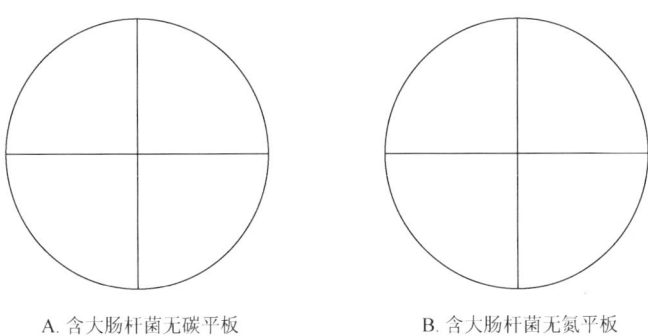

A. 含大肠杆菌无碳平板　　　　B. 含大肠杆菌无氮平板

图 5-5　4 种碳源和 4 种氮源对大肠杆菌生长的影响

(2) 将 4 种微生物在不同温度条件下的生长状况、酿酒酵母的产气量和黏质沙雷氏菌是否产色素的结果填入表 5-5,并对实验结果加以讨论。

表 5-5　4 种微生物在不同温度下的生长状况

温度	酿酒酵母		黏质沙雷氏菌		嗜热脂肪芽孢杆菌	大肠杆菌
	生长状况	产气量	生长状况	产色素	生长状况	生长状况
4℃						
20℃						
37℃						
60℃						

("-"不生长,"+"生长较差,"++"生长一般,"+++"生长良好)

(3) 在 pH 对微生物生长的影响实验中,将测定培养物 OD_{600} 值的结果填入表 5-6,并说明 3 种微生物各自的生长 pH 范围及最适生长 pH。

表 5-6　pH 对微生物生长影响的实验结果

实验菌	pH3	pH5	pH7	pH9
大肠杆菌				
类产碱杆菌				
酿酒酵母				

(4) 将观察到的溶解氧影响 4 种不同微生物的生长状况做记录并填入表 5-7。

表 5-7　溶解氧对不同微生物生长的影响

实验菌	枯草芽孢杆菌	酵母菌	嗜酸乳杆菌	双歧杆菌
生长部位				
生长状况				

("-"不生长，"+"生长较差，"++"生长一般，"+++"生长良好)

2. 思考题

（1）测定营养物质对微生物生长影响实验中所使用的方法称为生长谱法。试问该法是根据什么原理？在微生物育种及鉴定方面具有哪些用途？

（2）为什么要用大肠杆菌、嗜热脂肪芽孢杆菌、黏质沙雷氏菌和酿酒酵母 4 个菌种来做温度对微生物生长的影响实验？

（3）经实验，你认为粪产碱杆菌、大肠杆菌、酿酒酵母的生长 pH 范围及最适生长 pH 有哪些不同，为什么会有这些不同？

（4）为什么要用枯草芽孢杆菌、酵母菌、嗜酸乳杆菌和双歧杆菌 4 个菌种来做溶解氧对微生物生长的影响实验？

第二节　工业微生物的发酵实验技术

现代工业微生物学正在向着更自觉、更有效和可人为控制的方向发展，表现在采用新的育种方法，可定向选育优良菌种，以达到提高产品产量的目的；通过人工方法突破微生物自我调控机制，使微生物能按照人们的要求大量积累某些代谢终产物或中间代谢产物，从而达到大量生产各种各样有用的发酵产品的目的。例如，采用微生物发酵技术可生产各种有机溶剂、有机酸、抗生素、氨基酸、核苷酸、酶制剂等重要产品。

本节实验内容包括酵母菌的乙醇发酵实验，短杆菌的谷氨酸发酵实验，枯草芽孢杆菌的 α-淀粉酶发酵实验，乳酸细菌的乳酸发酵实验，固定化酵母菌细胞发酵生产啤酒，新型固定化酵母菌细胞发酵生产乙醇，正交实验法优化双歧杆菌发酵培养基 7 个大型综合性实验。

实验二十八　酵母菌的乙醇发酵实验

一、目的要求

（1）学习掌握酵母菌乙醇发酵实验的基本原理、控制条件和操作方法。
（2）学习发酵后醪液的乙醇蒸馏与测量的具体操作技术。

二、基本原理

在厌氧条件下，酵母菌通过 EMP 途径分解己糖（如葡萄糖）生成丙酮酸，丙酮酸脱羧形成乙醛，乙醛还原为乙醇，这一过程称为乙醇发酵。乙醇发酵的类型有 3 种：通过糖酵解途径（EMP）的酵母菌乙醇发酵、通过单磷酸己糖途径（HMP）的细菌乙醇发酵和通过 2-酮-3-脱氧-6-磷酸葡萄糖酸（ED）途径的细菌乙醇发酵。在工业乙醇和各种酒类的生产中，乙醇发酵作用主要是由酵母菌完成的。

酵母菌通过 EMP 分解己糖生成丙酮酸，在厌氧和微酸性条件下，丙酮酸继续分解为乙醇。但是，如果在碱性条件下或在培养基中加有亚硫酸盐时，产物主要是甘油，这就是工业上的甘油发酵。因此，如果酵母菌要正常进行乙醇发酵，就必须控制发酵液为微酸性条件。

酵母菌由于种类不同，乙醇发酵力的强弱也不同，工业生产上采用乙醇发酵过程中生成二氧化碳和乙醇的量，以及计算其发酵度来测定不同酵母菌菌种的发酵力。

酵母菌在微酸性糖液中进行发酵作用时，糖类会逐渐减少，乙醇及 CO_2 比例会逐渐增大。CO_2 除溶解于醪液中外，都排至容器外面。所以，可通过测定糖液密度的减少量，或测残糖的减少量，或测乙醇的增加量来确定酵母菌的发酵力；也可通过称发酵瓶减轻的量以得知 CO_2 生成量（需在发酵栓内盛稀硫酸，吸收随 CO_2 逸出的水泡），或用 NaOH 吸收 CO_2 后再称量，从而确定酵母菌发酵力的强弱。

通过测定醪液的糖度（Brix，°Bx），可以计算出视发酵度（AP）：AP=$[(E-M)/E]\times 100\%$。式中，E 表示未发酵前醪液的糖度，M 表示发酵后摇动去除 CO_2 后醪液的糖度。

因发酵后的醪液含有乙醇，故糖度 M 不能代表糖类的真实残留量，由此计算出的发酵度也称为视发酵度。真正发酵度的计算法是，取发酵后的醪液 100mL，蒸发至 50mL，将乙醇完全驱逐，再用蒸馏水冲兑回 100mL，然后测量其真实糖度（C），可以计算出真发酵度（RP）：RP=$[(E-C)/E]\times 100\%$。

三、实验器材

（1）微生物菌种：酿酒酵母（*Saccharomyces cerevisiae*）AS.2.1189 或 AS.2.1190。
（2）培养基与试剂：糖蜜培养基；浓硫酸。
（3）仪器设备：超净工作台、恒温培养箱、高压灭菌锅、乙醇蒸馏装置、电炉、电子天平。
（4）其他材料：糖度计、温度计、酒精计、发酵瓶、发酵栓、牛皮纸、石蜡、量筒。

四、实验内容及操作步骤

（一）酵母菌酒精发酵实验

1. 糖蜜培养基的配制
（1）将原糖蜜加水稀释至 40°Bx，用 H_2SO_4 调 pH4.0，煮沸静置。
（2）取上清液再稀释至 25°Bx，添加 $(NH_4)_2SO_4$ 0.1%、过磷酸钙 0.1%，调 pH4.5～5.0。

2. 测发酵前糖度（E）
用糖度计和温度计同时测量糖蜜培养基的糖度（°Bx）和温度，校正为 20℃的°Bx（E）。

3. 装瓶、灭菌
（1）装入 500mL 发酵瓶中，每瓶 250mL，加上棉塞，包扎。
（2）用牛皮纸包扎发酵栓，一起以 121℃灭菌 20min，备用。

4. 冷却、接种
（1）待糖蜜培养基冷至约 35℃，贴上标签，注明菌种及接种时间。
（2）将一管刚用稀糖蜜培养好的酿酒酵母菌液摇匀，用无菌吸管移接 1mL 入发酵瓶中。

5. 安装发酵栓（硫酸或氯化钙）
（1）吸取 2.5mol/L 浓硫酸装入发酵栓（以距离出气口管约 0.5cm 为度）。
（2）将发酵栓装上发酵瓶，并用石蜡密封瓶口使不漏气（图 5-6）。

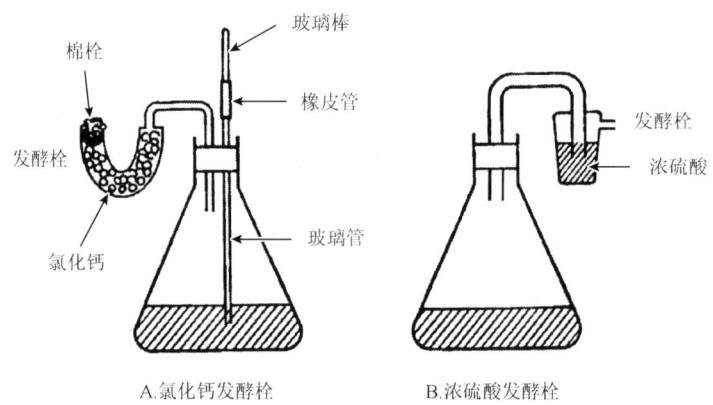

图 5-6　带发酵栓的酒精发酵瓶

6. 称重、发酵

（1）将发酵瓶置于天平上称量，记录总重，移置于 30～32℃ 温箱内静置发酵。

（2）每天称量一次，至减轻量小于 0.2g 为止。

（二）乙醇蒸馏与测量

1. 测视发酵度（AP）

（1）摇动发酵瓶，使 CO_2 尽量逸出。

（2）倒出发酵醪，加水定容至 150mL。

（3）测量糖度和温度，并校正为 20℃ 的 °Bx（M）。

（4）计算视发酵度（AP）：AP=[($E-M$)/E]×100%。

2. 蒸馏乙醇

（1）量取 100mL 发酵液于蒸馏瓶中，并加入 100mL 水。

（2）装上冷凝管，加热蒸馏乙醇。

3. 测酒精度

（1）收集馏出液 100mL，同时测其温度及酒精度。

（2）查表校正为 20℃（或 15℃）的酒精度。

4. 测真发酵度（RP）

（1）倒出残液，补足水至 100mL，测其温度及糖度，并校正为 20℃ 的 °Bx（C）。

（2）计算真发酵度（RP）：RP=[($E-C$)/E]×100%。

五、实验注意事项

（1）安装硫酸发酵栓或将发酵瓶置于天平上称重时，注意要特别小心，防止发酵瓶倾倒或发酵栓打破溅出浓硫酸。

（2）装上冷凝管时，蒸馏瓶与冷凝管的连接处要密闭，防止漏气；加热蒸馏乙醇时，要注意安全，并密切注视收集馏出液的量。

（3）由于酵母菌乙醇发酵是厌氧发酵过程，因此需静置培养发酵，使酵母菌处于厌氧条件下，能够在更大程度上进行发酵。

（4）为保证使酵母菌乙醇发酵的正常进行，温度需控制在 35℃ 以下，温度过高或过低都会影响发酵的正常进行。

六、实验报告与思考题

1. 实验结果

（1）将酵母菌乙醇发酵实验的操作过程写成实验报告，并将测量结果填入表 5-8。

表 5-8　酒精发酵实验记录表

发酵前醪液糖度			发酵后醪液糖度			蒸酒后醪液糖度			测量的酒精度		
温度	°Bx	校正 E	温度	°Bx	校正 M	温度	°Bx	校正 C	温度	酒精度	校正
计算发酵度			视发酵度 AP=（　　）%			真发酵度 RP=（　　）%			校正后酒精度=（　　　）		

（2）将乙醇蒸馏的操作过程写成实验报告，并将所有测量结果填入记录表。

2. 思考题

（1）在进行酵母菌乙醇发酵实验时，为什么要采用装有浓硫酸的发酵栓？
（2）测量发酵前后醪液糖度、蒸酒后醪液糖度和测量酒精度时，为什么要进行温度校正？
（3）视发酵度 AP 与真发酵度 RP 有什么区别？

实验二十九　短杆菌的谷氨酸发酵实验

一、目的要求

（1）学习短杆菌谷氨酸发酵实验的基本原理和操作方法。
（2）学习谷氨酸发酵全过程的控制与检测技术。

二、基本原理

谷氨酸是第一个利用微生物发酵方法进行大规模生产的氨基酸，也是发酵工业的重大革新。在谷氨酸短杆菌各种酶系作用下，葡萄糖经己糖酵解途径、单磷酸己糖途径、三羧酸循环和乙醛酸循环等途径生物合成谷氨酸。因此，谷氨酸发酵是好氧性发酵。谷氨酸短杆菌是生物素营养缺陷型，当培养基中含有充足的生物素时，菌体大量生长，但不积累谷氨酸产物，因此发酵培养基中的生物素要控制在一个亚适量的水平（除非采用特殊的发酵工艺）。

生物素是谷氨酸发酵的主要控制因素，本实验拟对提供生物素来源的甘蔗糖蜜用量进行优化，同时也介绍谷氨酸发酵实验的基本过程。在本实验中，甘蔗糖蜜用量分别采用 0.12%、0.16%、0.20% 三种用量；作为氮源的尿素单独灭菌后采取分次流加的形式，以防尿素经脲酶分解后 pH 过高影响菌体的生长和产物的生成。

三、实验器材

（1）微生物菌种：谷氨酸短杆菌（或谷氨酸棒状杆菌）。
（2）培养基与试剂：斜面种子培养基、一级种子培养基、摇瓶发酵培养基；40% 尿素流加液、裴林氏液。
（3）仪器设备：超净工作台、往复式摇床、华勃氏检压仪、恒温培养箱、光电比色计、高压灭菌锅。

（4）其他材料：锥形瓶、无菌吸管、纱布、牛皮纸、精密 pH 试纸。

四、实验内容及操作步骤

（一）斜面种子的活化

1. 斜面培养基的制备

（1）分别称取葡萄糖 0.2g、牛肉膏 0.35g、蛋白胨 1g、酵母膏 0.5g、NaCl 0.5g、琼脂 2g，加水 100mL，调 pH7.2～7.4。

（2）加热使琼脂溶化，补足水分，分装试管（4～5mL/支），包扎。

（3）于 121℃灭菌 20min，取出待冷却至约 50℃，摆成斜面。

2. 斜面接种与培养

取制备好的斜面培养基数支，在超净工作台上，以无菌操作接入保藏于 4℃冰箱中的谷氨酸短杆菌，置于 30～32℃温箱中，培养 14～16h 使其活化，备用。

（二）一级种子的培养

1. 一级种子培养基的制备

（1）分别称取葡萄糖 2.5g、尿素 0.5g、玉米浆 2g、K_2HPO_4 0.1g，加水溶解并定容至 100mL，调 pH6.8～7.0，再加入 $MgSO_4$ 0.04g。

（2）分装入 2 个 250mL 锥形瓶中（40mL/瓶），瓶口包扎 8 层纱布，并覆盖牛皮纸防潮。

（3）于 121℃灭菌 15min。

2. 接种与振荡培养

（1）在超净工作台上，用接种环以无菌操作取一满环经活化的斜面菌苔，接入装有 40mL 一级种子培养基的锥形瓶中，加盖 8 层纱布（切勿盖纸），用线扎紧并打活结。

（2）置于往复式摇床上（冲程 8cm，往复次数 100 次/min），于 32℃振荡培养 12h。

（三）谷氨酸发酵

1. 摇瓶发酵培养基的制备

（1）分别称取口服葡萄糖 14g、K_2HPO_4 0.25g，加水约 90mL 溶解，加入 0.1%的 $FeSO_4$ 和 0.1%的 $MnSO_4$ 各 0.2mL，调 pH6.5，再加入 $MgSO_4$ 0.06g，定容至 100mL。

（2）分装入 4 个 500mL 锥形瓶中（25mL/瓶）。

（3）分别顺次添加 10%的甘蔗糖蜜 0.3mL（A）、0.4mL（B）、0.5mL（C）和 0.4mL（O）校正 pH6.5，瓶口包扎 8 层纱布，并覆盖牛皮纸防潮，于 121℃灭菌 15min。

2. 40%尿素流加液的制备

（1）称取尿素 8g，溶于水并定容至 20mL，装入 100mL 小锥形瓶中。

（2）于 0.5kg/cm^2 灭菌 5min，即成。

3. 接种与摇瓶发酵

（1）在上述每瓶发酵培养基中加入 40%尿素液 0.75mL（即加入初尿 1.2%）。

（2）于超净台上用无菌吸管接入 0.5mL 刚培养好的一级种子菌液（接种量为 2%）

（3）A、B、C 三瓶置于上述往复式摇床上，于 32℃进行摇瓶发酵。

（4）剩下一瓶 O 摇匀后，用于测定零时的初糖、pH 和 OD 值，并记录。

4. 发酵过程中尿素的流加
（1）待发酵至 12~14h，取出，于超净工作台上用试纸测定各发酵瓶的 pH。
（2）当 pH 降至 7.4~7.2 时，流加第一次尿素 1%（加入 40%尿素液 0.63mL）。
（3）将摇床室温度升高至 34℃。
（4）继续摇瓶发酵 6~8h，当 pH 降至 7.3~7.2 时，再流加第二次尿素 1%（即 40%尿素液 0.63mL）。
（5）最后一次尿素应视残糖和 pH 酌情流加 0.1%~0.3%或不必流加。
（6）总发酵时间 36~40h。

5. 发酵结果分析
（1）用精密 pH 试纸测定发酵液的终 pH。
（2）用光电比色计于 650nm 波长测定发酵液的终 OD 值（光密度）。
（3）用裴林氏法测定发酵液的残还原糖（RG）。
（4）用华勃氏检压仪测定发酵液中谷氨酸（GA）含量。
（5）根据发酵结果进行分析，初步确定发酵培养基中甘蔗糖蜜的较适用量（必要时再做正交设计实验进一步优化）。

五、实验注意事项

（1）每次取出发酵瓶于超净工作台上流加尿素时，要注意无菌操作，防止染菌，要尽量缩短时间，以免影响正常发酵。
（2）用接种环取发酵液在试纸上测定各瓶的 pH 时，看试纸变色要眼快，光线要明亮。
（3）流加尿素要及时，尤其是流加第一次、第二次尿素更要及时，若 pH 降至 7.0 以下，会对产酸率产生较大影响。

六、实验报告与思考题

1. 实验结果
（1）将摇瓶发酵实验的全部操作过程写成实验报告，并将实验结果填入表 5-9。

表 5-9　谷氨酸摇瓶发酵实验记录表

瓶号 项目	A 瓶（糖蜜 0.12%）				B 瓶（糖蜜 0.16%）				C 瓶（糖蜜 0.2%）			
	时间	pH	U%	OD 值	时间	pH	U%	OD 值	时间	pH	U%	OD 值
初尿			1.2				1.2				1.2	
一次流加			1				1				1	
二次流加			1				1				1	
三次流加												
结果	残糖=（　）%，GA=（　）%				残糖=（　）%，GA=（　）%				残糖=（　）%，GA=（　）%			

(2)根据谷氨酸发酵过程中测定的 pH 和 OD 值，试作出 pH 和 OD 值随时间的变化曲线，并加以分析。

2. 思考题

(1)在制备一级种子培养基和摇瓶发酵培养基时，为什么要先调整 pH 后加入 $MgSO_4$？

(2)谷氨酸发酵过程中流加尿素时，为什么要分次流加 40%尿素液？流加时机（pH）应如何把握？

(3)如何确定发酵培养基中生物素（糖蜜或玉米浆）的量为亚适量？

(4)对于富含生物素的发酵培养基，在菌种选育或工艺控制方面，可采取哪些措施来保证谷氨酸发酵的正常进行？

实验三十　枯草芽孢杆菌的 α-淀粉酶发酵实验

一、目的要求

(1)学习掌握 α-淀粉酶发酵实验的基本原理、控制条件和操作方法。

(2)学习 α-淀粉酶酶活力测定的具体操作方法。

二、基本原理

α-淀粉酶（α-amylase EC 3.2.1.1）能分解淀粉（天然底物通常是 α-1,4 糖苷键），能以随机的方式切割淀粉分子内部的 α-1,4 葡萄糖苷键，产物为糊精、低聚糖和单糖类，使淀粉的黏度迅速降低而还原力逐渐增加。α-淀粉酶具有在较高温度下有最适酶反应温度，节约冷却水；降低淀粉醪黏度，减少输送时的动力消耗；杂菌污染机会少；热稳定性好等优点。

该酶作为安全高效的生物催化剂，广泛应用于食品、酿造、制药、纺织和石油开采等诸多领域。特别是广泛应用在食品与酿造的许多生产领域，如酶法生产葡萄糖及果葡糖浆、乙醇及味精等，是目前国内外应用最广、产量最大的酶制剂之一。α-淀粉酶的主要生产菌有枯草芽孢杆菌、地衣芽孢杆菌和淀粉液化芽孢杆菌等。

目前，工业生产上主要是利用微生物液体深层通风发酵法大规模生产 α-淀粉酶。我国自 1965 年开始应用枯草芽孢杆菌（*Bacillus subtilis*）BF-7658 生产 α-淀粉酶，当时仅无锡酶制剂厂独家生产。现在国内生产酶制剂的厂家已发展到上千个，其中有近一半的工厂生产 α-淀粉酶，总产量上万吨。现今工业化生产所使用的菌株大多是野生菌株经多次诱变后的突变株。

近几年来，耐高温 α-淀粉酶的研究相当活跃，国外生产耐高温 α-淀粉酶发展较快，已从嗜热真菌、高温放线菌，特别是从嗜热脂肪芽孢杆菌（*Bacillus stearothermophilus*）和地衣芽孢杆菌（*Bacillus licheniformis*）等中分离得到了耐高温的 α-淀粉酶菌种。国内虽已开展了耐高温 α-淀粉酶的研究工作，但目前仍以枯草杆菌菌株生产 α-淀粉酶为主。

本实验拟采用枯草芽孢杆菌在淀粉液态培养基上产生 α-淀粉酶。

三、实验器材

（1）微生物菌种：枯草芽孢杆菌（*Bacillus subtilis*）。

（2）培养基与试剂如下。

1）马铃薯培养基（PDA）、种子培养基、发酵培养基。

2）马铃薯、蔗糖、琼脂、可溶性淀粉、豆饼粉、玉米粉。

3）Na_2HPO_4、$(NH_4)_2SO_4$、NH_4Cl、$CaCl_2$、标准糊精液、标准碘液。

（3）仪器设备：超净工作台、电热恒温振荡培养箱、恒温培养箱、光电比色计、酸度计、高压灭菌锅、电炉。

（4）其他材料：锥形瓶、无菌吸管、纱布、牛皮纸、精密 pH 试纸、小刀、比色用白瓷板。

四、实验内容及操作步骤

（一）培养基的制备

1. 制备马铃薯斜面培养基（PDA）

（1）培养基组成：马铃薯 20g、蔗糖 2g、琼脂 2g、水 100mL，自然 pH。

（2）配制方法：马铃薯去皮，切成块煮沸 30min，然后用纱布过滤，再加糖类及琼脂，溶化后补足水至 100mL，分装试管，于 121℃灭菌 20min，摆成斜面。

2. 制备种子培养基

（1）按下列培养基组分配制种子培养基：豆饼粉 3%、玉米粉 2%、Na_2HPO_4 0.6%、$(NH_4)_2SO_4$ 0.3%、NH_4Cl 0.1%，pH6.5。

（2）分装入 250mL 锥形瓶中（50mL/瓶），于 121℃灭菌 20min，冷却后备用。

3. 制备发酵培养基

（1）按下列培养基组分配制发酵培养基：可溶性淀粉 8%、豆饼粉 4%、玉米浆 2%、Na_2HPO_4 0.4%、$(NH_4)_2SO_4$ 0.3%、NH_4Cl 0.1%、$CaCl_2$ 0.2%，pH 6.5。

（2）分装入 500mL 锥形瓶中（50mL/瓶），于 121℃灭菌 20min，冷却后备用。

（二）液体种子的制备

1. 斜面菌种活化

（1）取枯草芽孢杆菌菌苔 1 环，移接于马铃薯斜面培养基上。

（2）置于 37℃恒温箱中培养 12~16h，备用。

2. 制备液体种子

（1）取活化的枯草芽孢杆菌斜面菌种 2 环，移接于装有 50mL 种子培养基的 250mL 锥形瓶中。

（2）置于电热恒温振荡培养箱中于 37℃振荡培养 16h，备用。

（三）α-淀粉酶的发酵

1. α-淀粉酶发酵

（1）吸取液体种子培养物 5mL，移接于装有 50mL 发酵培养基的 500mL 锥形瓶中。

（2）置于电热恒温振荡培养箱中于 37℃振荡发酵培养 36h。

（3）每隔4h取样，测定发酵培养液的pH、OD值和酶活力，并做记录。

2. α-淀粉酶酶活力测定

（1）吸取1mL标准糊精液，转入装有3mL标准碘液的试管中，以此作为比色的标准管（或者吸取2mL转入比色用白瓷板的空穴内，作为比色标准）。

（2）在2.5cm×20cm试管中加入2%可溶性淀粉液20mL，再加入pH5.0的柠檬酸缓冲液5mL。

（3）在60℃水浴中平衡约5min，加入0.5mL酶液，立即计时并充分混匀。

（4）定时取出1mL反应液于预先盛有比色稀碘液的试管内（或取出0.5mL加至预先盛有稀碘液的比色用白瓷板空穴内）。

（5）当颜色由紫色逐渐变为棕橙色，与标准色相同时，即为反应终点，记录时间。

（6）以未发酵的培养液作为测定酶活力的空白对照液。

五、实验注意事项

（1）α-淀粉酶酶活力测定方法：根据国家标准局发布的方法进行（国家标准局颁布的GB 8275—87，1988—0201）实施。

（2）酶活力定义：1mL酶液于60℃、pH4.8条件下，1h液化1g可溶性淀粉为1个酶活力单位。

（3）测定α-淀粉酶酶活力的可溶性淀粉和标准糊精液要冰箱低温保存，注意防腐，其标准管应做到当天使用当天配制。

六、实验报告与思考题

1. 实验结果

（1）用简图表示出枯草芽孢杆菌发酵产生α-淀粉酶的整个实验过程。
（2）记录所测定发酵液的α-淀粉酶的活力，并根据测定结果阐述枯草芽孢杆菌的产酶特点。
（3）将每隔4h取样所测得的发酵培养液的pH、OD值和酶活力结果画出变化曲线。

2. 思考题

（1）为什么枯草芽孢杆菌发酵培养基中配用的碳源是可溶性淀粉而不是葡萄糖？
（2）从发酵培养液中提取α-淀粉酶，你认为可采用哪些方法？各有什么优缺点？
（3）发酵生产α-淀粉酶，除采用枯草芽孢杆菌外，还有哪些菌种可采用？
（4）若要发酵生产耐高温α-淀粉酶，可采用哪些菌种？
（5）你能否拟定出"耐高温α-淀粉酶基因的克隆及在大肠杆菌或在枯草芽孢杆菌中的表达"的实验方案呢？

实验三十一　乳酸细菌的乳酸发酵实验

一、目的要求

（1）了解乳酸菌的生理特性、乳酸发酵条件和产物。
（2）学习并掌握乳酸发酵的基本原理和方法。

（3）学习并掌握利用谷物制作乳酸菌饮料的基本原理和方法。
（4）学习并掌握制作保健型酸奶的基本原理和方法。
（5）了解开菲尔粒的微生物组成和形成过程。
（6）了解开菲尔发酵乳的特点和制作工艺过程。

二、基本原理

许多微生物在厌氧条件下分解己糖产生乳酸的作用称为乳酸发酵。能够引起乳酸发酵的微生物种类很多，其中主要是细菌。乳酸细菌（简称乳酸菌）是一类能以糖类为原料，发酵产生大量乳酸的细菌的通称。乳酸细菌多是兼性厌氧菌，在厌氧条件下经 EMP 发酵己糖进行乳酸发酵。乳酸菌有 9 个属，其中最重要的有乳酸杆菌属（*Lactobacillus*）、双歧杆菌属（*Bifidobacterium*）、链球菌属（*Streptococcus*）和明串珠菌属（*Leuconostoc*）等。

活性乳酸菌是人体肠道中重要的生理菌群，担负着人类机体多种重要生理功能。一般认为，活性乳酸菌具有下列多种生理功能：维持肠道菌群的微生态平衡，增强机体免疫功能，预防和抑制肿瘤发生，提高营养利用率，促进营养吸收，控制内毒素，降低胆固醇，延缓机体衰老等。

乳酸细菌虽为兼性厌氧菌，但只在厌氧条件下才进行乳酸发酵，故在分离筛选乳酸菌或需要进行乳酸发酵时，应保证提供厌氧条件。乳酸细菌生成的乳酸和厌氧生活的环境，能够抑制一些腐败细菌的活动，如可利用乳酸发酵腌制泡菜，利用乳酸发酵制造青贮饲料等。在发酵工业上，利用纯种乳酸细菌进行乳酸发酵生产乳酸。在食品发酵工业上，以天然谷物、果蔬和牛奶为原料，利用乳酸细菌进行乳酸发酵，制造乳酸饮料和酸奶饮品等。

经乳酸菌的发酵作用而制成的产品称为乳酸菌发酵食品。乳酸菌发酵食品的特点：提高食品的营养价值，改善食品的风味，增强食品的保健作用，延长食品的保存期。乳酸菌发酵食品的主要品种：发酵酸乳制品，发酵干酪制品，其他乳酸发酵乳制品，乳酸发酵肉制品，果蔬乳酸发酵制品，豆类乳酸发酵制品，乳酸发酵谷物制品等。

本实验拟制备黑米乳酸发酵饮料、保健型发酵酸牛奶和开菲尔发酵乳 3 种乳酸发酵食品。

1. 黑米乳酸发酵饮料

黑米是我国古老而珍稀的大米品种，营养丰富且具有滋补健身作用。黑优黏米是应用现代育种技术选育成功的新型黑黏米，营养成分完全，营养价值高，是发酵酿制乳酸健康饮品的理想天然原料。嗜酸乳杆菌对人体具有抑制肠道内各种病原菌和腐败菌的增殖、改善肠内菌丛的作用。这是由于该菌能产生有机酸、过氧化氢、抗生物质等，降低人体肠道内的 pH，强烈抑制病原菌和腐败菌的增殖，阻碍其产生腐败产物及有害物质。

本实验拟制作的黑米乳酸发酵饮料，是以黑优黏米为原料，经粉碎、糖化成为营养丰富的黑米汁，然后接种具有保健功效的特异性嗜酸乳杆菌，进行乳酸发酵酿制而成的一种新型乳酸发酵饮料。将发酵后的饮料原液稍加调制，便成为一种含有活性乳酸菌（10^9 个/mL 以上）而又别具风味的黑米活性乳酸菌饮品（A 型），发挥其保健作用，是一种较理想的健康饮品。若将发酵后的饮料原液经过滤、调制、巴氏灭菌，便成为一种外观清澈透明，风味独特，味道纯正爽口的黑米乳酸发酵饮料（B 型）。

2. 保健型发酵酸牛奶

发酵酸乳制品是以牛奶为原料，添加适量蔗糖，经巴氏灭菌后冷却，接种纯乳酸菌发酵剂，经保温发酵而制成的产品，是一种具有较高营养价值，含有大量多种活性乳酸菌，具有较好保健作用和特殊风味的发酵乳制品。基本原理：通过乳酸菌发酵牛奶中的乳糖产生乳酸，乳酸使牛奶中的酪蛋白变性凝固，使整个奶液呈凝乳状态，并形成酸奶特有的香味和风味。

主要品种：传统的凝固型酸牛乳、搅拌型酸牛乳、果味型酸牛乳、稀释型酸牛乳、浓缩或干燥型酸牛乳、发酵酸羊乳等。

近年来，由于微生态学的发展，对双歧杆菌等肠道有益菌的培养技术、在消化道中的分布、内在关系及对人体健康作用等的深入研究，在生产上已使用直接由人体肠道分离的双歧杆菌、嗜酸乳杆菌和肠球菌等，再配合从自然界分离的风味好的传统菌种进行发酵生产，产品称为"21世纪发酵奶"。

本实验主要学习保健型发酵酸牛奶的制作方法。

3. 开菲尔发酵乳

开菲尔（kefir）是一种古老而新型的自然发酵乳制品。发源于北高加索地区，主产地为前苏联、波兰、东欧、中东，已传播至西方的德国、瑞士、北欧等地，普及至乳业发达的国家，包括美国、英国、加拿大、日本等国。目前，中国国内尚未有规模化工业生产的开菲尔产品。

传统开菲尔奶的定义：以牛乳为主要原料，添加开菲尔粒状发酵剂，经发酵而成的具有爽快酸味、香气的起泡性含醇保健饮品。人们对 kefir 评价的妙句有"发酵乳制品中之香槟"，"奇异的发酵乳"，"大自然的惊异"。"kefir"在北高加索地区有"爽快美好口味"之意。

开菲尔的发酵剂是开菲尔粒（kefir grain 或 KG）。开菲尔粒起源于古时候，北高加索地区山岳族村民将在长期装牛奶的羊皮口袋内的经自然发酵形成的不规则淡黄色颗粒状物称为开菲尔粒。开菲尔粒呈白色或浅黄色，似花椰菜蕾状结构，是天然固定化微生物共存的生命体。开菲尔粒中的微生物主要有乳酸菌、酵母菌和乙酸菌。荚膜多糖是开菲尔粒中各种微生物间的黏结剂，是微生物固定化的担体。荚膜多糖与奶中酪蛋白结合而形成黏质膜，再由这种黏质膜将各种微生物黏附，形成特异的粒状体，其形成过程：片状构造→涡旋状→花椰菜花蕾状→开菲尔粒（图 5-7）。

图 5-7　似花椰菜蕾状的开菲尔粒

开菲尔粒中微生物的共生作用：乳酸菌首先分解乳糖，促使酵母菌生长并引起乙醇发酵，同时生成乳酸使奶酸化；酵母菌的繁殖为乳酸菌和乙酸菌提供发育促进物质；乙酸菌合成的维生素对酵母菌和乳酸菌的生长起促进作用；乳酸杆菌利用乳糖分解产生葡萄糖，形成荚膜多糖。

kefir 粒中微生物菌相及组成较复杂，当来源不同或培养条件不同时，其中的微生物组成有较大的差异。kefir 粒中存在的微生物菌种可以归结为下述类型：①乳酸菌：乳酸球菌、乳酸杆菌主要分布于 kefir 粒的表层。②酵母菌：酵母菌有助于维持 kefir 粒中各种微生物之间的共生关系，在发酵过程中产生 CO_2 和各种特殊的风味物质。③乙酸菌：乙酸菌有助于维持 kefir 粒中各种微生物相的共生关系，当与链球菌共同培养时，其产酸能力提高，乙酸菌还有助于增加 kefir 的黏度。

本实验拟以牛乳为主要原料，加入开菲尔粒状发酵剂，发酵制作开菲尔发酵乳。

三、实验器材

（1）微生物菌种：嗜酸乳杆菌（*Lactobacillus acidophilus*）、嗜热链球菌（*Streptococcus thermophilus*）、保加利亚乳杆菌（*Lactobacillus bulgaricus*）、青春双歧杆菌（*Bifidobacterium adolescentis*）、开菲尔粒（kefir grain）。

（2）培养基与试剂如下。

1）麦芽汁培养基、黑米汁培养基。

2）全脂乳种子培养基：8%～10%全脂乳液，自然 pH。

3）双歧杆菌种子培养基：8%～10%全脂乳液加入酵母菌抽提液 2%、低聚果糖 2%。

4）全脂乳发酵培养基：8%～10%全脂乳液加 8%白糖，自然 pH。

5）开菲尔发酵培养基：脱脂乳粉与水以 1:10（*W/V*）的比例配成牛奶液，不加入蔗糖。

6）脱脂乳粉、全脂乳粉或鲜牛奶、蔗糖。

（3）仪器设备：磨浆机、胶体磨、恒温水浴锅、高压蒸汽灭菌锅、超净工作台、培养箱、电炉、酸度计、显微镜。

（4）其他材料：无菌试管、无菌锥形瓶、无菌带帽的螺旋试管、无菌吸管、试管架、无菌封口膜、酸奶瓶（200mL）、温度计、玻璃棒、酒精灯。

四、实验内容及操作步骤

（一）黑米乳酸发酵饮料的制作

1. 黑米汁的制备

（1）称取黑优黏米（糙米）100g，加入 40～50℃温水 100mL，保温浸渍 2～3h。

（2）用磨浆机磨成黑米浆，再用胶体磨重复磨一次，磨得越细越好。

（3）用水和饱和 Na_2CO_3 溶液调节粉浆浓度为 15°Be 及 pH6.0～6.2。

（4）加入耐高温 α-淀粉酶（约 12U/g 黑米），混匀，升温至 95℃充分液化。

（5）煮沸 5min，冷却至 60℃，用 10%柠檬酸液调 pH5.0。

（6）于 60℃按 120U/g 黑米加入葡萄糖淀粉酶（糖化酶）。

（7）保温 55～60℃充分糖化，直至以无水乙醇检测无白色沉淀为止。

（8）煮沸，冷却，调节 pH6.0～6.5，过 120 目筛。

（9）稀释至糖浓度为 10%～11%时即为黑米汁，备发酵用。

2. 黑米汁的乳酸发酵

（1）吸取嗜酸乳杆菌原种（冰箱保藏种）1mL，移接入 10mL 无菌麦芽汁试管中，于 37℃静置培养 24～36h。

（2）将上述 10mL 试管培养液全部移接入 100mL 无菌黑米汁小锥形瓶中，于 37℃静置培养 16～24h，即为种子培养液。

（3）量取黑米汁 200mL，装入 250mL 锥形瓶中，于 121℃灭菌 20min，冷却至约 40℃。

（4）由小锥形瓶中移接入种子培养液 10～20mL，接种量一般为 5%～10%。

（5）于 35～37℃发酵 16～20h（A 型活菌饮料），或发酵 24～30h（B 型饮料）。

3. 黑米乳酸饮料的调制

（1）发酵原液（含糖类 9%～10%，含大量活性乳酸菌）按原液：水=1：1 加入净化无菌水稀释。

（2）以无菌操作，每 100mL 稀释液加入白糖 5～5.5g（配成 50%无菌糖浆），蜜糖 0.5～1.0g，不经过滤除菌和加热杀菌。

（3）无菌操作灌装小瓶，在 2～4℃低温下保存（A 型活菌饮料）。

（4）发酵原液过滤，分离除去乳酸菌体和蛋白质凝固物，得澄清透亮的饮料原液。

（5）按原液：水=1：1 加入净化无菌水稀释。

（6）每 100mL 稀释液加入白糖 7～8g（配成 50%无菌糖浆），蜜糖 1.5～2.0g。

（7）灌装小瓶，于 80℃巴氏灭菌 15～20min，或瞬时高温灭菌（B 型饮料）。

（二）保健型酸牛奶的制作

1. 培养基质的制备

（1）将全脂乳粉（不含抗生素）和水以 1：（8～10）（W/V）的比例配成乳液，加入 7%～8%蔗糖，充分混合。

（2）分装大试管和锥形瓶：18mm×180mm 试管装量为 10mL/管（共 4 管，其中 2 管加入酵母菌抽提液 0.2mL，低聚果糖 0.2g，混匀）；500mL 锥形瓶装量为 400mL/瓶。

（3）于 85～90℃消毒 8～10min，或置于高压灭菌锅内 115℃下灭菌 5～10min。

（4）迅速降温至 40℃以下，作为制作酸乳用的培养基质。

2. 酸乳发酵剂的制备

（1）将纯种嗜热链球菌、保加利亚乳杆菌分别等量（各 1mL）接入 2 支装有 10mL 牛奶液的试管中。

（2）置于 40℃恒温箱中培养 5～6h，转入 4～5℃的冰箱中冷藏，作为发酵剂备用。

（3）将纯种青春双歧杆菌、嗜酸乳杆菌按 2mL：1mL 的接种比，接入 2 支装有 10mL 牛奶液（含酵母菌抽提液、低聚果糖）的试管中。

（4）置于 38℃恒温箱中培养 12～16h，作为发酵剂备用。

3. 保健型酸牛奶的制作

（1）将青春双歧杆菌和嗜酸乳杆菌试管发酵剂（20mL），接入同一装有 400mL 灭菌乳液的 500mL 锥形瓶中，置于 38～40℃恒温箱中培养 6～8h（未出现凝乳）。

（2）再将嗜热链球菌和保加利亚乳杆菌试管发酵剂（20mL）接入上述锥形瓶中。

（3）接种后摇匀，分装到已灭菌的 2 个酸奶瓶中，随后将瓶盖拧紧密封。

（4）置于40℃恒温箱中发酵4～6h，在出现凝乳后停止发酵。

（5）转入4～6℃的冰箱中冷藏24h以上（后熟阶段），即为保健型酸牛奶成品（含4种活性乳酸菌）。

（三）开菲尔发酵乳的制作

1. 发酵基质的制备

（1）将脱脂乳粉（不含抗生素）和水以1∶10（W/V）的比例配成乳液，不加入蔗糖。

（2）分装小锥形瓶和大锥形瓶：150mL锥形瓶装量为80mL/瓶，250mL锥形瓶装量为150mL/瓶。

（3）于85～90℃消毒8～10min，或置于高压灭菌锅内115℃下灭菌5～10min。

（4）迅速降温至30℃以下，作为制作开菲尔用的发酵基质。

2. 开菲尔母发酵剂的制备

（1）在装有80mL消毒牛奶的150mL锥形瓶中，按5%～10%的比例接种活化kefir粒。

（2）在20℃发酵培养18～24h，终止发酵，放置于10～15℃冰箱中保持6～8h。

（3）滤去kefir粒，含菌培养液即为母发酵剂。

（4）滤出的kefir粒再加入到新鲜巴氏消毒牛奶中，进行新一轮母发酵剂培养。

3. 开菲尔发酵乳的制作

（1）按20%种量将母发酵剂接入装有150mL消毒牛奶的250mL锥形瓶中。

（2）于20～25℃发酵16～20h，终止发酵（pH5.0～5.5）。

（3）置冰箱冷藏（4～6℃）后熟4～6h，即为kefir发酵乳（饮用时加入灭菌糖浆调味）。

五、实验注意事项

（1）黑米汁乳酸发酵中，成熟种子培养液的质量要求：pH3.5～3.6，OD值净增0.2左右，细胞数10^9个/mL，镜检菌体大小均匀，革兰氏染色呈明显阳性，无杂菌。

（2）黑米汁乳酸发酵的成熟发酵液感官：亮浅红色，浑浊，有少量白色絮状物沉淀，无异味，有芳香气味和令人愉快的乳酸酸味。

（3）牛奶的消毒应掌握适宜温度和时间，防止长时间过高温度消毒破坏酸乳风味。

（4）制作保健型酸牛奶应选用优良的双歧杆菌和嗜酸乳杆菌，并采用嗜热链球菌和保加利亚乳杆菌等量混合发酵，使其具有独特风味和良好口感。

（5）制作活性乳酸菌制品，必须做到所用器具要洁净无菌，制作环境要保持清洁，制作过程要严防污染。

（6）培养时注意观察，在出现凝乳后停止培养，然后转入4～5℃的低温下冷藏24h以上。合格的酸奶应在4℃条件下冷藏，可保持6～7天。

（7）后熟阶段可使酸奶达到酸度适中（pH4～4.5），凝块均匀致密，无乳清析出，无气泡，以获得较好的口感和特有风味。品尝时若出现异味，表明酸奶受到杂菌污染。

（8）应按卫生部规定进行理化和卫生指标检测。酸奶产品要求：酸度（乳酸）为0.75%～0.85%，含乳酸菌≥$1.0×10^6$个/mL，不得检出致病菌，含大肠杆菌≤40个/100mL，产品为凝块状态，表层光洁度好，具有发酵酸奶正常的风味和口感。

（9）开菲尔发酵乳的发酵温度宜控制在20～25℃，发酵时间控制在16～20h，温度过高或时间过长会产生过多乙醇，影响风味。

（10）发酵成熟的开菲尔乳应立即置冰箱冷藏（4~6℃）后熟 4~6h，以获得较好的口感和特有风味。饮用时可加入灭菌糖浆调味。

六、实验报告与思考题

1. 实验结果

（1）将黑米乳酸发酵饮料制作的全部工艺过程用简图表示，并加以标注说明。

（2）将制作保健型酸牛奶的全部工艺过程用简图表示，并加以标注说明。

（3）品尝自己制作的酸奶，判断其感官品质是否达到要求，若达不到要求，分析原因。

2. 思考题

（1）黑米汁乳酸发酵为什么要采用嗜酸乳杆菌，而不采用嗜热链球菌和保加利亚乳杆菌作为发酵用的菌株？

（2）嗜酸乳杆菌对人类机体有何生理功能？

（3）由黑米乳酸发酵原液调制而成的 A 型和 B 型乳酸饮料，各有何优缺点？

（4）牛奶经过乳酸发酵为什么能发生凝乳？

（5）为什么采用两种乳酸菌混合发酵的酸奶比单菌发酵的酸奶口感和风味更佳？

（6）为什么制作保健型酸牛奶要添加双歧杆菌和嗜酸乳杆菌？双歧杆菌对人体有何生理功能？为什么？

（7）制作保健型酸牛奶时，为什么要让双歧杆菌和嗜酸乳杆菌先培养数小时，然后再接入嗜热链球菌和保加利亚乳杆菌混合发酵？

（8）试设计一个从市售乳酸菌饮料中分离纯化乳酸菌和制作稀释型乳酸菌饮料的程序。

（9）试以大豆为原料，请你设计制作一种或多种豆乳发酵食品或饮料。

（10）为什么开菲尔发酵乳在发酵中一般不宜加入蔗糖？为什么开菲尔乳发酵温度比普通酸乳要低得多？

第六章　环境工程的微生物学实验技术

活性污泥是生化处理系统中的主体作用物质，是由细菌、菌胶团、原生动物、后生动物等微生物群体及污水中有机和无机物质组成的、有一定活力的、具有良好净化污水功能的絮凝状污泥。正常城市污水的活性污泥为黄褐色的絮绒颗粒状，粒径为 0.02～0.20mm，单位表面可达 2～10m^2/L，相对密度为 1.002～1.006，含水率在 99%以上。

活性污泥中微生物的生长、繁殖、代谢活动及微生物之间的演替情况往往直接反映污水的处理情况。因此，在操作管理中除利用物理、化学的手段来测定活性污泥的性质外，还可借助显微镜观察微生物的状态来判断废水处理的运行状况，以便及早发现异常情况，及时采取适当对策，保证水处理稳定运行，提高处理效果。

公共场所空气中微生物主要来源于人们的活动。许多致病微生物存在于空气中，特别是在湿度大，灰尘多，通风不良，日光不足的场所，细菌存活的时间较长，致病的可能性较大，因此公共场所空气的细菌学指标规定十分重要，且对空气中细菌的检验很有必要。

土壤是微生物生活的最好场所，土壤具有微生物生长所需要的各种条件。土壤中有丰富的有机物质，能为微生物提供碳源、氮源和能量。同时也有丰富的无机矿物质，为微生物的生长提供矿物养料。土壤的良好持水性保证了微生物生长繁殖所需要的水分。土壤的多孔性贮留了许多空气，能满足好气性微生物的需求。另外，土壤的酸碱度接近中性，渗透压为 3～6 大气压，与微生物生长繁殖所要求的相似。土壤中温度相对稳定。上述这些环境条件都能满足微生物生长繁殖的要求。

土壤是"微生物天然的培养基"，在这里微生物的种类最多，数量也最大，通常 1g 肥土含有几亿至几十亿个微生物。一般说来，土壤越肥沃，微生物种类和数量越多。另外，土壤表层或耕作层中及植物根附近微生物数量也较多。土壤中的微生物主要有细菌、真菌、放线菌、藻类和原生动物。对土壤中微生物的数量和组成进行测定，是环境工程微生物学的一项重要工作。

环境中有机污染物大致可分为多环芳烃（PAH）、有机染料和颜料、表面活性剂、农药、酚类和卤代烃等。根据微生物对有机物的可降解性，又可把有机物质分成三种类型：第一类是可生物降解的有机物质，如糖类、蛋白质、脂肪、核酸等；第二类是难生物降解的有机物质，如木质素、纤维素、几丁质、烃类等；第三类是不可生物降解的有机物质，如有机氯农药、多氯联苯（PCB）、塑料、尼龙等。

有机污染物的降解主要由微生物完成，微生物由于物种和代谢的多样性，在降解和转化有机污染物方面有着独特的优势。它们不仅经济、安全，而且所能处理的污染物阈值低、残留少，利用它们可以将绝大多数的有机污染物降解转化成无毒物质或矿化成二氧化碳和水。对于难降解的有机污染物，要以被污染土壤或活性污泥中的微生物为菌源，对其进行分离，筛选，纯化出高效污染物降解菌。

本章的主要内容包括：①活性污泥微生物的镜检分析；②空气卫生微生物的检验；③土壤中微生物数量和组成的测定；④污染物降解菌的分离纯化与性能测定。本章共设置 6 个实验，实验三十二至实验三十四和实验三十六为基础性实验，实验三十五和实验三十七为综合性实验。

第一节 活性污泥微生物的镜检分析

活性污泥中降解污染物的主要微生物是细菌，细菌又分为菌胶团细菌和丝状细菌。菌胶团细菌是构成活性污泥絮凝体的主要成分，有很强的生物吸附和氧化分解有机物质的能力，一旦菌胶团受到各种因素的影响和破坏，其有机物质去除能力明显下降，甚至无去除能力。

真菌在正常的活性污泥中不占优势，在细菌受到抑制环境中，真菌代替细菌而繁殖。活性污泥中的真菌多为丝状真菌，这种真菌具有分解糖类、脂肪、蛋白质及其他含氮化合物的功能，若丝状真菌显著增长，则活性污泥的沉降性能恶化，引起污泥膨胀。

活性污泥中的原生动物有肉足虫、鞭毛虫和纤毛虫 3 类。活性污泥的原生动物能够不断地摄食水中的游离细菌，起到进一步净化水质的作用。原生动物是活性污泥系统中的指示性生物，当活性污泥出现原生动物，如钟虫、等枝虫、独缩虫、聚缩虫和盖纤虫等，说明处理水质良好。图 6-1～图 6-8 为活性污泥中几种常见原生动物、后生动物的个体形态。

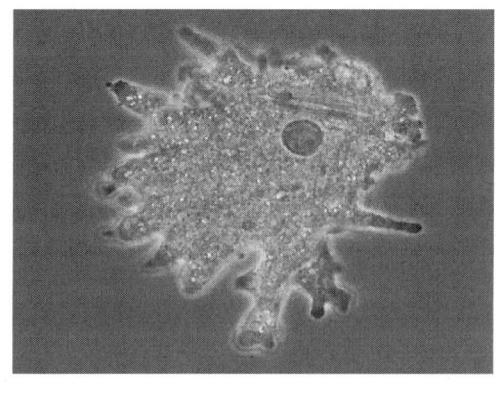

图 6-1 变形虫

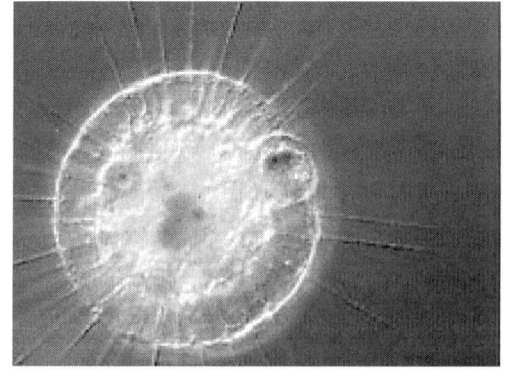

图 6-2 太阳虫

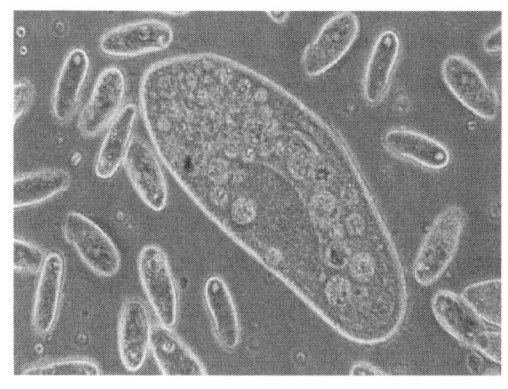
图 6-3 草履虫

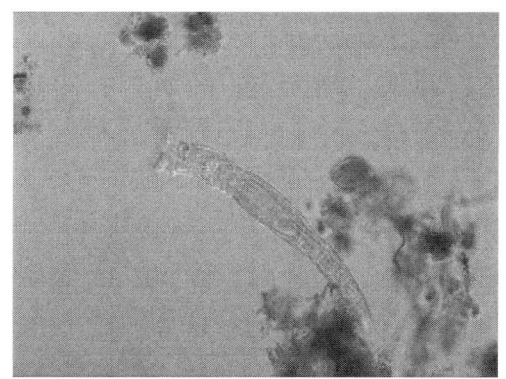
图 6-4 轮虫

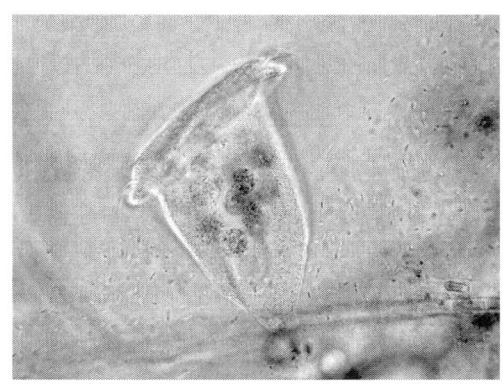
图 6-5 钟形虫

图 6-6 吸管虫

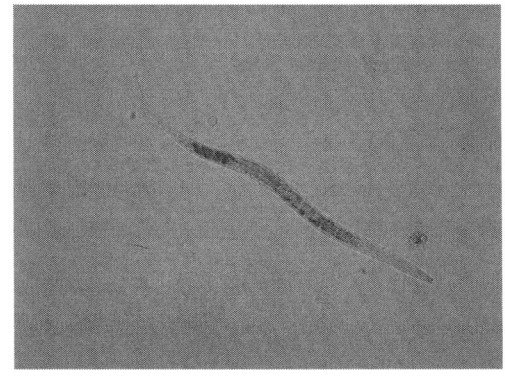
图 6-7 线虫

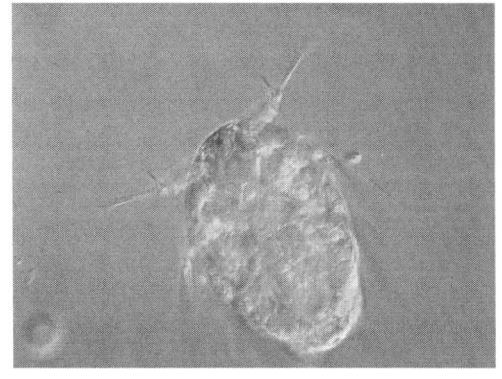
图 6-8 桡足虫

后生动物（主要有轮虫和线虫等）捕食原生动物，在运行良好的完全氧化型的活性污泥系统中出现，如氧化沟系统。轮虫的出现是水质非常稳定的标志。

实验三十二　活性污泥中菌胶团细菌、原生动物及微型后生动物的形态观察

一、目的要求

（1）观察显微镜下污泥中的菌胶团细菌、原生动物和微型后生动物的形态。
（2）了解污泥微生物的生活环境及其在污水处理过程中的指示作用。

二、基本原理

活性污泥是活性污泥法处理系统中的主体作用物质，活性污泥中栖息的微生物以好氧微生物为主，是一个以细菌为主体的群体，除细菌外，还有酵母菌、放线菌、霉菌及原生动物和后生动物。

在废水生物处理中，不论采用何种处理方法及何种工艺流程，都是通过处理系统中活性污泥或生物膜微生物的新陈代谢作用，使活性污泥具有将有机污染物转化为稳定无机物的活力，在有氧的条件下，将废水中的有机物质氧化分解为无机物质，从而达到废水净化的目的。处理后出水水质的好坏同组成活性污泥微生物的种类、数量及活性有关。

活性污泥中细菌含量一般为 $10^7 \sim 10^8$ 个/mL，原生动物数百至数千个/毫升。原生动物中以纤毛虫居多，固着型纤毛虫可作为指示生物。固着型纤毛虫如钟虫、等枝虫、盖纤虫、独缩虫、聚缩虫等出现且数量较多时，说明培养成熟且活性良好。在处理生活污水的活性污泥中存在大量的原生动物和部分微型后生动物，通过辨别认定其种属，据此可以判别处理水质的优劣，因此将微型动物称为活性污泥系统中的指示生物。

三、实验器材

（1）待测样品：活性污泥（或生物膜）样品。
（2）仪器设备：光学显微镜。
（3）其他材料：灭菌滴管、载玻片、盖玻片、微型动物计数板、镊子。

四、实验内容及操作步骤

1. 活性污泥标本片的制备

（1）制备活性污泥标本片：取活性污泥法处理系统曝气池中的混合液一小滴，放在洁净的载玻片中央（如混合液中污泥较少，可待其沉淀，取沉淀后的活性污泥一小滴放在载玻片上；如混合液中污泥较多，则应稀释后进行观察）。

（2）盖上盖玻片，即制成活性污泥压片标本片（在加盖玻片时，要先将盖玻片的一端接触水滴，然后轻轻放下，否则会形成气泡，影响观察）。

（3）制备生物膜标本片：用镊子从填料上刮取一小块生物膜，用蒸馏水稀释，制成菌液。其他步骤与活性污泥标本片的制备方法相同。

2. 显微镜观察

（1）低倍镜观察。要注意观察污泥絮凝体的大小，污泥结构的松散程度，菌胶团细菌和丝状菌的比例及生长状况，并加以记录和做必要的描述。观察微型动物的种类、活动状况，

对主要种类进行计数。

污泥絮凝体大小对污泥初始沉降速率影响较大，絮凝体大的污泥沉降快，污泥絮凝体大小按平均直径可分为 3 类：大粒污泥，絮凝体平均直径＞500μm；中粒污泥，絮凝体平均直径为 150～500μm；细粒污泥，絮凝体平均直径＜150μm。

污泥絮凝体性状是指污泥絮凝体的形状、结构、密度及污泥中丝状细菌的数量。镜检时可把近似圆形的絮凝体称为圆形絮凝体；与圆形截然不同的称为不规则形状絮凝体。絮凝体中网状空隙与絮粒外面悬液相连的称为开放结构；无开放空隙的称为封闭结构。絮凝体中菌胶团细菌排列密集，絮凝体边缘与外部悬液界限清晰的称为紧密絮凝体；絮凝体边缘界线比较清晰的称为疏松絮凝体。实践证明，圆形、封闭、紧密的絮粒相互间易于凝聚、浓缩，沉降性能良好；反之则沉降性能差。

活性污泥中丝状菌数量是影响污泥沉降性能最重要的因素，当污泥中丝状菌占优势时，可从絮凝体中向外伸展，阻碍絮凝体间的浓缩，使污泥 SV 值和 SVI 值升高，造成活性污泥膨胀。根据活性污泥中丝状菌与菌胶团细菌的比例，可将丝状菌分为 5 等：0 级，污泥中几乎无丝状菌存在；±级，污泥中存在少量丝状菌；+级，存在中等数量的丝状菌，总量少于菌胶团细菌；++级，存在大量丝状菌，总量与菌胶团细菌大致相等；+++级，污泥絮粒以丝状菌为骨架，数量超过菌胶团细菌而占优势。

（2）高倍镜观察。可进一步看清楚微型动物特征，观察时注意微型动物的外形和内部结构，如钟虫体内是否存在食物胞、纤毛环的摆动情况等。观察菌胶团细菌时，应注意胶质的厚薄和色泽、新生菌胶团细菌的比例。观察丝状菌时，注意丝状菌的生长，细胞的排列、形态和运动特征，以判断丝状菌的种类，并进行记录。

（3）油镜观察。鉴别丝状菌的种类时，需使用油镜。这时可将活性污泥样品先制成涂片再进行染色，应注意观察是否存在假分支和衣鞘，菌体在衣鞘内的空缺情况，菌体内有无储藏物质的积累和储藏物质的种类等，还可借助鉴别染色技术观察丝状菌对该染色的反应。

3. 微型动物的计数

（1）取活性污泥法处理系统曝气池混合液于烧杯内，用玻璃棒轻轻搅匀，如混合液较浓，可稀释成 1∶1 的液体后观察。

（2）取灭菌滴管 1 支（滴管每滴水的体积应预先测定，一般可选一滴水的体积为 1/20mL 的滴管），吸取搅匀的混合液，加一滴到计数板的中央方格内（图 6-9），然后加上一块洁净的大号盖玻片，使其四周刚好搁在计数板四周突起的边框上。

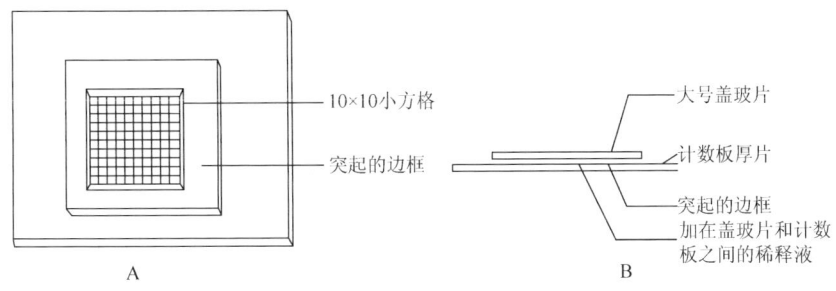

图 6-9 微型动物计数板

（3）用低倍镜进行计数。注意所滴加的液体不一定布满整个 100 小方格。计数时，只要把充有污泥混合液的小方格挨着次序依次计数即可。观察时要同时注意各种微型动物的活动能力、状态等。若是群体，则需将群体上的个别分别计数。

（4）计算。设在一滴水中测得钟虫50只，样品按1∶1稀释，则每毫升混合液中含钟虫数应为50只$\times$20$\times$2=2000只。

五、注意事项

（1）污泥混合液的浓度要适当，否则影响观察的效果。

（2）制作活性污泥压片标本片在加盖玻片时，要先使盖玻片的一边接触水滴，然后轻轻放下，否则会形成气泡，影响观察。

（3）实验过程中要仔细观察污泥絮凝体的特性、菌胶团细菌和丝状菌的生长情况及微型动物的外形和内部结构等。

六、实验报告与思考题

1. 实验结果

将观察结果填入表6-1，在符合处打"√"表示。

表6-1　活性污泥镜检记录

样品名称：　　　观察人：　　　日期：

絮凝体大小		大；中；小　平均（　　）μm
絮凝体形态		圆形；不规则形
絮凝体结构		开放；封闭
絮凝体紧密度		紧密；疏松
丝状菌数量		0；±；+；++；+++
游离细菌		几乎不见；少；多
微型动物	优势种（数量及状态）	
	其他种（种类、数量及状态）	

2. 思考题

（1）活性污泥和生物膜中微生物类群的组成对反应器处理有机废水的效率有何影响？

（2）怎样通过了解微型动物种类或数量变化来反映废水处理情况？

第二节　空气卫生微生物的检测

目前以病原体直接作为评价指标在技术上还有一定困难，所以以细菌总数作为空气微生物的评价指标，该指标能够反映空气环境受微生物污染程度及细菌在环境中的繁殖动态。空气菌落总数测定是对医院、幼托机构、公共场所等地空气监测的主要项目之一。空气中细菌检验方法常见的有撞击法、自然沉降法、过滤法及简易定量测定法。

实验三十三 空气中细菌的检测

一、目的要求

（1）掌握空气中细菌的采样方法、测定原理和测定方法。
（2）了解空气卫生微生物检验的意义。

二、基本原理

撞击法（impacting method）是采用撞击式空气微生物采样器采样，通过抽气动力作用，使空气以一定流速穿过狭缝（狭缝宽有 0.15mm、0.33mm 和 1mm 三种）被抽吸到营养琼脂平板上，经 37℃、48h 培养后，根据取样时间和空气流量算出单位空气中的含菌量。狭缝长度为培养皿的半径，平板与缝的间隙为 2mm，平板以一定的转速旋转，通常平板转动一周。根据空气中微生物的密度可调节平板转动的速度，采集含菌高的空气样品时，平板转动的速度要比含菌低的空气样品的转速快。

撞击法的特点：①能够采集浮游在空气中的微生物粒子，这种粒子可随人们的呼吸运动进入呼吸道内，因而具有卫生学意义；②采样效率高，在短时间内可采得大量空气样本，采样量准确，采样时不受粒径大小、沉降速度和气流影响，能准确地表示出空气中细菌的实际含量。因而在空气微生物检验中，它已被认为是最完善的一种方法，因此各国均采用此方法监测空气微生物含量。

自然沉降法（natural sinking method）是指直径 9cm 的营养琼脂平板在采样点暴露 5~10min，经 37℃、48h 培养后计数生长细菌菌落数的采样测定方法。此法简单，使用普遍，由于只有一定大小的颗粒在一定时间内才能降到培养基上，因此所测得微生物数量欠准确，检验结果比实际存在数量少，并且也无法测定空气量，所以仅能粗略计算空气污染程度及了解被测区微生物的种类。

过滤法是抽取定量空气通过一种液体吸收剂，然后取此液体定量培养，计数菌落数。

简易定量测定法是用无菌注射器定量抽取空气，将所取空气压入培养基内部，经 37℃、48h 培养后计算出 $1m^3$ 或 1L 空气中所含的细菌菌落数，此法简单易行。

三、实验器材

（1）培养基：营养琼脂培养基。
配方：蛋白胨 10g、牛肉浸膏 3g、氯化钠 5g、琼脂 15~20g、蒸馏水 1000mL，pH 7.2~7.4。
将各成分混合，加热溶解，校正 pH7.4，如有少量沉淀可过滤，于 121℃高压灭菌 15min。用自然沉降法测定时，倾注约 15mL 于灭菌培养皿内，制成营养琼脂平板，平板冷凝后，翻转于 37℃、24h 培养后证实无菌方可用于检测。
（2）仪器设备：高压蒸汽灭菌器、干热灭菌器、恒温培养箱、冰箱、空气微生物采样器、水浴锅、电炉、电子天平。
（3）其他材料：培养皿、量筒、锥形瓶、酒精灯等。

四、实验内容及操作步骤

1. 撞击法
（1）选择有代表性的位置设置采样点。用采样器灭菌，按仪器使用说明进行采样。
（2）样品采完后，将带菌营养琼脂平板置（36±1）℃恒温箱中培养48h。
（3）计数菌落数，并根据采样器的流量和采样时间，换算成1m³空气中的菌落数。以cfu/m³报告结果。

2. 自然沉降法
（1）采样。设置采样点时，应根据现场大小选择有代表性的位置作为空气细菌检测的采样点，通常设置5个采样点，即室内墙角对角线交点为1个采样点，该交点与4墙角连线的中点为另外4个采样点。采样高度为1.2~1.5m。采样点应远离墙壁1m以上，并避开空调、门窗等空气流通处。
（2）将营养琼脂平板置于采样点处，打开皿盖，暴露5min，盖上皿盖，翻转平板，置（36±1）℃恒温箱中培养48h。
（3）计数每个平板上生长的菌落数，求出全部采样点的平均菌落数。
（4）计算。奥梅梁斯基认为：在面积为100cm²琼脂培养基表面上，5min降落的细菌数经37℃培养24h后所生长的菌落数和10L空气中所含的细菌数相当。根据奥氏公式：

$$X = \frac{N \times 100 \times 100}{\pi r^2}$$

式中，X表示1m³空气中的细菌个数；N表示5min降落在平板上，经37℃培养24h后所生长的菌落数；r表示培养皿底半径。

经测定发现，用奥式公式计算的浮游细菌数比实测的浮游细菌少，原因是此公式要考虑尘埃粒子大小、数量，气流情况，人员密度和活动情况。

3. 过滤法
（1）将无菌的液体培养基或无菌水与真空泵相连，以每分钟10L速度取空气样品并剧烈振荡，使阻留在液体中的气溶胶或微生物均匀分散。
（2）吸取上述含菌吸收液1mL与熔化并冷却到45℃左右的营养琼脂培养基做倾注培养，同时做3个平行实验，置37℃恒温箱中培养48h，计算平均菌落数。根据公式计算：

$$X = \frac{1000 \times V_s \times N}{V_a}$$

式中，X表示1m³空气中的细菌数；V_s表示吸收液体积，mL；V_a表示空气过滤量，L；N表示1mL液体培养基中的细菌数。

4. 简易定量测定法
（1）将无菌固体培养基熔化，在50℃水浴中保温备用。
（2）用50~100mL无菌注射器抽取待测环境空气20~100mL。
（3）在无菌操作下，取已熔化培养基倒入无菌培养皿中，培养皿稍倾斜，将注射器插入培养基深处，缓慢将空气压入培养基内，轻轻摇匀以消除气泡。待培养基凝固，置于30℃恒温箱中培养3天后统计菌落数量，推算1L空气所含菌量，通过菌落形态定性微生物。统计霉菌数量时培养时间稍许延长，应用此法需多做平行实验，求其平均值以提高准确性。

五、实验注意事项

（1）采样前，采样器要进行灭菌处理。

（2）设置采样点时，应根据现场大小选择有代表性的位置作为空气细菌检测的采样点，采样点数量要符合要求，采样高度离地面120～150cm。

六、实验报告与思考题

1. 实验结果

将实验结果填入表6-2。

表6-2 空气中微生物测定结果

采样点	培养皿菌落数	培养皿平均细菌菌落数	采样流量/(L/min)	采样时间/min	$1m^3$空气中的菌落数/(cfu/m^3)	培养皿平均面积/cm^2	培养皿暴露空气中的时间/min
1							
2							
3							
4							
5							

2. 思考题

（1）比较撞击法和自然沉降法的原理和特点，两种方法获得的监测结果有无可比性，能否互相换算？

（2）为什么撞击法更具有卫生学意义？

第三节 土壤中微生物数量和组成的测定

土壤微生物以细菌最多，通常占土壤微生物总数量的70%～90%，主要是腐生性的，少数是自养性的。细菌虽小，但数量多，因此生物量高。所谓生物量，是指单位体积中活细胞的质量。据估计，土壤中细菌的生物量，若以每亩[1]半尺深耕作层的土壤重30万斤[2]计，则每亩土壤的这一深度内细菌的活重为180～460斤。以土壤有机物质含量为3%计算，则土壤所含细菌的干重为土壤有机物质的1%左右，占土壤质量的3/10 000左右。由于它们个体小，

---

[1] 1亩≈666.67m^2

[2] 1斤=500g

数量大，与土壤接触的表面积特别大，成为土壤中最大的生命活动面，也是最活跃的生活因素，时刻不停地与周围环境进行着物质交换。

土壤类型、土层深度、季节、降水量、土壤反应、耕作制度等都对细菌的分布和活动产生影响。一般来说，富含有机物质的黑钙土比有机物质缺乏的灰化土含有的细菌要多。表层土中的细菌数目和种类也都比深层土中多。特别是硝化细菌、纤维分解菌和非共生固氮菌等更是随土层深度的增加而急剧减少。土壤中有机物质的矿化以春秋两季最甚，因而菌数也会相应增加。土壤中含有的空气和水分是对立的，降雨量过多，阻碍通气，好氧性细菌的数量会减少。土壤过酸或过碱对很多细菌的生长都是不利的。耕作可以改善土壤中空气和水的状况，促进好氧性菌的活动，有利于有机物质的分解。

因此，土壤是微生物多样性的重要场所，是发掘微生物资源的重要基地，可以从中分离、纯化得到许多有价值的菌株。用不同的培养基可从土壤中分离到不同类型的微生物。

实验三十四　土壤中微生物的分离和计数

一、目的要求

（1）掌握从样品中分离不同种类的微生物，并进行活菌计数。
（2）观察来自土壤的几类微生物的菌落形态特征，并判断菌的类型。
（3）设计实验方案分离目的菌，并通过后续实验作出初步鉴定。

二、基本原理

1. 土壤微生物的分离纯化

自然条件下的微生物往往是不同种类微生物的混合体。为了研究某种微生物的特性或者要大量培养和使用某种微生物，必须从这些混杂的微生物群落中获得纯培养物，这种获得纯培养物的方法称为微生物的分离与纯化。

分离土壤微生物常用的方法有稀释平板分离法和划线分离法。根据不同的材料，可以采用不同方法，但最终目的是要在培养基上出现欲分离微生物的单菌落，必要时再对单菌落进一步分离纯化。在用稀释平板法分离微生物时，还可以同时测定待分离微生物的数量。

2. 土壤微生物的菌落及培养特征

（1）土壤微生物的菌落特征。在固体平板培养基上，单个微生物细胞或孢子生长繁殖可以形成一个具有特定形状的菌落。在一定的培养基上和培养条件下，微生物的菌落特征是稳定的，因此，通过菌落的观察可以识别细菌、放线菌、酵母菌和霉菌等几大类微生物。菌落的基本特征包括菌落形状、大小、边缘、隆起状和颜色等。

（2）土壤微生物的培养特征。微生物的培养特征是指微生物培养在培养基上所表现出来的群体形态和生长情况。一般可用斜面、液体和半固体培养基来检验不同微生物的培养特征。它们培养在斜面培养基上，可以呈丝线状、刺毛状、串珠状、舒展状、树枝状或假根状等。生长在液体培养基内，可以呈浑浊、絮状、黏液状，形成菌膜、底部显沉淀状等。穿刺接种在半固体培养基中，可以沿穿刺线向四周蔓延，或仅沿穿刺线生长，也可上层生长好，甚至连成一片，底部很少生长，或底部长好，上层不生长。

三、实验器材

（1）土壤采样用品：挖坑采土用的铲子或开口土钻各一把，混合土样用的灭菌硫酸纸或牛皮纸（50cm×50cm），盛土样用的干净聚乙烯袋、布袋、木盒、纸盒、铝盒等，捆样品袋和标签用的细麻绳，记录用的标签纸和记录本，背包，卷尺，剖面刀等。

（2）培养基：淀粉琼脂培养基（高氏Ⅰ号琼脂培养基）、牛肉膏蛋白胨琼脂培养基、马丁氏琼脂培养基、查氏琼脂培养基、普通琼脂培养基的斜面和平板。

（3）溶液：10%酚液。

（4）其他材料：盛9mL无菌水的试管、盛90mL无菌水并带有玻璃珠的锥形瓶、无菌玻璃涂棒、无菌吸管、接种环、无菌培养皿、链霉素和土样、显微镜、血细胞计数板、涂布器、接种环、接种针、接种钩等。

四、实验内容及操作步骤

1. 土壤样品的采集

大自然土壤分布的情况比较复杂，土壤之间也有差异，所以土壤样品的采集必须选择有代表性的地点和有代表性的土壤类型。土壤样品的采集时间与土壤微生物数量变化有很大关系。土壤微生物数量因季节的变化而不同，也因雨季、旱季的变化而不同。

（1）准备采集土壤样品的用品。

（2）记录采样日期、采样地点（包括地理位置、海拔、坡度、向阳程度、降雨量、年平均温度和温差）、土类（包括土壤类型、采样方法和深度）、植物（包括草本、木本植物名称，年龄，各占比例数，植被等。如是耕作土壤，写明现在作物名称，去年和前几年的作物名称）。

（3）在划定采样范围内，根据采样范围内地块面积的大小、土壤水分、肥力状况、植被、地块形状等特征，可采用蛇形取样法、棋盘法和对角线法布设样点进行采集。一般为5~15个点。采样点的布设不要过于集中，布点均匀，每点取样量应大体一致。采样方法为在确定的取样点上，先除去上面的枯枝落叶层和表层土，用铲子斜向下切取一片土壤样品，混合均匀，装入袋中。

2. 制备土壤稀释溶液

（1）将土样从容器中取出，倾入无菌的搪瓷盘，用消毒镊子挑除杂物、石块等，摊成薄层分成4等分，取对角线部分混合作为新鲜样品，再以四分法取样，重复多次最后取50~100g放入无菌瓷钵中研细备用。

（2）无菌操作称取研细土样10g，放入盛有90mL无菌水并带有玻璃珠的锥形瓶，振动约20min，使土样与水充分混合，将细胞分散。用一支1mL无菌吸管从中吸取1mL土壤悬液加入盛有9mL无菌水的大试管中充分混匀，然后用无菌吸管从此试管中吸取1mL加入另一个盛有9mL无菌水的试管中，混合均匀，以此类推制成10^{-1}、10^{-2}、10^{-3}、10^{-4}、10^{-5}、10^{-6}不同稀释度的土壤溶液，如图6-10所示。

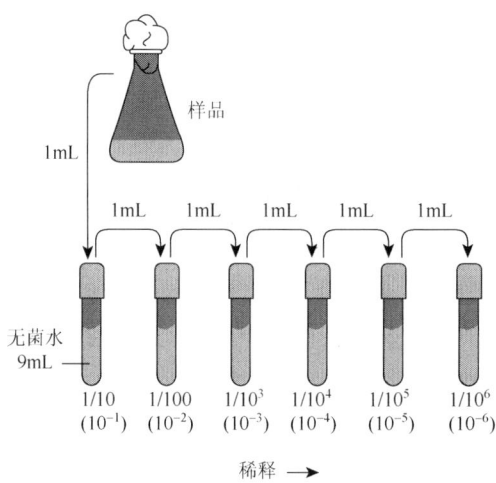

图 6-10　土壤稀释液的制备

3. 稀释平板分离法

（1）涂布。将高氏Ⅰ号琼脂培养基、牛肉膏蛋白胨琼脂培养、马丁氏琼脂培养基的各 3 个平板底面分别用记号笔写上 10^{-4}、10^{-5}、10^{-6} 三种稀释度，然后用无菌吸管分别由 10^{-4}、10^{-5}、10^{-6} 三管土壤稀释液中各取 0.1mL 对号放入已写好稀释度的平板中，用无菌玻璃涂棒在培养基表面轻轻涂布均匀，室温下静置 5~10min，使菌液吸附进培养基。

（2）培养。将高氏Ⅰ号琼脂培养基平板和马丁氏琼脂培养基平板倒置于 28℃温室中培养 3~5 天，牛肉膏蛋白胨琼脂平板倒置于 37℃温室中培养 2~3 天。

（3）计数。待菌落长出后进行计数，按公式计算每克干土中的菌数，即

$$1\text{g 干土中的菌数} = \frac{\text{同一稀释度平板上菌落平均数} \times 10 \times \text{稀释倍数}}{\text{土壤样品的质量}}$$

（4）挑菌落。将培养后长出的单个菌落分别挑取少许细胞接种到上述 3 种培养基的斜面上，分别置 28℃和 37℃培养，待菌苔长出后，检查其特征是否一致，同时将细胞涂片染色后用显微镜检查是否为单一的微生物。若发现有杂菌，需要再一次进行分离、纯化，直到获得纯培养物。

4. 平板划线分离法

（1）倒平板。按稀释涂布平板法倒平板，并用记号笔标明培养基名称、土样编号和实验日期。

（2）划线。在近火焰处，左手拿皿底，右手拿接种环，挑取 10^{-1} 的土壤悬液一环在平板上划线。划线的方法很多，但无论采用哪种方法，其目的都是通过划线将样品在平板上进行稀释，使之形成单菌落。常用的划线方法有下列两种。

1）用接种环以无菌操作挑取土壤悬液一环，先在平板培养基的一边做第一次平行划线 3 或 4 条，再转动培养皿约 70°角，并将接种环上剩余物烧掉，待冷却后通过第一次划线部分做第二次平行划线，再用同法通过第二次平行划线部分做第三次平行划线和通过第三次平行划线部分做第四次平行划线（图 6-11A）。划线完毕后，盖上皿盖，倒置于温箱培养。

2）将挑取有样品的接种环在平板培养基上做连续划线（图 6-11B）。划线完毕后，盖上皿盖，倒置温室培养。

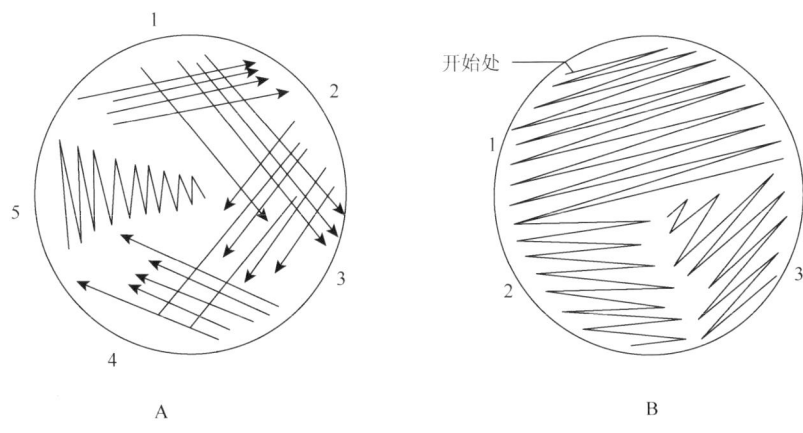

图 6-11 划线分离示意图

(3) 挑菌落。同稀释涂布平板法,一直到分离的微生物纯化为止。

五、实验注意事项

(1) 土壤样品的采集必须选择有代表性的地点和有代表性的土壤类型,采样点的布设要均匀,每点取样量应大体一致。
(2) 涂布平板用的土壤稀释液取 0.1mL 较为合适。如果菌液量过多,培养后不易形成单菌落。
(3) 涂布时要将整个平板涂布均匀,使培养后菌落均匀分散。
(4) 连续划线分离时,接种环要在平板上迅速划动,但注意勿划破培养基。

六、实验报告与思考题

1. 实验结果

将实验结果填入表 6-3。

表 6-3 土壤中分离到的微生物及其数量

	细菌菌落数	霉菌菌落数	酵母菌落数	放线菌菌落数
平板 1				
平板 2				
平板 3				
平均数				

2. 思考题

(1) 在平板划线法中,为什么每次都需将接种环上的剩余物烧掉?
(2) 如何确定你所得到的单菌落是否是纯种?
(3) 根据哪些菌落特征可区分细菌、放线菌、霉菌?

第四节 污染物降解菌的分离纯化与性能测定

以被污染土壤或活性污泥中的微生物为菌源,对其进行分离、筛选,纯化出高效污染物降解菌的步骤如下。

1. 采集菌样

根据对筛选的目的、微生物的分布概况、菌种的主要特征与外界环境关系等进行综合具体分析来决定采样地点。由于在土壤中几乎可以找到任何微生物，因此土壤往往是首选的采集目标。采样中必须考虑到的几个问题包括土壤中有机物质的含量、采土的深度、植被情况、采土的季节、采土的方法等。

一般有机物质含量高的土壤，微生物数量也多。在离地面5~20cm处的土坡，微生物含量最高。选择好适当地点后，用小铲子除去表土，取5~20cm处的土样几十克，盛入事先灭菌的防水纸袋内，并记录采土时间、地点和植被等情况，采好的土样应尽快分离。在采土的时候，一个地区采土的点不能太少，否则就不能代表该地区的微生物类群。

另外，活性污泥中的微生物种类和数量也很多，可采集处理含污染物废水的活性污泥，从中筛选、驯化高效污染物降解菌。

2. 富集培养

如果要筛选的菌种在试样中含量极低，那么在采集含菌样品后，还应进行富集培养（enrichment culture），然后才能进行纯种分离。

富集培养又称增殖培养，就是利用选择性培养基的原理，在所采集的土壤等含菌样品中加入某特殊营养物，并创造一些有利于待分离对象生长的条件，使样品中少数能分解利用这类营养物的微生物大量繁殖，从而有利于分离它们。

根据微生物的营养特性可知，如果自然菌样中含有某一物质较多，则其中含有能分解这一物质的微生物一般也较多。如果原有菌中这类微生物不多，则可人为地加入相应的基质以促使它们的生长繁殖。例如，通常可在土壤中加入一些石油，以促使其中多数能利用石油作碳源的微生物的数量剧增。

3. 纯种分离

通过纯种分离，可把退化菌种细胞群体中一部分仍保持原有典型性状的单细胞分离出来，经过扩大培养，就可恢复菌株的典型性状。常用的分离纯化方法很多，大体上可将它们归纳成两类：一类较粗放，一般只能达到"菌落纯"的水平，即从种的水平来说是纯的。例如，利用在琼脂平板上进行划线分离、表面涂布或与尚未凝固的琼脂培养基混匀后再浇注并铺成平板等方法以获得单菌落；另一类是较精细的单细胞或单孢子分离方法，可以达到细胞纯，即"菌株纯"的水平。这类方法的具体操作很多，既有利用简便的培养皿或凹载玻片等作分离小室的方法，也有利用复杂的显微操纵装置进行分离的方法。如果遇到不长孢子的丝状真菌，可用无菌小刀切取菌落边缘稀疏的菌丝尖端进行分离移植，也可用无菌毛细管插入菌丝尖端，以截取单细胞进行纯种分离。

纯种的验证主要依赖于显微镜观察，从单个菌落（或斜面培养物）上取菌少许进行各种制片操作，在显微镜下观察细胞的形状、大小及排列情况，革兰氏染色反应，鞭毛的着生位置和数目，芽孢的有无，芽孢着生的部位和形态，细胞内含物等是否相同及个体发育过程中形态的变化规律，以此来确认所分离的微生物是否为一纯种。

4. 性能测定

分离后获得纯种是筛选工作的第一步，要想得到较为理想的生产和科研用菌，还需进行一系列有关的性能测定，通过比较筛选出性能稳定，适应范围宽，符合生产要求的高效菌株。

5. 初步工艺条件摸索

筛选出的功能菌必须进行初步工艺条件摸索，以指导其更好地应用于生产实践。

6. 菌种的系统分类鉴定等实验

一般来说，首先根据纯种的个体形态和群体形态推断出其大致所属的门类或科、属，再进行某些必要的生理生化实验，根据反应结果对照有关的微生物分类检索表，查出该菌可能的属、种。这一过程最好有在分类学上较近似的已知菌作对照，以增加判断的准确性。但是，由于自然环境的改变，往往使微生物的某些特性发生或多或少的变化，导致分类鉴定工作复杂化。

筛选获得理想的高效菌种后，还要防止菌种衰退和进行复壮工作。

在生物进化过程中，遗传性的变异是绝对的，而它的稳定性反而是相对的；退化性的变异是大量的，而进化性的变异却是个别的。在自然情况下，个别的适应性变异通过自然选择可保存和发展，最后成为进化的方向。在人为条件下，人们也可以通过人工选择法有意识地筛选个别的正突变体用于生产实践中。相反，如不自觉认真地去进行人工选择，大量的自发突变菌株就会泛滥，最后导致菌种的衰退。在实践中，有关防止菌种衰退和进行复壮工作已积累了很多经验，如控制传代次数、创造良好的培养条件、利用不同类型的细胞进行接种传代、采用有效的菌种保藏方法等。

实验三十五　表面活性剂降解菌的富集、分离及降解能力测定

一、目的要求

（1）了解表面活性剂降解菌富集、分离及降解能力测定的方法。
（2）了解不同起始浓度表面活性剂（LAS）对微生物降解度的影响

二、基本原理

表面活性剂是合成洗涤剂的有效成分，目前应用较多的是直链型烷基苯磺酸盐类（LAS）。研究表明，环境中表面活性剂的降解几乎是靠微生物的作用，但微生物的降解能力受菌株类型、表面活性剂浓度及其他多种物理化学因素影响。本实验从洗涤剂厂废水排放口的污泥（或附近土壤）、城市污水处理厂曝气池活性污泥或消耗洗涤剂较多的印染厂废水生物处理系统中，提取、富集、分离降解菌，研究其降解能力，并考查不同起始浓度LAS对微生物降解度的影响。

三、实验器材

（1）菌源：受表面活性剂污染的土样或泥样。
（2）牛肉膏蛋白胨培养基：牛肉膏 3g/L、蛋白胨 10g/L、NaCl 5g/L，pH7.0～7.2，121℃灭菌 20min。
（3）降解菌分离及培养用培养基：蛋白胨 5g/L、NH_4NO_3 5g/L、K_2HPO_4 1g/L、KH_2PO_4 1g/L、NaCl 5g/L、表面活性剂（$C_{18}H_{29}SO_3Na$）0.5g/L，pH6.7～7.2，121℃灭菌 20min。
（4）降解培养基：蛋白胨 5g/L、NH_4NO_3 5g/L、K_2HPO_4 1g/L、KH_2PO_4 1g/L、NaCl 5g/L、

表面活性剂（$C_{18}H_{29}SO_3Na$）为不同浓度，pH6.7～7.2，121℃灭菌20min。

（5）美蓝溶液：美蓝 0.03g/L、分析纯浓 H_2SO_4 6.8mL/L、$NaH_2PO_4·2H_2O$ 50g/L。

（6）洗涤液：分析纯浓 H_2SO_4 6.8mL/L、$NaH_2PO_4·2H_2O$ 50g/L。

（7）仪器设备：恒温摇床、分光光度计、离心机、150mL锥形瓶、250mL分液漏斗、容量瓶、移液管、1000mL烧杯、脱脂棉等。

四、实验内容及操作步骤

1. 表面活性剂降解菌的富集

取城市污水处理厂曝气池混合液 100mL，于烧杯中用水稀释至 1000mL。第一周向污水中加入牛肉膏蛋白胨培养基和表面活性剂 $C_{18}H_{29}SO_3Na$，牛肉膏蛋白胨培养基的浓度为原浓度 1/10，表面活性剂 $C_{18}H_{29}SO_3Na$ 的浓度为 50mg/L，放置在有阳光的地方，经常搅拌；第二周加入牛肉膏蛋白胨培养基浓度为原浓度 1/20 和 $C_{18}H_{29}SO_3Na$ 100mg/L；第三周加入牛肉膏蛋白胨培养基浓度为原浓度 1/40 和 $C_{18}H_{29}SO_3Na$ 200mg/L；第四周不加入牛肉膏蛋白胨培养基，只加入 $C_{18}H_{29}SO_3Na$ 400mg/L。放置 1 周，待用。

2. 表面活性剂降解菌的分离

（1）在降解菌分离及培养用培养基中加入 16g/L 的琼脂后灭菌倒平板。

（2）取上述富集后溶液进行平板划线分离，37℃培养 24h。

（3）挑选长势良好的单菌落进行平板划线分离，37℃培养 24h。

（4）观察和记录特征，并接种于已灭菌的 100mL 降解菌分离及培养用培养基中，置恒温摇床，180r/min，恒温（32±2）℃振荡培养 48h，使菌数达约 10^8cfu/mL。

（5）4000r/min 离心 30min，弃去上清液，留下菌体沉淀，加入一定量的无菌水或生理盐水，制成菌悬液，即为所分离的表面活性剂降解菌的菌悬液，备用。

3. 降解菌对表面活性剂的降解

（1）在降解培养基中，分别加入 40mg/L、80mg/L、120mg/L、160mg/L、200mg/L、240mg/L、280mg/L 的 $C_{18}H_{29}SO_3Na$，各种浓度分别配制成 100mL 溶液，各配制两份，其中一份用于未接种，另一份用于接种，

（2）在用于接种的一份降解培养基中，加入上述表面活性剂降解菌菌悬液 10mL，菌悬液初始浓度达 10^5～10^6cfu/mL。

（3）未接种的和接种的各两份降解培养基同时置于恒温摇床，180r/min，恒温（32±2）℃振荡培养 48h。

（4）4000r/min 离心 30min，留上清液。该上清液即为表面活性剂降解菌降解溶液，待测。

4. 降解菌降解能力的测定

（1）工作曲线的绘制。

1）配制 5 种 $C_{18}H_{29}SO_3Na$ 标准溶液各 100mL：①0；②0.2mg/L；③0.5mg/L；④1.0mg/L；⑤2.0mg/L。

2）取其中一种标准溶液 100mL 进行提取、洗涤、再提取、定容。

a. 提取：将 100mL 标准溶液加入到 250mL 分液漏斗中，用 H_2SO_4 调至微酸性。加美蓝溶液 25mL，加三氯甲烷 10mL，猛烈振荡后静置分层，将三氯甲烷层排入小烧杯中，如前连续提取 3 次。

b. 洗涤：将提取液转入到另一 250mL 分液漏斗中，加入 50mL 洗涤液，猛烈振荡后静置分层，用脱脂棉滤去分液漏斗下口的水分，将三氯甲烷层排入 50mL 容量瓶中。

c. 再提取：在该分液漏斗中再次加入三氯甲烷 6mL，猛烈振荡后静置分层，将三氯甲烷层排入前已有三氯甲烷的 50mL 容量瓶中，如前连续提取 3 次。

d. 定容：用三氯甲烷定容至 50mL。

3）其他 4 种 $C_{18}H_{29}SO_3Na$ 标准溶液同前分别进行提取、洗涤、再提取、定容。

4）将提取、定容后的 $C_{18}H_{29}SO_3Na$ 标准溶液，以三氯甲烷为空白，用同一台分光光度计在 653nm 处测定吸光度，以溶液浓度（mg/L）为横坐标，以吸光度 A 为纵坐标，绘制工作曲线。

（2）表面活性剂降解菌降解溶液中 $C_{18}H_{29}SO_3Na$ 浓度的测定：分别取表面活性剂降解菌降解溶液 1～10mL，具体的量以最终测定的吸光度在工作曲线的区间内为准，定容至 100mL，同工作曲线绘制的方法，分别进行提取、洗涤、再提取、定容，并测定其在 653nm 处吸光度 A。根据公式计算降解后溶液表面活性剂浓度 C：

$$C(mg/L) = \frac{A_{653} \times 100}{\text{工作曲线斜率} \times \text{降解溶液容积(mL)}}$$

5. 表面活性剂降解菌降解度 D 的计算

$$D = \frac{C_{\text{未接种}} - C_{\text{接种}}}{C_{\text{未接种}}} \times 100\%$$

式中，$C_{\text{未接种}}$ 表示降解溶液未接种溶液表面活性剂 $C_{18}H_{29}SO_3Na$ 的浓度；$C_{\text{接种}}$ 表示降解溶液接种溶液表面活性剂 $C_{18}H_{29}SO_3Na$ 的浓度。

五、实验注意事项

（1）表面活性剂降解菌富集过程中，牛肉膏蛋白胨培养基的浓度要逐渐减少，表面活性剂 $C_{18}H_{29}SO_3Na$ 的浓度逐渐增加，使降解菌逐步适应新的生长环境而富集。

（2）菌源要选择受表面活性剂污染的土壤或污泥。

（3）测定表面活性剂浓度时用到三氯甲烷要在通风橱里操作，三氯甲烷废液要按规定进行回收处理，切勿倒入下水道。

六、实验报告与思考题

1. 实验结果

将实验结果填入表 6-4 中。

表 6-4 表面活性剂降解菌对不同浓度表面活性剂的降解情况

表面活性剂被降解后浓度（接种）/（mg/L）
对照组浓度（未接种）/（mg/L）
表面活性剂降解率/%

2. 思考题

（1）为什么要取表面活性剂污染的土壤或污泥作为菌源？

（2）表面活性剂降解菌富集过程中应注意哪些事项？

实验三十六　酚降解菌的驯化、分离及性能测定

苯酚及其衍生物对人和动植物的毒性很强，是我国优先控制的污染物之一。含酚废水主要来源于造纸、炼油、合成纤维、合成橡胶、农药等行业中，是工业排放废水中主要有害污染物的组成成分。筛选出能有效降解苯酚等有毒有害难降解污染物的优良菌株，在废水的生物处理工程中是非常重要的。

一、目的要求

（1）了解微生物在苯酚降解中的作用。
（2）掌握微生物驯化的方法。
（3）掌握苯酚的测定方法。

二、基本原理

驯化是通过人工方法使微生物逐步适应某种特定条件，以获得具有较高耐受力及活力菌株的一种定向选育方法。驯化方法很多，使用最多的是以被降解物作为唯一碳源和能源，并在逐步提高该污染物浓度的情况下经多代传种获取高效降解菌。

三、实验器材

（1）菌源：受酚污染的土样或泥样。
（2）培养基：$MgSO_4·7H_2O$ 0.02%、$CaCl_2$ 0.01%、NH_4NO_3 1滴、KH_2PO_4 0.05%、K_2HPO_4 0.05%、$MnSO_4·H_2O$ 0.02%、10%$FeCl_2$溶液微量、苯酚0.05%~0.20%、蒸馏水1000mL，调节pH至7.5，121℃高压蒸汽灭菌20min。

分别配制4种含不同苯酚浓度的培养基，分装于500mL锥形瓶，每瓶装250mL，不同苯酚浓度标记清楚，121℃高压蒸汽灭菌20min，备用。

（3）试剂：4mol/L氨水、2% 4-氨基安替比林、20%吐温-80、16%铁氰化钾。
（4）仪器设备：恒温振荡器、移液管、漏斗、接种环、试管等。

四、实验内容及操作步骤

（1）接种：取土壤或泥样1g接入含苯酚浓度为500mg/L的培养基中，共接2瓶。一瓶在28~30℃下进行振荡培养；另一瓶置4℃冰箱不培养。

（2）检查：经24h培养后，将培养与不培养的锥形瓶同时取出，摇匀，静置，待泥沙沉降后，再按如下步骤进行检查。

1）培养液浑浊度。用肉眼比较，如培养瓶中液体浑浊度高说明已有菌增殖。

2）苯酚的消失。取少量培养液与未培养液分别过滤，各取0.5mL过滤液至2支小试管中。再按顺序加入下列试剂：4mol/L氨水1滴、2% 4-氨基安替比林1滴、20%吐温-80 2滴、16%铁氰化钾1滴。培养液中如含苯酚则呈红色，为阳性结果；如不含苯酚则呈微黄色，为阴性结果，表示培养基中的苯酚已被解酚菌降解。

(3) 一次传代：取经上述检查证实有解酚菌生长的培养液（母菌液）2.5mL，接种入含苯酚浓度为 1g/L 的 250mL 培养基中，重复上述培养与检查。接种后剩余母菌液存入冰箱，以备与下代培养物进行比较。

(4) 二次至多次传代：经检查证实，有菌生长的一次传代培养液接入含苯酚浓度更高的培养基中继续进行驯化培养，约至 2g/L 苯酚浓度时，选取耐酚力和解酚力皆高的菌株。

(5) 划线分离：用接种环蘸取一环已驯化好的菌液在无机盐含酚琼脂培养基上划线分离，经 28～30℃保温培养 48h 后，挑取平板上的单菌落接至试管斜面或再经划线分离，可获得解酚菌的纯种。

五、注意事项

(1) 菌源要取受酚污染的土壤或污泥，这样接种到含酚培养液中后菌才能生长。

(2) 若受酚污染的土壤或污泥中的菌耐酚力和解酚力不够，在初次接种时，可适当降低培养液中的酚浓度，再逐渐增加培养液中的酚浓度。

六、实验报告与思考题

1. 实验结果

将实验结果填入表 6-5。

表 6-5 微生物对苯酚的降解情况

检查项目	28～30℃振荡培养	4℃冰箱不培养
培养液浑浊度		
是否含苯酚		

2. 思考题

(1) 实验结果说明了什么问题？
(2) 比较各代培养液中菌体增殖及苯酚消失的情况。

实验三十七　光合细菌的分离纯化及对有机废水的处理

一、目的要求

(1) 掌握从高浓度有机废水或污泥中采样、富集、分离和纯化光合细菌的方法。
(2) 了解培养兼性光能异养型细菌的培养基和培养方法。
(3) 了解光合细菌在废水处理中的作用。
(4) 掌握光合细菌的形态、特征和降解有机物质的特点。

二、基本原理

光合细菌是地球上最早出现的具有原始光能合成体系的原核生物，能充分以光能和各种有机物质为营养源进行繁殖。它们广泛分布在海洋、湖泊、江河、水田、土壤、污泥等各个角落，一般呈球形、卵形、弧形、杆形、环形、螺旋形、半环形、丝形等。

光合细菌由 4 个科组成：①着色菌科（红硫菌科，又称红色或紫色硫细菌）；②绿菌科（又称绿硫细菌）；③红螺菌科（又称红色或紫色非硫细菌）；④绿色屈挠菌科（又称滑行丝状绿色硫细菌）。

前两个科的光合细菌均为厌氧光合细菌，但着色菌科细菌的硫黄颗粒在胞内，而绿菌科细菌的硫黄颗粒却在胞外，两者都能以 CO_2 作为唯一或主要的碳源，以 H_2S 作为光合反应的供氢体，能源来自日光，属光能无机自养型。

后两科的光合细菌都能利用各种有机碳化合物为碳源和光合反应的供氢体，能源来自日光，属光能有机异养型。它们在厌氧和光照条件下，通过厌氧光合磷酸化产生能量，并在复合培养基上迅速生长（在黑暗的厌氧条件下不能进行生长），为明显的光合异养型，而红螺菌科细菌在暗处有氧条件下，通过氧化磷酸化作用提供 ATP 进行生长。滑行丝状绿色硫细菌在有氧条件下，无论光照或黑暗，在复合培养基上都能很好生长。故两者也属兼性化能自养生物。两科中的某些种也能在只有 CO_2 和 H_2S 情况下进行光能自养生长。

研究结果表明，光合细菌的降解活性不受污水中氧浓度的限制，能大量分解吸收氨、氮和硫化氢等有害物质。光合细菌在处理有机废水方面还具有占地少、投资小、能耗低、设备简单、可直接处理高浓度有机废水、不造成二次污染、不存在污泥处置难题等优点。

三、实验器材

（1）菌源：高浓度有机废水污染的污泥。

（2）红螺菌科细菌分离和增殖培养基：NH_4Cl 0.1g、$MgCl_2$ 0.02g、酵母膏 0.01g、K_2HPO_4 0.05g、NaCl 0.2g、琼脂 2g、蒸馏水 100mL，121℃灭菌 20min。灭菌后，以无菌操作加入经过滤除菌的 0.5g/5mL $NaHCO_3$，再无菌加入过滤除菌的 0.1g 或 0.1mL $Na_2S·9H_2O$（降低培养基的氧化还原值），最后再加 5mL 经过滤除菌的乙醇、戊醇或 4%丙氨酸。用过滤灭菌的 0.1mol/L H_3PO_4 调 pH 至 7.0。

（3）仪器设备：厌氧光合培养装置。

（4）其他材料：玻璃圆桶标本缸、稀释分离用的无菌水、无菌培养皿、移液管、玻璃涂棒等。

四、实验内容及操作步骤

1. 采样

红螺菌科细菌广泛分布于高浓度有机废水中，可在柠檬酸发酵厂、味精厂、抗生素发酵厂、豆腐工场、洗羊毛工场等地任选择一废水直接排放口，用无菌铲子直接取生长有光合细菌的底泥 50～100g，装入透明的玻璃圆桶标本缸内，再取上述有机废水 100mL 加入标本缸内，带回实验室。采样时记录地点、日期、水温、pH、是否有 H_2S 等气味。

2. 富集培养

4 个科的光合细菌的生理及生态学特征不同，分离用培养基、pH、光照波长及氧气要求不同，利用生理特性上的差异，选择性地使所需光合细菌生长，而抑制其他光合细菌增殖。按 Winogradsky 方法，使自然水域厌气层中发生的生态学现象重现于圆桶玻璃标本缸里。将 200mL 红螺菌科细菌培养基倒入缸中，与底泥、污水搅拌均匀，然后在标本缸上层液面小心加入液体石蜡以隔绝空气，在 25～35℃下用 5000～10 000lx 的光照强度进行光照培养 2～

8周(最好用白炽灯,40~60W,圆桶玻璃标本缸应放在离电灯15~50cm处)。

数周后,圆桶玻璃标本缸内各种微生物均生长起来,由于发酵性细菌、硫酸盐还原细菌增殖,水层中积累了CO_2和H_2S,满足了光合细菌的营养来源,造成厌气状态,于是光合细菌大量繁殖,经过厌氧、光照条件控制,标本缸玻璃壁上出现红色菌落状菌团。

用无菌滴管自光合细菌生长良好的圆桶玻璃标本缸内壁处吸取红色细菌和污水汁1或2滴,移接到另一圆桶玻璃标本缸或试剂瓶中,再加灭过菌的红螺菌科细菌富集培养基。加入培养基的试剂瓶加盖橡皮塞,用胶布封口,造成厌氧状态,继续光照厌氧培养时保持28℃。

圆桶玻璃标本缸或试剂瓶中菌的颜色逐渐改变,培养物的颜色因菌种不同而异,可变为红色、紫色或茶色。待菌生长良好后(1至数周),再按上述同样步骤转接第二次、第三次培养,直至红螺菌科细菌(棕红色)占优势。

3. 分离纯化

先将已熔化并冷却至45~50℃的红螺菌科细菌分离培养基(含1.2%琼脂)倾倒平板;再用已经过滤除菌的0.05%抗坏血酸溶液对富集培养的红螺菌科细菌菌悬液适当稀释;以划线分离法或涂布分离法将稀释的红螺菌科细菌菌悬液在平板上进行分离,放置暗处2~3h(需2~3h培养皿或瓶内才达厌氧状态),然后再依次放入厌氧光合装置中,28℃厌氧光照培养1周。

待棕红色菌落出现后,经镜检确为纯培养物,可穿刺接种琼脂平板或半固体深层培养基(注意接种时不要将接种针穿透琼脂底部),上层添加灭过菌的液体石蜡,28℃、3000lx光照条件下厌气培养48h;也可穿刺或接种到带有螺旋盖、内装红螺菌科细菌分离培养基斜面的厌氧管中,稍稍松开螺旋盖,放入厌氧光合装置中,待长出菌落后,立即旋紧螺旋盖,保存于20℃暗室内,2周传代一次。

注:厌氧光合装置可采用透明真空玻璃干燥器,抽真空后补充氮气或补充95%H_2和5%CO_2的混合气体,以保证厌氧环境,再配以白炽灯光照条件即可。

4. 红螺菌科与着色菌科的鉴别

红螺菌科和着色菌科在分类位置上同属于细菌门真细菌纲红螺细菌目。它们都是单细胞,二等分裂,少数芽殖,多数有鞭毛能运动,少数不运动,DNA碱基组成中G+C摩尔值范围为46%~73%。

因细胞内含类胡萝卜素使菌体呈紫红色或褐色,鉴别时要注意两科细菌的区别。着色菌科细菌在需氧黑暗处不生长,胞内或胞外(其中一属)积累S颗粒,严格光能自养型;红螺菌科细菌在需氧黑暗处可生长,胞内外无S颗粒积累,属于光能异养型。两科主要区别见表6-6,红螺菌科3个属的区别见表6-7。

表6-6 红螺菌科与着色菌科性质比较

项目	红螺菌科	着色菌科
光合作用主要类型	光能异养型	光能自养型
需氧黑暗生长	+或-	-
氧化H_2S能力	+或-	+
H_2S氧化成SO_4^{2-}	-	+
过程中S的积累	-	+
耐H_2S毒性的能力	通常高	通常低

表 6-7 红螺菌科 3 个属的区别

属名	细胞形状	鞭毛	细胞分裂方式	菌柄
红螺菌属	螺旋状	极生	二等分裂	-
红假单孢菌属	柱状或卵球状	极生	二等分裂或芽殖	-
红微菌属	卵球状	周生	芽殖	+

5. 光合细菌的增殖培养

将纯化好的光合细菌接种到增殖培养基中，25～35℃、3000～4000lx 光照条件下培养 1 周，至菌液呈红色，在显微镜下观察，菌体形态为卵形至长杆状，运动性极强。

6. 光合细菌处理生活污水

将增殖培养好的单菌培养液取 600μL 加入到 900mL 生活污水中，同时做空白对照实验，25～35℃、3000～4000lx 条件下处理 5 天，每天分析污水中氨氮和总磷浓度的变化。

（1）氨氮的测定方法：采用纳氏试剂分光光度法，氨与纳氏试剂反应可生成黄色的络合物，其色度与氨含量成正比，在 410～425nm 波长下比色测定。

（2）总磷的测定方法：采用钼酸铵分光光度法，在中性条件下用过硫酸钾消解水样，将所含磷全部氧化为正磷酸盐。在酸性介质中，正磷酸盐与钼酸铵反应，在锑盐存在下生成磷钼杂多酸后立即被抗坏血酸还原，生成蓝色的配合物，在波长 700nm 处测定吸光度。

五、实验注意事项

（1）取样要选取柠檬酸发酵厂、味精厂、抗生素发酵厂、豆腐工场、洗羊毛工场等地的高浓度有机废水的直接排放口，用无菌铲子直接取生长有光合细菌的底泥。

（2）光合细菌的富集和纯化过程要在厌氧、适当的温度和光照条件下进行。

六、实验报告与思考题

1. 实验结果

将实验结果填入表 6-8。

表 6-8 分离纯化所得到的光合细菌的性质特征及对废水的降解效果

属名	细胞形状	鞭毛	菌柄	总磷降解率	氨氮降解率

2. 思考题

（1）光合细菌处理有机废水的影响因素有哪些？

（2）光合细菌处理有机废水的优缺点？

第七章 工业微生物的育种技术

从自然界直接分离到的野生型菌株积累产物的能力往往很低，无法满足工业生产的需要，这就要求人们对菌种进行改造。微生物育种的目的就是利用微生物遗传学的原理和方法，人为地在 DNA 水平解除或改变微生物的代谢调节控制，使某种代谢产物过量积累，或促使细胞内发生基因重组，优化遗传性状，获得所需的高产菌种。目前微生物育种主要是利用诱变育种技术、原生质体融合育种技术、基因工程育种技术等改造或构建人们所需要的菌株。

本章的主要内容包括：①工业微生物的诱变育种技术；②工业微生物的原生质体育种技术。本章共设置 4 个实验，其中实验三十八和实验三十九为综合性实验，实验四十和实验四十一为研究性实验。

第一节 工业微生物的诱变育种技术

诱变育种是指利用物理或化学诱变剂处理均匀分散的微生物细胞群，促使其突变频率大幅度提高，然后采用简便、快速和高效的筛选方法，从中挑选少数符合育种目的的突变株，以供生产实践或科学实验用。诱变育种具有极其重要的实践意义。当前发酵工业和其他微生物生产部门所使用的高产菌株，几乎都是通过诱变育种而大大提高了生产性能，故诱变育种仍是目前使用最广泛的育种手段之一。

诱变育种的优点：方法简单、速度快、投资少、收效大。国内外发酵工业中所使用的生产菌种，绝大部分是人工诱变选育出来的。几乎所有的抗生素生产菌都离不开诱变育种的方法。

诱变育种在发酵工业中的作用：①提高有效产物的产量；②提高产品质量；③简化工艺条件；④开发新品种。诱变育种的步骤与方法：①出发菌株的选择；②单细胞（或单孢子）菌悬液的制备；③诱变剂及诱变剂量的选择；④诱变处理；⑤突变株的分离与筛选。

实验三十八 应用物理因素诱变选育抗药性的淀粉酶高产菌株

一、目的要求

（1）学习应用物理因素诱变育种的基本方法。

（2）学习抗药性变异株和高产淀粉酶产生菌的筛选方法。

二、基本原理

利用物理或化学因素处理微生物细胞群体，促使其中少数细胞遗传物质的分子结构发生改变，从而引起菌体发生遗传性的变异，再用合理的筛选方法从群体中筛选出少数具有优良性状的菌株，这种育种方法称为诱变育种。诱变育种是提高菌种产量、获得新型变异菌株的主要手段。

紫外线（UV）是一种最常用的有效的物理诱变因素。诱变效应主要是由于它引起DNA结构的改变（DNA链或氢键的断裂、胞嘧啶的水合作用、胸腺嘧啶二聚体的形成等）。紫外线诱变一般采用15W或30W紫外线杀菌灯，照射距离为20~30cm，照射时间依菌种而异，一般为1~3min，死亡率控制在50%~80%为宜。被照射处理的细胞必须呈均匀分散的单细胞悬浮液状态，以利于均匀接触诱变剂，并可减少不纯菌的出现。同时，对于细菌细胞的生理状态则要求培养至对数期为最好。

本实验以紫外线处理枯草芽孢杆菌BF7658。首先筛选出抗药性（抗氨苄西林）变异株，再进一步用琼脂块透明圈法初筛，选择淀粉酶活力有明显提高的生产菌株。国内外均有选育抗药性的枯草芽孢杆菌变异株而获得产生α-淀粉酶高产菌株的报道，其机制尚未十分明了。有研究报道，产α-淀粉酶的枯草芽孢杆菌产酶活性的高低与否，同本身含有的编码α-淀粉酶的质粒拷贝数有很大关系。当培养基中存在抗生素时，菌体内编码α-淀粉酶的质粒迅速丢失，酶活性降低。因此，选育能耐抗生素药物的变异株，可能对提高菌体内质粒拷贝数的稳定性从而提高其产酶活力起着一定的作用。

三、实验器材

（1）微生物菌种：枯草芽孢杆菌（*Bacillus subtilis*）BF7658（37℃振荡培养12h）。

（2）培养基与试剂如下。

1）淀粉药物培养基：可溶性淀粉2g、葡萄糖1g、蛋白胨1g、牛肉膏0.5g、NaCl 0.5g、酵母浸出物0.1g、琼脂2g、蒸馏水100mL，121℃灭菌20min。

2）选择培养基：可溶性淀粉2g、牛肉膏1g、NaCl 0.5g、琼脂2.5g、蒸馏水100mL，121℃灭菌20min。

3）种子培养基（用于菌体增殖）：玉米粉3%、豆饼粉4%、Na_2HPO_4 0.4%、NH_4Cl 0.15%、液化酶50U/100mL，自然pH。

4）发酵培养基（用于发酵产酶）：玉米粉9.5%、豆饼粉6.5%、Na_2HPO_4 0.8%、$(NH_4)_2SO_4$ 0.4%、NH_4Cl 0.5%、$CaCl_2$ 0.5%、液化酶50U/100mL，自然pH。

5）无菌生理盐水：NaCl 1.3g、蒸馏水150mL，121℃灭菌20min。

6）氨苄西林液如下。

500μg/mL（1瓶）：称取氨苄西林50mg，加蒸馏水100mL。

200μg/mL（1瓶）：量取上述溶液40mL，加蒸馏水60mL。

（3）仪器设备：离心机、紫外线照射处理装置、暗箱。

（4）其他材料：玻璃器皿、培养皿、试管、吸管、玻璃珠、锥形瓶、离心管、玻璃涂棒、小玻璃棒。

四、实验内容及操作步骤

(一) 培养基的制备

(1) 淀粉药物平板培养基的配制：实验前预先制备。配制 100mL，装入 250mL 锥形瓶中，灭菌备用。使用前加热熔化，冷却至约 50℃，按规定加入药物后倒制平板。

(2) 无菌生理盐水的制备：实验前预先制备。配制 150mL，装入 250mL 锥形瓶中，灭菌备用。

(3) 选择培养基的配制：实验前预先制备。配制 100mL，装入 250mL 锥形瓶中，灭菌备用。

(二) 紫外线诱变处理

1. 倒制淀粉药物平板

加热熔化淀粉药物平板培养基 100mL，冷却至约 50℃，按下列规定浓度加入氨苄西林液，倒制平板备用。药物浓度分别为以下几种。

0.5μg/mL，加入 0.25mL 200μg/mL 氨苄西林液。
1.0μg/mL，加入 0.5mL 200μg/mL 氨苄西林液。
1.5μg/mL，加入 0.75mL 200μg/mL 氨苄西林液。
2.0μg/mL，加入 1.0mL 200μg/mL 氨苄西林液。
2.5μg/mL，加入 1.25mL 200μg/mL 氨苄西林液。
另分装无菌生理盐水 6 支 (4.5mL/支)，备稀释用。

2. 紫外线诱变处理方法

(1) 吸取枯草芽孢杆菌菌液 5mL 于无菌离心管中，以 3000r/min 离心 15min，弃去上清液。

(2) 用无菌玻璃棒搅松管底菌体，加入生理盐水 10mL 洗涤，离心 10min，弃上清液。

(3) 搅松菌体，再加入 10mL 生理盐水制成菌液，全部移入 50mL 锥形瓶中 (内有玻璃珠)。

(4) 激烈振荡 5min，使其均匀分散成菌体悬浮液。

(5) 吸取 5mL 菌悬液于直径 6cm 的无菌培养皿中 (内放一搅拌棒)。

(6) 置磁力搅拌器上于紫外灯下 (距 30cm) 照射 0.5min (单号组) 或 1min (双号组)。

(7) 在红灯下吸取经处理的菌液 0.5mL，稀释至 10^{-6}，取 $10^{-1} \sim 10^{-6}$ 稀释液各一滴于 6 个平板中，并按 $10^{-6} \to 10^{-1}$ 依次涂布均匀。

(8) 置暗箱内于 37℃ 培养 48h (图 7-1)。

3. 琼脂块透明圈法初筛

(1) 每组倒制选择培养基 6 皿 (其中 2 皿较厚，用于打制琼脂块用)。取其中较厚的 2 皿用打孔器或玻璃管打制圆形琼脂块。

(2) 每人平移 5 块琼脂块至一个选择平板上，再用接种针挑取 4 个单菌落的少量菌体分别接种于 4 块琼脂块中心，另一琼脂块接入出发菌株作为对照 (图 7-2)。

(3) 正置于 37℃ 培养 42~48h 后取出，观察生长情况。

(4) 于培养好的选择平板中滴加碘液数滴，观察并测定透明圈的直径。

(5) 选取透明圈比出发菌株大的菌落接入斜面备复筛用。

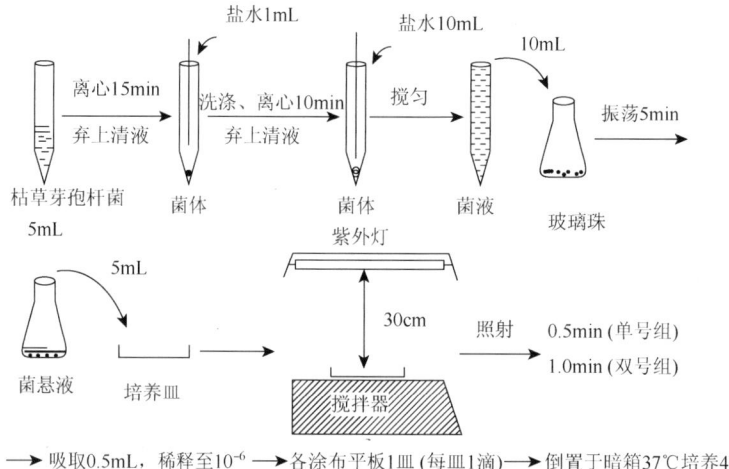

图 7-1 紫外线诱变处理示意图

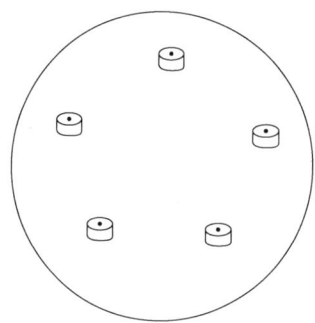

图 7-2 琼脂块透明圈法初筛

4. 摇瓶发酵复筛

将经初筛选出的菌株分别接入增殖培养基中培养 12～14h，再分别接种于发酵培养基中，置 37℃恒温摇床上发酵 38～48h（此期间不断检测酶活力至少达产酶高峰），选取酶活力较高者备进一步复筛用。

五、实验注意事项

（1）紫外线诱变处理前必须充分振荡，使细胞处于分散悬浮状态。
（2）在琼脂块上培养细胞时，勿使菌体扩散到平板上。

六、实验报告与思考题

1. 实验结果

图示紫外线诱变处理枯草芽孢杆菌选育抗药性淀粉酶生产菌的过程。

2. 思考题

（1）选育抗性变异株通常可采用哪些方法？各有什么优缺点？
（2）为提高琼脂块透明圈法初筛的准确性，在操作上应注意哪些问题？该法还可应用于哪些菌种选育工作？

（3）经初筛挑选出来的菌株下一步应如何进行复筛？试拟出其实验方案。

实验三十九　应用化学因素诱变选育腺嘌呤营养缺陷型菌株

一、目的要求

（1）学习应用化学因素诱变育种的基本方法。
（2）初步掌握选育营养缺陷型菌株的原理和方法。

二、基本原理

化学诱变剂的种类很多，使用最多和最有效的是烷化剂。烷化剂的诱变效应主要是它能使 DNA 的碱基和磷酸基团发生烷基化作用，使烷化嘌呤丧失或使糖-磷酸骨架发生断裂等，从而引起 DNA 复制时碱基配对的转换或颠换。硫酸二乙酯（DES）是烷化剂中的一种，其处理浓度为 0.5%~1%，处理时间为 15~60min，为防止其分解而使 pH 发生变化，处理时必须采用 pH7.0 的磷酸缓冲液。中止反应（解毒）时，可以采用大量稀释法或加入硫代硫酸钠等方法。

营养缺陷型菌株是指在某些物质（如氨基酸、维生素、碱基等）的合成能力上出现缺陷，必须在培养基中外加这些营养成分才能正常生长的变异菌株。直接从自然界分离得到的未发生变异的是野生型菌株。营养缺陷型菌株在生产和研究上用途很广，目前生产氨基酸和核苷酸的菌种大多是各种类型的营养缺陷型菌株。与选育营养缺陷型菌株有关的培养基有 3 种。

基本培养基（minimal medium，MM）：能满足野生型菌株营养要求的最低成分的合成培养基称为基本培养基。

补充培养基（supplementary medium，SM）：在基本培养基中加入相应营养成分的培养基称为补充培养基。

完全培养基（complete medium，CM）：能满足各种营养缺陷型菌株生长所需营养成分的培养基称为完全培养基。

凡是在完全培养基（CM）上生长而在基本培养基（MM）上不生长的菌株即为营养缺陷型菌株。在腺嘌呤补充培养基上生长而在次黄嘌呤补充培养基上不生长的营养缺陷型菌株则为精确的腺嘌呤营养缺陷型（Ade⁻）菌株。本实验以野生型产氨短杆菌为出发菌株，经 DES 处理后，拟选育腺嘌呤营养缺陷型菌株，该菌株的精确腺嘌呤营养缺陷型可积累中间产物——肌苷酸（IMP）。

三、实验器材

（1）微生物菌种：产氨短杆菌（*Brevibacterium ammoniagene*）（37℃振荡培养 12h）。
（2）培养基与试剂如下。
1）基本培养基：葡萄糖 2%、尿素 0.4%、KH_2PO_4 0.1%、$MgSO_4$ 0.005%、谷氨酸 0.12%、胱氨酸 0.01%、$(NH_4)_2SO_4$ 0.296mg/L、$FeSO_4$ 3mg/L、$MnSO_4$ 3mg/L、生物素 20μg/L、维生素 B_1 100μg/L、泛酸钙 500μg/L、琼脂 2.5%，pH7.2，115℃灭菌 20min。
2）完全培养基：葡萄糖 2%、蛋白胨 1%、酵母膏 1%、牛肉膏 0.5%、尿素 0.2%、$MgSO_4$ 0.2%、NaCl 2.5%、琼脂 2.5%，pH 7.0，121℃灭菌 20min。

3）补充培养基（用于鉴定腺嘌呤缺陷型）。腺嘌呤补充培养基：在上述基本培养基中加入 5μg/100mL 腺嘌呤。次黄嘌呤补充培养基：在上述基本培养基中加入 5μg/100mL 黄嘌呤。

4）0.1mol/L pH7.0 磷酸缓冲液：Na_2HPO_4 1g、KH_2PO_4 0.5g、蒸馏水 100mL，121℃灭菌 20min。

5）硫酸二乙酯（DES）醇溶液：DES 原液 3mL，加入 12mL 无水乙醇（用前配制）。

6）3.25%硫代硫酸钠（$Na_2S_2O_3$）：$Na_2S_2O_3$ 2.5g、蒸馏水 10mL。

7）无菌生理盐水。

（3）仪器设备：离心机、恒温振荡器、培养箱等。

（4）其他材料：见实验三十八。

四、实验内容及操作步骤

（一）培养基的制备

（1）基本培养基：实验前预先制备。由双号组各配制 100mL，灭菌备用。

（2）完全培养基：实验前预先制备。由双号组各配制 100mL，灭菌备用。

（3）0.1mol/L pH7.0 磷酸缓冲液：实验前预先制备。由单号组各配制 100mL，灭菌备用。

（4）无菌生理盐水：实验前预先制备。由单号组各配制 100mL，灭菌备用。

（二）化学因素诱变处理

1. 倒制完全培养基平板

加热熔化完全培养基 100mL，冷却至约 50℃倒制平板 7 皿。另每组分装无菌生理盐水 6 支（4.5mL/支），备稀释用。

2. 诱变处理（图 7-3）

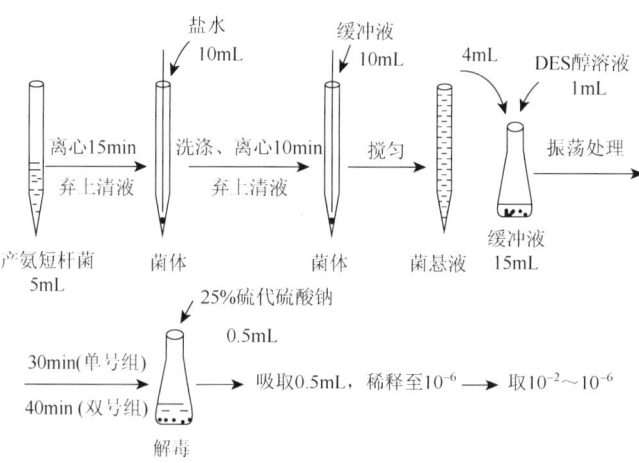

图 7-3 化学诱变处理过程

（1）吸取产氨短杆菌菌液 5mL 于无菌离心管中，以 3000r/min 离心 15min，弃上清液。

（2）用无菌玻璃棒搅松管底菌体，加入生理盐水 10mL 洗涤菌体，离心 10min，弃上清液。

(3) 搅松菌体，加入 10mL 磷酸缓冲液制成菌悬液，搅匀。
(4) 吸取 4mL 菌悬液于预先装有 15mL 缓冲液的 50mL 锥形瓶中（内有玻璃珠），激烈振荡 5min。
(5) 加入 DES 醇溶液 1mL，置摇床振荡处理 30min（单号组）或 40min（双号组）。
(6) 取出立即加入 25%$Na_2S_2O_3$ 0.5mL 进行中止反应（解毒）。
(7) 吸取 0.5mL 反应液于 4.5mL 生理盐水中，按十倍稀释法稀释至 10^{-6}，取 $10^{-1} \sim 10^{-6}$ 稀释液各 0.1mL 涂布 5 个平板，置 32℃温箱培养 36～48h。

3. 营养缺陷型菌株的检出
(1) 在 2 个基本培养基平板和 2 个完全培养基平板的皿底背面打格编号（图 7-4）。

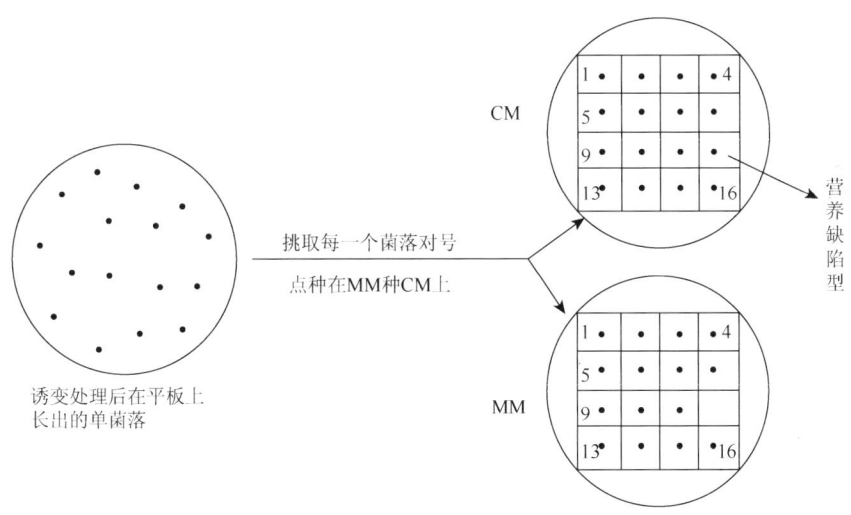

图 7-4 用对照法检出营养缺陷型

(2) 用无菌牙签挑取每一个单菌落，先后在 MM 平板和 CM 平板上对号点种。
(3) 置 32℃温箱培养 36～48h，观察结果（凡在 MM 平板上明显不长的菌株可初步认为是营养缺陷型菌株）。
(4) 挑取营养缺陷型菌株分别接入斜面，备鉴定用。

4. 腺嘌呤营养缺陷型菌株的鉴定
(1) 倒制基本培养基（MM）、次黄嘌呤补充培养基（MM+HX）、腺嘌呤补充培养基（MM+Ade），并在皿底背面打格编号。
(2) 用灭菌牙签挑取营养缺陷型菌体，分别点种于上述 3 种培养基上。
(3) 32℃培养 48h 后观察。凡在 MM 和 MM+HX 上不生长，而只在 MM+Ade 生长的，即为精确的腺嘌呤营养缺陷型菌株。
(4) 将选出菌株进行摇瓶发酵实验，测定其是否产生 IMP 及产酸率。

五、实验注意事项

(1) 化学诱变剂均有毒性，很多还具有致癌作用，故操作时勿与皮肤直接接触。
(2) 硫酸二乙酯（DES）醇溶液必须现配现用。

六、实验报告与思考题

1. 实验结果

图示用 DES 诱变处理野生型产氨短杆菌选育腺嘌呤营养缺陷型菌株的过程。

2. 思考题

（1）如何测定经 DES 处理后菌体细胞的存活率（或死亡率）？

（2）为什么在 MM 上不生长，而在 MM+HX 和 MM+Ade 上都生长的营养缺陷型为非精确的 Ade$^-$？

（3）试将诱变处理后淘汰野生型的具体操作过程补充入该实验。

第二节　工业微生物的原生质体育种技术

1953 年，Weibull 等首次用溶菌酶处理细菌获得原生质体，并首先提出原生质体概念。所谓原生质体，就是革兰氏阳性细菌细胞壁被溶菌酶水解剥离，剩下由原生质膜包围着的原生质部分；而原生质球是革兰氏阴性细菌经溶菌酶水解后，细胞壁尚有残余部分，细胞具刚性，保持球形。两者都基本保持原细胞结构、活性和功能，但对渗透压特别敏感。

原生质体的特性：对外界环境影响更敏感，对诱变剂的效应更强烈；细胞表面受体和噬菌体结合部位不再存在；不受感受态的影响，可直接进行转化和融合等基因重组。

微生物原生质体育种技术主要有原生质体诱变育种、原生质体融合育种等。

1. 微生物原生质体诱变育种

原生质体诱变以微生物原生质体为材料，采用物理或化学诱变剂处理，然后分离到再生培养基中再生，从再生菌落中筛选高产突变菌株。其优点是细胞去壁后仅存原生质膜外层，可直接与诱变剂接触，诱变剂迅速内渗并与核作用；原生质体为单个分散细胞，与诱变剂接触面大，诱变后易于形成单菌落，便于分离筛选。其缺点是原生质体再生时间长，易染菌；诱变周期比常规诱变育种要长，难度更大。

2. 微生物原生质体融合育种

原生质体融合（protoplast fusion）是 20 世纪 70 年代发展起来的基因重组技术。原生质体融合是用酶除去细胞壁，制成原生质体，用各种方法诱导遗传特性不同的两亲本原生质体融合，经染色体交换、重组，达到杂交的目的，经筛选获得集双亲优良性状于一体的稳定融合重组子的过程，也称为"细胞融合"（cell fusion）。

Fodor 和 Schaeffer（1976）分别报道了巨大芽孢杆菌和枯草芽孢杆菌种内原生质体融合，证实了微生物原生质体融合现象。现已成功实现了酵母菌、霉菌、放线菌和细菌等多种微生物在株内、株间、种间及属间的融合，从而使原生质体融合技术在微生物方面形成了一个系统的实验体系。目前，原生质体融合已成为微生物遗传育种的一种新工具。原生质体融合技术是继转化、转导和接合等微生物基因重组方式之后又一个极其重要的基因重组技术。

原生质体融合的优点：重组频率较高，受接合型或致育性的限制较小，遗传物质的传递更为完整。原生质体融合育种程序：亲本及其遗传标记选择，双亲本原生质体制备与再生，亲本原生质体诱导融合，融合重组子（融合子）分离，遗传特性分析与测定。

实验四十　酵母菌原生质体的诱变育种

一、目的要求

（1）观察酵母菌子囊孢子的形成及学习酵母菌单倍体营养细胞的制备方法。
（2）学习酵母菌原生质体的制备过程。
（3）掌握用化学诱变剂诱变处理原生质体的操作方法。
（4）学会营养缺陷型菌株筛选和鉴定的一般方法。

二、基本原理

在高渗压溶液中，用酶法将细胞壁分解除去，剩下由原生质膜包住的球状胞体称为原生质体（protoplast），它保持了原细胞的一切活性。

原生质体诱变的原理是，利用原生质体因去掉细胞壁屏障而对诱变剂的敏感性强和变异率高的特点来选育人们需要的变异菌株，是菌种选育的一种行之有效的方法。

原生质体可采用物理或化学因素诱发其基因的突变。化学诱变剂的种类很多，其中属于烷化剂类的 N-甲基-N-硝基-N-亚硝基胍（简称亚硝基胍，以 NTG 或 MNNG 表示）有"超诱变剂之称"，它对真核或原核微生物都具有强烈的诱变作用。其作用机制据认为是伴随着重氮甲烷的生成及在酸性条件下生成亚硝酸，直接作用于细胞内的 DNA 复制系统，从而诱发了突变。据文献报导，NTG 对诱变选育营养缺陷型菌株尤其有效。

本实验拟以两种不同性状的酵母菌（双倍体）为出发菌株，先获得单倍体细胞，再分别制备原生质体。然后采用亚硝基胍进行化学诱变处理，由再生菌落中检出营养缺陷型菌株，再确定其生长谱。获得的精确营养缺陷型菌株可作为原生质体融合育种的亲本菌株。

三、实验器材

（1）微生物菌种：酵母菌 A 为耐高温酒精酵母（双倍体，能产生子囊孢子）；酵母菌 B 为高糖面包酵母（双倍体，能产生子囊孢子）。

（2）培养基与试剂如下。

1）麦芽汁（或米曲汁）培养基：按常规方法配制成斜面和液体。

2）乙酸钠琼脂斜面培养基（产子囊孢子培养基）：葡萄糖 0.06%、胰蛋白胨 0.25%、乙酸钠 0.5%、NaCl 0.06%、KH_2PO_4 0.01%、K_2HPO_4 0.02%、琼脂 2%，pH6.5～6.8，115℃灭菌 20min。

3）酵母菌基本培养基（MM）：葡萄糖 2g、天冬酰胺 0.2g、KH_2PO_4 0.15g、$CaCl_2·2H_2O$ 0.03g、$MgSO_4$ 0.05g、$(NH_4)_2SO_4$ 0.2g、KI 0.01mg、微量元素液 0.1mL、维生素液 1mL、琼脂 2.0g，蒸馏水 100mL，pH5.0，115℃灭菌 20min。

4）酵母菌完全培养基（CM）：葡萄糖 2%、蛋白胨 2%、酵母膏 1%、KH_2PO_4 0.1%、$MgSO_4$ 0.05%、琼脂 2%，pH6.0，115℃灭菌 15min。

5）高渗再生完全培养基：在上述完全培养基（CM）中加入 0.8mol/L 山梨醇或甘露醇（渗透压稳定剂）而成。半固体培养基的琼脂改为 0.7%。

6）酵母菌补充培养基：在上述基本培养基（MM）中分别补充各组拟定的营养成分。

7）微量元素液：H_3BO_4 60mg、$MnSO_4$ 300mg、$CuSO_4$ 10mg、$FeCl_3$ 250mg、Na_2MoO_4 25mg、蒸馏水 1000mL，115℃灭菌 15min。

8）维生素液：硫胺素 20mg、吡哆醇 20mg、烟酸 20mg、泛酸 20mg、生物素 H 0.2mg、肌醇 1g、蒸馏水 1000mL，115℃灭菌 15min。

9）缓冲液。缓冲液 A：0.1mol/L pH6.0 磷酸盐缓冲液，115℃灭菌 15min。缓冲液 B（高渗）：缓冲液 A 加入 0.8mol/L 山梨醇或甘露醇，115℃灭菌 15min。缓冲液 C：0.05mol/L pH7.5 Tris-HCl 缓冲液，115℃灭菌 15min。

10）混合盐液：1.2mol/L KCl、0.02mol/L $MgSO_4 \cdot 7H_2O$，115℃灭菌 15min。

11）蜗牛酶：用高渗缓冲液配成 50mg/mL 溶液。

12）1mg/mL 亚硝基胍（NTG）：用缓冲液 B 配成 1mg/mL 溶液。

13）1mol/L 巯基乙醇、无菌生理盐水。

（3）仪器设备：显微镜、水浴锅、培养箱、离心机、摇床、超净工作台等。

（4）其他材料：各种常用玻璃器皿。

四、实验内容及操作步骤

（一）酵母菌子囊孢子的获得与观察

（1）将酵母菌斜面种接入麦芽汁培养基锥形瓶中，振荡培养 18~24h，离心，洗涤，得菌体。

（2）将菌体大量涂布于乙酸钠琼脂斜面上，置 25~28℃培养 3 天以上，产生子囊孢子。

（3）镜检观察子囊孢子的形态和数目。

（二）单倍体酵母菌的分离制备

1. 酶解法分离单倍体

（1）用高渗缓冲液 B 洗下乙酸钠斜面上的菌体，加入 1%蜗牛酶作用 40~60min。

（2）离心得菌体，加入少量硅藻土并用玻璃棒搅磨使子囊孢子分散。

（3）加入高渗缓冲液 B，搅匀静置，取上清液涂布 CM 平板，分离培养。

（4）选取最小菌落接入 CM 斜面保存。

（5）转接于乙酸钠斜面上，不产孢子者为单倍体。

2. 热处理法分离单倍体

（1）将酵母菌营养细胞菌液（约 10^6 个/mL）浸于 55~60℃恒温水浴中加热，每隔 2min 用接种环取菌液接种于平板上（约需 10min）。

（2）将平板置 30℃培养 2 天，以确定完全不生长或只有一两个菌落生长的处理条件。

（3）从生孢子斜面上取菌体进行同样条件的处理，到时间后迅速冷却。

（4）经适当稀释后进行平板分离培养 2 天。

（5）挑取较小圆锥形菌落保存于斜面，再进行镜检纯化鉴定。

（三）单倍体酵母菌原生质体的制备

（1）将单倍体酵母菌接入 CM 锥形瓶中，置 30℃振荡培养 20h，吸取 2mL 菌液接入 30mL 新鲜的液体 CM 中，继续振荡培养 6h。

（2）上述菌液于 3000r/min 离心 10min，用无菌生理盐水洗涤两次，调整并制成约

10^8 个/mL 的菌悬液。

（3）于无菌离心管中加入：①菌悬液 2mL；②1mol/L 巯基乙醇 0.1mL；③缓冲液 C 0.4mL；④混合盐液 1.6mL；⑤蜗牛酶 1mL（浓度 1%）。置 30℃水浴中处理约 60min，镜检。

（4）3000r/min 离心 5min 去酶，用高渗缓冲液 B 洗涤原生质体两次，恢复原体积，振荡分散制成原生质体悬浮液，用血细胞计数器于显微镜下直接观察并计算原生质体形成率。

（四）用亚硝基胍（NTG）诱变处理酵母菌原生质体

（1）吸取上述原生质体悬浮液 1mL，加入 0.2～1.0mL 亚硝基胍溶液（处理浓度为 0.15～0.50mg/mL），于 30℃振荡处理 30～60min。

（2）用高渗缓冲液 B 稀释 1000 倍进行中止作用。

（3）用同样缓冲液做适当稀释后涂布在高渗再生培养基平板上，于 30℃培养数天，观察再生菌落。

（五）营养缺陷型菌株的检出

（1）分别制备酵母菌 MM 和 CM 两种平板，并打格编号。

（2）用无菌牙签将上述长出的再生菌落逐一在 MM 和 CM 两种平板相应位置上点种，经培养后观察并检出营养缺陷型菌株。

（3）检出的营养缺陷型菌株经再次验证，分离，直至获得纯种精确的营养缺陷型菌株。

（六）营养缺陷型菌株生长谱的确定

（1）将营养缺陷型菌株接入 CM 液振荡培养，离心，洗涤菌体，制备成细胞悬浮液。

（2）取细胞悬液 1mL，与 20mL 基本琼脂培养基（熔化并冷却至 50℃）混合后倾注培养皿，即为营养缺陷型平板。

（3）将 15 种可能的营养成分配制成 5 组不同的营养组合混合液，用滤纸圆片吸饱后分别放于上述营养缺陷型平板的 5 个区间上，培养后根据生长情况查表确定营养要求。

（4）将确定的营养成分以合适浓度加入基本培养基中制成补充培养基，同时接种营养缺陷型菌株于基本和补充培养基上进行缺陷营养成分的确证实验。

（5）将选育获得的营养缺陷型菌株移接于完全培养基斜面上，培养后注明其遗传标记，妥善保存备用。

五、实验注意事项

（1）采用热处理法分离单倍体菌株时，在酵母菌营养细胞菌液水浴加热过程中必须不断振荡试管，使细胞受热均匀。

（2）在确定营养缺陷型菌株生长谱时，倾注平板的基本琼脂培养基必须冷却至 50℃以下，以免温度过高杀死细胞。

（3）离心时，转速不可过高，否则容易使细胞破裂。

六、实验报告与思考题

1. 实验结果

图示用 NTG 诱变处理酵母菌原生质体选育营养缺陷型菌株的过程。

2. 思考题

（1）用亚硝基胍（NTG）诱变处理酵母菌原生质体后，如何检出和获得纯种精确的营养缺陷型菌株？

（2）如何确定营养缺陷型菌株的生长谱？

实验四十一　酵母菌原生质体的融合育种

一、实验目的

（1）掌握原生质体融合育种的基本理论和基本过程。

（2）掌握酵母菌原生质体的制备、融合和再生的操作方法。

（3）学习融合子的选择及实用性优良菌株的筛选思路和方法。

二、基本原理

原生质体融合就是用酶法将细胞膜外侧的细胞壁除去，制备成无细胞壁的球状细胞体——原生质体，将两种来源于微生物细胞 A 和 B 的原生质体，在融合诱导剂（或促进剂）聚乙二醇和 Ca^{2+} 存在下等量混合起来，可使原生质体表面形成电极性，相互之间易于吸引，脱水黏合形成聚集物，进而使原生质体收缩变形，紧密接触处的膜先形成原生质桥，逐渐增大实现融合。融合的原生质体在适当的培养条件下可再生出细胞壁而形成一个新细胞，这个细胞有可能具有 A、B 两个原生质体原有的特性或更加优良的新特性。

原生质体融合育种是基因重组育种的一种重要方法。它具有以下一些特点：①杂交频率明显高于常规杂交法；②可在不同种属的微生物之间实现杂交，应用范围较广；③两亲株遗传物质的交换更为完整，既有细胞核中也有细胞质中 DNA 的重组交换；④可有两种以上的亲株参与融合形成融合子；⑤可采用不带标记的产量较高的菌株作为融合亲株，并可较容易地获得结构基因拷贝数增加的多倍体菌株；⑥可与诱变方法结合起来，使生产菌株提高产量的潜力更大。

三、实验器材

（1）微生物菌种：酵母菌 A 为耐高温酒精酵母（单倍体、营养缺陷型）；酵母菌 B 为高糖面包酵母（单倍体、营养缺陷型）；酵母菌 C 为耐高温酒精酵母（双倍体、不带标记、适于淀粉发酵）；酵母菌 D 为耐高渗酒精酵母（双倍体、不带标记、适于糖蜜发酵）。实验时，可选用酵母菌 A 和 B 为融合亲株，也可选用酵母菌 C 和 D 为融合亲株。

（2）培养基与试剂如下。

1）麦芽汁或米曲汁培养基：按需要分别配制成斜面或液体（糖度为 8°Bx 或 15°Bx）。

2）酵母菌基本培养基（MM）和酵母菌完全培养基（CM）：见实验三十五。

3）高渗再生基本培养基：在上述基本培养基（MM）中加入 0.8mol/L 山梨醇或甘露醇（渗透压稳定剂）而成。半固体培养基的琼脂改为 0.7%。

4）高渗再生完全培养基：在上述完全培养基（CM）中加入 0.8mol/L 山梨醇或甘露醇而成。半固体培养基的琼脂改为 0.7%。

5）糖蜜乙醇发酵培养基：将原糖蜜加水稀释至 40°BX，用 H_2SO_4 调 pH4.0，煮沸静置。取上清液再稀释至约 25°BX，添加$(NH_4)_2SO_4$ 0.1%、过磷酸钙 0.1%，调 pH4.5~5.0。量取 250mL，测其温度及°BX，并校正为 20℃的°BX，灭菌备用。

6）面粉团培养基：面粉 100g、蔗糖 10g、蒸馏水 50mL，用于面包酵母发面力的测定。

7）微量元素液、维生素液、缓冲液、混合盐液（见实验三十五）。

8）蜗牛酶：用高渗缓冲液配成 50mg/mL 溶液。

9）1mol/L 巯基乙醇、聚乙二醇（PEG、MW6000）、无菌生理盐水。

（3）仪器设备：显微镜、水浴锅、培养箱、离心机、摇床、超净工作台等。

（4）其他材料：各种常用玻璃器皿。

四、实验内容及操作步骤

（一）酵母菌原生质体的制备

（1）将酵母菌接入装有 CM 的锥形瓶中，置 30℃振荡培养 20h，吸取 2mL 菌液接入 30mL 新鲜的液体 CM 中，继续振荡培养 6h。

（2）上述菌液于 3000r/min 离心 10min，用无菌生理盐水洗涤两次，调整并制成约 10^8 个/mL 的菌悬液。

（3）于无菌离心管中加入：①菌悬液 2mL；②1mol/L 巯基乙醇 0.1mL；③Tris-HCl 缓冲液 0.4mL；④混合盐液 1.6mL；⑤蜗牛酶 1mL（作用浓度为 1%）。置 30℃水浴中处理约 60min，镜检。

（4）以 3000r/min 离心 5min 去酶，用高渗缓冲液洗涤原生质体两次，恢复原体积，振荡分散制成原生质体悬浮液。

（5）用高渗缓冲液经适当倍数稀释后，以双层法于高渗 CM 上测定再生菌落数。

（6）用无菌蒸馏水稀释后（此时原生质体破裂）于 CM 上测定活菌数。

（7）根据实验结果计算出原生质体形成率和再生率（%）：

原生质体数 = 未经酶处理的总菌数−经酶处理后剩余的菌数

原生质体形成率（%）= 原生质体数/未经酶处理总菌数×100%

原生质体再生率（%）=（再生培养基上总菌数−经酶处理后剩余菌数）/原生质体数×100%

（二）酵母菌原生质体的融合

（1）将两种酵母菌（A+B 或 C+D）原生质体以等量混合于离心管中，达约 10^8 个/mL，3000r/min 离心 10min，弃上清液，收集细胞。

（2）将细胞悬浮于含有 35% PEG 和 50mmol/L $CaCl_2$ 的高渗磷酸盐缓冲液中，于 30℃融合 20~60min。

（3）加入高渗缓冲液稀释并离心去上清液，再洗涤一次，使细胞悬于高渗缓冲液中，在 5℃放置 60min，使原生质体融合完全。

（4）融合液细胞经适当稀释后，以双层法倒制高渗再生 CM 平板（A+B 亲株融合的同时以双层法倒制高渗再生 MM 平板）。

（5）置 30℃培养 3~6 天，观察计数。

（三）融合细胞的选择及实用性菌株的筛选

（1）对于在 MM 平板上长出的 A+B 融合子，必须分别于 MM 和 CM 上划线验证，以获得营养缺陷互补的原养型融合子。

（2）对所获得的原养型融合子进行定向筛选，以获得面团发酵力强的耐高温高糖面包酵母。

（3）对于无标记的 C+D 亲株，可直接从 CM 平板上选择再生菌落（融合或未融合），然后进行人工的定向筛选，以期获得酒精发酵力强的耐高温高渗优良菌株。

（4）最终获得的优良菌株，必须进行几代分离纯化，以便获得生产性能稳定的实用性菌株。

五、实验注意事项

（1）原生质体融合时，加入的两亲本原生质体量（每毫升所含原生质体的量）要一致。

（2）所有培养、洗涤原生质体的培养基和试剂都必须含有渗透压稳定剂。

（3）为了获得生产性能稳定的实用性菌株，筛选到含有融合子的再生菌株后，必须进行几代分离纯化，测定其生产性能后才可以保藏。

六、实验报告与思考题

1. 实验结果

（1）图示酵母菌原生质体的制备及融合过程。

（2）计算原生质体形成率和再生率。

2. 思考题

（1）在原生质体的制备过程中，如何提高原生质体的活性？

（2）在原生质体的融合过程中，如何提高原生质体的再生率？

（3）为什么对在 MM 平板上长出的 A+B 融合子，必须分别于 MM 和 CM 上划线验证，以获得营养缺陷互补的原养型融合子？

（4）试将融合细胞的选择及实用性菌株的筛选两个步骤的操作过程补充入该实验。

第八章 工业微生物的基因工程实验技术

基因工程（gene engineering）又称基因克隆技术、分子克隆技术或重组 DNA 技术。它是基因分子水平上的遗传工程，是 20 世纪 70 年代初期在分子遗传学基础上发展起来的一个崭新领域，是一门能人工定向改造生物遗传性状的育种新技术。

基因工程技术是用人工方法将外源基因与 DNA 载体结合形成重组 DNA，然后引入某一受体细胞中，使外源基因复制并产生相应的基因产物，从而获得生物新品种的一种崭新育种技术。它能将不同来源的遗传物质在体外合成重组 DNA 分子，这种重组 DNA 分子可以被引入受体细胞进行增殖、繁衍而发育成一个新种。这一过程在自然界演化中一般是不会发生的。

1. 基因工程技术的特点

基因工程技术与其他育种技术相比，具有如下特点。

（1）能像工程一样可按人们的意愿来事先设计和控制。基因工程技术不仅可预知某一基因的改变，而且可以及早纠正这种改变，可以有计划、有目的地构建基因，所以基因工程技术育种是比较定向的。此外，基因工程技术育种的每步变化均可检测，可保证产品的纯度和安全性。因此应用基因工程技术，使生物科学工作者首次能将遗传物质按人们的意愿进行周密设计和人工操纵，为进一步深入研究基因的结构、功能、表达和调控等提供了一个划时代的有效手段。

（2）是人工的、离体的、在分子水平上所进行的遗传重组。基因工程技术有能力在极端错综复杂的生物细胞内取出所需基因，并能人为将此目的基因在体外进行剪切、拼接、重组并转化到受体细胞中，使目的基因能在受体细胞内复制、转录、翻译、大量表达目的产物（主要是各种多肽和蛋白质类生物药物）。这是基因工程技术最突出的优越性。

（3）能在动植物和微生物间进行任意的、定向的超远缘杂交。基因工程技术的最大威力在于它能使带有支配各种各样遗传信息的 DNA 片段越过不同生物间特异的细胞壁而组入到完全不同的没有亲缘关系的生物体内，能定向控制、修饰和改变生物的遗传和变异，因而完全有可能创造出前所未有的具有新的遗传性状的生物新类型，使育种工作产生革命性的变化。

2. 基因工程技术的步骤

基因工程技术实际上是包括能将遗传信息（DNA）从一种生物细胞转移到另一种生物细胞中并得以表达的若干实验技术的总称。概括起来，基因工程操作过程大致可归纳为以下主要步骤：①外源目的基因的取得；②基因运载体的分离提纯；③目的基因与载体的体外重组；④重组载体引入受体细胞；⑤重组菌的筛选、鉴定和分析；⑥工程菌的获得和基因产物的分离。

本章的主要内容包括微生物基因工程的基础实验技术和微生物基因的克隆与表达技术。本章共设置8个实验，其中实验四十二至实验四十七为基础性实验，实验四十八和实验四十九为研究性实验。

实验四十二 细菌质粒DNA的小量制备

一、目的要求

（1）了解提取质粒DNA的方法。
（2）掌握碱裂解法提取质粒DNA的具体方法和操作技术。
（3）掌握DNA的琼脂糖凝胶电泳方法。

二、基本原理

质粒DNA的提取常用碱裂解法、煮沸法、SDS法、Triton-溶菌酶法等，其中以碱裂解法最为常用。该法具有快速、质粒DNA产量高等优点。其原理为：在碱性溶液中，双链DNA氢键断裂，DNA双螺旋结构遭破坏发生变形，但由于质粒DNA分子质量相对较小，且呈环状超螺旋结构，即使在高碱性pH条件下，两条互补链也不会充分分离。当加入中和缓冲液时，变性质粒DNA又恢复到原来的构型，而线性的大分子质量细菌染色体DNA不能复性，与细胞碎片、蛋白质、SDS等形成不溶性复合物。通过离心沉淀，细胞碎片、染色体DNA及大部分蛋白质等可被除去，而质粒DNA及小分子质量的RNA留在上清液中，混杂的RNA可用RNA酶消除，再用酚氯仿液处理，可除去残留蛋白质。

DNA的电泳分离技术是基因工程中的一项基本技术，也是DNA、RNA检测和分离的重要手段。琼脂糖凝胶电泳具有快速、简便、样品用量少、灵敏度高及一次测定可获多种信息等特点。DNA分子带负电荷，在电场作用下可向阳极移动。DNA分子的迁移速度与分子质量大小及构型密切相关，相对分子质量越小的DNA分子，迁移速度越快，反之越慢。3种不同构型质粒的迁移速度为超螺旋＞线性＞开环。此外，DNA分子的迁移速度还受到凝胶浓度、电场强度、电泳缓冲液等的影响。

三、实验器材

（1）微生物菌种：含有氨苄抗性质粒的大肠杆菌（E. coli）。
（2）培养基与试剂如下。
1）LB培养基：胰蛋白胨10g、酵母提取物5g、NaCl 10g、蒸馏水1000mL，pH7.2，121℃灭菌20min。
2）氨苄西林溶液（100mg/mL）：称取氨苄西林100mg，加入1mL双蒸水溶解，用0.22μm滤膜过滤后存放于4℃冰箱备用。
3）DNA提取溶液。
溶液Ⅰ：葡萄糖50mmol/L、Tris-HCl 25mmol/L（pH8.0）、EDTA 10mmol/L（pH8.0）。
溶液Ⅱ（现配现用）：NaOH 0.2mol/L、SDS 1%。
溶液Ⅲ：KAc 5mmol/L 60mL、冰醋酸11.5mL、H_2O 28.5mL，pH4.8。

溶液Ⅰ和溶液Ⅲ分别在 115℃和 121℃灭菌后存放于 4℃冰箱备用。溶液Ⅱ先配制母液（NaOH 2mol/L、SDS 10%），然后现配现用。

4）10% SDS 溶液：称取分析纯 SDS 5.0g，溶于双蒸水中，定容至 50mL，121℃灭菌 20min。

5）TE 缓冲液：10mmol/L Tris-HCl（pH8.0）、1mmol/L EDTA，121℃灭菌 15min，放于4℃冰箱中备用。

6）50×TAE 缓冲液：称取 Tris 242.2g，用 300mL 双蒸水加热溶解，加入 100mL 500mmol/L EDTA（pH8.0）、57.1mL 冰醋酸，加双蒸水定容至 1000mL，121℃灭菌 20min。

7）溴化乙锭（EB）溶液的制备。

10mg/mL EB 溶液：称取 EB 约 300mg 于试剂瓶中，加入双蒸水，放于 4℃备用。

0.5mg/mL EB 溶液：吸取 500μL 10mg/mL EB 溶液于棕色小瓶内，加入 9.5mL 双蒸水，轻轻摇匀，放于 4℃备用。

EB 是实验室最常用的核酸染料，有着简单、快速、灵敏度高的特点，但由于其具有强烈的致突变能力和中度致癌性，对实验者和周围环境都有较大的危害。目前市面上已经出现多款代替 EB 的核酸染料，如 GeneFinder、Goldview、SYBERgreen、GelRed 和 GelGreen 等，这些染料具有更高的灵敏度、更强的稳定性和更低的毒性和诱变性。在实验条件允许的条件下，建议使用更为安全绿色的核酸染料。

8）酚氯仿液（酚：氯仿为 1∶1）、无水乙醇、70%乙醇、RNase A、琼脂糖等。

（3）仪器设备：电子天平、超净工作台、恒温摇床、高压蒸汽灭菌锅、微量移液器、台式高速离心机、电泳仪及电泳槽一套、紫外透射检测仪或凝胶成像系统等。

（4）其他材料：1.5mL 离心管、吸头、各种常用玻璃器皿等。

四、实验内容及操作步骤

（一）质粒的提取

（1）挑取大肠杆菌单菌落接种于含有 50～100μg/mL 氨苄西林的 20mL LB 液体培养基中，37℃、200r/min 振荡培养过夜（16～18h）。

（2）吸取 1.5mL 菌液于 1.5mL 离心管中，4℃、12 000r/min 离心 30～60s，弃上清液，并用移液器尽可能除去上清液。

（3）加入 100μL 溶液Ⅰ，用旋涡振荡器使菌体均匀悬浮。

（4）加入 200μL 溶液Ⅱ，缓慢上下颠倒离心管多次，温和混匀，使细胞裂解，以获得澄清的裂解液，室温下放置 5min。

（5）加入 150μL 用冰预冷的溶液Ⅲ，温和颠倒混匀，充分中和溶液，直至形成白色絮状沉淀，冰浴 10min。

（6）12 000r/min 离心 10min，移取上清液至另一新的 1.5mL 离心管中。

（7）加入等体积的酚氯仿液（约 400μL），充分混匀，12 000r/min 离心 5min，移取上清液至另一新的 1.5mL 离心管中。

（8）加入 2 倍体积预冷的无水乙醇，混匀，冰浴 10min。

（9）12 000r/min 离心 5min，弃上清液，用移液器尽可能除去残留的上清液。

（10）用 0.5mL 预冷的 70%乙醇洗涤 DNA 沉淀，12 000r/min 离心 2min，弃上清液，用移液器尽可能除去残留的上清液，把离心管倒置于滤纸上，自然干燥 5～10min。

（11）加入 50μL 含 20μg/mL RNA 酶的 TE 缓冲液或无菌蒸馏水溶解 DNA，储存于 –20℃备用。

（二）DNA 的琼脂糖凝胶电泳

（1）称取 0.8g 琼脂糖加入盛有 100mL 1×TAE 电泳缓冲液的 500mL 锥形瓶中，摇匀，加热至琼脂糖完全溶解。

（2）水平放置胶槽，在一端插好梳子，在槽内缓慢倒入适量已冷却至约 65℃的胶液，直至厚度为 4~6mm，形成均匀水平的胶面。

（3）室温下静置 30~45min，让凝胶溶液完全凝结，小心垂直向上拔出梳子，以保证点样孔完好。然后将凝胶安放到电泳槽中。

（4）向电泳槽加入电泳缓冲液至液面覆盖过凝胶表面 1~2mm。

（5）用微量移液器吸取混合有载样缓冲液的 DNA 样品 8~10μL，小心加入点样孔，同时点加已知分子质量的标准 DNA 作为对照。

（6）接通电泳仪和电泳槽，根据需要调节电压，关上槽盖，开始电泳。当 DNA 样品迁移足够距离时，关上电源，停止电泳。

（7）把胶槽取出，小心滑出胶块，放进 EB 溶液中（其他染料可按说明书操作，或直接加到凝胶中），完全浸泡摇动染色约 20min。

（8）将已染色的凝胶置于凝胶成像系统中进行观察并记录结果。

五、实验注意事项

（1）收集菌体时要尽量除去水分。
（2）加入溶液Ⅰ后要使菌体充分悬浮。
（3）酚抽提后小心吸取上清液，不要吸入沉淀和液面上漂浮的杂质。
（4）溴化乙啶是强诱变剂，有毒性，使用时需戴一次性手套，使用后废液不可随意丢弃。
（5）电泳时，电极一定要连接正确。

六、实验报告与思考题

1. 实验结果
图示质粒 DNA 琼脂糖凝胶电泳结果及进行结果分析。

2. 思考题
（1）抽提质粒 DNA 时，加入溶液Ⅱ后为什么不能剧烈振荡？
（2）琼脂糖凝胶电泳后你观察到几条带？分别代表什么？
（3）电泳时点样孔为什么应靠近负极？

实验四十三　细菌总 DNA 的提取

一、目的要求

（1）掌握细菌总 DNA 的提取方法和操作步骤。
（2）学习利用紫外分光光度法测定 DNA 溶液浓度的方法。

二、基本原理

目前，抽提 DNA 常用的方法有小规模快速制备总 DNA 的方法，通常包括裂解细胞，用酚和蛋白酶除去蛋白质，核糖核酸酶除去 RNA，以及乙醇沉淀 DNA 等步骤。小规模快速制备总 DNA 的基本原理：在碱性条件下，用表面活性剂 SDS 裂解细菌细胞壁，接着用高浓度的 NaCl 沉淀蛋白质等杂质，然后通过氯仿抽提进一步除去蛋白质等杂质，经乙醇沉淀得到纯纯的总 DNA。

DNA 的吸收光谱峰在 260nm 处，测定此波长下 DNA 溶液的 OD 值，当 $OD_{260}=1$ 时，双链 DNA 含量约为 50μg/mL，据此可用紫外分光光度计测定溶液中 DNA 含量。由于蛋白质的吸收峰在 280nm 处，在测定 DNA 含量时，计算 OD_{260}/OD_{280} 的值，如该值为 1.8~2.0 时，DNA 已达到较高的纯度，如低于此值，表明其内含杂质较多。

三、实验器材

（1）微生物菌种：大肠杆菌（*E. coli*）或枯草芽孢杆菌（*B. subtilis*）。

（2）培养基与试剂如下。

1）LB 培养基：见实验三十七。

2）50mg/mL 溶菌酶溶液：称取 10mg 溶菌酶溶于 200μL 无菌 Tris-HCl（10mmol/L，pH7.5）中，放于 –20℃备用。

3）1mol/L Tris-HCl：称取 Tris 48.46g 溶于 300mL 双蒸水中，加浓盐酸约 16mL，调节至 pH8.0，再加双蒸水定容至 400mL。

4）用 pH8.0 的 Tris-HCl 配制饱和的苯酚溶液：将苯酚瓶塞取下，旋松瓶盖，于 65℃水浴中至完全溶解。将溶解后的苯酚进行重蒸，当温度至 183℃时开始收集气体于若干棕色瓶中，于 –20℃存放。使用前取一瓶重蒸苯酚于分液漏斗中，加入 0.1%抗氧化剂 8-羟基喹啉、等体积的 1mol/L Tris-HCl（pH8.0）缓冲液，立即加盖，激烈振荡，并加入固体 Tris 摇匀，调 pH（一般 100mL 苯酚约加 1g 固体 Tris）至分层后上层水相 pH7.6~8.0。从分液漏斗中放出下层苯酚于棕色瓶中，并加入一定体积 0.1mol/L Tris-HCl（pH8.0）和 0.2% β-巯基乙醇覆盖在苯酚相上，放于 4℃冰箱中备用。

5）裂解缓冲液：40mmol/L Tris-HCl、pH8.0 的 20mmol/L 乙酸钠、1mmol/L EDTA、1%SDS，现配现用。

6）无水乙醇、1mol/L EDTA、5mol/L NaCl、TE 缓冲液等。

（3）仪器设备：电子天平、超净工作台、恒温摇床、高压蒸汽灭菌锅、微量移液器、台式高速离心机、分光光度计。

（4）其他材料：1.5mL 离心管、吸头、各种常用玻璃器皿等。

四、实验内容及操作步骤

（一）细菌总 DNA 的提取

（1）挑取供试菌单菌落接种于 20mL LB 液体培养基中，37℃、200r/min 振荡培养过夜（16~18h）。

（2）吸取 1.5mL 菌液于 1.5mL 离心管中，于 4℃、12 000r/min 离心 30~60s，弃上清液，并用移液器尽可能除去上清液。

（3）如果是 G$^+$菌，应先加 100μg/mL 溶菌酶 50μL，37℃保温 10min。

（4）加入 200μL 裂解缓冲液，用吸头迅速强烈抽吸以悬浮和裂解细菌细胞。

（5）加入 66μL 的 5mol/L NaCl，充分混匀后，12 000r/min 离心 10min，以除去蛋白质复合物和细胞壁等杂质，移取上清液至另一新的 1.5mL 离心管中。

（6）加入等体积的用 Tris 饱和的苯酚溶液，充分混匀后，12 000r/min 离心 5min，进一步沉淀蛋白质。

（7）取离心后的水层，加入等体积的氯仿，充分混匀，12 000r/min 离心 5min，移取上清液至另一新的 1.5mL 离心管中。

（8）加入 2 倍体积预冷的无水乙醇，混匀，12 000r/min 离心 5min，弃上清液。

（9）用 0.5mL 预冷的 70%乙醇洗涤 DNA 沉淀，12 000r/min 离心 2min，弃上清液，用移液器尽可能除去残留的上清液，把离心管倒置于滤纸上，自然干燥 5～10min。

（10）加入 50μL TE 缓冲液或无菌蒸馏水溶解 DNA，储存于–20℃备用。

（二）紫外分光光度法检测 DNA 浓度

（1）取一定量 DNA 样品至一洁净离心管中，加蒸馏水稀释到一定体积。

（2）加入一定体积蒸馏水至比色杯，进行空白测定。

（3）倒掉蒸馏水，加入等体积已稀释的 DNA 溶液，测定 260nm 及 280nm 的吸光度。

五、实验注意事项

（1）操作最好在 4℃条件下进行。

（2）如果细胞的蛋白质较多，可重复操作步骤（6），直至将蛋白质除尽。

六、实验报告与思考题

1. 实验结果

将紫外分光光度计的测定结果填入表 8-1。

表 8-1　紫外分光光度计测定结果

	1	2	平均值
OD$_{260}$值			
OD$_{280}$值			
OD$_{260}$/OD$_{280}$值			

2. 思考题

（1）为什么 G$^+$菌在加入裂解缓冲液裂解前需先加溶菌酶进行预处理？

（2）你所提取的 DNA 纯度如何？为什么？

实验四十四　PCR 扩增目的基因

一、实验目的

（1）了解 PCR 的基本原理。

（2）掌握 PCR 的基本操作技术。

二、基本原理

聚合酶链反应（polymerase chain reaction，PCR）是一种 DNA 特定片段体外扩增技术。其原理及过程如下。

（1）将反应体系（模板 DNA、引物 1、引物 2、Mg^{2+}、4 种 dNTP 和 Taq DNA 聚合酶）置于高温（94℃）下变性，使模板双链 DNA 的氢键断裂，DNA 解链形成两条单链。

（2）在低温（50～60℃）下退火，使引物与模板链 3'端结合，形成部分双链 DNA。

（3）在中温（72℃）下，通过 Taq DNA 聚合酶使引物从 5'端向 3'端延伸；随着 4 种 dNTP 的掺入，合成新的 DNA 互补链，完成第一轮变性、退火和聚合反应循环。

反复进行这种变性、退火和聚合反应循环，可使两端引物限定范围内的 DNA 序列以指数形式扩增。循环的次数主要取决于模板的浓度，从理论上讲，一个目的 DNA 分子经 25～30 轮循环扩增后，可扩增 10^6～10^9 倍。

三、实验器材

（1）溶液与试剂如下。

1）10×缓冲液：500mmol/L KCl、100mmol/L Tris-HCl（pH8.3）、15mmol/L MgCl、0.1%明胶。

2）4 种 dNTP、Taq DNA 聚合酶、DNA 模板、引物 1 和引物 2、PCR Marker 等。

（2）仪器设备：PCR 自动扩增仪、电泳仪、电泳槽、微量移液器。

（3）其他材料：0.5mL 离心管、吸头、各种常用玻璃器皿等。

四、实验内容及操作步骤

（1）在 0.5mL 的离心管中建立 25μL 反应体系：10×缓冲液 2.5μL、dNTP 混合物 2.0μL、引物 1 1.0μL、引物 2 1.0μL、模板 DNA 1.0μL、Taq DNA 聚合酶 1.0μL、ddH₂O 16.5μL，总体积 25μL，混匀，加 1～2 滴液体石蜡。

（2）按下述程序进行扩增：①94℃预变性 5min；②94℃变性 1min；③55℃退火 1min；④72℃延伸 1min；⑤重复步骤②～④ 30 次；⑥72℃延伸 10min。

（3）琼脂糖凝胶电泳检测 PCR 产物：将 PCR 扩增产物用 0.7%～1.0%的琼脂糖凝胶电泳进行分析，用 PCR Marker 作相对分子质量标准。

五、实验注意事项

（1）每次反应都必须设立阴性对照，即扩增时不加入 DNA 模板。

（2）试剂灭菌后进行小管分装，离心管、吸头等使用一次，以免交叉污染。

六、实验报告与思考题

1. 实验结果

图示 PCR 产物的凝胶电泳分析结果。

2. 思考题

（1）影响 PCR 反应的主要因素是什么？

（2）PCR 反应前为何加 1~2 滴液体石蜡？

实验四十五　质粒 DNA 的酶切及从凝胶中回收 DNA

一、实验目的

（1）掌握利用限制性内切核酸酶切割 DNA 的方法和操作步骤。
（2）掌握从琼脂糖凝胶电泳中回收 DNA 片段的方法。

二、基本原理

限制性内切核酸酶是一类能识别双链 DNA 中某种特定核苷酸序列，并由此处切割 DNA 双链的核酸内切酶，共有 I 型、II 型和III型 3 类，其中 II 型限制性内切核酸酶在基因工程中的应用最为广泛。它能够识别含 4~7 个核苷酸且具有回文对称结构的核苷酸序列，并在识别序列内或侧旁特异性位点切开 DNA 双链，产生有平齐末端或黏性末端的 DNA 片段。影响酶切反应的因素很多，酶反应条件的选择至关重要，包括反应的温度、时间，反应的缓冲体系，DNA 的纯度和浓度等。此外，DNA 样品中的污染，如 RNA、蛋白质、DNA 制备过程中未除去的有机溶剂、琼脂糖凝胶中的硫酸根离子等均能抑制限制性内切核酸酶的活力，影响酶切效果，可通过增加酶作用的活力单位数、增大反应体积或延长反应时间来消除。

从琼脂糖凝胶中回收目的 DNA 片段有多种方法，较早采用的有纤维素膜电泳回收法和透析袋电洗脱法等。但这些方法操作复杂，DNA 回收率低。近年来通常采用柱回收法，具有操作简便、回收率高等优点。柱回收法一般是将 Sephadex 或 Sephacel 等树脂做成层析柱，从琼脂糖中吸附带负电荷的 DNA 分子，再用洗脱液将 DNA 从层析柱上洗脱下来，从而达到回收和纯化 DNA 的目的。

三、实验器材

（1）溶液与试剂：限制性内切核酸酶、酶切缓冲液、质粒 DNA、Buffer QG 等。
（2）仪器设备：台式离心机、电泳仪、电泳槽、Qiaquick 柱、微量移液器、振荡器、恒温水浴。
（3）其他材料：0.5mL 和 1.5mL 的离心管、吸头、各种常用玻璃器皿等。

四、实验内容及操作步骤

（一）酶切质粒 DNA

（1）取一干净的 1.5mL 离心管，分别加入以下成分：无菌 ddH_2O 15.0μL、10×缓冲液 1.0μL、质粒 DNA 3.0μL、限制性内切核酸酶 1.0μL，总体积 20μL。
（2）混匀后，离心 5min，37℃酶切 60min。
（3）用 0.7%~1.0%的琼脂糖凝胶电泳对酶切产物进行分析。

（二）从凝胶中回收 DNA 片段

从凝胶中回收 DNA 片段的 DNA 回收试剂盒种类很多，但操作大同小异，现以 Qiagen 公司的 DNA 凝胶回收试剂盒为例进行回收操作说明。

（1）在紫外灯下，切割含 DNA 的凝胶块（切得尽可能薄，尽量除去不含 DNA 的凝胶）。
（2）吸干水分，放置到干净的离心管中，称取胶的质量；加入 3 倍量的 Buffer QG 到 1 倍量的胶中（100mg 相当于 100μL）。
（3）50℃孵育 10min，直到凝胶完全溶解，可每 2~3min 旋转混合一下溶液。
（4）溶解完毕后，检查混合液颜色是否为黄色（与 Buffer QG 相似）。
（5）将混合液加到 Qiaquick 柱中，13 000r/min 离心 1min。
（6）弃去废液，加 0.5mL Buffer QG 到 Qiaquick 柱，13 000r/min 离心 1min。
（7）弃去废液，空柱 13 000r/min 离心 1min。
（8）将 Qiaquick 柱放置到 1.5mL 无菌离心管中，放置 2~5min，于膜中央加入无菌双蒸水 40μL，静置吸附 2min，13 000r/min 离心 1min。
（9）将回收的 DNA 片段储存于-20℃，同时取少量进行琼脂糖凝胶电泳，检测回收是否成功。

五、实验注意事项

（1）酶切时加样顺序按照水＋缓冲液＋DNA＋酶，以保证酶的活力。
（2）不同的酶所需缓冲液不尽相同，所以进行双酶切时一定要选择合适的缓冲液。如果两种酶具有通用缓冲液，即可在反应体系中加入通用缓冲液，然后同时加入两种酶进行双酶切；若没有通用缓冲液，可先用其中的一个酶进行酶切，沉淀后再用另一个酶进行酶切。
（3）一般 DNA 用量不高于 1.5μg/50μL。

六、实验报告与思考题

1. 实验结果

图示酶切产物及回收 DNA 片段的凝胶电泳分析结果。

2. 思考题

（1）酶切时，限制性内切核酸酶为什么要最后加入反应体系？
（2）回收 DNA 时，为什么切割 DNA 凝胶块要切得尽可能薄？

实验四十六　感受态细胞的制备及转化

一、实验目的

（1）掌握细菌感受态细胞的常规制备方法。
（2）掌握将外源基因引入感受态细胞的方法。
（3）掌握转化率的计算方法。

二、基本原理

细菌处于容易吸收外源 DNA 的生理状态称感受态。对数期的细菌细胞在低温（0℃）和低渗溶液（$CaCl_2$）中易于膨胀成球形，丢失部分膜蛋白而处于容易吸收外源 DNA 的感受态。转化时 DNA 黏附在感受态细胞表面，经 42℃短暂热激处理，促进细胞吸收 DNA。然后在丰富培养基上培养一段时间，细胞复原并分裂繁殖。被转化的细菌中，如果外源 DNA 中的基因在转化的细菌细胞中得到表达，就可在选择性培养基上选出所需转化因子。感受态细胞可在4℃保存一周，或在有甘油的条件下于-20℃或-80℃保存数月。

三、实验器材

（1）微生物菌种：大肠杆菌（*E. coli*）菌种（如DH5α、HB101、TOP10菌株）。

（2）培养基与试剂如下。

1）LB琼脂平板和LB液体培养基。

2）质粒（如pUC19、pBluescript II SK+/−等）、氨苄西林溶液、0.1mol/L $CaCl_2$。

（3）仪器设备：超净工作台、恒温摇床、恒温培养箱、接种环、涂布棒、冷冻离心机、微量移液器、高压蒸汽灭菌锅、分光光度计。

（4）其他材料：1.5mL离心管、吸头、培养皿及各种常用玻璃器皿等。

四、实验内容及操作步骤

（一）感受态细胞的制备

（1）将保存的菌种DH5α用划线法接种于LB平板，37℃培养过夜（16～18h）。

（2）从平板上挑取单菌落，接种到含10mL LB液体培养基的50mL锥形瓶中，37℃、200r/min培养过夜。

（3）取1mL菌液接种至含有100mL LB液体培养基的500mL锥形瓶中，37℃、200r/min，振荡培养2～3h，当OD_{600}值达0.5～0.6时（细胞数<10^8个/mL），停止培养。

（4）将菌液在冰上预冷30min，随后分装到50mL预冷的离心管中，4℃、4000r/min离心10min。

（5）弃上清液，加入10mL预冷的0.1mol/L $CaCl_2$溶液，重悬细胞，于冰上放置5～10min，4℃、4000r/min离心10min。

（6）弃上清液，加入2mL预冷的0.1mol/L $CaCl_2$溶液，重悬细胞，于冰上放置30min后即制成了感受态细胞悬液。

（7）将此细胞悬液分装成200μL/1.5mL于离心管中，可置于冰上，24h内直接用于转化实验；也可添加保护剂（10%甘油）后于-70℃冰箱长期保存。

（二）质粒转化

（1）取1μL质粒pUC19（10～50ng）加入到含有200μL感受态细胞的1.5mL离心管中，同时做阴性对照实验，即将1μL无菌水加入到同样量的感受态细胞中，轻轻混匀，置于冰上30min。

（2）将步骤（1）得到的混合液置于42℃水浴90s，然后迅速转移到冰上，放置2min，加入800μL LB培养基，37℃、200r/min振荡培养40～60min。

（3）在超净工作台中分别取100μL已转化的感受态细胞和阴性对照涂布于含50μg/mL氨苄西林的LB琼脂平板中。

（4）倒置平板于37℃培养16～18h，观察结果，计算转化效率（每微克质粒DNA可获得的转化细胞数目，一般来讲，转化效率至少要大于10^6个/μg DNA）。

五、实验注意事项

（1）使用的器皿一定要清洗干净，灭菌处理。操作尽量在冰上进行。

（2）感受态细胞于42℃进行热激时，勿动离心管。

六、实验报告与思考题

1. 实验结果

将实验结果填入表8-2并计算转化效率。

表8-2 实验结果

	菌落数	转化效率/（个/μg DNA）
DH5α+pUC19		
阴性对照		

2. 思考题

（1）影响转化效率的主要因素是什么？
（2）如何获得高转化效率的感受态细胞？

实验四十七　DNA体外重组

一、实验目的

（1）了解影响DNA连接反应效率的主要因素。
（2）学习和掌握体外DNA重组过程和操作步骤。

二、基本原理

外源DNA与载体分子的连接就是DNA重组。在Mg^{2+}、ATP存在条件下，DNA连接酶催化连接分别经酶切的载体分子和外源DNA分子，可获得重组DNA分子。重组DNA分子转化感受态细胞，利用质粒所携带的选择性标记筛选转化后的重组菌。

影响连接反应的因素主要有反应温度、连接酶的用量、DNA浓度及插入片段与载体分子之间的比例、外源DNA末端的性质等。通过控制插入片段与载体之间的比例以达到最大效率的重组连接，一般需要较高的插入片段与载体的比例，如2∶1、4∶1，甚至10∶1。

三、实验器材

（1）菌株：感受态细胞（如大肠杆菌DH5α、HB101菌株）。
（2）培养基与试剂如下。
1）LB琼脂平板（含50μg/mL氨苄西林）、LB液体培养基（含50μg/mL氨苄西林）。
2）载体（如质粒pUC19、pBluescriptⅡSK+/-等）、目的基因（如绿色荧光蛋白GFP的基因）、限制性内切核酸酶、T_4 DNA连接酶、0.1mol/L $CaCl_2$溶液、X-gal（5-溴-4-氯-3-吲哚-β-D-半乳糖苷）、IPTG（异丙基硫代-β-D-半乳糖苷）和琼脂糖等。
（3）仪器设备：超净工作台、恒温摇床、恒温培养箱、接种环、玻璃涂棒、冷冻离心机、微量移液器、高压蒸汽灭菌锅、分光光度计、电泳仪、电泳槽。
（4）其他材料：0.5mL、1.5mL离心管，吸头，培养皿及各种常用玻璃器皿等。

四、实验内容及操作步骤

（一）酶切质粒 DNA 及目的基因

（1）质粒 DNA 的酶切：在无菌的 0.5mL 离心管中加入 5μL 质粒 DNA、5μL 10×酶切缓冲液、1~2μL 酶，加无菌双蒸水至 50μL，轻轻混匀，37℃反应 1~3h。

（2）目的基因的酶切：在无菌的 0.5mL 离心管中加入 5μL 目的基因、5μL 10×酶切缓冲液、1~2μL 酶，加无菌双蒸水至 50μL，轻轻混匀，37℃反应 1~3h。

（3）酶切片段的电泳检测：各取 5μL 酶切产物进行琼脂糖凝胶电泳，分析酶切是否成功。

（二）连接

（1）酶切片段的纯化和回收：见实验四十。

（2）连接反应：各取 2μL 目的基因和载体 DNA（分子摩尔比为 2∶1~4∶1）依次加入 0.5mL 离心管中，然后加入 2μL 10×连接缓冲液和 1μL T_4 DNA 连接酶，再加双蒸水至终体积为 20μL，14~16℃连接过夜。

（三）转化

（1）取上述连接液 10μL 转化感受态细胞（见实验四十三）。

（2）取含 50μg/mL 氨苄西林的 LB 平板一个，加入 20μL 20mg/mL X-gal，涂均匀。

（3）取 100μL 转化后的菌液加入 20μL 20mg/mL IPTG，混匀铺平板，涂匀，吹干后置于 37℃恒温培养箱中培养 16~18h。

（4）观察结果。白色菌落含有重组质粒 DNA，蓝色菌落含有未重组质粒 DNA。

五、实验注意事项

酶的最适作用温度一般是 37℃，但此温度下，黏性末端的氢键结合不稳定，因此选择 14~16℃连接过夜，这样既可最大限度地发挥连接酶的活力，又兼顾到短暂配对对结构稳定性的影响。

六、实验报告与思考题

1. 实验结果

记录实验结果并进行分析。

2. 思考题

（1）影响连接反应的主要因素是什么？如何提高连接效率？

（2）蓝白斑筛选的原理是什么？

（3）是否所有的白斑菌落都是目的重组子？如何鉴定含有目的基因的克隆？

实验四十八　葡聚糖内切酶基因的克隆及在大肠杆菌中的表达

一、实验目的

（1）了解构建基因工程菌的过程。

（2）学习和掌握外源基因在原核细胞中表达的方法和步骤。

（3）熟练掌握分子生物学实验的各项操作技能。

二、基本原理

重组 DNA 分子只有导入合适的受体细胞（宿主）才能大量地进行复制、增殖和表达，导入宿主细胞的目的是通过宿主来生产大量的基因表达产物。由于大肠杆菌的遗传学和分子生物学背景较为清楚，开发了许多含不同筛选标记的质粒和突变宿主菌，因此大肠杆菌是目前基因工程中最常用的宿主菌，许多有价值的多肽和蛋白质在大肠杆菌中已成功进行了表达。另外，由于大肠杆菌具有培养条件简单、生长繁殖快、易操作、可以高效表达外源蛋白等特点，利用大肠杆菌细胞为宿主菌进行基因操作具有很大的实用性。表达系统的核心是表达载体。一般说来，大肠杆菌表达载体应满足以下要求：表达量高、适用范围广、表达产物容易纯化和稳定性好等。

β-1,4-葡聚糖内切酶（简称葡聚糖内切酶）又称碱性纤维素酶，是纤维素酶系的一个组分，它在碱性环境下还能保持很高的活力，因此广泛应用于洗涤剂中。本实验从产碱性纤维素酶短小芽孢杆菌中克隆出葡聚糖内切酶基因，接着克隆到表达载体 pET20b 中（图 8-1），得到重组质粒，然后转化到大肠杆菌 TOP10 中进行诱导表达。通过表达产物对羧甲基纤维素钠(CMC)的水解活性，分析葡聚糖内切酶基因在大肠杆菌中的表达情况，同时通过 SDS-PAGE 也可检测葡聚糖内切酶的表达及含量。

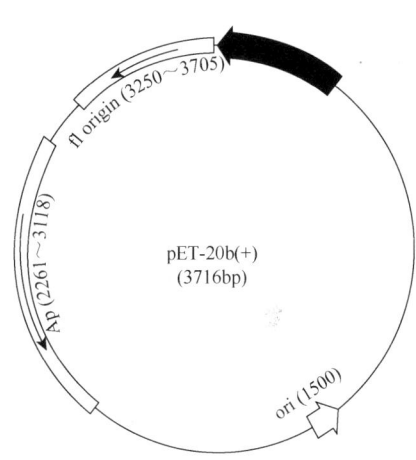

图 8-1 质粒 pET20b 物理图谱

三、实验器材

（1）微生物菌种：产碱性纤维素酶短小芽孢杆菌（H9、H12 或 S-27 菌株）和大肠杆菌 TOP10 菌株。

（2）培养基与试剂如下。

1）种子培养基：1%蛋白胨、2%葡萄糖、1%酵母膏、K_2HPO_4 0.1%、NaH_2PO_4 0.1%、$MgSO_4 \cdot 7H_2O$ 0.01%、$FeSO_4 \cdot 7H_2O$ 0.015%、$MnSO_4$ 0.000 05%，pH 7.0，121℃灭菌 20min。

2）发酵培养基：1%葡萄糖、2%淀粉、0.5%麸皮、1%蛋白胨、1%酵母膏、K_2HPO_4 0.1%、NaH_2PO_4 0.1%、$MgSO_4 \cdot 7H_2O$ 0.01%、$FeSO_4 \cdot 7H_2O$ 0.015%、$MnSO_4$ 0.000 05%，pH 7.0，121℃灭菌 20min。

3）SOB 培养基：胰蛋白胨 2.0g、酵母浸出物 0.5g、氯化钠 0.05g，90mL 水溶解后用 NaOH 调节 pH 至 7.0，加入 1mL 250mmol/L KCl 后定容至 100mL，121℃灭菌 20min 后再加入 0.5mL 的 2mol/L $MgCl_2$。

4）SOC 培养基：SOB 培养基+20mmol/L 葡萄糖（115℃灭菌 15min）得 SOC。

5）LB 琼脂平板和 LB 液体培养基。

6）LB-CMC 筛选平板：在 LB 固体培养基中加入 1%羧甲基纤维素钠。

7）主要溶液与试剂：表达载体 pET20b 质粒，DNA 提取溶液（溶液 I、II、III），裂解缓冲液，酵母浸出粉，胰蛋白胨，溶菌酶，蛋白酶 K，RNase A，限制性内切核酸酶 *Xho* I、*Bam*H I

和 T_4 DNA 连接酶，*Taq* DNA 聚合酶，dNTP，琼脂糖，氨苄西林，CMC，IPTG，X-gal，Triton-X，饱和酚，Tris，EDTA，SDS，刚果红，丙烯酰胺，考马斯亮蓝，DNA 标准分子质量 λDNA/*Hin*d III 和 D2000，蛋白质低分子质量标准，Qiagen 公司的 Qiaquick DNA 凝胶纯化回收试剂盒。

（3）仪器设备：电子天平、超净工作台、恒温摇床、恒温培养箱、冷冻离心机、微量移液器、高压蒸汽灭菌锅、分光光度计、电泳仪、电泳槽、紫外透射检测仪、层析仪、PCR 自动扩增仪、凝胶成像系统、核酸蛋白分析仪、超低温冰箱。

（4）其他材料：离心管、吸头、各种常用玻璃器皿等。

四、实验内容及操作步骤

（一）短小芽孢杆菌总 DNA 的提取与纯化

（1）取短小芽孢杆菌 H9 划 LB 平板，在 37℃生化培养箱培养过夜（14～16h）；次日挑取单菌落接种于 3mL LB 液体培养基中，37℃振荡培养过夜。

（2）取 1mL 过夜培养物转接至 50mL（装于 250mL 锥形瓶）新鲜的 LB 液体培养基中继续培养至 OD_{600} 值为 0.6～0.8。

（3）取 5mL 菌液至离心管中，4000r/min 离心 5min，弃上清液；加入 500μL TE 重新悬浮洗涤两次，4000r/min 离心 5min，弃上清液。

（4）加入 200μL 裂解缓冲液（10mg/mL 溶菌酶、10mmol/L Tris-HCl、2mmol/L EDTA、1.2%Triton-X），悬浮沉淀，室温放置 1h，12 000r/min 离心 5min，弃上清液。

（5）加入 500μL DNA 抽提缓冲液[10mmol/L Tris-HCl（pH8.0）、50mol/L EDTA（pH8.0）、20μg/mL RNase A、0.5%SDS]、2.5μL 蛋白酶 K（20mg/mL），轻轻颠倒混合，55℃水浴过夜，补加 10μL 蛋白酶 K（20mg/mL）和 5μL RNase A（20mg/mL）。

（6）加入等体积（500μL）饱和酚，轻轻颠倒混合 5～10min，10 000r/min 离心 10min，吸上清液至干净的离心管中。

（7）加入等体积的氯仿异戊醇液，轻轻颠倒混合 5～10min，10 000r/min 离心 10min，吸上清液至干净的离心管中。

（8）加入上清液 1/10～1/5 体积的 3mol/L 乙酸钠（pH5.2），再加入 2.5 倍体积的无水乙醇，轻度混合，-20℃冷冻 30min，13 000r/min 离心 10min。

（9）弃上清液，加入 500μL 70%乙醇洗涤沉淀，13 000r/min 离心 10min。

（10）弃上清液，把离心管倒置于滤纸上，自然干燥 20～30min。

（11）加入 50μL TE 缓冲液或无菌蒸馏水溶解 DNA，储存于-20℃备用。

（12）检测抽提 DNA 的 OD_{260}/OD_{280} 值。

（13）用 0.8%琼脂糖凝胶电泳分析 DNA 片段大小。

（二）质粒 pET20b 的小量提取

（1）取 1.5mL 过夜培养的菌液于 1.5mL 离心管中，4℃、10 000r/min 离心 30s，弃上清液。

（2）加入 100μL 用冰预冷的溶液Ⅰ，剧烈振荡悬浮菌体。

（3）加入新配制的 200μL 溶液Ⅱ，缓慢上下颠倒离心管多次，温和混匀，室温下放置 5min。

（4）加入 150μL 用冰预冷的溶液Ⅲ，温和颠倒混匀，充分中和溶液，直至形成白色絮状沉淀，冰浴 5min。

（5）12 000r/min 离心 10min，移取上清液至另一新的 1.5mL 离心管中。

（6）加入等体积的酚氯仿液（约 400μL），振荡摇匀，12 000r/min 离心 5min，移取上清液至另一新的 1.5mL 离心管中。

（7）加入 2 倍体积的无水乙醇，振荡混匀，于 -20℃ 放置 30min，12 000r/min 离心 5min，弃上清液。

（8）用 1mL 70% 乙醇洗涤 DNA 沉淀，12 000r/min 离心 2min，弃上清液，把离心管倒置于滤纸上，自然干燥 20～30min。

（9）加 50μL 含 20μg/mL RNA 酶的 TE 缓冲液或无菌蒸馏水溶解 DNA，-20℃ 储存备用。

（三）葡聚糖内切酶基因的 PCR 扩增

根据短小芽孢杆菌 β-1,4-葡聚糖内切酶基因可读框两端的保守碱基序列设计两条引物。引物 1 为 5′-ATCTGGATCCATGCACATTTTT G-3′，引物 2 为 5′-ATCGCTCGAGTTATTTATTCGGAAG-3′，分别引入 *Bam* H I 和 *Xho* I 酶切位点，进行 PCR 扩增。

（1）反应体系：10× 缓冲液 5.0μL、dNTP（10μmol/L）1.0μL、引物 1（10μmol/L）1.0μL、引物 2（10μmol/L）1.0μL、模板 DNA 1.0μL、*Taq* DNA 聚合酶（5U/μL）0.5μL，加 ddH$_2$O 至 50μL，将上述各成分混匀，然后进行 PCR 扩增。

（2）按下述程序进行扩增：①94℃ 预变性 5min；②94℃ 变性 1min；③55℃ 退火 1min；④72℃ 延伸 1min；⑤重复步骤②～④30 次；⑥72℃ 延伸 10min。

（3）将 PCR 扩增产物用 0.8% 的琼脂糖凝胶电泳进行分析（图 8-2）。

（四）回收 PCR 扩增产物

采用 Qiagen 公司的 PCR 及酶反应纯化试剂盒。

（1）将 PCR 反应混合物转移到一个干净的 1.5mL 离心管中，加入 5 倍体积的 PB 缓冲液，混匀。

（2）将样品转移到一个 DNA 回收纯化柱中，柱下放一个试剂盒提供的 2mL 干净收集管，在室温下以 10 000g 离心 1min，弃去流出液。

（3）加入 750μL 用无水乙醇稀释过的 PE 缓冲液洗涤柱子，室温下 10 000g 离心 1min。

（4）弃去滤液，以 10 000g 离心空柱 1min，以甩干柱基质。

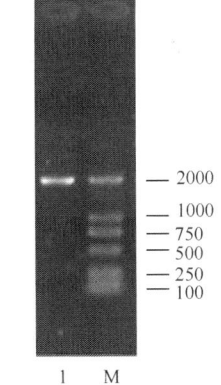

图 8-2 葡聚糖内切酶基因的 PCR 扩增

1. PCR 产物；M. Marker

（5）把柱子装在一个干净的 1.5mL 离心管上，将 30～50μL 的灭菌 ddH$_2$O 直接加到柱基质上，10 000g 离心 1min，以洗脱 DNA，离心管中的液体即为回收的 DNA 片段。

（五）DNA 的酶切、回收及连接

（1）DNA 的酶切。

1）PCR 产物的双酶切反应体系：10×Buffer 5.0μL、*Bam*H I 2.0μL、*Xho* I 2.0μL、PCR

纯化产物 26.0μL、ddH₂O 15.0μL，总体积 50μL，混匀，30℃酶切 4h。

2）pET20b 双酶切反应体系：10×Buffer 2.0μL、*Bam*H I 0.5μL、*Xho* I 0.5μL、质粒 5.0μL、ddH₂O 12.0μL，总体积 20μL，混匀，30℃酶切 4h。

（2）酶切产物的回收：见"（四）回收 PCR 扩增产物"。

（3）酶切产物的连接：连接反应体系为 10×Buffer 1.0μL、载体 1.0μL、目的 DNA 片段 1.0μL、T₄DNA 连接酶 1.0μL、ddH₂O 16.0μL，总体积 20μL，混匀，16℃连接过夜。

（六）大肠杆菌感受态细胞的制备和转化

（1）将活化的大肠杆菌 TOP10 菌株接入 2mL LB 液体培养基中 37℃振荡培养过夜，取 0.5mL 培养液接入 50mL LB 液体培养基中，37℃、180r/min 振荡培养，当 OD₆₀₀ 值达 0.5～0.6 时，停止培养。

（2）培养液放置冰上冷却 30min，在无菌状态下转入 10mL 离心管中，4℃下 4000r/min 离心 5min。

（3）弃上清液，将离心管倒置使培养液流尽，回收细胞。

（4）用冰冷的 10mL 0.1mol/L CaCl₂ 溶液悬浮细胞，冰浴 10min。

（5）4℃下 4000r/min 离心 5min，回收细胞。

（6）细胞重新悬浮于 2mL 冰冷无菌的 0.1mol/L CaCl₂ 溶液中。

（7）将悬液 200μL 转移到预冷的无菌 1.5mL 离心管中，−70℃保存。

（8）将 10μL 连接产物加入含有 200μL 感受态细胞的 1.5mL 离心管中，混匀，在 42℃水浴中热激 90s，然后迅速转移到冰上，放置 2min。

（9）加入 800μL SOC 转化培养基，在 37℃摇床上振荡培养 1h。

（10）取 100μL 转化菌液涂布到 IPTG 诱导的 LB-CMC 筛选平板上，在 37℃恒温培养箱中培养 16h，用牙签将平板上的转化因子影印到另一筛选平板上面，置于 37℃温箱中培养 48h。

（11）用 0.2%的刚果红染色 20min，然后用 1mol/L 的 NaCl 洗涤 20min，观察水解圈，选取平板上具有水解圈的阳性转化因子，提取质粒，进行酶切验证。

（七）葡聚糖内切酶基因表达的检测

（1）挑取阳性克隆单菌落接种于 LB 液体培养基中，37℃振荡培养过夜。

（2）取 1mL 菌液接种于 100mL 含 50μg/mL 氨苄西林的 LB 液体培养基中，37℃振荡培养至 OD₆₀₀ 值达 0.5～0.8。

（3）加入 IPTG 至终浓度为 1mmol/L，37℃诱导培养 3～4h，取样进行 SDS-PAGE 分析。

（4）聚丙烯酰胺凝胶的制备及电泳。

1）试剂配制。

30%丙烯酰胺：29g 丙烯酰胺和 1g 双丙烯酰胺溶于 100mL 去离子水中，4℃保存。

10%过硫酸铵（*W/V*）：1g 过硫酸铵溶于 10mL 去离子水中，4℃保存。

10%SDS（*W/V*）：1g SDS 溶于 10mL 去离子水中，室温保存。

分离胶缓冲液：1.5mol/L Tris-HCl（pH8.8）。

浓缩胶缓冲液：1.0mol/L Tris-HCl（pH6.8）。

10×电泳缓冲液（pH8.0）：30g Tris、144g 甘氨酸和 10g SDS 溶于 1L 蒸馏水中。

5×SDS 凝胶加样缓冲液：0.6g Tris、2.88g 甘氨酸和 0.1g SDS 溶于 100mL 蒸馏水中。

染色液：1.25g 考马斯亮蓝 R-250 溶于 454mL 50%甲醇，加 46mL 冰醋酸，过滤。

脱色液：甲醇、水、冰醋酸以 30∶60∶10 的比例混合。

2) SDS-PAGE 凝胶配制 (表 8-3)。

表 8-3 SDS-PAGE 凝胶配方

组分	浓缩胶 (5%)	分离胶 (12%)
ddH$_2$O/mL	2.1	3.3
30%丙烯酰胺/mL	0.5	4.0
1mol/L Tris pH6.8/mL	0.38	—
1mol/L Tris pH8.8/mL	—	2.5
10%SDS/mL	0.03	0.10
10%过硫酸铵/mL	0.03	0.10
TEMED/mL	0.005	0.005

注：— 表示无数据

3) 电泳：样品与加样缓冲液混合后点样，在 10mA 电流下电泳 30min，然后调节电流至 20mA，待蓝色染料迁移至下端 1~1.5cm 时，停止电泳。

4) 染色：电泳完毕后，将凝胶从电泳槽中取出，滑入大培养皿中，ddH$_2$O 洗涤两次，倒去 ddH$_2$O 后加入染液，染色 4h。

5) 脱色：倾去染液，加入脱色液，缓慢摇动，每隔 1h 换一次脱色液，直至蓝色背景褪去。

6) 结果观察：利用凝胶成像系统观察和分析实验结果 (图 8-3、图 8-4)。

图 8-3 葡聚糖内切酶在 LB-CMC 平板上的分泌表达

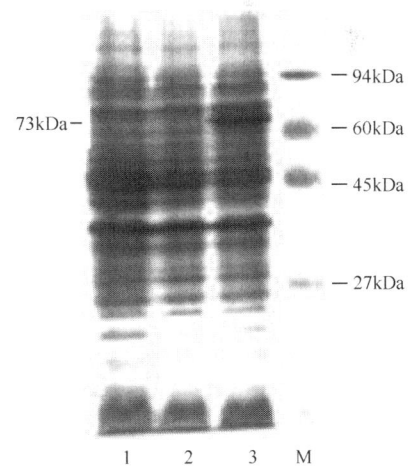

图 8-4 葡聚糖内切酶的 SDS-PAGE 分析

1. 诱导 3h 后出发菌株的表达产物；2. 未诱导的阳性克隆菌的表达产物；3. 诱导 3h 后阳性克隆菌的表达产物；M. Marker

五、实验注意事项

(1) 在筛选阳性克隆的影印过程中，要事先在两个平板的相应位置做好记号。

(2)聚丙烯酰胺在未凝固前具有一定的毒性,实验时戴一次性手套进行操作。

六、实验报告与思考题

1. 实验结果
(1)图示重组质粒构建及表达过程。
(2)记录实验结果并进行分析。

2. 思考题
(1)大肠杆菌的表达载体需满足什么条件?
(2)外源蛋白在大肠杆菌中表达的方式有几种?
(3)如何提高葡聚糖内切酶的表达量?

实验四十九 纳豆激酶基因的克隆及在酵母菌中的表达

一、实验目的

(1)了解酵母菌作为蛋白质表达系统的优点。
(2)学习和掌握外源基因在真核细胞中表达的方法和步骤。

二、基本原理

酵母菌是单细胞生物,也是重要的工业微生物,是生物学特性研究得比较清楚的真核模型之一,很适合作为基因工程的宿主菌。利用酵母菌作为克隆载体宿主有利于真核基因产物的翻译后加工。与其他酵母菌相比,毕赤酵母除同时兼具真核表达系统的优势及原核表达系统的快速、操作方便和廉价的特点外,其表达外源基因的水平高10~100倍,因此在基因工程中的应用越来越广泛。为了获得外源基因的高效表达,酵母菌表达载体的选择很重要。本实验所采用的载体pPICZα A是一种分泌表达型载体,结构如图8-5所示。

纳豆激酶(natto kinase,NK)是从日本传统食品纳豆中提取出来的一种具有溶血栓作用的酶。本实验从纳豆杆菌中提取并纯化纳豆杆菌染色体DNA,以其为模板进行PCR,得到纳豆激酶基因。接着用 *Eco*R I 和 *Xba* I 分别对质粒 pPICZα A 和纳豆激酶基因进行双酶切,然后用T$_4$ DNA连接酶将载体和目的基因连接起来,得到重组质粒 pPICZα A-NK(图8-6)。将重组质粒用限制性内切核酸酶 *Sac* I 线性化后,转化毕赤酵母 GS115 进行表达。

三、实验器材

(1)微生物菌种:纳豆杆菌(*Bacillus subtilis natto*)(自行分离而得);酵母菌(*Saccharomyces*)GS115。
(2)培养基与试剂如下。
1)纳豆杆菌种子培养基:大豆蛋白胨10g、牛肉膏5g、NaCl 5g、蒸馏水1000mL,

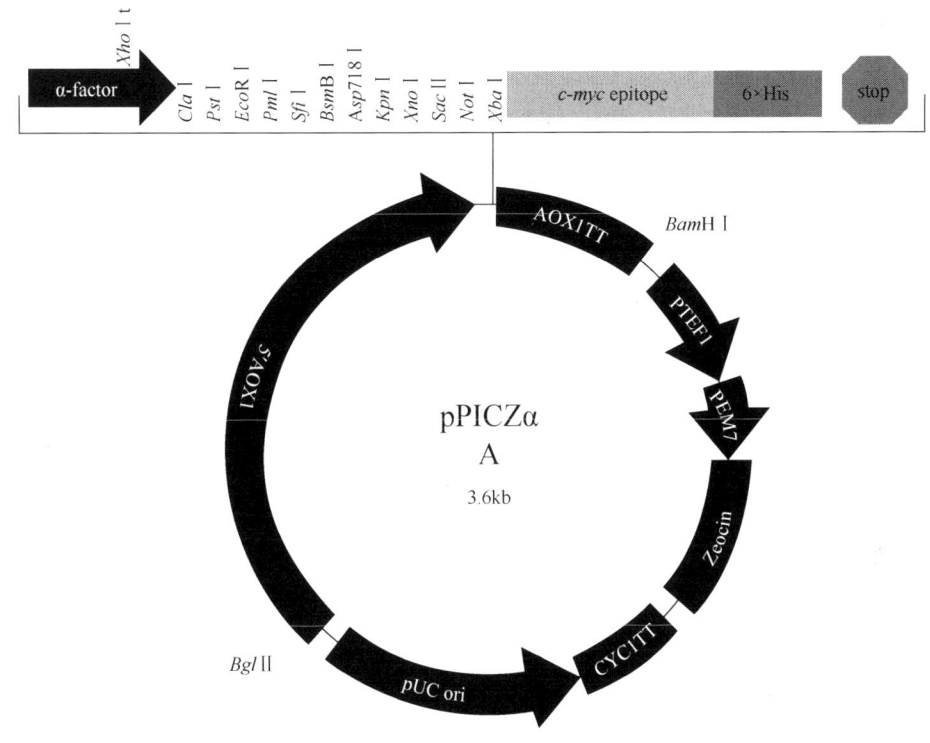

图 8-5 质粒 pPICZα A 物理图谱

pH7.2，121℃灭菌 20min。

2）纳豆杆菌发酵培养基：大豆蛋白胨 20g、葡萄糖 20g、Na_2HPO_4 1g、$MgSO_4$ 0.5g、$CaCl_2$ 0.2g、蒸馏水 1000mL，pH 7.2，121℃灭菌 20min。

3）LB 琼脂平板、LB 液体培养基、LB 低盐培养基（LB 成分中 NaCl 含量减半）。

4）YEPD 培养基：酵母抽提物 10g、蛋白胨 20g、葡萄糖 20g、蒸馏水 1000mL，121℃灭菌 20min。

5）主要酶类：溶菌酶，蛋白酶 K，RNase A，限制性内核酸切酶 Xba I、EcoR I、Sac I，T_4 DNA 连接酶，Taq DNA 聚合酶，凝血酶。

6）主要溶液与试剂：大肠杆菌及酵母菌的穿梭质粒载体 pPICZα A、DNA 提取溶液（溶液 I、II、III）、裂解缓冲液、酵母提取物、大豆蛋白胨、胰蛋白胨、dNTP、Zeocin、琼脂糖、Triton-X、饱和酚、Tris、EDTA、SDS、DNA 标准分子质量 λDNA/Hind III+EcoR I、琼脂粉、牛纤维蛋白原、Qiagen 公司的 Qiaquick DNA 凝胶纯化回收试剂盒、Invitrogen 公司的毕赤酵母菌转化试剂盒。

（3）仪器设备：电子天平、超净工作台、恒温摇床、恒温培养箱、冷冻离心机、微量移液器、高压蒸汽灭菌锅、漩涡振荡器、分光光度计、电泳仪、电泳槽、凝胶成像系统、层析仪、PCR 自动扩增仪、凝胶成像系统、核酸蛋白分析仪、超低温冰箱。

（4）其他材料：离心管、吸头及各种常用玻璃器皿等。

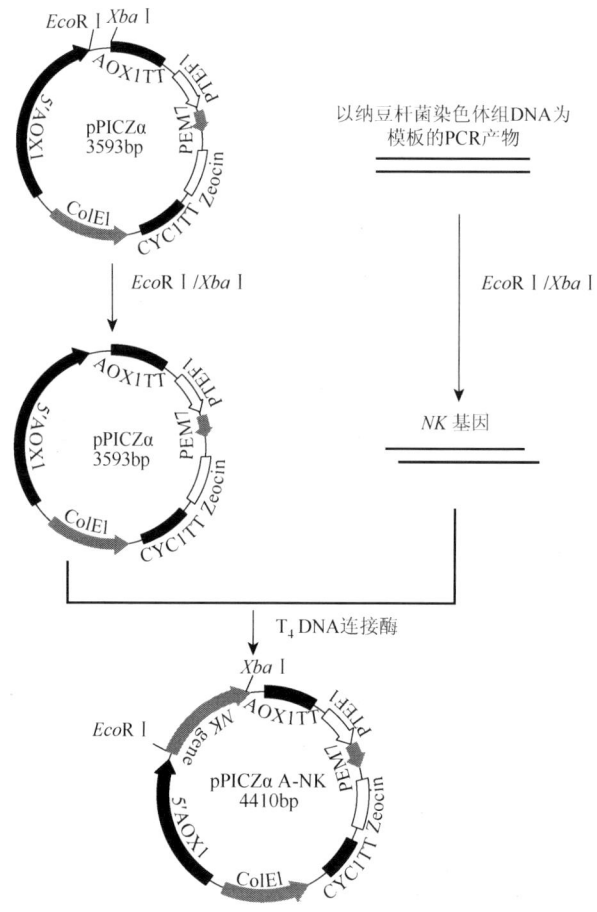

图 8-6 重组质粒 pPICZα A-NK 的构建

四、实验内容及操作步骤

（一）纳豆杆菌的分离及活化

（1）取市售纳豆数粒，放于无菌生理盐水中，振荡混匀，将溶液做适量稀释后涂布纳豆杆菌种子培养基平板，37℃培养 24h。

（2）待菌落长出后，挑取单菌落接入斜面种子培养基，37℃培养 24h，斜面种子于 4℃保存。

（二）纳豆杆菌总 DNA 的提取与纯化

（1）挑取纳豆杆菌单菌落接种于 20mL 液体种子培养基中，37℃、200r/min 振荡培养 16h。

（2）取 1.5mL 菌液于离心管中，4℃、5000r/min 离心 5min，弃上清液；加入 500μL TE 重新悬浮洗涤两次，4000r/min 离心 5min，弃上清液。

（3）加入 200μL 裂解缓冲液（10mg/mL 溶菌酶、10mmol/L Tris-HCl、2mmol/L EDTA、1.2%Triton-X），悬浮沉淀，室温放置 1h，12 000r/min 离心 5min，弃上清液。

（4）加入 500μL DNA 抽提缓冲液[10mmol/L Tris-HCl（pH8.0）、50mol/L EDTA（pH8.0）、20μg/mL RNase A、0.5%SDS]、2.5μL 蛋白酶 K（20mg/mL），轻轻颠倒混合，55℃水浴过夜，

补加 10μL 蛋白酶 K（20mg/mL）和 5μL RNase A（20mg/mL）。

（5）加入等体积（500μL）饱和酚，轻轻颠倒混合 5~10min，10 000r/min 离心 10min，吸上清液至干净的离心管中。

（6）加入等体积的氯仿异戊醇液，轻轻颠倒混合 5~10min，10 000r/min 离心 10min，吸上清液至干净的离心管中。

（7）加入上清液 1/10~1/5 体积的 3mol/L 乙酸钠（pH5.2），再加入 2.5 倍体积的无水乙醇，轻度混合，-20℃冷冻 30min，13 000r/min 离心 10min。

（8）弃上清液，加入 500μL 70%乙醇洗涤沉淀，13 000r/min 离心 10min。

（9）弃上清液，把离心管倒置于滤纸上，自然干燥 20~30min。

（10）加 50μL TE 缓冲液或无菌蒸馏水溶解 DNA，储存于-20℃备用。

（11）检测抽提 DNA 的 OD_{260}/OD_{280} 值。

（12）用 0.8%琼脂糖凝胶电泳分析 DNA 片段大小。

（三）质粒 pPICZα A 的小量提取

（1）挑取携带有质粒 pPICZα A 的大肠杆菌 TOP10 单菌落接种于 20mL LB 液体培养基中，37℃、200r/min 振荡培养过夜（16~18h）。

（2）吸取 1.5mL 菌液于 1.5mL 离心管中，4℃、10 000r/min 离心 30s，弃上清液。

（3）加入 100μL 用冰预冷的溶液Ⅰ，剧烈振荡悬浮菌体。

（4）加入新配制的 200μL 溶液Ⅱ，缓慢上下颠倒离心管多次，温和混匀，室温下放置 5min。

（5）加入 150μL 用冰预冷的溶液Ⅲ，温和颠倒混匀，充分中和溶液，直至形成白色絮状沉淀，冰浴 5min。

（6）12 000r/min 离心 10min，移取上清液至另一新的 1.5mL 离心管中。

（7）加入等体积的酚氯仿液（约 400μL），振荡摇匀，12 000r/min 离心 5min，移取上清液至另一新的 1.5mL 离心管中。

（8）加入 2 倍体积预冷的无水乙醇，振荡混匀，于-20℃放置 30min，12 000r/min 离心 5min，弃上清液。

（9）用 1mL 预冷的 70%乙醇洗涤 DNA 沉淀，12 000r/min 离心 2min，弃上清液，把离心管倒置于滤纸上，自然干燥 10min。

（10）加入 50μL 含 20μg/mL RNase A 的 TE 缓冲液或无菌蒸馏水溶解 DNA，-20℃储存备用。

（四）PCR 扩增纳豆激酶基因

根据毕赤酵母的表达特点、载体 pPICZα A 的多克隆位点及纳豆激酶的基因序列，设计如下引物。引物 1 为 5'-CGCTGAATTCGCGCAATCTGTTCCT-3'，引物 2 为 5'-AGGCTCTAGATTGTGCAGCTGCTTG-3'，分别引入 EcoR Ⅰ 和 Xba Ⅰ 酶切位点，进行 PCR 扩增。

（1）反应体系：10×缓冲液 5.0μL、dNTP（10μmol/L）1.0μL、引物 1（10μmol/L）1.0μL、引物 2（10μmol/L）1.0μL、模板 DNA 1.0μL、Taq DNA 聚合酶（5U/μL）0.5μL，加 ddH_2O 至 50μL，将上述各成分混匀，然后进行 PCR。

（2）按下述程序进行扩增：①95℃预变性 3min；②94℃变性 1min；③55℃退火 1min；④72℃延伸 3min；⑤重复步骤②~④30 次；⑥72℃延伸 15min。

（3）将 PCR 扩增产物用 0.8%的琼脂糖凝胶电泳进行分析。

（五）PCR 扩增产物的回收

见实验四十八。

（六）重组质粒 pPICZα A-NK 的构建

（1）DNA 的酶切。

1）PCR 产物的双酶切反应体系：10×Buffer 5.0μL、EcoR I 1.0μL、Xba I 2.0μL、PCR 纯化产物 20.0μL、ddH$_2$O 22.0μL，总体积 50μL，混匀，37℃酶切 4h。

2）pPICZα A 双酶切反应体系：10×Buffer 2.0μL、EcoR I 0.5μL、Xba I 1.0μL、质粒 5.0μL、ddH$_2$O 12.0μL，总体积 20μL，混匀，37℃酶切 4h。

（2）酶切产物的回收：见内容（四）。

（3）酶切产物的连接：连接反应体系为 10×Buffer 1.0μL、载体 1.0μL、目的 DNA 片段 1.0μL、T$_4$ DNA 连接酶 1.0μL、ddH$_2$O 16.0μL，总体积 20μL，混匀，16℃连接过夜。

（七）重组质粒转化大肠杆菌

（1）将 10μL 连接产物加入含有 200μL 大肠杆菌 TOP10 感受态细胞的 1.5mL 离心管中，混匀，在 42℃水浴中热激 90s，然后迅速转移到冰上，放置 2min。

（2）加入 800μL LB 液体培养基，37℃、200r/min 振荡培养 1h。

（3）取 100μL 转化菌液涂布到含 25μg/mL Zeocin 的 LB 低盐平板上，37℃恒温培养箱中培养 16h。

（4）用无菌牙签或接种环挑取单菌落提取质粒，进行酶切验证，筛选出重组菌。

（八）重组质粒的线性化

（1）挑取重组大肠杆菌单菌落接种于 20mL 含 25μg/mL Zeocin 的 LB 低盐液体培养基中，37℃振荡培养过夜（16～18h）。

（2）提取重组质粒见内容（三）。

（3）采用限制性内切核酸酶 Sac I 进行质粒的线性化。酶切反应体系：重组质粒 20.0μL、10×Buffer 10.0μL、Sac I 3.0μL、ddH$_2$O 17.0μL，总体积 50μL，混匀，37℃酶切 2～4h。

（4）回收目的片段见内容（五），于–20℃保存备用。

（九）线性化重组 DNA 转化酵母菌细胞

采用 Invitrogen 公司 Pichia 酵母菌转化试剂盒，操作如下。

（1）挑取酵母菌细胞单菌落接种于 10mL YEPD 液体培养基中，30℃、200r/min 振荡培养过夜，接种 1%入另一 10mL YEPD 液体培养基中，30℃、200r/min 振荡培养 4～6h，至 OD$_{600}$ 值为 0.6～1.0。

（2）将菌液转入一无菌离心管中，室温下 2500r/min 离心 5min，弃上清液。

（3）重悬菌体于 10mL 溶液 I 中，室温下 2500r/min 离心 5min，弃上清液，重悬细胞于 1mL 溶液 I 即为酵母菌感受态细胞。

(4) 取 50μL 酵母菌感受态细胞，加入 3μg 线性化的质粒 DNA，再加入 1mL 溶液 II，在漩涡振荡器上充分混匀。

(5) 将离心管在 30℃静置 1h，每 15min 翻转离心管 1 次，使溶液混匀。

(6) 于 42℃温育 10min，将离心管中的溶液分装两个离心管（平均每管约 525μL），每管中加入 1mL YEPD 液体培养基，30℃静置 1h。

(7) 在 2500r/min 下离心 5min，弃上清液，将沉淀悬浮于 100~150μL 溶液III中，混匀，涂布 YEPD 平板（含有 100μg/mL Zeocin），30℃培养 2~4 天。

（十）重组酵母中纳豆激酶基因的诱导表达

(1) 配制 YEPD 培养基，将培养基成分中的葡萄糖配制成一定浓度的溶液，与其他成分分别灭菌，然后按照 YEPD 培养基成分中葡萄糖原浓度减半的量将葡萄糖添加入培养基中。

(2) 挑取重组酵母菌单菌落接种到 20mL 葡萄糖量减半的 YEPD 培养基中，30℃、200r/min 振荡培养 24h，加入 1%（V/V）过滤除菌后的甲醇进行诱导，以后每隔 24h 添加甲醇一次。

(3) 72h 后将 1mL 发酵液于 30℃、10 000r/min 离心 10min，取上清液点样于纤维蛋白平板上，观察是否有溶纤圈出现。

附：纤维蛋白平板的制备

(1) 称取 60mg 牛纤维蛋白原，加入 20mL 无菌生理盐水搅拌，使其溶解完全，取 5mL 放入培养皿中混匀，使平铺铺满底部。

(2) 称取 0.3g 琼脂粉放入 50mL 小烧杯，加入 20mL 无菌生理盐水，加热溶化，然后自然冷却至 45℃左右，加入 1mL 凝血酶（10U/mL），混匀。

(3) 取 5mL 倒入上述培养皿中迅速混匀，冷却。

五、实验注意事项

(1) 毕赤酵母的生长温度及发酵表达温度都必须控制在 30℃，过高的培养温度会使细胞生长受到抑制。

(2) 如果甲醇诱导 72h 的发酵产物在纤维蛋白平板上观察不到溶纤圈，可适当延长诱导时间至 84~96h。

六、实验报告与思考题

1. 实验结果

(1) 图示重组质粒的酶切鉴定结果并分析。

(2) 图示纳豆激酶基因的诱导表达结果并进行结果分析。

2. 思考题

(1) 甲醇为何可以诱导毕赤酵母中外源基因的表达？

(2) 重组质粒 DNA 转化酵母菌细胞前为何要进行线性化？

主要参考文献

代群威. 2010. 环境工程微生物学实验. 北京：化学工业出版社.

杜连祥，路福平. 2006. 微生物学实验技术. 北京：中国轻工业出版社.

胡晓燕，张孟业. 2005. 生物化学与分子生物学实验技术. 济南：山东大学出版社.

黄秀梨，辛明秀. 2008. 微生物学实验指导. 2版. 北京：高等教育出版社.

刘国生. 2007. 微生物学实验技术. 北京：科学出版社.

马放，任南琪，杨基先. 2002. 污染控制微生物学实验. 哈尔滨：哈尔滨工业大学出版社.

沈萍，陈向东. 2007. 微生物学实验. 4版. 北京：高等教育出版社.

王国惠. 2012. 环境工程微生物学实验. 北京：化学工业出版社.

杨汝德. 2006. 现代工业微生物学教程. 北京：高等教育出版社.

袁榴娣. 2006. 高级生物化学与分子生物学实验教程. 南京：东南大学出版社.

郑莉，黄绍松. 2012. 环境微生物学实验. 广州：华南理工大学出版社.

郑平. 2005. 环境微生物学实验指导. 杭州：浙江大学出版社.

中华人民共和国国家标准. 2006. GB/T 5750.12—2006《生活饮用水标准检验方法 微生物指标》. 北京：中华人民共和国卫生部.

中华人民共和国国家标准. 2010. GB 4789.1—2010《食品安全国家标准 食品微生物学检验 总则》，GB 4789.2—2010《食品安全国家标准 食品微生物学检验 菌落总数测定》，GB4789.3—2010《食品安全国家标准 食品微生物学检验 大肠菌群计数》，GB 4789.35—2010《食品安全国家标准 食品微生物学检验 食品中乳酸菌检验》. 北京：中华人民共和国卫生部.

中华人民共和国国家标准. 2012. GB 4789.34—2012《食品安全国家标准 食品微生物学检验 食品中双歧杆菌检验》. 北京：中华人民共和国卫生部.

诸葛健. 2007. 工业微生物实验与研究技术. 北京：科学出版社.

Norrell S A. 2003. Microbiology Laboratory Manual. 2nd ed. New Jersey：Pearson Education. Inc.

Prescott L M. 2002. Laboratory Exercises in Microbiology. 5th ed. New York：McGraw-Hill Companies. Inc.